KB260624

돈으로 살 수 있는 최고의 민주주의

THE BEST
DEMOCRACY
MONEY CAN
BUY

돈으로 살 수 있는 최고의 민주주의

THE BEST DEMOCRACY MONEY CAN BUY

그레그 팔라스트 지음 · 이지선 옮김

평민사

The Best Democracy Money Can Buy

© Greg Palast 2002
First published by Pluto Press, 2002, 2003
All Rights reserved.

Korean translation edition © Pyongminsa
Published by arrangement with Pluto Press Ltd., UK
via Bestun Korea Agency, Korea
All rights reserved.

이 책의 한국어 판권은 베스툰 코리아 에이전시를 통하여 저작권자와 독점 계약한
평민사에 있습니다. 저작권법에 의해 한국 내에서 보호를 받는 저작물이므로
어떠한 형태로든 무단 전재와 무단 복제를 금합니다.

우리는 사회관습을 따르지 않는 사람은 신뢰할 수 없다.
故 레이 크록, 맥도널드 전 회장

골든 스트레이트재킷을 더 단단히 졸라 입으면 입을수록
더 부자가 된다.
세계화에 대한 토마스 프리드먼의 주장

내가 적그리스도의 영(靈)에게 친절히 대할 필요는 없다.
패트 로버트슨 목사

누가 실없는 말을 하는가?

- 미국판을 내면서 -

독자 여러분은 신문과 TV를 통한 미국의 상업주의에 찌든 쓰레기 같은 보도에 익숙해져 있을 것이다.

독자들은 이 책을 『뉴욕타임스』에서 읽어보지 못한 것들 혹은 "CBS에서 보지 못한 것들"이라고 불러도 좋다. 책의 내용을 간단히 언급하면 다음과 같은 내용들이 있다.

2000년 11월 대통령 선거가 있기 5개월 전에 플로리다 주지사 제브 부시는 선거인 명부에서 5만 7천 명을 제명하는 작업을 추진하였다. 범법자라고 했지만 실은 그들은 아무 죄도 짓지 않은 결백한 사람들이었다. 그들 중 대다수에게 죄가 있다면 **흑인이라는 죄뿐이었다.**

나는 이 폭로기사를 권위 있는 신문에 실었다. 그러나 엉뚱하게도 미국 신문이 아니라 영국신문이었다. 기사는 『가디언』과 자매지인 주간지

『옵서버』에 실렸다. 또 TV에서도 그 기사를 볼 수 있었는데 BBC TV의 '뉴스나이트' 프로그램이 그 기사를 보도하였다.

소위 대통령 선거라는 복마전 안에 무엇이 들어 있는지 알고 싶은가? 그렇다면 제 1장 "사이버 공간의 인종차별"을 읽기 바란다. 미국에서 발표되지 못한 기사와 아직 영국과 미국 모두에서 발표되지 않은 새로운 내용들이 담겨 있다.

또 다른 것도 있다. 미국의 유권자들이 아버지 부시를 백악관에서 쫓아내자 그는 '악의 축'이라 불리는 국가에 무기거래를 한 사우디아라비아 사람 아드난 캬쇼기가 자금을 댄 금광회사의 중역으로 살며시 내려 앉았다. 전직 대통령의 금광회사 친구는 퇴장하는 부시 행정부의 호의에 힘입어 법을 개정하는 데 엄청난 돈을 쏟아 부었다. 그 이야기는 여기에서 더 잔인해지고 더 피를 흘리게 되었다. (2장 참조)

그 외에도 이 책은 많은 내용을 담고 있는데 우선 몬산토의 유전자 조작에 의한 우유분비촉진 호르몬 이야기가 있다. 그런데 이 호르몬을 주입 받던 실험용 젖소들의 우유에 고름이 섞여 나온다는 것이 밝혀졌다. 다들 입맛이 당기시나? 몬산토는 이 문제를 쉽게 해결했다. 그 쉬운 해결책이란 실험결과를 묻어두는 것이었다. 미 정부도 단속과 관련된 정부의 기밀문서를 찔러 주는 등 그 일을 도왔다. **미국 신문들은 그것을 다룰 수 없었다.** 그들은 몬산토의 로버트 샤피로, GE의 잭 웰치, 엔론(Enron)의 켄 레이들을 쫓아 다니며 회사가 홍보용으로 주는 것만 기사로 쓰느라 너무 바빴던 것이다. (5장 참조)

FBI와 CIA 내부로부터 나오는 비난의 목소리에 대한 것도 들어보지 못한 이야기일 것이다. 사우디아라비아의 억만장자들이 테러조직을 돕고 있다는 혐의에 대해 FBI와 CIA가 수사를 벌이고 있었는데 2001년

9월 11일 테러사건이 있기 얼마 전에 부시의 안보담당관들이 그 수사의 중지를 명했던 것이다.

패트 로버트슨 목사의 이야기도 읽어보지 못했으리라. 로버트슨 목사는 속전속결로 엄청난 부를 이루기 위해 자신의 기독교 십자군 지하드를 비밀리에 그리고 불법적으로 활용하였다. (6장 참조)

또 아르헨티나 버스 운전사인 아니발 베론의 이야기도 처음 들어 본 것이리라. 2002년 8월, 9달 동안이나 월급을 받지 못했던 베론은 거리에서 시위를 하다가 총을 맞고 사망하였다. 시위자들은 IMF가 아르헨티나 정부로 하여금 임금을 인하하도록 강요하는 계획을 수립해 놓았다고 주장했다. 반세계화 음모라고? 나는 여러분에게 그 계획과 관련된 서류를 보여줄 것이다.

그 대신, 미국식의 저널리즘은 토마스 프리드먼 같은 세계화 기수들에 대해서는 알려주고 있다. 새로운 세계질서는 오직 통신혁명 및 휴대전화와 관련된 것이라는 말을 들었을 것이다. 즉 새로운 질서 하에서는 주식 중개인에게 전화를 하면서 동시에 세탁을 할 수 있게 되는 것이다. 만일 세계화를 거부한다면 이는 미래를 거부하는 일이다. 거리에서 시위를 벌이는 아이들은 세상물정 모르는 얼간이들이다. 여러분들은 미디어를 통해 세계화에 대해 그렇게 들었을 것이다. 특히 미국에 살고 있다면 더욱 그러할 것이다. 세계화에 대해 그런 낙관적 견해로 세상을 보는 미디어의 눈에는 세계화 반대론자는 없다.

나는 프리드먼이나 혹은 미래를 옹호하는 자들과 논쟁을 벌이지는 않을 것이다. 오직 나는 문서만을 보여줄 것이다. **대부분 "기밀"이라든가 "공개금지" 등의 글자가 박혀 있다.** 이들 문서는 IMF, 세계은행, 세계무역기구와 독자들은 들어보지 못한 관련 기관들로부터 흘러나온 것들이다. 이 문서들에는 잉카 사람들이 사용하게 될 휴대전화 이야기는 전혀 보이지 않는다. 대신 수도료 인상과 "IMF 폭동"에 대해 기술하고 있다. 세계은행은 폭동을 예견하고 그 처리 방안을 이미 계획안에 포함시켜 놓고 있다.

만일 당신이 영국에서 출판된 책을 이미 읽었다면 이번 미국판의 내용이 많이 달라진 것을 볼 수 있을 것이다. 영국판이 발간되자, 우리한테는 많은 일이 일어났고 새로운 자료가 매일 들어왔다. 거기에는 "이 망할 놈아…… 이성적인 미국인이"라고 쓰여진 편지 같은 것도 있다. 새삼스러운 것도 아니다. 그럼에도, 플로리다의 주국무장관인 캐서린 해리스는 특별한 편지를 보냈는데, 내 보고서가 "왜곡된 것이다"라는 것이었다. 나는 그녀가 내게 증거라면서 제공한 엄청난 양의 비공식기사의 양을 보고 놀랐다. 영국판에서 나는 플로리다 주지사 제브 부시 측이 4만 명의 법적인 유권자가 등록하는 것을 막았다고 폭로했다. 우연히도 그들 중의 90%는 민주당원이었다. 부시의 사무실은 완전히 그 사실을 부인했다. 이제 그의 친구 해리스가 내게 팩스로 증거를 보냈다. 당신은 미국판에서 그 서류를 볼 수 있다.

게다가, 주지사 제브가 2002년 재당선을 위해 어떻게 했으며, 민주당원들이 2004년을 위해 어떻게 끝을 보려고 하는지 최근의 소식도 있다.

이 책의 초판인 영국판에서는 "엔론"이라고 불리는 회사에 대해 10페이지를 할애하고 있다. "이것이 엔론으로, 그 회사에 대해 한번도 들어본 적이 없다." 추측컨대, 지금쯤은, 당신도 들었을 것이다. 그러나 만일 당신이 엔론, 아서 앤더슨, 글로벌 크로싱, 릴라이언트 그리고 최고경영자 탈을 쓴 다른 사기꾼들에 대한 진실이 나타날 것이라고 생각한다면, 어리석은 생각이다. 미국의 미디어들은 아직도 당신의 동태를 지켜보고 있으며 조심하라고 말한다. 이제 당신은 해리 포터 식의 이상스러운 회계법은 몇몇의 썩은 기업에게나 있는 새롭고 생명력이 짧은 게임이라고 들었다. 새롭다고? 몇몇 기업만 그렇다고? **미국기업이라는 나무의 뿌리와 가지가 다 썩었기 때문에 열매들은 떨어지고 있다.**

앤더슨은 십 년 전에 기소되어야만 했다. 어떻게 그들이 무사할 수 있었는지에 대해 당신이 그 이유를 알고 싶다면 대통령의 아버지에게 물어 보아라. 그리고 3장을 읽어 보아라.

또한 이 미국판에서는 아르헨티나의 지배 가족들이 자신들의 국가가 죽음의 악순환을 하고 있는 것을 관망만 하도록 미국의 재정적인 기구들이 도왔다는 것을 보여주는 새로운 정보가 실려 있다. 엔론에 대해 좀 더 많은 내용과 베네주엘라 대통령의 납치와 부시가족의 금광회사에 대한 이야기가 이 책에 새롭게 다루어져 있다.

어떤 사람들은 왜 내가 미국판을 출판하느라 괴롭힘을 당하고 있을까 궁금해 할지도 모르겠다. 결국, 2002년 미국 하원은 선거자금 개혁을 통과시켰고 대통령은 이 법에 사인했다. 선거과정은 "개혁되었다" 부시는 기업의 나쁜 사람들을 감옥에 보내는 법에도 사인했다. 그러나 자세히 들여다 보면, 개혁은 정치인들에게 기부하는 "하드"머니의 양은 두 배가 되게 했고 단지 "소프트" 기부금만 없앤 것이었다. 무력한 기부금에 대해서만 완고하게 조치하는 것은 하원의 진보적인 아이디어에서 나왔을 것이다. 그러나 우리의 국가에 재정적으로 해독을 끼치는 것은 계속되고 있다. 그리고 선거개혁과 같은 회사의 통치조직은 단순히 새로운 악영향을 감추고 있을 뿐이다.

내가 너무 공화당에게 심하게 하고 있는가? 나는 미국을 파는 것은 초당파적인 비즈니스라는 것을 깨닫고 있다. 만일 내가 클린턴보다 부시에 대해 더 쓴다면, 그것은 신문기자의 첫 번째 역할은 권력자들을 불편하게 만들어야 한다는 것 때문이다. 민주당에 관해, 내 정책은 자는 개를 누워있게 하는 것과 누워있는 개를 자게 내버려 두는 것이다.

추방 당한 말들

그런데 왜 여러분은 이런 이야기를 지금까지 듣지도 보지도 못했던 것일까? 미 대통령 선거에 대한 이야기를 예로 들어보자. 내 기사를 접한 미국의 편집자들은 그저 가만히 앉아 모든 것이 조용해지기만을 바라고 있었다. 그러나 모두가 내 기사를 무시했던 것은 아니었다. 나는 다음과 같은 편지를 수도 없이 받았다. "우리나라 정치에 끼어들지 마라, 이 영국 놈의 새끼야!" 말을 덧붙이고 싶지는 않지만 나는 영국 사람이 아니다.

나는 로스앤젤레스 출신이다. 그중에서도 LA의 가장 열악한 지역인 샌페르난도 밸리에서 살았다. 내가 살았던 집은 발전소와 쓰레기 하치장 사이에 있었다. 비참할 정도로 가난한 것은 아니었지만 그렇다고 그것보다 훨씬 나은 것도 아니었다. 내가 다니던 학교의 학생 중 절반은 멕시코계 미국인이었다. **피부색이 갈색이든 흰색이든 상관없이 우리 모두는 미국 사회의 패배자로 낙인 찍혀 있었다.** 대부분 졸업하면 햄버거 가게에서 최저임금을 받았고 여자 친구에게 임신을 시켰으며 베트남에서 죽지 않았다면 자동차 공장에서 과로로 죽어갔다.

미국은 약자를 잡아먹는 맹수였고 우리는 그저 먹이일 뿐이었다. 어쨌든 나는 거기서 빠져 나왔고 내 여동생도 그렇게 했다. 어떻게 빠져나오게 되었는지는 별로 흥미로운 내용도 없고 놀랄 만한 것도 없다.

내가 삶에 대해 분개하고 있는가? 유복하게 자라난 별 볼일 없는 작자들이 세상을 지배하고 그 애비되는 자들은 전화를 걸고 수표를 발행하여 그 아들 하는 일이 잘 되어 나가도록 돕는다. 부시의 아버지, 코크의 아버지, 빈 라덴의 아버지…… 나는 그들의 명단을 갖고 있다.

나는 장학금을 받아 시카고 대학으로 갔다. 그리고 그곳에서 새로운 세계의 세계화 질서가 태동하는 것을 목격하였다. 그때가 1970년대였고 나는 밀턴 프리드먼의 대학원생 세미나에 참여하게 되었으며 또 이상한 단체에도 비집고 들어가게 되었다. 그 단체는 훗날 "시카고 아이들(Chica-go Boys)"이란 이름으로 알려지게 되었다. 그들은 나중에 남아메리카의 독재자로 성장하게 될 사람들과 "신자유주의" 경제학자가 될 사람들이었다. **훗날 그들은 칠레를 고문과 자유시장의 실험장으로 만들어 놓았다.**

그 당시에도 나는 비밀요원이었다. 나는 전력노동자조합의 프랭크 로젠과 철강노동자조합의 지도자인 에디 새들로우스키를 위해 일하고 있었다. 하지만 그들의 지시사항을 따랐으므로 그들이 활동에 대해서는 많은 것을 알지 못했다.

나는 언론분야를 일부러 피했다. 1975년부터 전력노동자 사무실에 있는 내 책상에서 미국 기업의 장부를 샅샅이 살피는 일을 시작했다. 부당하게 요금을 징수한다는 사실을 안 나는 가스회사와 맞섰다. 나는 철강 노동자들을 위해 협상을 벌이기도 했다. 나는 빈털터리였지만 몹시 행복했다.

가구 판매상이셨던 아버지는 가구를 싫어했다. 그분 뜻대로 하셨더라면 아마 우리는 모두 바닥에 앉아서 식사를 했었을 것이다. 어머니는 학교 식당에서 일하셨다. 그리고 나중에는 맥도날드의 최면 치료사가 되셨다. (농담이 아님. 7장 참조) 나는 그 두 분들로부터 살기 위해 노동해야 한다는 것이 매우 두려운 것이라는 인식을 얻게 되었다.

그리고 한 순간, 나는 기업의 눈에 가시 같은 존재가 되어 서류 캐비넷을 뒤지고 있었다. 그리고 뉴욕의 세계무역센터 50층에 거대한 사무실을 가진 "정부 규제에 관한 미국 최고의 전문가"(이것은 내가 여러 신문들에서 읽은 것이다.)가 되어 상파울루에서 강연을 하기도 했다.

여전히 나는 먼지 가득한 서류철을 뒤지고 다녔다. 서류를 뒤지다가 나는 다음과 같은 사실을 알게 되었다. 뉴욕의 롱아일랜드 전력회사는 원자력 발전소를 짓는 데 18억 달러의 비용이 들게 될 것이라고 증언하였다. 그러나 내부 비밀 기록에 따르면 건설비용은 32억 달러가 들었다고 했다. 나는 그 회사를 갈취 혐의로 기소하라고 정부에 건의했다. 판사는 48억 달러를 지불하라고 판결했다. 그때 뉴욕 주지사 마리오 쿠오모라는 교활한 인사가 뉴욕의 최고 연방판사에게 전화를 걸었다. 그러자 갑자가 판결은 뒤집혔다. 그때 나는 사랑에 대해 알게 되었다. **기업가에 대한 정치가의 사랑만큼 큰 사랑은 없다는 것을.**

내가 세상에 대해 분개하고 있느냐고? 답은 위의 글에 있다.

그리고 나는 포기해 버리고 말았다. 그때가 엑손 발데즈 사고를 취재하던 때였다. (6장 참조) 나는 알래스카의 추가치 원주민을 위해 일하고 있었다. 우리 팀은 곧 기름 유출이 사고가 아니었음을 알게 되었다. 좌초가 있기 전에 엑손은 비용을 아끼기 위해 레이더를 꺼 놓고 있었으며 영국 정유회사의 자회사는 안전 장비 점검기록을 조작하였다.

어떻게 내가 그 진실을 알 수 있었을까?

프린스 윌리엄 사운드에 떠있는 카약에서 당신이 소리 지르는 것을 누가 들을 것인가. 언론은 엑손 발데즈 사건을 더욱 심하게 왜곡하였다. 그때가 6년 전이었다. 그때부터 이런 사건들에 대해 내 스스로 기사를

1997년 7월, 런던에 있었던 나는 영국에서 가장 많은 부수를 자랑하는 『미러』지(紙) 제 1면을 보게 되었다. 심술궂은 얼굴에 대머리 사나이가 1면을 가득 채우고 있었다. 그 얼굴의 주인공은 바로 나 자신이었다. 이 잠입 취재기사로 인해 블레어 총리는 심기가 불편하였다. 총리의 심기가 불편해지면 그의 충실한 언론의 강아지들이 사람을 공격한다. 미국에서 내 기사를 읽은 백악관 내부 인사는 이렇게 외쳤다. "우리가 미워하는 놈이잖아!"

써야겠다고 결심했다. 『가디언』, 『옵서버』, BBC 등은 이런 나의 결심에 용기를 북돋아 주었다.

미국의 신문기자들이 모니카 르윈스키의 팬티에 코를 박고 있던 그때에, 나는 패트 로버트슨 목사, 세계무역기구와 조지 부시의 절친한 억만장자들의 서류 캐비넷을 뒤지고 다니는 호강을 누리고 있었다.

1997년부터 열정을 가지고 시작했던 내 일은 기대 이상으로 빨리 많은 관심을 끌게 되었다. 그해 7월 8일, 나는 영국에서 가장 많은 부수를 자랑하는 『미러(Mirror)』 제 1면을 보게 되었다. 10cm짜리 헤드라인 아래에 심술궂은 얼굴에 대머리의 사나이가 1면을 가득 채우고 있었다. 그 얼굴의 주인공은 바로 나 자신이었고 헤드라인은 "거짓말쟁이"로 되어 있었다. "이런, 이 사진보다 더 낮게 나오지 못하는군." 나는 생각했다.

『미러』와 그들이 사랑했던 영국 수상 블레어는 내가 『옵서버』에 기고했던 앤소니 바넷 기사를 좋아하지 않았다. 그 이야기가 바로 "억세스용 현금 - 로비게이트"로, 그 기사를 쓰기 위해 나는 비밀경찰처럼 다른 사람으로 위장한 후 블레어 내각을 휘저으며 부정한 거래를 하려고 하는 사람처럼 행동했다.

그 기사와 다른 기사들은 다음과 같은 아이디어에서 출발했다. 정부를 상대하면서 갈고 닦은 조사 기법을 뉴스 보도에 활용하면 어떨까 하는 생각이다. 그것은 대부분의 취재기자들이 사용해 보지 않은 획기적인 방법이 될 것이었다. 따라서 그 내용은 종래의 것들과는 좀 다른 모습을 띄고 있다. 많은 자료에서 나온 사실들은 그 작성자들이 스스로 잘 숨겨 두었다고 생각했던 것들이었고 또 잘못 보낸 팩스와, 말하는 사람은 자신이 무엇을 말하는지조차도 인식 못하고 발언했던 내용의 테이프 녹음 등이다.

만일 영국 정부가 영국 국가를 매각하고 있다고 한다면 미국의 재계는 그것을 사들이고 있다고 할 수 있다. 그것이 나의 중요 특종으로 "미국 재계의 내부"의 주된 내용이다. 그 제목으로 여러 칼럼들이 『옵서버』에 연재되었었다. 그 칼럼들을 새롭게 다듬은 것이 제 5장이다. 그 장에서 여러분은 예컨대, **월마트에 대한 진실**(쇼핑중독의 대가)를 보게 될 것이며 또 **유명한 환경 단체가 공해업체를 대표하는 로비스트와 함께 이상한 협상을 맺는 이야기**도 듣게 될 것이다.(환경오염 사업이 친환경적 모습으로 바뀐 내력)

이 책은 대부분, 활자화된 조사내용과 해외방송망을 통해 방영된 것, 새로운 정보와 미국판을 위한 새롭고도 풍부한 자료들이 요약된 것이다.

*　*　*　*

그럼, 왜 이런 기사들이 유럽으로 추방 당했는가 하는 의혹이 들 것이다. 이봐 미국, 도대체 어디 있는 건가? 당신은 당신 대통령이 어떻게 선출되었는지 알고 싶지 않은가? IMF가 어떻게 돈을 쓰고 있는지 알고 싶지 않은가?

나는 『워싱턴포스트』 및 『뉴스위크』 기자인 마이크 이시코프로부터 그 답의 단서를 얻게 되었다. 2년 전, 그는 클린턴에 관한 참으로 놀랄 만한 정보를 건네주었다. 인턴과 놀아난 그런 종류의 것이 아니었다. "마이크, 왜 자네가 직접 기사를 쓰지 그러나?" 내가 이렇게 묻자 그는 "아무도 거기에 신경을 쓰지 않아"라고 답했다.

자 만일 여러분이 그런 데 신경을 쓰는 소수 가운데 한 사람이라면 이 책은 바로 당신이 원하는 책이 될 것이다.

제 1 장

사이버 공간의 인종차별

보도되지 않은 플로리다 선거부정 사건

대통령 선거가 끝나고 며칠이 지나자 선거인명부에서 흑인들의 이름이 누락되었다는 소문이 무성했다. 인종차별적인 컴퓨터 프로그램에 의해 그런 일이 일어난 것이라는 추측이 들 만한 것이었다. 하지만 이것은 추측에 불과한 것이 아니라 사실이었다.

나는 거기에 대한 복사본을 가지고 있는데 두 장의 은빛 나는 CD 디스크로, 플로리다 주정부 국무장관인 캐서린 해리스의 사무실 컴퓨터에서 직접 나온 것이다. 한번 해독된 후 데이터베이스로 들어간 디스크들은 재미로 만들어졌지만 읽기에는 으슬으슬해지는 것이었다. 그것들은 우리에게 우리의 대통령이 어떻게 당선되었는지를 말해주고 있다. 대통령은 유권자들이 뽑은 것이 아니었다.

어떻게 된 것인지 지금부터 살펴보자. 대부분 그 디스크는 플로리다 시민 57,700명에 대한 데이터를 담고 있다. 2000년 11월 대선이 있기 수개월 전부터 **플로리다 주지사 제브 부시*와 국무장관 캐서린 해리스는 각 지역의 선거담당관들에게 그 57,700명의 이름을 선거인 명부에 올리지 말도록 지시하였다.** 해리스의 컴퓨터에 그들은 플로리다에서는 선거할 수 없는 중죄인으로 이름이 올라 있었던 것이다.

토마스 쿠퍼도 그 명부에 죄를 지은 인간 쓰레기, 나쁜 사람, 중죄인으로 나와 있다. 해리스의 리스트에는 쿠퍼가 2007년 1월 30일에 중죄를 저질렀다는 것이다.

2007년이라고?

아마도 그 명부에 무언가 오류가 있다고 추측할지도 모른다. 맞는 말이다. 적어도 그 "삭제" 명부에 올라 시민의 권리를 잃게 되어 있는 사람들의 90.2%는 아무 죄가 없다. 그 중에서도 반 이상인, 54%에 이르는 사람들 대부분이 흑인 및 히스패닉계이고, 놀랍게도 그것은 민주당

---

* 현 부시 대통령의 동생

지지자들의 명부이다.

해리스는 플로리다의 승자로 조지 부시를 선언했고 그것은 앨 고어를 537명의 득표차로 이긴 것이다. 자 이제 계산을 해보자. 5만 명이 넘는, 대부분이 흑인인 유권자들이 명부에서 잘못 삭제되었다. 내가 알고 있는 BBC 조사가들은 이 스마트한 작은 블랙박스 작업의 결과로 앨 고어는 적어도 22,000표를 잃었다고 보도했다.

이런 놀랄 만한 발견에 대한 첫 보도가, 여러분이 기대하는 것과 같이 최고의 유력지 제1면에 실리게 되었다. 그러나 불행하게도 그것은 다른 나라였으니, 미국의 유력지가 아니라 영국의 유력지였다. 미국에서는 아예 이에 대한 보도조차 없었다. 플로리다에서 벌어진 대통령 선거에서의 절도행위는 TV에서도 크게 다루어졌다. 그러나 이것 역시 영국에서의 일로, 런던의 BBC 방송국이 그 일을 담당해서 세계로 방송했지만 미국은 아니었다.

믿기지 않는 이 이야기는 영국 언론의 오보였을까? 결코 그렇지가 않다. 미인권위원회(US Civil Rights Commission)의 수석법률가는 이것을 가리켜 플로리다가 흑인 유권자 권리를 조직적으로 박탈하려는 음모에 대한 첫 번째 확고한 증거라고 하였다. 그렇다면 도대체 이에 대한 조사와 보도 및 방송이 유럽에서만 행해졌던 이유는 무엇일까? 나는 그 대답이 무엇인지 알고 싶다. 그 대답을 알아야 나 같은 남부 캘리포니아의 촌뜨기가 왜 자기의 조국에 대한 이야기를 해 주기 위해 처자를 거느리고 영국까지 가야만 했었는지 그 이유를 이해할 수 있게 될 것이다.

이 장에서 나는 잘못된 시작에서부터 아름답지 못한 결론까지 한 단계씩, 모든 보도마다 조사하면서 나아갈 것이다. 내가 처음 이 이야기를 터뜨렸을 때, 나는 실수를 했다. 선거 후 몇 주 안에, 나는 해리스가 8천 명의 유권자를 삭제하려 했다고 말했다. 그것이 그 선거의 결과를 그리고 역사를 바꾸기에 충분하다고 생각했는데 내가 잘못 짚은 것이다. 지금, 플로리다 선거의 껍질을 벗기며 2년을 보내고 나니, 나는 대부분이 흑인이거나 히스패닉이고 거의가 민주당원인 9만 명이 넘는 사람들이 선거를 방해받았다는 것을 알아냈다.

여기에서 우리는 중요한 질문을 하게 된다. 그것은 고의적이었을까? 이 삭제가 공화당에게 그렇게 행운을 주었는가? 아니면 단지 정직한 사무원의 실수인가? 장차 범인이 될 토마스 쿠퍼의 경우로 되돌아가 보자. 나는 해리스의 삭제 명부에서 이렇게 시간적으로 문제가 있는 325명을 셀 수 있었다. 사무원의 실수라고? 나는 플로리다 선거본부와 주정부 사무실의 컴퓨터와 이메일을 파헤쳤다. 그리고 사무실 직원이 경악하기에 충분한 일이 벌어졌다. 그들은 쿠퍼 씨와 같이 다음 세기에, 다음 천년에 죄를 짓게 되어 있어 명부에서 삭제된 사람들을 한가득 발견했다.

신경과민이 된 사무원은 어떻게 해야 하는가 전전긍긍했다. 나는 내가 그 대답을 알고 있다고 생각했다. 매일 아침 국기에 대한 맹세를 하는 로스앤젤레스 학교 교육을 받아온 나는 만일 누군가가 잘못 고소되었다면, 그 주는 그들에게 선거할 권리를 돌려 주는 것이 당연하다고 생각했다. 그러나 그 공화당 기관원들은 더 나은 아이디어를 가지고 있었다. 그들은 그 직원에게 그 이상한 유죄판결 날짜를 공백으로 하라고 했다. 벌써부터 그 명부에 신경을 쓰고 있던 주 선거감독관에게 그것보다 더 현명한 방법이 있었을까? 플로리다 삭제 명부에는 4천 개가 넘는 유죄판결 날짜가 공백으로 되어 있다.

여러분은 이런 일들을 미국 언론에서 본 적이 거의 없을 것이다. **왜? 대선을 취재하기 위해 파견된 10만 명이나 되는 미국 기자들이 있었음에도** 선거절도 행위를 파악해 내지도, 그것을 (이왕이면 선거 전에) 보도해 내지 못했다는 것이 가능이나 한 일인가?

Part 1 · 양들의 침묵:

> 미국의 언론들은 잘못된 것을 보지도, 듣지도 또 보도하지도 않는다.

심층취재를 통한 보도는 세 가지 공통된 점을 지니고 있다. 위험을 동반하고 있다는 점과 기존의 질서를 흔들 가능성이 있다는 점, 그리고 매우 비용이 많이 든다는 점이다. 신문사나 방송국 또는 그에 관련된 기업들이라 해도 이윤추구에 관심을 갖고 있는 한, 별도의 비용이나 위험부담 및 비난을 동반할 가능성이 있는 것을 선뜻 감수할 수 있을까? 내가 읽은 어떤 경영학 서적에도 그런 일이 가능하다고 적혀 있지 않다. 세계의 주요 신문 가운데 내가 몸담고 있는 영국 신문인 『가디언』과 『가디언』의 자매지 『옵서버』만이 2002년 선거 몇 주 후, 이 스캔들을 보도했는데, 두 신문 다 비영리회사가 운영하고 있다는 사실을 상기할 필요가 있다.

하지만 이윤추구가 심층취재를 가로막는 궁극적 이유라고 한다면, 대선을 비롯한 여러 사건을 제대로 보도하지 않는 좀더 직접적인 원인은 미국의 소위 웃기지도 않는 "언론문화"에 있다고 할 것이다. 세계적인 루퍼트 머독과 같은 사람들을 '새로운 세계질서'를 이끄는 목자라고 비유한다면 이러한 성공을 얻어낼 수 있었던 요인은 이들이 얌전한 양떼들을 길러낸 것에서 찾을 수 있다. **얌전한 양떼들이란 편집자와 기자들을 말하는 것으로,** 이들은 편안하게 누워 정부와 기업의 홍보담당관들이 던져주는 보도자료와 소식 등을 받아먹고 이를 단순히 종이에 기사로 옮겨 놓고 있을 뿐이다.

앨 고어에게서 대통령 직을 훔쳐낸 플로리다 선거비리 사건을 우리는
예로 들어볼 수 있을 것이다. 영국에서 보도된 내용이 인터넷에 널리 퍼
지게 되자 CBS-TV의 뉴스 프로듀서가 내게 연락을 취해 왔다. CBS의
이 거물급 인사는 많은 질문을 통해 내게서 정보를 얻어내었고 이에 대
해 만족스러워했다. 내가 준 정보는 여러 사람들의 이름과 전화번호 등
신속한 TV 보도에 필요한 정보들이었다.

나는 또한 CBS 측에 주저하지 않고 다음과 같은 정보도 제공해 주었
다. 그 정보란 플로리다 주지사이자 공화당 대통령 후보의 동생인 제브
부시가, 중죄인이긴 하지만 플로리다 주 법 상으로는 엄연히 선거권을
갖고 있는 사람들을 선거인 명부에서 제외하도록 불법적으로 지시한 내
용이었다. 제브 부시의 이런 불법적 행위로 인해 또 다른 4만 명의 유권
자들이(57,700명이 삭제명부에 있는 외에) 투표권을 행사하지 못했는데
이들 대부분은 민주당 지지자들이었다.

그런데 한 가지 문제가 있었다. 아직 이 문제에 대한 나의 취재가 제
대로 마무리되지 못한 상태였던 것이다. 따라서 CBS 쪽에서 나머지 미
진한 부분들, 즉 서류를 검토하고 법률적 사항을 고려하며, 증언들을 얻
어내는 일을 해야 할 것으로 여겼다.

그러나 그 다음날 그 프로듀서는 전화로 다음과 같이 통보하였다.
"죄송합니다. 하지만 선생의 말씀은 신빙성이 없는 것으로 결론을 내렸
습니다." 나는 그런 결정을 내리게 된 경위에 대해 물었다. 그의 대답은
"제브 부시 사무실에 전화해 확인하였습니다."였다. 이런, 맙소사.

나는 이런 식의 "심층취재"에 전혀 놀라지 않았다. 사실 미국 언론이
라는 작은 양들에게 있어서는 그런 것이 표준적인 취재활동이기 때문이
다. **정치인이나 기업가의 설명 한 마디면 그만이며 더 이상의 취재활동은 없**

게 된다. 어쨌든 내 기사는 TV에 방영되었다. 영국 BBC의 '뉴스나이트'에서 그걸 보도했는데, 알다시피 BBC는 공영방송으로, 내가 의미하는 것은 진짜 공영방송이라는 것이다.

혐의의 대상자가 부인한다는 이유를 들어서 보도하지 않기로 한 CBS-TV의 프로듀서에게는 사실 많은 부담이 있었음을 이해해야 할 것이다. 본 사건은 상당한 양의 문서를 빠른 시간 안에 검토해야 하고 또 수 백 통의 전화와 인터뷰를 행해야 하는 성질의 것으로 힘든 취재에 익숙하지 못한 미국의 언론들에게는 달갑지 않은 것이다. 그러나 더욱 어려운 것은 이 보도를 하기 위해서 기자는 거물급 정치인들과 그들의 변호사 및 홍보담당자들 모두를 거짓말쟁이라고 당당히 외칠 수 있는 용기가 필요하다는 점이었다.

그러므로 미 인권위원회가 이런 일을 떠맡을 때까지 기다렸다가 이후 위원회가 내놓는 발표문이나 기자회견 내용을 기사로 싣는 것이 훨씬 더 손쉽고 비용이 적게 들며 위험부담도 없다. 기자회견에서 발표된 내용을 그대로 실었다는 이유로 어떤 누구도 해고된 적은 없기 때문이다.

잠깐! 〈머피 브라운〉*을 본 여러분들은 기자들이 큰 스캔들의 전모를 파헤치기 위해 매일같이 기민하게 움직이며 취재하는 것을 갈망한다고 생각하기 쉽다. 말도 안 되는 소리다.

〈모든 대통령의 사람들(All the President's Men)〉**의 내용은 너무도 특이했기 때문에 여기에 대한 영화까지 만들어야 했던 것을 기억할 필요가 있다.

---

* 1988년부터 10년 동안 방영되었던 TV 시리즈물로, 머피 브라운은 여주인공인 리포터의 이름이다.
** 1972년 「워싱턴포스트」의 두 기자 밥 우드워드와 칼 번스타인이 닉슨 대통령의 워터게이트 사건을 보도함으로써 닉슨은 사임까지 하게 된다.

선거의 속임수에 대한 이야기가 미국에 슬쩍 들어오다

런던에 있는 『가디언』과 『옵서버』 지(誌)는 미국의 대선에 대한 진실을 알려준 일에 대해 감사를 표하는 미국 인터넷 독자들의 편지를 2천 통 가량이나 받았다. 그리고 나도 다음과 같은 내용의 편지도 받았다.

네놈은 평범한 미국인들을 영국놈들처럼 교육도 제대로 못 받은 바보로 알고 있는 모양이로군. 야, 이 자식아. 내 한 마디 하지.…….

이 편지는 차마 입에 담지 못할 신체적 행위를 영국여왕께 행하라는 말로 끝을 맺고 있다(그림1.1).

『옵서버』 지의 보도는 선거 3주 후 인쇄되었다. 플로리다에서는 아직도 표를 세고 있었다. 표가 계산되는 것을 지켜보면서, 미국의 부정폭로 기자 중, 가장 막강한 조 코나슨은 인터넷 잡지 살롱 닷컴(Salon.com)의 그의 편집자에게 대선 절도행위에 대한 나의 기사를 미국에서도 실어야 한다고 주장했다.

살롱은 "플로리다 선거 명부의 인종청소"라는 제목의 기사를 2002년 12월 4일 인터넷에 올렸다. 이건 정확하게 "인쇄"된 것은 아니지만 그러나 최소한 미국 잡지였다. 하지만 뉴스 편집자로부터의 전화는 한 통도 받지 못했고 심지어 내 신문과 자매결연을 맺고 있는 『워싱턴포스트』로부터도 아무 연락도 받지 못했다. 『워싱턴포스트』는 『가디언』과 기사를 공유하고 있는 신문이다.

뉴스 자체의 충격적 내용으로 보았을 때, 그리고 사이트 방문 회수로 보았을 때 이 기사는 살롱 잡지로서는 최대의 정치 기사였다. 그래서 살

Re: YOUR SOCIALIST SLANTED NEWS/REPORTING
Date: 1/7/01   2:20:41 PM GMT Standard Time
From: wild.bill@mtaonline.net (wildbill)
To: Gregory.palast@guardian.co.uk

hey greg,
let me begin by saying that your "article" on the Florida "black list" is so transparently a socialist/democrat attempt to help your socialist cousins in the states that it laughable. You pansey brits seem to think that the average American is as undereducated and stupid as the average british subject. Well comrad, I'm here to tell you that that is not the case. While your average british male was chasing his classmates around the dorms trying to get a little buggery time in, The Average American male was in class paying attention to the subject matter at hand. One of the first things I learned was to spot a liar, and in your case it was'nt hard. you story is so full of outright lies and half truths that a 6th grader here in the states could find you out. You claim to be places and to hace spoken to people that would be extreemly hard if not impossible to a member of the legitimate press and a genuine miracle for a representative of a thirdworld (yes greg, britain is considered here in the states to be a third world country, and one populated by fourth rate acedemics) socialist rag. We yanks have kicked your worthless limey butts twice so far, is that what has your panties in a twist? Does'nt matter anyway, I just wanted to drop you a line to tell you to say hi to prince chuck for me, you know who I'm talking about don't you? He's the one member of the boll family that is squatting in Buckingham palace, the one that from head on looks like a volkswagon with both doors open. Oh, and I almost forgot, tell that bitch the Queen the next time you bugger her that she needs to lose some weight & Stay out of our politics you english pigs. <>

그림 1.1 저자가 받았던 편지.

롱 측은 제1부 기사를 그 해의 최고 정치 기사로 뽑았던 것이다. 그런데 제2부는 어찌된 것일까? 웹 사이트와 라디오 프로그램에서 살롱은 이틀 후에 제2부 기사를 싣겠다고 하였다. 하지만 이틀이 지나고, 또 이틀이 지나고…… 이렇게 시간이 흘러갔지만 기사는 나오지 않았다. 제2부 기사는 CBS의 '이브닝뉴스'가 보도를 거절한 바로 그것으로, 제브 부시가 또 다른 4만여 명의 유권자에게 투표권을 박탈한 사건에 대한 기사였다. 이 4만 명 중 90%가 민주당 지지자라는 사실은 충분히 뉴스거리가 되었다. 왜냐하면 이만한 숫자는 부시의 승리를 뒤집고도 남을 만한 것이기 때문이었다.

나는 안달이 나 미칠 것 같았다. 고어는 아직 패배를 인정하지 않고 있었으므로 제2부 기사를 제때에 발표하는 것이야말로 결정적으로 중요한 일이었던 것이다. 하지만 도대체 어떻게 된 일일까? 마침내 살롱 닷컴의 편집자 한 명이 내게 전화를 해 "선생 이야기는 신빙성이 없습니다. 우리가 제브 부시 사무실에 확인해본 결과는……."

아이고! 어디서 들어보던 소리네.

또 다른 담당자는 다음과 같은 설명을 덧붙였다. "『워싱턴포스트』 같은 신문들은 이런 기사를 결코 싣지 않을 것입니다."

하긴 그의 말은 옳았다. 미국의 대표적인 신문들은 나의 기사를 실어주지 않았다. 지금까지는 말이다. 그러나 최소한 살롱은 국경 감시대를 뚫고 첫 번째로 보도를 해주었다. 그러므로 신이시여 미국에게 축복을 내려주소서!

미국이 잠에서 깨어나기를 기다리는 동안 나는 BBC의 촬영팀을 이끌고 플로리다로 갔다. 플로리다의 공화당 관리들이 선거 전에 의도적으로 수천의 흑인 유권자들의 투표권을 박탈한 사건에 대한 "부정할 수 없는 확실한" 증거를 찾아내기 위해서였다. 나는 플로리다 주와 사기업 사이에 체결된 계약 내용을 담은 비밀문건을 입수하게 되었다. 그 문건은 대부분 흑인인 수천 명의 아무 죄 없는 유권자들로부터 그들이 의도적으로 투표권을 박탈한 사실을 증명하는 결정적 증거였다.

2월에, 촬영팀을 이끌고 제브 부시의 플로리다 선거 담당관과 인터뷰를 하게 되었다. 미리 인터뷰에 응하겠다는 답을 받고 간 것이었다. 내가 비밀문건을 그 앞에 내놓자, 제브 부시의 부하직원인 선거 담당관은 마이크를 급히 떼어 놓더니 45m 정도를 전력 질주하여 자신의 사무실로 들어가 문을 잠가버리고 말았다. 이 모든 것이 카메라를 앞에 두고 벌어진 일이었다. 영국 TV에서 그대로 방영된 이 장면은 시청자들에게 놀라움을 안겨 주었고 매우 큰 반응을 얻었다. 또 우리는 그 관련 기업이 사실을 시인하는 것도 방영하였다. 충분한 뉴스거리라고요? 하지만 미국 언론에는 그렇지 못한 모양이었다.

내 프로그램인 BBC '뉴스나이트' 는 미국 ABC의 '나이트라인' 과 기사교류 계약을 체결하고 있다. 일종의 자매 방송인 것이다. 2만 명이 넘는 미국의 네티즌들이 BBC 웹 방송을 보았다. 기록적인 수치였다. 그리고 이들은 ABC-TV에 대해 BBC가 방송한 부분을 방영하거나 최소한 그에 대해 보도를 해 줄 것을 요구하였다. 그러나 '나이트라인' 은 방송 대신 취재팀을 이틀 간 플로리다로 파견하였다. 이들은 투표절차가 복잡하고 또 흑인들이 투표과정에 대해 제대로 숙지하지 못하고 있다는 보도를 내 보냈다. 보도 내용의 골자는 흑인들은 너무 멍청해서 어떻게 투표하는지도 모른다는 것이었다. 백인 지역인 레온 카운티에서는 잘못 기재할 경우 수정할 수 있도록 기계가 자동적으로 투표용지를 받아들이지 않지만, 반면에 흑인지역인 가즈덴 카운티에서는 동일한 기계가 잘못된 투표용지도 그대로 받아들이도록 프로그램되어 있었다는 사실에 대해선 일언반구도 없었다. 하지만 이것도 역시 우리 보도에서 다루어진 내용이었다.

왜 ABC는 선거권 박탈에 대한 보도를 하지 않았을까? 공화당의 거대한 음모론으로 여기지는 말라. 단지 심층취재가 지니고 있는 세 가지 요소를 생각해 보는 것으로 충분하다. 위험부담, 시간, 또 비용이 그것이다. BBC와 『가디언』의 기사는 이런 모든 것을 감수했지만 미국 언론에게는 충분한 여건이 허용되지 못하고 있다.

마침내, 살롱 닷컴에서 다루어 주지 않은 내 기사의 제2부가 별로 알려지지 않은 『네이션(Nation)』이라는 매체에 실리게 되었다. 『네이션』에 영광이 있기를!

그리고 곧 놀랍게도 『워싱턴포스트』는 선거권 박탈에 대한 기사를 제1면에 싣게 되었다. 이 기사는 CBS와 살롱 측에서 신빙성이 없다며 게재를 거부한 부분도 포함하였고 또 내 이름이 기재된 평도 실을 수 있는 지면을 할애해 주었다. 『워싱턴포스트』의 용기에 찬사를 보내자!

그런데 만일 내가 다른 소리를 하면 배은망덕한 행동이 될까? 『워싱턴포스트』의 보도는 6월에 이루어졌다. 그들은 개표가 여전히 진행되고 있던 7개월 전에 이미 이에 대한 것을 알고 있었는데도 미인권위원회의 보고서가 나올 때까지 기다렸던 것이고 그렇게 함으로써 공식승인이라는 견고하고 거대한 엄호물 뒤에서 포격을 가할 수 있었던 것이다. 다시 말하면 『워싱턴포스트』는 이미 부상한 사람을 향해 돌진해 가서 총질을 해 댄 것이다.

Part 2: 기사들(The Reports)

여기에 밝히고 있는 것들은 여러분들이 보지 못하도록 막아왔던 내용이다. 영국의 『옵서버』와 『가디언』에 실린 기사, BBC TV 취재물 가운데 일부와 미국의 살롱과 『네이션』 또 『워싱턴포스트』의 기사 등이다. 그리고 영국이나 미국에 한 번도 기사화된 적이 없는 새로운 것들도 있다. 플로리다 주정부라는 복마전으로부터 문서들이 지금까지 계속 흘러나왔다. 미국의 "공신력" 있는 신문들한테 이것에 대해 기사화해 줄 것을 부탁하느라 이제는 지칠 대로 지친 본인이 이를 수집하여 여기에 발표하는 바이다.

대서양 건너 플로리다에서 일어난 일에 대해 영국 신문들은 어떻게 냄새를 맡았는가? 그때 나는 아버지 부시의 금광사업에 대해 파헤치고 있던 중이었다.

컬럼비아 대학에서 저널리즘을 전공하는 한 학생이 마더존스*의 게시판에 글을 올렸는데 대통령선거가 있기 수개월 전에 『팜비치포스트』에 실린 기사에 대한 것이었다. 그 기사 내용은 8천 명의 유권자들이 실수로 선거인 명부에서 누락되었다는 것이었다. 이 글은 어느 조사자가 내게 일러주었던 것이었다. 플로리다에서 이런 소동이 있다면 여러분은 당연히 미국의 기자들이 이를 기사화할 것이라고 생각할 것이다. 그러나 호기심 많은 기자들도 "실수"가 정정되었다는 『팜비치포스트』의 보도를 그대로 받아들인 모양이었다.

하지만 만일 플로리다 언론의 강아지들이 옳지 않았다면 어쩔 것인가? 그 강아지들이 분연히 일어서서 주정부 관리들이 던져주는 더러운 비스킷을 삼켰다면 어쩔 것인가? 그리고 그 "실수"가 고쳐지지 않았다면?

확인해 볼 가치가 있는 것이었다.

런던에서 나는 『옵서버』에 기사를 쓰기 위해 플로리다의 탬파에 있는 선거관리위원회 소속의 통계학자와 접촉하였다. 그런 기술적 전문가가 내게 거짓을 말할 이유가 없을 터였기 때문이다. 내가 첫 번째로 질문한 것은 "선거인 명부에서 누락시킨 사람 가운데 얼마나 많은 사람이 흑인인가"라는 것이었다.

---

* 인터넷 잡지의 하나. http://www.motherjones.com.

그의 대답은 이랬다. "누군가가 그 질문을 해주기를 기다려왔습니다."

그의 조언을 근거로 내가 쓴 기사는 다음과 같다.

"플로리다에서 흑인은 축출되다"
『옵서버』, 런던, 2000년 11월 26일

만일 플로리다 주가 6만 6천 명의 유권자들을 전과자라는 이유로 선거인 명부에서 제외시키지 않았더라면 고어 부통령은 충분히 승리하고 남았을 것이다. 실은 이들 6만 6천 명 가운데 극히 일부만 전과자였을 뿐 대부분은 흑인이라는 죄밖에 없는 사람들이었다. 사안을 조용히 검토하던 선거관리위원회의 어느 고위 관리는 매우 놀라운 사실을 알아내게 되었다. 흑인들의 비율이 일반적 통계수치보다 훨씬 높게 나온 것이었다. 또 흑인과 백인의 범죄율에 견주어 보았을 때에는 흑인들의 비율이 상당히 컸다.

명단 가운데 하나는 8천 명의 전과자 이름을 담고 있었는데 그것은 텍사스 주가 제공한 것이었다. 하지만 텍사스 출신의 이 사람들이 저지른 범죄는 (그들 주지사인 조지 부시가 저질렀던) 음주운전 이상의 것이 아니었다.

이 악의에 찬 **블랙리스트의 출처는 데이터베이스 테크놀로지스(DBT:Database Technologies)란 회사**로 이 회사는 제브 부시의 편향적인 주정부 국무장관 캐서린 해리스의 지시 하에 운영되고 있었다. 초이스포인트의 자회사인 DBT는 펜실베이니아 주 컴퓨터에 있는 개인 정보를 오용한 사건으로 비난 받고 있었다. 초이스포인트(ChoicePoint's)의 이사진은 공화당에 많은 돈을 갖다 바치고 있는 부자들로 이루어져 있는데 그 중 한 사람이 켄 랭곤으로 그는 힐러리 클린턴에 맞서 상원에 도전하려다 결국 그만둔 루디 줄리아니의 선거재정 담당관이었다.

악어들하고 선거하기

『옵서버』 지의 기사가 런던의 거리를 강타하고 있을 때, 고어는 계속 선거중이었다.

살롱의 조 코나슨 기자는 살롱의 편집자들에게 내 기사를 미국에서도 싣자고 요구하였다. 그 일은 쉽지도 않을 뿐만 아니라 비용도 적지 않게 드는 일이었다. 텍사스가 보내온 8천 명 명단의 오류는 정정되었다고 플로리다 주는 말했다. 그러나 여전히 답하기 어려운 질문이 남았다. 그럼 그 명단의 나머지 57,700명은 어떠한가?

명단에 남은 나머지 사람들은 상당수가 흑인이었다. 중죄인 가운데 절반이 흑인인 나라에서 이것은 이상할 것이 전혀 없는 것이라 할 수 있다. 명단 가운데 절반가량이 흑인이고 이들 중에 아무 범죄를 저지르지 않은 사람이 아주 작은 비율로 끼어 있었다면 분명 부시가 이긴 선거였다.

해결해야 할 문제는 과연 "정정되었다"는 명단이 실제로 정정되었는가 하는 것이다. 이것을 확인하는 일은 살롱에게 있어서 비용이 만만치 않은 것이었다. 사실 많은 비용이 드는 작업이었다. 정치부 기자들을 모두 이 일 쪽으로 돌려야 하고 또 거물급 기자들에게 플로리다 전역의 카운티 선거 사무소를 방문해 취재하는 궂은 일을 맡도록 해야 하는 그런 일이었던 것이다.

한편 살롱 측은 ─ 특히 앨리시아 몽고메리와 대릴 린제이 그리고 앤소니 요크(이들 모두에게 감사한다) ─ 수많은 증거물을 수집해 왔다. 이들 증거들을 아무리 우리 쪽에 불리하게 해석한다 하더라도, 앨 고어 쪽이 대통령에 당선되기에 충분한 흑인 유권자들을 플로리다 주가 누락시켰다는 결론을 내리기에 충분했다.

그 당시, 대통령 선거는 여전히 계속되고 있었다. 고어에게 있어 대통령 선거는 아직 진행 중이었던 것이다. 고어 측 선거 캠프는 의견이 나뉘어져 있었다. 가만히 앉아서 결과만을 지켜보자는 측과 강경대응론자들이 서로 맞섰지만 결국 고어는 전자의 의견을 따르고 말았다.

인터넷에 기사를 올리기 직전에 누군가가 백악관 및 고어 측의 중요한 인사에게 전화를 걸어 살롱이 게재할 기사 내용을 알려주었다. 그 거물급 인사는 "그거 굉장하군. 그래 그 기자가 누군가?"라고 물었다. 정보 제공자는 이렇게 말해주었다. "본래 미국 사람인데, 지금은 영국에 있는 그레그 팔라스트라는 기자입니다."

거물급 인사는 이렇게 대답했다. "젠장, 우리가 미워하는 놈이잖아."

조금 본론에서 벗어난 이야기를 했다.

그리고 2000년 12월 4일 다음 기사를 나는 살롱에 보냈다.

"플로리다 주가 자행한 선거인명부 인종청소"

From Salon.com

만일 앨 고어 부통령이 플로리다 선거가 어떻게 된 것인지 궁금해 한다면 산더미 같은 컴퓨터 천공카드 더미를 뒤지는 것보다는 플로리다 주 국무장관인 캐서린 해리스의 하부 조직이 선거인 명부에서 없애버리기 위해 작성한 57,700 명의 "정리명단"을 살펴보는 게 좋을 것이다. 이 명단을 자세히 살펴보면, 공화당과 긴밀한 관계를 맺고 있는 사기업이 오류투성이의 "중죄인" 명단을 제공하고 이를 근거로 하여 유권자 수천 명에게 투표권을 행사하지 못하도록 한 사실을 파악해 낼 수 있다.

그해 초에 초이스포인트 기업은 선거인 명부에서 제명하도록 8,000 명의 중죄인 전과자 명단을 플로리다 주 관리들에게 넘겨주었다. 하지만 명단에 있는 사람들은 중대범죄를 저지른 적이 없었고 단지 경미한 범죄뿐이었다. 초이스포인트 측은 오류를 인정하면서 그 책임을 명단의 원래 출처인 텍사스 주 쪽에 돌렸다.

플로리다 주 관리들은 텍사스 주가 범법자로 잘못 지목한 사람들을 대통령 선거가 있기 전에 다시 선거인 명부에 올리는 조치를 취했다. 하지만 개개의 카운티에서 발견된 수많은 오류들을 고려해 보았을 때 아무런 잘못 없는 수천의 유권자들이 투표소에서 투표하지 못하고 발길을 돌려야 했던 것으로 여겨진다.

플로리다 주는 선거인 명부에서 지워버릴 사람의 명단을 제공받는 대가로 사기업에 돈을 지불한 유일한 주이다. 플로리다 주는 1998년에 DBT 온라인과 4백만 달러짜리 계약을 체결하였다. 그 후 DBT는 애틀란타의 초이스포인트로 합병되었다. 중심 유권자 파일이라는 이름의 정리명단은 1998년에 제정된 선거인 부정에 관한 법에 근거한 것으로 이 법률은 이미 사망한 사람들이 투표한 것으로 밝혀져 마이애미 시장이 선거부정에 대한 책임을 지고 물러난 사건이 있던 그 이듬해에 만들어진 법이었다. 선거인 부정에 관한 법은 67개의 모든 카운티가 이중으로 등록된 사람이나 사망한 사람 및 중죄인 등을 선거인 명부에서 제명하도록 하고 있다. 그러나 이 법률 시행 과정에서 플로리다의 소수민족을 제물로 삼게 되었다. 중죄인에게 선거권을 박탈하는 것 때문에 흑인 가운데 31%나 투표를 할 수 없게 된 것이다.

이렇게 소수민족들을 배제하는 것은 불공평한 것이었으며 또 이것은 역시 고어에게도 불공평하게 작용하였다. 플로리다에서는 흑인 가운데 93%가 고어에게 표를 던졌던 것이다.

살롱이 취재한 10개의 카운티는 중심 유권자 파일의 사용 정도에 있어 매우 큰 차이를 보였다. 어떤 곳은 그 파일이 신뢰할 만한 것이 못 된다는 것을 알고 전혀 사용하지 않았다. 하지만 대부분의 카운티들은 선거인 명부에서 이름을 솎아내는 일에 그 파일만을 사용한 듯하며 또 이들 중 몇몇 카운티는 "삭제"된 유권자들에게 그 내용을 알리는 일을 전혀 하지 않았다. 그 파일의 정확성을 확인하는 데에 최선의 노력을 행한 카운티들은 상당히 큰 오류를 발견하였는데 거기에는 15%나 중죄인으로 잘못 분류되어 있었던 것이다.

　뉴스 보도는 중심 유권자 파일의 사용을 거부한 팜 비치와 두발 카운티를 포함해 독자적인 입장을 취한 플로리다 카운티에 집중되었다.

　선거 후 3주가 지나자 『마이애미헤럴드』가 보도하기를 12곳의 플로리다 카운티의 투표를 조사해 본 결과, 대통령선거에서 445명 이상의 중죄인들이 ―주로 팜비치 카운티와 두발 카운티에서 ― 투표한 것을 발견했다고 하였다. 하지만 정확성에 대한 의문 때문에 중심 유권자 파일을 폐기한 곳이 팜비치와 두발만은 아니었다. 매디슨 카운티 선거관리위원인 린다 하웰에게는 그 파일을 불신할 만한 특별한 개인적 이유가 있었다. 그것은 자신이 중죄를 저질렀기 때문에 선거를 할 수 없다는 편지를 받았었기 때문이었다.

　지금까지 결코 중죄를 저지른 적이 없다고 말하는 하웰은 2000년 3월에 받은 이 편지로 인해 이런 과정에 대한 믿음을 상실하게 되었다고 했다. 그녀는 "진짜 엉망진창입니다."라고 말했다.

　"전 너무 화가 났었습니다. 절보고 중죄인이라니요." 실수가 정정되고 또 경찰 공무원들이 정중히 사과했지만, 하웰은 "정보가 너무나 오류투성이라서" 주에서 제공한 명단을 사용하지 않기로 결정했다. 1999년에 처음으로 명단을 받았을 때 하웰은 얼마나 많은 카운티 주민들에게 경고의 편지가 보내졌는지 확실하게 알지는 못하지만 그때에도 많은 문제가 있었음을 기억하고 있다. "선거인 명부에서 제외되었다는 편지를 보냈다가 그 다음날 다시 명부에 올렸다는 편지를 보내곤 했습니다. 분명 우리들을 멍청이처럼 보이게 하는 일이었지요."

　딕시 카운티와 워싱턴 카운티 역시 정리명단의 사용을 거부하였다. 딕시 카운티 선거관리 부위원인 스타렛 캐논은 "나는 그 명단을 갖고 일하는 것이 겁이 났습니다. 왜냐하면 거기에 담긴 정보가 정확하지 않았기 때문입니다."라고 말했다.

　워싱턴 카운티 선거관리 위원인 캐롤 그리핀도 다음과 같이 말했다. "그 명단은 과거에도 정확하지 못한 것이었습니다. 따라서 우리는 올해에는 올바른 정보를 담고 있다고 가정할 어떤 근거도 없었습니다."

　그러나 몇몇 카운티가 그 명단을 사용하지 않기로 한 것에 반하여 다른 카운티들은 지나칠 정도로 신뢰하고 있었던 것으로 여겨진다. 볼루시아 카운티 선거관리국 대변인인 에타 로사도는 말하기를 볼루시아 카운티는 그 파일을 액면 그대로 받아들여서 정확성을 확인하는 어떤 절차도 행하지 않았으며 선거인 명부에서 제외된 사람들에게 미리 그 사실을 통보하지도 않았다고 말했다.

로사도의 말은 다음과 같다. "중죄인 명단을 받으면 우리는 곧바로 선거인 명부를 컴퓨터에 돌립니다. 만일 존 스미스라는 사람이 중죄를 저질렀었다고 하면 컴퓨터에 그 사실을 표기합니다. 중죄인(felon)의 앞 글자를 따 'f'라고 쳐 넣지요. 그리고 그 사실을 통보 받은 날짜를 기록합니다. 그들의 이름은 여전히 컴퓨터에 남아있지만 선거권이 박탈되는 처지가 되는 것입니다." 즉 단순히 투표할 권한이 없다고 기록하는 것이었다.

"그들에게 당신들은 중죄인이라고 말해주는 것은 우리의 몫이 아니라고 생각합니다." 로사도는 계속 말을 이었다. "만일 중죄인의 이름이 선거인 명부에 있으면 우린 그걸 기록해 두기만 합니다. 만일 투표소에 나타나게 되면 '잠깐만요. 당신은 중죄인으로 판결 받은 적이 있기 때문에 투표할 수 없습니다.'라고 말해주면 되는 것이지요. 그러면 10명 가운데 아홉은 '알았습니다.'라는 말과 함께 투표소를 빠져 나갑니다. 따지고 들지 않습니다."

중죄인이라는 이유로 얼마나 많은 사람들이 선거인 명부에서 제명되었는지는 로사도는 알지 못하고 있다.

힐스보로 카운티 선거관리 위원인 팸 아이오리오는 시스템 상의 결함 때문에 투표권 행사에 지장을 받는 일이 없도록 하는 데 힘을 기울였다. 중죄인으로 분류된 3,258명의 힐스보로 카운티 주민들에게 투표권 행사가 어려워질지 모른다는 사실을 알리는 등기우편을 보냈던 것이다. 그중 551명이 이의를 제기했고 245명의 이의가 받아들여졌다.

이들 가운데 일부는 중죄가 아니라 경미한 범죄를 저질렀던 것이고 또 어떤 사람들은 중죄를 저질렀으나 이미 시민권이 회복된 사람이었고 다른 이들은 신원이 잘못 파악된 경우였다.

또 다른 279명은 카운티가 갖고 있는 명부의 어떤 이름하고도 일치하지 않아 통보되지도 않았다. 따라서 3,258명의 이름을 담고 있는 명단은 15% 이상이 오류라고 카운티는 결론을 내리게 되었다. 이 비율을 플로리다 주 전체에 적용시킨다면 최소한 7,000명 이상이 선거인 명부에서 잘못 제명되었다는 결론이 된다.

선거인 명부에서 중죄인의 이름을 제명하는 일에 카운티 공무원들이 충분한 준비교육을 받지 못했다고 아이오리오는 말하고 있다. "형사법에 관련된 사항이나 중죄를 저지른 사람을 확인하는 일에 우리는 익숙하지 못합니다." 중심 유권자 파일이 이중등록이나 사망자 및 중죄인의 등록을 막기 위한 작업을 용이하게 하기 위한 것이었지만 이전에 그녀가 사용했던 월간 지방순회재판 명단보다도 많은 문제를 지니고 있었다. "주정부에서 제공한 데이터베이스는 항상 정확하지 못합니다."라고 아이오리는 말했다. 따라서 힐스보로 카운티는 중죄인으로 분류된 사람들에게 이 사실을 알리는 일에 최선을 다했다. "우리는 이들 모두에게 등기우편을 보냈고 신문에 광고도 실었습니다. 또 공청회도 열었지요. 답변을 하지 않은 사람들에게는 일반우편으로 편지를 한 번 더 보냈습니다. 이 일은 수개월 동안 진행되었습니다."

"우리는 몇 차례 통계 수치를 살펴보았습니다. 그런데 흑인의 숫자가 우리 인구에 비추어 예상한 것보다 높게 나왔습니다." 힐스보로 카운티의 통계담당관인 척 스미스의 말이다. 아이오리오는 카운티의 유권자 가운데 흑인 비율이 11.6%에 불과하지만 중죄인 명단에는 흑인이 54%를 차지하고 있음을 확인하였다.

스미스는 덧붙여 말하기를 DBT 컴퓨터 프로그램은 멋대로 성이나 이름 하나를 여러 개의 형태로 변환시켜 놓았다고 한다. 한 가지 예를 들면 "크리스토퍼(Christopher)"라는 중죄인과 성이 같다는 이유로 "크리스틴(Christine)"을 중죄인으로 분류하는 일이 있었다. 초이스포인트 측은 이것과 관련된 질의에 대해 아무런 답변을 해주지 않는다고 스미스는 말하고 있다. 또한 초이스포인트 측은 몇몇 개인들의 추가 입증 데이터를 제공해 주지 않고 있다고 한다. 초이스포인트 명단에 있는 사람 가운데 한 명은 지역 판사라고 한다.

아이오리오는 그 명단에 불만이 있었음에도 불구하고 그것을 사용하는 것 외에는 방도가 없다고 생각했다. 실제로도 그 방법 밖에는 없었다. 플로리다 헌법 98.0975절은 다음과 같이 규정하고 있다. "관련부

서로부터 명단을 받는 즉시, 선거관리 위원은 제공된 정보의 진위여부 확인에 노력해야 한다. 만일 제공된 정보가 잘못된 것이라고 결론내릴 수 없다면 선거관리 위원은 그 다음 선거가 있기 전까지 사망자 및 중죄인 그리고 투표가 불가능한 것으로 판결된 금치산자들의 이름을 명부에서 제명해야 한다."

하지만 여러 카운티들은 이 조항을 다른 방식으로 해석해 왔다. 레온 카운티는 2000년 1월에 받은 명단을 이용하여 선거인 명부를 정리하였지만 그해 7월에 받은 명단은 아예 무시해 버렸다. 레온 카운티 선거 사무소의 정보시스템 직원인 토마스 제임스에 따르면 그 명단은 너무 늦게 도착하여 처리할 수 없었다는 것이다.

레온 카운티 선거관리 위원인 아이온 산초에 따르면 그 파일에는 "좀 문제가 있다"는 것이다. 1월에 받은 정보를 바탕으로, 그는 일반우편을 이용하여 200통 가량의 편지를 카운티 주민들에게 보냈다. 이들은 주정부에 의해 중죄를 저질렀던 것으로 파악되었고 따라서 투표할 권한이 없다는 내용의 편지였다. 만일 오류가 있는 경우 이의제기 기간으로 30일이 주어졌다. 산초는 "오류가 있다는 사실을 증명해야 할 부담을 이들은 안게 되었습니다."라고 말했다.

그는 또 다음과 같이 말했다. "20명이 그 명단에 잘못 올라갔다는 것을 입증하였습니다. 그리고 선거 당일에 몇몇 사람들이 몹시 화가 나 전화를 하는 정도였습니다. 일부는 우리를 고소하겠다고 위협했습니다. 하지만 지금까지 변호사르부터 걸려온 전화는 한 통도 없었습니다."

오렌지 카운티에서는 공무원들이 역시 주정부에 의해 중죄인으로 지목된 사람들에게 편지를 보냈지만 그 명단과 관련된 일을 하는 데 있어서 별반 주의를 기울이지 않았다. 몇 통의 편지를 보냈느냐는 질문에 오렌지 카운티의 선거관리 부위원인 쥰 콘드런은 "모르겠습니다."라고 답했다. 그리고 잠시 생각해 보더니 "수백 통" 정도를 보냈다고 말했다. 하지만 얼마나 많은 사람들이 이의를 제기했는가는 알지 못한다고 대답했다. 다만 전화를 걸어온 사람들에게는 플로리다 주 경찰청 전화번호를 알려주어 직접 그곳에 이의를 제기하도록 했다는 것이다.

수많은 오렌지 카운티 유권자들은 어떤 형태로든지 간에 이의신청을 할 기회를 얻지 못했다. 콘드런은 편지를 일반우편으로 보냈는데 이 중 3분의 1이 수취인 불명으로 되돌아왔다고 말했다. 이렇게 많은 편지가 되돌아오게 된 것은 DBT가 보내온 정보가 매우 오래된 것이기 때문이라고 콘드런은 말했다. 그 가운데 어떤 것은 20년 가까이 된 것도 있다고 한다.

마이애미데이드 카운티 공무원들도 비슷한 어려움을 겪었던 것 같다. 선거관리 위원보인 밀턴 콜린스는 몇 명의 카운티 주민들이 중심유권자 파일에 의해 중죄인으로 분류되었는가라는 질문에 대해 당혹스럽다는 반응을 보였다. 그는 1999년에 만들어진 명단에 대해 대략 6,000명 가량의 사람들에게 일반우편으로 통지를 했다고 말했다. 그럼 정확히 몇 명이나 선거인 명부에서 제명되었던 것인가? "솔직히 말해서 알지 못합니다."라는 것이 그의 대답이었다. 그에 따르면 주정부로부터 받은 가장 최근의 명단은 2000년 1월에 받은 것이었으며 일을 처리할 때 "이중 확인 시스템"을 사용하였다고 한다. 카운티 선거인 명부와 비교하는 과정을 거쳐 주정부 명단의 정보가 정확한 것이라고 판단될 경우에는 그 사람을 중죄인으로 분류한 후 그에게는 경고장을 보냈다. 만일 두 명단 가운데 하나만이 중죄인으로 기록되어 있을 경우에는 "일시적 선거권 제한"이라는 딱지가 붙여졌다. 이 두 부류의 사람들 모두에게는 90일 간의 이의 신청기간을 주었고 이의가 없으면 선거인 명부에서 제명하였다.

그러나 얼마나 많은 유권자들이 성공적으로 이의신청을 했는지 정확한 수치를 마이애미데이드 카운티는 갖고 있지 않다고 콜린스는 말했다.

초이스포인트의 대변인 마틴 파간은 텍사스로부터 명단을 받는 과정에서 오류가 있었음을 시인하였다. ("선거를 고려해 볼 때 좀 당혹스러운 일인 것 같습니다."라고 말했다.) 하지만 전반적인 일 처리에 관하여서는 자신의 회사를 옹호하였다. 8,000명의 오류는 "유권자의 0.1%에 불과한 수치로 사소한 실수"라는 것이었다. (하지만 이 숫자는 부시가 고어보다 앞섰다고 주장하는 숫자의 15배에 달하는 것이다.) 그러나 초이스포인트는 기본자료 제공에만 책임이 있는 것이고 그것을 확인하고 또 정정하는 일은 전적으로 플로리다 주 공무원의 책임이라는 말을 덧붙였다.

작년에 DBT 온라인은 - 이 회사는 얼마 후 곧 초이스포이트와 합병되었다 - 선거인 명부에서 선거권이 제한된 사람들을 "깨끗이 청소"하는 일로 플로리다 주정부 측과 전례 없는 계약을 체결하게 되었다. 정보수집 및 어떤 기준으로 일을 진행했는지에 대해 지금까지 함구하고 있으며 심지어 플로리다 주의 선거담당 공무원에게까지 공개를 거부하고 있다.

애틀란타에 근거지를 둔 초이스포인트는 40억 개의 공공기록과 여타의 공개되지 않은 기록들로부터 개인 정보를 수집하여 이를 판매하는 닷컴 기업으로, 정부 컴퓨터에서 빼낸 개인정보를 유용했다는 이유로 큰 비난을 받아오고 있다.

2000년 1월에 펜실베니아 주는 초이스포인트가 개인 정보를 허가받지 않은 개인에게 판매한 사실을 알게 되었으며 그 즉시 이 회사와의 계약을 종결하였다.

파간은 DBT 전과자 명단의 사회보장등록번호와 선거인 명부의 번호를 서로 비교하는 방법을 사용하면 많은 오류들의 정정이 가능했을 것이라고 말하고 있다. 하지만 플로리다 카운티들의 유권자 기록에는 극히 일부만이 사회보장등록번호가 기록되어 있다. 따라서 DBT의 명단에 사회보장등록번호가 일부 빠져 있었고 또 카운티의 기록에서도 빠져 있었다는 이중의 문제점 때문에 오류를 확인할 방법이 없었던 것이다.

플로리다 주는 선거권 제한의 첫 번째 작업을 사기업에 맡긴 최초의 주이다. 그리고 초이스포인트는 야심찬 계획을 갖고 있다. 파간은 "플로리다에서의 성과를 생각해 볼 때 새 대통령의 취임과 더불어 우리 사업은 전국적 규모로 확대될 것입니다."라고 말하고 있다.

특히 그 새 대통령의 이름이 "부시"라면 더욱 그러하리라. 초이스포인트의 이사회와 실무담당자들 또 고문직을 맡고 있는 사람들 가운데는 공화당의 거물급 인사들이 포진해 있다. 예를 들면 뉴욕경찰부장 하워드 사피르와 극우파 전직 의원이자 초이스포인트의 워싱턴 로비스트로 일하는 빈 웨버 등이 있다.

더 많은 유권자들이 선거인 명부에서 제명되었다

우리는 7,000명의 죄없는 유권자가 선거인 명부에서 제명되었으며 그 중 절반은 흑인이고 따라서 그 때문에 선거 판도가 뒤집히게 되었다는 것을 그 때에는 이미 확신하게 되었다. 하지만 취재가 완료되기에는 아직 길이 멀었다. 그리고 또 다른 2,834명의 유권자들의 투표권이 박탈되었으며 이들 대부분이 민주당 지지자라는 것도 알게 되었다. (부시는 플로리다 공식 집계에서 537표 차이로 승리했다.) 그때가 2000년 12월 10일이었고 고어는 아직 승복하지 않고 있었다. 나는 이것을 영국 독자들을 위해 『옵서버』에 실었다.

"부시를 위해 블랙리스트를 소각하다"
『옵서버』, 런던, 2000년 12월 10일

여보시오, 앨. 이것 좀 보시구려. 내가 악어를 칼로 잘라낼 때마다 더욱 많은 고어 지지자들의 뼈가 드러난다오. 이번 주에도 나는 플로리다의 늪지대를 헤치고 다녔소. 캐서린 해리스가 책임자로 있는 주정부 국무부라는 늪지였지. 그곳에서 나는 2천 명 가량의 유권자들이 선거인 명부 파일에서 사라져 버린 것을 발견했다 이거요. 그 중 절반은 흑인들이었단 말이요. 선거권이 엄연히 있었지만 투표소에서 투표를 할 수가 없었던 거요.

11월 26일, 우리는 플로리다 주 국무부가 텍사스에서 중범죄를 지었다는 이유로 선거 전에 8,000명의 유권자들의 이름을 제명하도록 지시한 사실을 보도하였다. 하지만 거기에 해당하는 사람은 아무도 없었다.

플로리다 주지사 제브 부시와 그의 형에게 있어서 텍사스 블랙리스트는 하늘이 내려준 실수의 선물이었다. 선거인 명부에서 제명하도록 지목된 사람들의 대부분은 흑인, 히스패닉 또 가난한 백인들로 앨 고어 부통령에게 표를 던질 개연성이 높은 사람들이었다. 초이스포인트에 앞서 몇몇 회의적인 카운티 공무원들에 의해 오류가 발견되기 이전에 얼마나 많은 유권자들이 시민권을 상실했는지 우리는 알지 못한다. 초이스포인트 측은 텍사스 명단 크기 정도의 오류가 있었음을 용감하게 고백하면서 57,700명의 새로운 중죄인 명단을 내놓았다. 5월에 해리스는 새로이 수정된 정리명단을 카운티 선거위원회에 보냈다.

내 태도가 바람직스럽지 않은 것인지는 모르겠지만 아무튼 나는 새로운 명단을 확인하는 것이 좋을 것 같다고 생각했다. 인터넷 신문 살롱의 취재기자들과 함께 카운티 사무실들을 취재하던 우리들은 "정정"된 목록이 여전히 정확하지 못하다는 사실을 알게 되었다.

10개 지역의 카운티를 살펴본 결과, 신원을 잘못 파악한 경우가 최소한 15%가 된다는 사실을 알게 되었다. 이로써 또 다른 7,000명의 사람들이 범법자로 지목되어 대통령 선거 이전에 시민권을 제한 받게 되었다. 이들 가운데 절대다수가 흑인이었다.

우리 취재팀은 늪지대와 같은 현장을 깊이 파고들어 가자 시민권을 빼앗긴 또 다른 부류의 사람들이 있음을 알게 되었다. 플로리다 주가 계약을 체결한 사기업 초이스포인트는 예전에 일리노이와 오하이오에서 중범죄를 범한 적이 있는 약 2,000명의 명단을 만들어냈다. 다른 대부분의 주들과 마찬가지로 이들 주에서는 형기를 마치면 더 이상 범법하지 않는 한 시민권을 모두 회복시켜 준다.

플로리다 주는 주 법정에서 유죄판결을 받았던 사람들에게는 평생 동안 선거권을 박탈하고 있다. 하지만 플로리다 주는 위에서 언급한 주들로부터 이주해온 사람들에게는 이와 같은 시민권 제한을 행할 권리가 없다. 이는 해리스가 재임하고 있는 주 국무부 및 카운티 공무원들도 모두 인정하고 있다. (13개의 주만이 ― 주로 남부연맹*에 소속되었던 주들임 ― 전과자들의 투표를 금지하고 있다.)

해리스 명단을 좀더 살펴본 우리는 형기를 마치면 시민권이 회복되는 37개 주 출신의 전과자를 수백 명 더 찾아내게 되었다. 투표권이 엄연히 있음에도 왜 이들의 투표를 금지했던 것인가? 해리스는 내 질의에 대해 답변을 보내오지 않았다. 그러나 알랜 더쇼위츠가 그 답을 보내주었다. 그는 하버드 법대 교수로 법 절차에 대한 저명한 권위자로 그의 답은 다음과 같다. "플로리다 유권자의 숫자를 줄이려는 일련의 노력 가운데 하나입니다. 그렇게 하면 민주당 표가 감소할 것을 그들은 알고 있었을 것입니다.”

플로리다의 공화당 집권자들은 그 사람들이 누구에게 투표할 것인가를 어떻게 알 수 있었던 것일까? 나는 이 의문점을 선거 인구통계학의 최고 권위자인 데이비드 보시티스에게 물어보았다. 질문을 받고 한동안 웃던 그는 플로리다가 사기업으로부터 입수한 명단을 활용한 방식은 바로 “흑인 유권자들에 대한 명백하고도 확실한 인종차별”이었다고 말했다. 좀더 심각한 분위기가 되자 워싱턴 소재의 정치경제 연구센터에 재직하는 보시티스가 말하기를 미국 사법제도의 슬픈 현실은 중죄인으로 판결 받은 사람 가운데 46%가 흑인이라는 사실이라고 했다. 플로리다에서는 흑인 인구의 80%라는 기록적인 숫자가 11월 7일 투표에 참가하였다. 그리고 10명 가운데 9명은 고어에게 표를 던졌다.

워싱턴에 있는 센텐싱 프로젝트(Sentencing Project)의 마크 마우어는 나머지 정리명단에 있는 백인들도 빈민층이 매우 큰 비율을 차지하고 있다고 했다. 이들 백인 빈민층들도 확고한 민주당 지지자들이다.

이제 지금까지 살펴본 것들을 열거해 보도록 하자. 오류투성이의 텍사스 명단, 정정되지 않은 “정정” 명단, 그리고 다른 주에서 행해졌던 범죄 기록. 이 숫자는 대통령 선거 결과를 뒤집기에 충분한 것이다. 플로리다 선거인 명부에 신경 쓰랴, 조지 부시 대통령 유세에 신경 쓰랴 매우 바빴던 해리스는 분명 이것을 생각하지 못했을 것이다.

그리고 기사의 말미에 나는 초이스포인트의 반응을 덧붙였다.

12월 7일 목요일 오전 2시였다. 상대방은 전화에 거친 숨을 내쉬며 속사포처럼 말을 쏟아냈다. 알아들을 수가 없었다. “비열하고…… 거짓이야…… 정확치도 않고…… 말도 안 되는 소리…… 오류투성이에……” 짤깍! 이 전화는 초이스포인트의 명단에 대해 정보를 제공해 주는 내부고발자의 것이 아니었다. 바로 초이스포인트 미디어 홍보 담당인 마틴 파간이 내 보도가 “구역질나는 천박한 저널리즘”이라며 몰아세운 것이었다.

사실, 파간은 내 전화에 응답한 것이었다. 나는 미국 유권자를 대신하여 차기 대통령을 낙점한 이 회사가 어떤 회사인지 궁금했다.

이 회사는 그러한 중대한 작업을 행하기에 더할 나위 없는 내력을 갖고 있다. 플로리다에 있는 자회사 데이터베이스 테크놀로지스(현재는 DBT 온라인)는 행크 아셔라는 사람이 설립하였다. 그가 바하마 마약조직과 연관되었었다는 주장을 경찰에서 폈었고 – 하지만 기소는 이루어지지 않았다 – 그에 따라 데이터베이스 테크놀로지스는 FBI와의 데이터 처리에 대한 계약을 파기당한 적이 있었다. 행크와 그의 동료들은 여전히 그 자리를 지키게 되었고 과거는 모두 용서된 것으로 플로리다 주는 여긴 듯했다.

목요일 오전 3시였다. (앞의 전화와 마찬가지로 이번 전화도 내 요청에 의한 것이었다.) 좀더 부드러운 새 목소리가 등장해 초이스포인트에 대한 긍정적인 면을 강조하는 것이었다. "15%가 넘는 오류가 있다고 말씀하시지만 저희는 그것을 85% 정도까지 옳았다라고 보고 싶습니다." 그것은 7,000명이 넘는 숫자였다. 그리고 대부분 민주당 지지자였다. 물론 오류투성이의 텍사스 명단은 제외한 것이다. 고어는 537표 차이로 대선에서 패배할 처지였다.

나는 샌프란시스코에 있는 전문가 마크 스웨드런드에게 연락을 취했다. "명단을 주정부에 넘기기 이전에 여러 차례 검증을 하는 것이 기본적으로 기업들이 행하는 절차입니다."라고 그는 말했다. "더쇼위츠의 말이 맞습니다. 수천 명의 사람들의 선거권이 박탈될 것이라는 사실을 그들은 알고 있었음에 틀림 없습니다. 그리고 그들 유권자들의 인종적 특성을 또한 알고 있었고요."

여기서 "그들"이라 함은 초이스포인트가 아니라 플로리다 주를 말한다. 책임 소재에 대해 혼동하지 말도록 하자. 해리스와 그 무리들은 데이터베이스라는 뇌관에 불을 붙였고 그것이 폭발하자 마치 놀란 것처럼 연기했다. 스웨드런드는 말하기를 초이스포인트는 플로리다 주 측에 그 명단을 검증할 필요성이 있음을 일러주었어야 했다는 것이다. 그런데 초이스포인트는 데이터를 "제공된 것 그대로" 플로리다 주 측이 사용하지 말았어야 했다고 주장한다.

플로리다 주가 공공업무를 사기업에 떠넘기기 이전에는 법률에 의해 그 과정이 외부에 공개되었었다. 올해 한 카운티가 블랙리스트 작성에 있어서의 기준에 대해 초이스포인트 측에 문의하자 초이스포인트

측은 기업의 기밀이라며 거절하고 말았다. 따라서 우리는 미국 대통령
이 어떻게 해서 선출된 것인지를 결코 알 수가 없는 것이다.

또 다른 4만 명이 있음을 밝혀냈다. 다시 반복하지만 4만 명이었다.

이제 일은 걷잡을 수 없는 모습으로 흘러갔다. 『뉴욕타임스』와 『LA타
임스』 그리고 『워싱턴포스트』 및 『클리블랜드 플레인딜러』 등의 컬럼니
스트들은 살롱을 칭송했다. 이들 모두는 『보스턴글로브』의 밥 커트너가
"랩톱 린치 사건(lynching by laptop)"이라고 이름붙인 이 사건에 큰 충
격을 받았던 것이다. 하지만 뉴스 편집자나 뉴스 프로듀서로부터의 연
락은 한 통화도 오지 않았다. (CBS 뉴스 프로듀서 한 사람이 있기는 했지
만 제브 부시가 부인하자 곧바로 꼬리를 내리고 도망가고 말았다.)

나는 플로리다 주 중죄인의 권리에 대해 알아보기 시작했다.

미국의 모든 신문들은 플로리다에서는 중죄인은 선거권이 박탈된다
고 보도하였다. 모든 신문이 이렇게 한 목소리를 내는 것 그 자체가 아
마도 그 내용이 사실과 다르다는 것을 말해주는 첫 번째 증거일 것이다.
누군가가 신문들로 하여금 그렇게 믿게 하려고 하는 것이다. 모든 사람
들이 진실이라고 했던 것이 실제로 틀렸다는 것으로 밝혀지는 데는 오
래 걸리지 않았다. 어떤 중죄인들은 투표할 수 있었다. 수천 명 정도였
다. 나는 그것을 알았고 제브 부시도 알고 있었다. 그렇다면 제브 부시
가 관련 되었는가?

그래서 나는 제브 부시의 사무실에 전화를 걸었다. 전화를 받은 사무
원은 "내일 근무가 시작되기 전에 전화를 주십시오."라고 말했다. 그리
고 이 영웅적인 사무원은 다음날 아침 두 시간 동안이나 그 내용을 내게
말해주었다. "법원에서는 이렇게 하라고 했는데 우리는 그렇게 하지 않

고 저렇게 했습니다." 그녀는 내가 소문으로 들었던 법원명령에 대해 언급하면서 부시 주지사가 선거권을 가지고 있던 전과자의 시민권에 간섭하여 정지시킬 것을 명령했다고 얘기했다.

나는 "주지사가 유권자의 투표권을 박탈하기 위해 알면서도 법률과 법원의 명령을 어겼다는 것입니까?"라는 질문을 네 차례나 했다.

그 네 차례의 질문에 대해 그녀는 매번 "법원은 어떤 중죄인들은 투표할 수 있도록 하라고 했지만 우리는 그들이 투표하지 못하도록 했습니다."란 답변을 했다.

그러나 살롱은 수많은 증거가 있음에도 불구하고 더 이상의 보도를 계속 주저하고 있었다. 팔라스트라는 한 "외계인"이 정치 뉴스를 장악하고 있다고 분개하는 소리가 높았고 이에 대해 점점 부담을 느껴오고 있었던 것이다. 그런 그들을 비난할 수는 없다. 살롱은 파산에 직면하고 있었고 직원들도 크게 지쳐 있었으며 크리스마스가 가까운 때였다.

거물급 변호사들로부터 부시 측이 틀렸다고 말하는 법률적 의견을 얻는 동안 그 해의 나머지 날들이 지나가 버렸다. 그리고 나중에 인권위원회는 부시 측이 잘못한 것이라고 발표하기에 이른다. 하지만 정치적으로 중요한 시간은 계속 흘러가고 있었고 조지 W. 부시는 백악관 쪽으로 서서히 다가가고 있었다.

『워싱턴포스트』의 E. J. 디온은 내게 다음과 같이 말했다. "빨리 이걸 기사화하시오, 그레그. 어서 당장!" 하지만 엉뚱하게도 『워싱턴포스트』의 뉴스 편집실에 가는 대신에 『네이션』 쪽에 연락을 취해보라고 말하는 것이었다. 『네이션』은 다른 곳에 실리기 어려운 기사들이 모여드는 신문이다.

사실 확인을 여러 차례 하고 난 후, 『네이션』은 전과자라는 이유로 잘못 제명된 유권자(현재 그 숫자는 3천 명에 이르고 있다)들에 대한 기사는

"제3의 그룹"이란 제하에, 그리고 또 애초에 선거인 명부에 등재되지 않은 제4의 그룹(또 다른 4만 명이 있다.)에 대한 기사는 '이들 대부분이 민주당 지지자들이다' 란 제목을 달고 발표하였다.

그때가 2001년 2월 5일이었다. 따라서 부시 대통령은 백악관에 앉아 그 기사를 읽을 수 있었다.

"플로리다의 사라진 유권자들"
『네이션』, 2001년 2월 5일

남미에서라면 이들은 보탄데스 데사파레치도스*, 즉 "사라져버린 유권자"라고 불렀을 것이다. 2000년 11월 7일, 수만 명의 유권자들이 투표를 할 수 없었다. 일부는 선거인 명부에서 삭제되었고 다른 사람들은 애초부터 등재가 거부되었다. 이들 대부분은 민주당 지지자였으며 거의 절반가량은 흑인이었다. 제브 부시와 국무장관 캐서린 해리스에 의해 실행된 이들 유권자에 대한 투표권 박탈의 조직적인 프로그램은 매우 조용하고 섬세하게 진행되었기 때문에 만일 조지 W. 부시가 500표라는 근소한 표 차이가 아니었다면 그 사건을 발견하게 될 확률은 매우 낮았을 것이다.

중죄인이기 때문에 선거권이 박탈된 사람들에 대해서는 양당 모두 이의를 제기하지 않고 있다. 플로리다가 50만 명에 달하는 전과자들의 선거권을 박탈하고 있다는 사실은 그 동안 널리 보도되었던 바이다. 그러나 플로리다 법원이 다른 주에서 범법행위를 하여 그곳에서 형기를 마친 후 해당 주에 의해 시민권이 회복된 사람들에 대해서는 시민권을 박탈할 수 없다는 점을 계속해서 주지사에게 일러주었다는 사실에 대해서는 전혀 주의를 기울이지 않았다.

플로리다로 이주해 오기 전에 다른 주에서 중범죄로 유죄판결을 받았던 사람들의 숫자는 "확실하게 5만 명은 넘으며 아마도 10만 명 이상일 것이다." 노스웨스턴 대학의 범죄 인구학 전문가인 제프리 만자의 말이다.

이들이 플로리다로 이주해 올 시점에는 대략 80% 정도가 이미 선거권에 아무런 문제가 없는 상태라고 만자는 추정하고 있다. 이들이 플로리다로 이주했다는 이유로 시민권을 제한 받을 근거가 없다는 것이다. 따라서 환언하면 엄연히 선거권을 가진 전과자가 4만 명 이상 있다는 결론이다.

그럼에도 불구하고 해리스와 부시에 의해 조종되는 여러 기관들은 카운티 공무원들로 하여금 이들 유권자들의 등록을 막도록 지시하였으며 동시에 공개적으로는 주지사가 이들 전과자들의 시민권 행사를 막아서지 말라는 법원의 결정을 준수하고 있다고 발표하였다. 더욱이 공화당과 긴밀한 관계를 맺고 있는 기업의 도움 하에 해리스는 복잡한 컴퓨터 프로그램을 이용하여 선거권이 있는 전과자들을 색출해 냈고 이들을 선거인 명부에서 제명하도록 하였다.

워싱턴 DC 소재 정치경제 연구 센터의 책임 연구원인 데이비드 보시티스는 정리 프로그램에 대해 다음과 같이 언급했다. "그것은 당파적 동기가 있었던 모양입니다. 그렇지 않다면 득표수에 별반 차이가 있을 것이라는 기대 없이 4백만 달러를 사용했겠습니까?" 보시티스는 또 지적하기를 전국적 범죄율에 근거할 때 전과자라는 이유로 투표권이 박탈된 사람들 가운데 흑인이 차지하는 비율이 46%라고 했다. 그리고 플로리다의 흑인들 열 명 가운데 아홉은 엘 고어에게 표를 던졌다.

백인 및 히스패닉 중죄인들은 대부분 가난한 사람들로 흑인들과 거의 마찬가지로 열렬한 민주당 지지자들이다. 예컨대 최근 미네소타 대학이 발표한 연구에 따르면 1996년 대선에서 인종을 불문하고 중죄인들의 93%가 클린턴을 지지했다는 것이다. 플로리다가 11월 7일의 선거에서 이들 유권자들의 투표권 행사를 막아섰던 동기가 무엇이든지 간에 변함없는 것은 이들 숫자가 조지 W. 부시가 더 얻었다는 여분의 득표수의 수배에 달한다는 사실이다. 부시와 해리스 지휘 하에 있는 기관들의 직원들은 이에 대한 우리들의 해명 요청을 거부하였다.

이러한 선거권 박탈 행위는 캐서린 해리스의 전임자인 산드라 모담의 지휘 아래 1998년에 시작되었다. 모담은 공화당의 거물급 인사로 제브 부시의 두 번째 주지사 선거전 당시 부시에 의해 부지사 후보로 지명되어 런닝 메이트로서 부시와 함께 주지사 선거전에 참가한 인물이었다.

주지사 선거가 있기 6개월 전에 플로리다 의회는 선거권이 없는 사람의 등록을 막도록 하는 "개혁" 입법을 통과시켰다. 이주해 나간 사람, 사망한 사람, 또 투표권이 없는 중죄인 등을 겨냥한 것이었다. 이 법률은 위법으로 얼룩진 1997년 시장 선거에 대한 문제점을 해결하려는 주정부 차원의 노력의 일환으로 입법이 추진되었던 것이다.

그러나 시작부터 이 법률 자체와 그 집행에는 당파적 요소가 드러나고 있었다. 공화당이 지배하는 의회에 의해 통과된 이 새로운 법률에는 "정리" 명단의 최초 작성을 사기업에 맡기도록 하는 매우 이례적인 조항이 있었다. 시민권 제한이라는 중대한 작업을 사기업에 맡기는 주는 그 이전에도 그 이후에도 없었다.

1998년 11월, 공화당이 장악하고 있던 주 국무부는 그 작업을 유일하게 입찰한 회사인 데이터베이스 테크놀로지스에 맡겼다. 이 회사는 작년 초이스포인트 회사로 합병되어 현재는 DBT 온라인이란 이름을 갖고 있다.

주 국무부에 소속된 선거담당 부서는 곧바로 전과자 제거 작업을 수행하였다. 그런데 그 작업의 수행에 있어서 지나친 열의와 또 부주의함으로 인해 지역 선거 담당자들의 우려를 샀다. 『네이션』은 플로리다 주 선거관리 위원 협의회의 내부 기록을 입수하였다. 1998년 8월에 작성된 것으로 유권자들의 투표권 박탈이 매우 성급한 절차로 잘못 이루어지고 있기 때문에 "자기 멋대로 사람들을 제명하고 있다"라는 경고의 내용을 담고 있다. 하지만 대중들에게 알려지면 시끄럽게 될 것을 우려해 이들 선거관리위원들은 이 문제가 관료 사회 외부로 알려지지 않도록 하기로 했다. "대중과 문제를 일으켜 봐야 좋을 것이 없다"는 생각에 서였던 것이다.

같은 해 11월 제브 부시는 예상 외로 쉽게 주지사에 당선되었다. 부시가 승리할 수 있었던 것은 아이러니하게도 흑인 민주당 정치인들이 그들 당과 불화를 일으켰기 때문이었다.

그 후 2년 동안, 공화당이 주지사와 또 주 국무부를 장악한 상황이었으므로 중죄인 선거권 박탈 작업은 가속화되었다. 2000년 5월, DBT 측이 제공한 명단을 사용하여 해리스가 책임자로 있는 국무부는 텍사스에서 중범죄를 저질렀던 8,000명의 유권자의 투표권을 박탈하라고 각 카운티에 지시하였다. 그러나 실은 이들은 경범죄 이상의 죄를 지은 적이 없었다. 실수임이 밝혀졌으나 그 후 완전히 원상 복구되지는 않았다. 그때 초이스포인트 DBT와 해리스는 "수정" 명단을 보냈다. 이 명단은 텍사스에서 진짜로 중범죄를 저지른 적이 있던 사람들 437명의 이름이 포함되어 있었다. 하지만 이 명단 역시 오류가 있었다. 왜냐하면 1997년에 입법된 법률에는 형기를 마친 사람들도 투표할 수 있도록 되어 있기 때문이다. 그러나 이 실수에 대해서는 수정을 행하려는 어떤 시도조차도 없었다.

텍사스 전과자들의 투표권 박탈과 같은 오류로만 그치지 않았다. 714명의 일리노이 중죄인과 990명의 오하이오 중죄인을 제명하였다고 플로리다 주 국무부는 스스로 밝히고 있는데 이들 주는 집행유예자나 가석방자에게도 투표권을 허용하고 있는 것이다. 플로리다 주 법률에 의하면 오하이오나 일리노이 출신자는 어느 누구도 제명되어서는 안 된다. 하지만 DBT 측은 자동적으로 시민권이 회복되는, 따라서 플로리다로 이주해 올 당시 이미 완전한 시민권을 지니고 있던 최소 8개 주 출신의 3,000명 가까운 전과자들로부터 투표권을 박탈하도록 표를 헤놓았다.

초이스포인트 DBT 대변인이 말했고 또 플로리다 선거 담당국이 확인한 바이지만, 해리스 측이 어떤 주들로부터 전과자 기록을 받아올 것인가를 결정했다고 한다. 왜 국무부가 선거권을 회복시켜 주는 주를 그 안에 포함시켰는가에 대한 물음에 대해, 초이스포인트 DBT의 플로리다 지사는 해리스의 법률 보좌관들에게 문의하도록 했다. 그러나 아직까지 답변을 받아보지 못하고 있다.

게인스빌의 토마스 존슨 목사는 하우스 오브 호프(House of Hope)의 목사이다. 하우스 오브 호프는 믿음에 기초를 둔 자선단체로 출소한 전과자들이 갱생의 길을 걸을 수 있도록 하기 위해 설립되었으며 목사의 친구인 주지사 제브 부시로부터 크게 칭송을 받기도 했다. 10년 전 존슨 목사는 뉴욕의 거리에서 코카인을 판매하다 체포되었고 형기를 마친 후 하나님을 만나게 되어 플로리다로 오게 되었다. 그리고 작년 초, 그는 선거 등록을 하려고 하였다. 하지만 지역 선거 담당 공무원들은 10년 전 뉴욕에서 중범죄를 저질렀었다는 사실을 시인하자 선거 등록을 거부하였다. "그 일을 당하니 몹시 당혹스러웠습니다. 너무도 어처구니가 없더군요." 투표권이 거부당한 일에 대한 존슨 목사의 반응이었다.

존슨이 등록하려던 알라추아 카운티의 선거관리위원인 비버리 힐은 예전에는 존슨과 같은 전과자들의 투표를 허락했었다고 말했다. 그러던 것이 부시 주지사의 등장과 함께 바뀌게 되었다. "최근 주지사 사면 담당부서 측은 다른 말을 하더군요. 그들은 근본적으로 투표할 수 없다는 것이었어요."

존슨의 투표를 불허한 알라추아의 결정과 그 결정을 있게 한 주지사의 지시는 시기적으로 볼 때 매우 주목을 끄는 것이다. 게다가 다른 주에서 이주해온 중죄인의 시민권은 유지해 주어야 한다는 법원의 결정이 두 차례나 있고 난 후에 그 지시가 이루어졌다.

첫 번째로 나온 법원의 판결은 1998년 6월 슐렌더 대(對) 플로리다 주 국무부 사건(Schlenther v. Florida Department of State)에 대한 심리에서 나온 것으로 플로리다 항소법원은 만장일치로 다음과 같은 판결을 내렸던 것이다. 즉 플로리다 주는 25년 전 코네티컷에서 유죄판결을 받은 사람이 자신의 시민권의 회복을 위해서 플로리다 주 측에 청원을 제기해야만 하도록 요구해서는 안 된다고 판시하였다. 다른 대부분의 주들과 마찬가지로 코네티컷은 형기를 마친 전과자의 시민권을 자동적으로 회복시켜 주고 있으며 따라서 "여타의 사람들과 마찬가지로 그도 완전한 시민권을 지닌 채 플로리다로 이주해온 것으로 보아야 한다."는 것이었다.

슐렌더 판결은 1998년 여름 올랜도에서 열렸던 카운티 선거 담당관 회의에서 크게 화제가 되었었다. 따라서 올랜도 회의에서 주 국무부 선거담당 부서의 고위관리가 각 카운티의 선거 담당관들에게 DBT에 의해 다른 주에서 중범죄를 지은 것으로 지목된 사람들의 선거권을 박탈하도록 독려했을 때 힐스보로 카운티의 조직관리 책임자인 척 스미스는 이를 큰 놀라움으로 받아들였다. 힐스보로 카운티는 법원의 결정을 정면으로 거스르는 이러한 지시에 대해 크게 우려가 되었으므로 카운티 선거 담당관은 주정부 측이 지시사항을 서면으로 보내줄 것을 요구하였다. 주정부 쪽은 그에 응할 수밖에 없었다.

『네이션』은 힐스보로에 보낸 문서 내용을 입수하였다. 주지사 사면 담당부서가 작성한 이 문서는 2000년 9월 18일자로 되어있으나 대통령선거가 있기 불과 7주 전에야 도착하였다. 이 문서는 카운티에 대해 다음과 같은 사항을 요구하고 있다. 즉 다른 주에서 시민권을 완전히 회복한 후 플로리다로 이주해 온 전과자라 하더라도 카운티 측은 선거 등록을 하려는 사람을 찾아내어 이들로 하여금 "플로리다 주에 자신의 시민권 회복을 위한 신청을 하도록" 하라는 것이었다. 이것은 부시에게 사면을 청원하라는 것으로 법원이 금지한 것 바로 그것이었다. 주정부의 지시는 두 번째 판결 내용에 비추어보면 더욱 놀랄 만한 것이다. 두 번째는 1999년 12월에 플로리다의 또 다른 법원이 내놓은 것으로, 주정부가 슐렌더 판결을 무시하고 있는 점에 대해 깊은 분노를 나타내는 판결이었다.

『네이션』의 의뢰로 이 사안을 살펴본 선거권 전문 변호사들의 설명에 의하면 이들 판결을 내린 법원들은 다른 주의 법률적 결정을 받아들이도록 하고 있는 플로리다 법령과 미합중국 헌법의 "온전한 확신과 신뢰" 구절에 의거했다는 것이다. "법원은 주지사가 할 수 없는 사항을 명백하게 천명하였습니다."라고 NAACP(Natianal Assaciation For the Advancement of Colored People)의 고문변호사 부르스 기어가 말했다. 그리고 부시 주지사가 할 수 없는 일이란 플로리다에 이주한 사람이 이미 자신이 가지고 있는 선거권 회복을 위해 주지사의 사면권을 요청하도록 하는 것이다.

그런데 이상한 것은 이 주장에 대해 주지사 측은 반박의 목소리를 내지 않고 있다는 것이다. 해리스와 부시 그리고 이들에 의해 지명된 관리들은 우리의 질의에 대해 아무런 답변을 하지 않고 있는 반면에 주지사 사무실에서 사면 청원 처리를 맡고 있는 타와나 헤이스는 "다른 주에서 복권시킨 권리를 우리가 정지시키거나 복권시킬 권한을 갖고 있지 않습니다."라고 분명히 선언하고 있다. 또 심지어 헤이스는 두 개의 법원 결정문 사본을 책상 근처에 놓아두고 있으며 그 내용을 길게 인용하기도 한다. 그렇다면 왜 주지사와 국무담당관은 이들 담당자들에게 선거인 명부에서 제명처리를 하거나 또는 등록을 막도록 지시했던 것일까? 헤이스는 그 질문을 부시 주지사의 법률 고문변호사이자 또 사면 보좌관을 맡고 있는 그레그 먼슨이 해야 할 성질의 것이라고 일러주었다. 먼슨은 우리들의 해명요청에 대해 지금까지 아무런 반응을 보이지 않고 있다.

플로리다 정보 공개법에 의거, 해리스 사무실에서 부시 사무실로 보내진 2000년 8월 10일자 편지를 입수하게 되었다. 그 편지에는 플로리다 선거관리위원 협의회의 의장 역시 다른 주에서 권리가 자동적으로 복권된 전과자의 선거권 박탈에 대한 사항에 대해 해리스 측에 질의를 했다는 사실을 기록하고 있다. 이들 위원들도 힐스보로가 받았던 동일한 답변을 들었다. 즉 선거인 명부에서 삭제시키고 만일 불복할 경우 부시에게 사면을 요청하도록 하라는 것이었다.

대부분의 카운티 선거관리위원들은 아무 소리 못하고 조용히 있었으나 캐롤 그리핀은 그렇게 하지 않았다. 워싱턴 카운티 선거관리위원장인 그리핀은 유권자들로 하여금 제브 부시의 사면을 요청하도록 하는 것은 1993년 제정된 연방법인 전국 유권자 등록에 대한 법률을 위반하는 것이라고 결론지었다. 그 법률은 시민권 행사에 장애가 되는 것들을 제거하기 위한 것이었다. "모터보터(motor voter)"법으로 알려진 이 법률은 700만 명의 새로운 유권자들이 등록을 할 수 있도록 하는 데 도움을 주도록 한 것이다. 그린핀은 이 법률이 보증하고 있는 새로운 등록 양식의 플로리다 주 해당 부분을 인용하고 있다. 그곳에는 "본인은 전과자가 아니거나 혹은 전과자일 경우 선거권과 관련된 시민권이 회복되었음을 서약하는 바이다."라고 적혀 있다고 한다. 그리핀의 말은 다음과 같이 계속되었다. "바로 법으로 그렇게 규정되어 있습니다. 그러므로 이 서약에 서명하는 사람에 대해 등록을 거부할 어떤 권한도 내게는 없습니다. 공란에 체크하고 나면 이에 대해 어떤 심의도 없었습니다." 그리핀이 있는 카운티는 선거권 박탈 조치의 실행을 거부했으며 플로리다 주 측은 이에 대해 어떤 대응조치도 취하기를 꺼리고 있는 것으로 보인다.

하지만 존슨 목사가 알라추아 카운티에 선거인 등록을 하려 할 때 담당자는 등록을 거부하였고 그 대신 15쪽짜리 사면청원양식을 내주었다. 화가 난 존슨 목사는 이러한 조치가 자기 모순적이라고 지적하였다. "이미 본인이 지니고 있는 권리를 어떻게 주지사에게 요청할 수가 있겠습니까?" 그가 말하는 논지는 자신은 전혀 몰랐지만 바로 플로리다 법정의 판결 내용 그대로였다.

존슨이 만일 자신의 주장을 꺾고 사면을 요청하기로 했다면 그는 사면을 담당하고 있는 헤이스가 인정하고 있다시피 "때로는 다리를 부러뜨리는 일보다 더 고약한" 처리 과정을 겪어야 했을 것이다. 존슨과 같은 뉴욕 출신자들에 대해 헤이스는 "그런 경우는 정말 고약하지요"라고 했다. 그녀가 말하기를 뉴욕의 담당자들은 각 개인의 시민권이 회복되었음을 증명하는 서류를 요구받는 경우 매우 당혹해 한다는 것이다. 그것은 시민권 회복이 자동적으로 이루어지는 것이기 때문에 그러한 문서는 존재하지 않기 때문이다. 존재하지 않는 사면 명령 서류를 손에 넣지 못하면 당사자는 오래된 법원기록을 뒤져야 하고 4개월에서 최고 2년까지 걸리는 복잡한 절차를 밟아야 한다. 때로는 거의 사법적 심문에 가까운 과정도 거쳐야 하는데 그 결과는 순전히 제브 부시의 마음에 달려있다.

따라서 수천의 타주 출신 중죄인들 가운데 단지 2백 명에도 미치지 못하는 사람들만이 선거전에 여러 장애물이 많은 이런 관료주의적 절차를 감수하려 했다는 것은 전혀 놀랄 만한 것이 아니었다. (부시는 동정심이 많다고 할 수 있다. 워터게이트에 연루되었던 찰스 콜슨에 대해 사면을 행했으니 말이다. 이렇게 플로리다 주민인 콜슨에게 대선에서 투표할 수 있는 권리를 주었던 것이다.)

플로리다 주의 중죄인 선거권 박탈 비리는 대통령 당선자 동생인 제브 부시와 주정부 최고 실무담당자인 해리스 사이에 이루어진 편리한 공모의 산물일까? 선거권 박탈의 동기를 우리가 알아낼 수 있을 것 같지는 않다. 그러나 그 결과가 어떤 것인지는 알 수 있다. 30년 전, 조지 월라스 주지사는 어느 학교 교정에서 "인종분리 정책은 지금도 그리고 앞으로도 계속 변함없이 실행되어 갈 것이다!"라고 외쳤지만 흑인들의 입학을 막아내지는 못했다. 제브 부시 주지사는 법원의 결정에 맞서 남

들 눈에 띄지 않게 첨단 기술을 활용함으로써 매우 효율적으로 흑인들
의 투표를 방해하였다. 고의든 아니면 우연이든 간에 컴퓨터를 이용한
오류투성이의 선거권 박탈과 장애가 많은 불법적 사면 절차는 짐 크로
우 시대의 투표세와 문자해득력 시험이 그러했던 것처럼 그들 대다수
가 민주당 지지자들인 흑인과 가난한 자들의 투표권을 앗아가는 기능
을 했다. 여기에서 추측을 할 필요는 없을 것이다. 플로리다 주는 등록
파일에 자신이 지지하는 정당과 인종을 명시하도록 한 몇 안 되는 주
가운데 하나인 것이다.

　　부당하게 선거권이 박탈된 흑인 가운데 한 사람인 존슨 목사는 이것
이 주지사의 잘못이나 혹은 그의 불순한 동기 때문이라고 판단하고 싶
어하지 않는다. 이 모든 것이 어이없는 관료적 실수 때문이라고 생각한
다. "주정부의 우스꽝스러운 짓거리 때문에 우리는 우리의 대통령을 빼
앗기고 말았습니다." 이것이 우스꽝스러운 짓거리라면 해리스와 부시
들은 정녕 바보 행세를 해 실속을 차린 사람들이 된다.

Part 3 · 실행 계획에서부터 취임식까지:
그들은 무엇을 알았으며 그것을 언제 알았는가

　　『네이션』의 기사가 일 년 동안 미국에서 보도된 그 문제에 대한 마지
막 부정폭로기사가 될 것이다. 미국의 거대 신문사에서 일하는 편집자
한 명이 내게 말했다. "위원회는 그 대통령 선거에 대한 이야기를 더 이
상 싣지 않기로 결정했습니다. 이제 그건 끝난 일이라고 생각합니다. 우
리는 파당처럼 보이기를 원치 않습니다."

　　나는 생각했다, 무슨 "위원회이지?" 그리고 나는 물어봐서는 안 된다
는 것을 알았다.

　　캐서린 해리스가 요구했듯이 미국은 "계속 전진해" 갔다.

그러나 나는 그렇게 하지 않았다.

이제 2월이고, 여기까지가 우리가 그 동안 알고 있었던 것이다. 『옵서버』와 살롱의 기사는 우리에게 해리스 선거사무실이 선거인명부에서 5만 명의 유권자를 삭제하라고 잘못 명령했다고 말했다. 『네이션』은 주지사 부시의 사무실이 거의가 민주당원들인 4만 명의 등록을 방해했다는 사실을 우리가 알고 있다고 보도했다. 그것이 그 선거였다.

아마도 주지사 부시는 단순히 그 법원의 명령을 잘못 읽었고, 아마도 해리스의 사무실은 그 삭제 리스트가 광범위하게 잘못되었다는 것에 대해 아무런 생각이 없었을지도 모른다. 아마 컴퓨터 회사인 DBT가 알고리즘에서 단순히 실수했는지도 모른다. 한 사람의 실수는 다른 사람의 취임식이 되었다. 하지만, 설마 범죄 의도는 없었을 것이다.

나를 성가시게 하는 한 가지 사항이 있었다. 항시 그랬듯이 그것은 돈과 관련된 것이었다. 주정부 문서를 살펴보던 나는 초이스포인트의 DBT가 그 일을 맡은 첫 번째 계약자가 아니라는 사실을 알게 되었다. **플로리다 선거 담당국은 5,700달러에 입찰하여 일을 따낸 어느 소기업과의 계약을 파기하였다.** 그리고 난 다음 플로리다는 2,317,800달러 계약으로 그 일을 DBT에 넘겨주었다. 입찰 없이 이루어진 것이었다. 내가 데이터베이스 업계의 전문가에게 플로리다가 지불한 비용에 대해 의견을 구할 때마다, 이들은 눈이 휘둥그레지며 입에서는 "어머나!", "맙소사!", "엄청나군!" 등의 말이 튀어나왔다. 레코드 당 27센트는 업계의 표준요금보다도 10배나 비싼 것이었다.

나를 성가시게 하는 것이 또 있었다. 그것은 15% 오류가 있다는 명단에 대해 (이런 오류가 선거의 결과를 뒤집었음에도 불구하고) 이해할 수 없게도 초이스포인트의 홍보담당관이 희희낙락하며 자화자찬한 사실이었다. 초이스포인트 측에게는 나의 보도가 희소식이었던 것이다. 실제

로 그들의 말은 명단이 "85%는 정확하다."라고 내가 보도했다는 것이
다. 그러나 과연 그럴까?

오류 통계

초이스포인트는 사회보장등록번호(Social Secuity number)를 사용했
기 때문에 명단이 85%나 "정확했다"라고 말하였다. 그들의 말은 설득
력 있게 들렸다. 하지만 내가 직접 중죄인 삭제 명단을 살펴보니 대부분
사회보장등록번호가 기록되어 있지 않았다. 최근까지도 플로리다 주민
들은 등록할 때 사회보장등록번호를 꼭 기재할 필요가 없었다.

영국에서 처음으로 내 기사가 나간 뒤 4일이 지난 2000년 11월 30일
에 블룸버그 비즈니스 뉴스 와이어는 초이스포인트의 마티 파간과 인터
뷰를 하였다. 그는 내 취재에 응했던 홍보 담당자들 가운데 한 명이었
다. 플로리다에서의 큰 "성공"에 힘입은 초이스포인트 측은 유권자 제
명 사업을 남부연맹의 모든 주에 확대할 계획을 갖고 있었다. 이것은
10억 달러 상당의 사업이 될 것이다.

파간은 초이스포인트 명단의 정확도에 대해 블룸버그 쪽에 자랑을 늘
어놓았다. 자신의 회사는 거주지 기록과 재산 정보 등 1,200개에 달하
는 공공 데이터베이스를 사용하여 "개인의 정확한 신상 정보"를 얻는
데 여러 데이터를 서로 확인해 보는 작업을 행했다고 했다. 그것은 강한
인상을 남겨줄 만한 것이었다. 실제로 데이터베이스 전문가들이 한결같
이 말하고 있는 것은 자료가 85% 이상 정확도를 얻으려면 최소한 3가
지가 필요하다는 것이다. 그것은 사회보장등록번호와 거주지 기록 및
다른 데이터를 확인하는 과정 등이다. 하지만 그 후 수주, 수개월에 걸
친 조사에서 나는 다음과 같은 사실을 발견하였다.

- 초이스포인트는 플로리다 전과자 삭제 명단 작성에 있어서 실질적으로 사회보장등록번호를 사용하지 않았다.
- "데이터의 정확도를 확인하기 위해" 사용한 1,200개의 데이터베이스에 서로 상충되는 부분이 있는지를 전혀 확인해 보지 않았다.
- "중죄인 가능성이 있는 사람" 66,000명에 대해 반드시 필요한 거주지 기록 확인에 있어서 초이스포인트 측은 한 건의 확인도 하지 않았다.

그러므로 그 명단이 "85%나 정확할" 확률은 전혀 없었다.

우리는 다음 사실을 알고 있다. 즉 레온(탈라하시) 카운티는 이름 하나 하나를 대조하는 힘든 작업을 통해 그들 스스로 중죄인으로 선거권이 없다고 지목된 694명에 대해 확인해 보았던 것이다. 그들은 단지 34명 만을 중죄인으로 판명하였다. 95%가 오류라는 말이다. 이것은 대단한 소식이다. 십 년 전쯤에 나는 인디애나 대학교에서 〈경제 통계 데이터의 수집과 사용〉이란 과목을 가르친 적이 있었다. 이제 속성 통계학 수업이 전개될 터이니 주목하시라.

주 전체의 전과자 명단은 그 정확도에 있어 균질적이었다. 레온 카운티는 우리에게 4.87의 신뢰구간에 99%의 신뢰도를 얻을 수 있을 만큼 상당한 크기의 표본을 제공해 주었다. 자 학생 여러분 내 말 이해하겠어요? 바꿔 말하자면, 플로리다 명단 중 최소한 90.2%가 중죄인이 아니라고 99%의 확실성을 갖고 말할 수 있다는 이야기다. 90.2%라면 52,000명이 선거인 명부에서 잘못 삭제되었다는 것을 의미한다.

자, 이제 여러분은 표식을 해 놓은 사람들이 실제로 모두 제명되지는 않았다고 반론하고 싶을 것이다. 또 표본 집단에 문제가 있을 수도 있다. 어쩌면 52,000이 아니라 42,000 혹은 32,000일 수도 있다. 그러나 여보시오, 고어는 537표 차이로 "패배"했단 말이요. 이야기가 옆으로 흘렀다.

　이제 나는 그 명단은 쓰레기에 불과하다는 것을 확신하게 되었다. 쓰레기일 수밖에 없었다. 왜냐하면 초이스포인트는 기본적인 확인 작업조차 하지 않았기 때문이다. 그런데 왜 그들은 그런 기본적인 작업조차 하지 않았던 것일까? 초이스포인트는 그럴 능력이 없었던 것일까? 명단을 어떻게 확인하는 것인지조차도 알지 못하고 있었던가? 그렇지는 않을 것이다. 신원추적을 위해 FBI가 계약을 체결한 기업이었고 또 제공된 정보의 90%가 오류였다면 FBI는 대금을 지불하지 않았을 것이다.

　그리고 왜 초이스포인트가 이것에 대해 거짓을 했을까? 어떻게 그런 일이 발생하였는가? 이 잘못된 명단으로 대선의 방향을 바꾸려 했던 것이라고 할 수 있을까? 좀더 많은 증거서류들이 입수되었다. 그 가운데 하나가 "DBT 사업 기밀"이라는 딱지가 붙어 있었다.

　헌터 톰슨은 기자들에게 "일이 괴상하게 꼬이게 되면 괴상한 것들이 프로가 된다."라는 말을 한 적이 있다. 런던에서 나는 그 "기밀문서"를 진정한 프로인 BBC TV '뉴스나이트'의 프로듀서인 마이리온 존스에게 보여주었다. 그러자 그는 "얼마나 빨리 플로리다 행 비행기를 탈 수 있는가?"라고 물었다.

로버츠 씨 줄행랑을 치다

　BBC '뉴스나이트' 방송은 렌터카 라디오에서 흘러나오는 컨트리 및 웨스턴 곡조와 함께 시작되었다.

　"수많은 거짓말 …… 조작된 알리바이……"

　'뉴스나이트'의 카메라 팀은 나와 함께 탈라하시에 있는 플로리다 중앙청사 18층으로 올라갔다. 그곳에 간 것은 작달막한 키에 황소처럼 굵은 목을 지닌 플로리다 선거 담당국의 국장 클레이튼 로버츠를 만나기 위해서였다.

　로버츠는 주정부 국무장관인 캐서린 해리스의 직속부하로 우리가 대화하는 것을 찍는 데 동의했다. 사무실 밖에 있는 소파에 자리를 잡으며 우리는 서로 인사를 나누었다. 내 바로 옆 소파 위에 놓여 있는 "기밀문서"라는 서류 제목을 읽은 그는 시선을 어디에 둬야 할지 몰라 하며 몹시 당황해했다.

　내가 서류를 집어 들고 DBT(초이스포인트 회사)에 수백만 달러의 대금결제를 하기 전에 DBT 측이 정리 명단의 각 이름들에 대해 확인작업을 했는지의 여부를 주정부가 확인했는가 물었을 때 그는 그 서류 안에 무슨 내용이 들어있는가를 알고 있었다.

　로버츠는 "아니요. DBT 측에 물어보지 않았습니다."라고 대답했다. 그리고는 몇 마디 우물우물 하더니 옷깃에 꽂아놓았던 마이크를 휙 잡아 **빼고는** 벌떡 일어서 전선들을 넘어 자신의 사무실로 뛰어 들어갔다. 그리고는 그를 쫓아가던 나와 카메라맨 면전에서 문을 꽝 닫아버렸다. 곧 이어 우리들은 예의 바르지만 매우 몸집이 큰 주 경찰 요원들의 호위 하에 그 건물에서 나와야 했다.

　로버츠는 도망치면서 경찰을 부르기 전에, 우리 쪽으로 휙 돌며 화가 난 듯 손가락으로 카메라 렌즈를 가리키고는 "카메라 꺼요!"라고 소리 쳤다.

　우리는 카메라를 껐다. BBC의 규칙이었다. **하지만 "마이크도 꺼요!" 란 소리는 듣지 못했다.** 따라서 우리 사건을 담당했던 법률가들은 로버츠가 던진 마지막 말을 방영해도 좋다는 판결을 내렸던 것이다. "그것으로 날 계속 따라 붙어 보시지." 나는 물론 계속 그렇게 했다. 로버츠 한 사람에게만 그렇게 하지는 않았지만. 여기서 "그것"이란 기밀서류 안에 담겨진 증거를 말하는 것으로 도망치는 로버츠에게 읽어주려 했

> EXHIBIT A
>
> (DBT CONFIDENTLAL AND TRADE SECRET INFORMATION)
>
> pricing Structure:
>
> 1. Phases I-IV (1998-1999)* $ 2,197,800
>   (includes manual verification using
>   telephone calls and statistical sampling)   120,000
>
>   Total $ 2,317,800
>
> * Based on the processing of 8,140,000 CVF Records @ $ 27 / record
>
> 2. -Year Two (Optional Renewal) (1999-2000) $ 1,024,000
>   (includes manual verification using
>   telephone calls and statistical sampling)
>
> 3. Year Three (Optional Renewal) (2000-2001) $ 1,024,000
>   (includes manual verification using
>   telephone calls and statistical sampling)

그림 1.2 비밀계약서: 플로리다 주와 DBT가 선거인 명부에서 "중죄인"을 제명하기 위해 계약한 서류의 복사본이다.

던 것이다.

공화당 거물급 인사에게 무엇이 그렇게도 두려웠을까? "기밀문서"(그림 1.2)에는 DBT 명단 및 전화와 표본추출을 통한 신원확인 작업에 대해 DBT 측에 230만 달러를 지불한다고 명시되어 있다. 로버츠가 줄행랑을 친 것도 놀라운 것은 아니다. 로버츠와 해리스는 미인권위원회에서 선거자 정리 명단의 확인작업은 순전히 카운티 선거관리위원에게만 맡겨졌었을 뿐 주정부나 초이스포인트 DBT가 관여하지 않았다고 증언하였던 것이다.

실은 초이스포인트를 선정하고 또 이들에게 엄청난 대금을 지불하였던 것은 정리 명단의 정확성을 확인해야 한다는 규정에 근거하고 있었다. 안녕하십니까, 스미스 씨. 선생님이 1991년 뉴욕에서 복역하셨던 존 스미스 씨 맞습니까? 수천 번 이 말을 되풀이하는 작업은 큰 비용이 들게 되어 있다. 하지만 기본권이 위협 받고 있을 때는 필요한 과정이었다. 그런데 DBT는 이 절차수행에 드는 비용을 줄이는 방법을 알아낸 모양이었다. 그 방법은 아예 확인작업을 하지 않는 것이었다. 최소한 DBT 측이 광범위하게 확인전화를 했다는 기록이 없다. 그리고 만일 확인작업을 행했다면 왜 텍사스 중죄인 명단이 모두 잘못된 것이라는 사실을 알아내지 못했던 것일까?

나는 DBT 플로리다 본부에 가서 확인전화에 대해 알아보려고 했지만 그들은 입구에서부터 우리 카메라 팀이 들어가지 못하도록 막아섰다. 런던으로 돌아온 후, 그 회사 담당자로부터 전화를 받았다. 그의 설명은 "전화를 통한 확인작업은 실제로 전화를 걸어야 하는 것으로 규정하고 있지 않다"는 것이었다. 네에, 잘 알겠습니다.

이 증거를 바탕으로 BBC는 잘못된 중죄인 제명 및 그와 관련된 사항들로 인해 앨 고어는 플로리다에서 22,000표를 잃었다고 보도하였다. 이 숫자가 별것 아니라고 시큰둥하게 생각할 수도 있겠지만 부시가 고어보다 더 얻었다고 캐서린 해리스가 공표한 숫자보다도 40배가 많은 것이다. 이제 영국 사람들은 누가 선거에서 이겼는가를 알게 되었다.

보도되지 않은 새로운 증거: 잘못된 것이 좋고, 바른 것이 나쁜 것이다

이제 나는 그 삭제 게임의 놀랍도록 극악무도한 짓을 이해하기 시작했다. 삭제 과정의 첫날에, 만약 공화당이 무고한 흑인의 선거권을 없애기 위해 어떤 굉장한 계획, 어떤 정교한 음모를 가지고 있었다면 문제는 아니었다. 오히려, 거의가 민주당 유권자인 수만 명의 이름이 적힌 통계 리스트를 본 직원들이, 그 자료 정리를 방해하기 위해 있는 힘을 다했다는 것이 많이 나타났다. 대부분 흑인인 57,000명의 명부가 획획 바뀌면서 지워진 것은 로버츠 씨한테는 별일도 아니었다. 전화로 확인작업을 해? 통계원보고 그 발견을 체크하라고? 방법을 수정해? 왜 단지 명부를⋯ 적어도 90%까지 잘라 버렸는가? 왜 공화당 행정부가 그것에 대해 지불을 해야만 했는가?

그것은 "음모"가 아니고 "기회주의(편의주의)"이다. 공화당 선거본부는 자기들 것이 아닌 백만달러의 예금을 우연히 손에 쥐게 된 은행 고객같이 행동하기 시작했다. 그 잘못을 수정하기를 실패하는 것, 그 잘못을 감추기에 급급하는 것은 어떤 법정에서고 도둑이다. **단지 여기서 그 범죄는 너무너무 큰 것으로 우리의 민주주의를 훔치는 것이다.**

기회주의는 계획과 음모를 필요로 하지 않는다. 그것은 은폐가 필요할 뿐이다. 어떤 조사에서고 나는 그 입장에 서도록 노력한다. 만일 내가 반대편의 선거인 범죄를 위조해서 고발하는 마술의 명부를 가지고 있다면, 그것이 가짜라고 발각되는 것을 어떻게 막을 것인가? 첫째로, 감히 그 명부를 증명하려고 하지 마라. 전화도 하지 말고. 둘째, 그 방법을 수정하지 말라. 허튼 소리, 허튼 방법, 허튼 결과에 대한 모든 경고를 무시하라. 셋째로, 어떤 독립적인 통계학자도 그것에 가까이 하지 못하게 하라.

통계학자가 실종된 경우

플로리다와 DBT의 계약은 다음과 같다.

확인단계에서 DBT는 처리 파일의 적절한 표본을 대표하기 위해 필요한 기록의 숫자가 정확히 얼마만큼인지를 결정하기 위해서는 학계에서 인정되고 또 광범위하게 사용되는 통계적 공식을 사용해야 한다. DBT 측은 전문 통계학자의 자문을 받아야 한다. 처리된 데이터를 보내줄 때 DBT는 공식과 수학 계산 등을 함께 보내야 하며 확인과정에서 자문을 구한 전문 통계학자의 신원도 밝혀야 한다.

8,000명의 이름이 실려 있는 텍사스 명단은 100% 오류이다. 이것은 내가 보기에도 너무 높은 수치이다. 이 데이터의 정확도를 확인하기 위해 어떤 종류의 "학계에서 인정되는 공식"을 사용한 것일까? 자문을 준 통계학자는 누구인가? 자문을 준 통계학자가 있었는지 아니면 아예 없었는지 아무런 대답 없이 초이스포인트 DBT는 다시 클레이 로버츠에게 알아보라고 했다. 계약서에 통계학자의 고용 및 분석 방법에 대한 증거를 제공하도록 요구하고 있으나 클레이 로버츠가 책임자로 있는 선거 담당국 역시 그 사람이 누구인지 말해주지 못했다. 이름 및 정보가 주정부 파일에는 없었다.

결국, 나는 1999년 3월 22일의 소인이 찍힌, DBT가 주정부로 보낸 편지를 발견했다. "우리의" 통계학자는 그들의 리스트가 99.9% "정확"하다고 "인증"하고 있다고 말했다. 나는 왜 "우리의" 통계학자가 익명으로 남아 있어야 하는지 상상할 수 있다. 99.9% 정확하지만 거의 모든 이름은 선거를 할 수 있는 유권자들인 것이다. 어떤 백업도 없다. Nada.

얼마나 편리한가. **일이 썩어가는 것을 지켜 볼 전문가도 없고, 자존심이 강한 기술자도 없고, 일을 폭로할 사람도 없다.**

무고의 증거: "필요없습니다"

그렇지만 나에게는 아직도 의문사항이 남아 있었다. 5,700달러의 가격을 제시하는 기업을 밀어내고, 230만 달러를 요구하는 기업, 공화당과의 깊은 유대를 맺고 있는 기업에 아무런 입찰 없이 일을 맡겼다는 것이다. 어느 인사는 후일 초이스포인트 DBT의 부사장인 조지 브루더에게 그런 어마어마한 가격을 제시하라고 자신이 직접 말해주었다고 밝혔다. 그것 이외에 또 어떤 것을 말해주었을까?

주정부에 천문학적 금액을 요구하며 사용했던 수백 수천만의 기록이 담겨져 있는 1,200개의 데이터베이스는 어떻게 된 것일까? 주정부가 중요한 대조확인을 위해 금액을 지불했던 것이며, 또 최소한 DBT는 거액의 대금을 청구한 것이, "여러 사항들을 참조하고, 데이터베이스들을 연결하며, 동시에 수백 개의 데이터 소스를 찾아주고, 수백만 개의 데이터 대조를 수행하며, 일치와 통합을 위해 연관 데이터를 수집 · 처리하는 일" 등을 하기 위해서 인공지능을 제공하고 있다는 이유를 들었던 것이다. 전체적으로 그들은 대조확인을 위해 40억 개의 기록을 갖고 있었다. "계약신청 및 가격"에는 다음과 같이 적혀 있다.

> DBT는 다음 데이터들로부터 기록을 취합하여 처리할 것이다.
> 8,250,000개의 전과자 기록
> 69,000,000개의 플로리다 재산 기록
> 62,000,000개의 거주지 기록 변동사항
> 12,590,470개의 플로리다 운전면허증 기록……

그런 식으로 계속되고 있다. 전화를 통한 확인작업, 엄청난 규모의 데이터 처리 등이 DBT 측에 제공한 대금을 정당화해 주는 것이었고 총

273,318,667개의 정보 처리를 약속한 DBT의 데이터 처리능력에 놀란 다른 기업들은 감히 입찰할 엄두를 내지 못했던 것이다.

그러나 일단 계약을 맺기로 확정되자 주정부 측의 어떤 인사가 DBT 측에 대해 비용이 많이 드는 컴퓨터 작업은 신경 쓰지 말라는 말을 했다. 주정부 문서철에 보관된 DBT 서류를 보면 확인용 데이터베이스(6천 2백만 개의 거주지 기록 등등) 옆에 "할 필요없음"이라고 손으로 쓰여져 있는 것을 발견할 수 있다. 이 작업은 대금에 포함되어 있었음에도 말이다.

*   *   *   *

토마스 쿠퍼 외에, 미래의 범죄자가 될 사람으로 자니 잭슨 Jr.가 있었는데 32살이었다. 그는 텍사스에서 죄를 저지른 존 피츠제럴드 잭슨의 이름과 일부분이 같았기 때문에 리스트에 포함되었다. 자니 Jr.는 텍사스에 한 번도 가본 적도 없었고 그의 어머니는 자신의 아들은 피츠제럴드라는 미들네임을 가진 적이 없다고 맹세했다. 중죄인인 존 피츠제럴드 잭슨이 텍사스를 떠난 증거도 없고, 감옥에서 출소한 증거도 없다. 플로리다 전화부에는 존과 자니 잭슨이라는 이름을 가진 사람이 638명 있다. 어떻게 플로리다 주정부는 그가 자니라는 사람하고 같다고 알았는가. 그들은 그렇지 않았다. 단지 알고 싶지 않았던 것처럼 보인다. 주정부가 약속한 대로 주소의 데이터베이스를 사용했다면 흑인인 잭슨의 선거권은 유지되었을 것이다.

64살의 월러스 맥도날드라는 흑인은 1959년에 버스 정류장에서 잠이 들었다가 체포되었다고 내게 말했다. 흑백분리법을 쓰고 있던 플로리다에서도 흑인에게 그건 중죄가 아니라 경미한 죄에 속했다. 그는 절대로 선거권을 잃지 않았고 주정부도 그가 잘못 "삭제되었다"고 동의했다. DBT가 약속한 대로 그 데이터베이스를 체크했다면, 그들은 월러스를 고발하지는 않았을 것이다.

월리 딕슨 또한 그 리스트에 있었다. 목사인 딕슨이 수십 년 전 지었던 죄는 다 사해졌다. 만일 주정부가 체크했고 개인마다의 사면을 인증했다면 구분하기는 쉬운 일이었을 것이다.

잘못 짝짓기는 하늘에서 이루어졌다

그 리스트를 읽어 내려가면 잘못 짝지어진 것을 볼 수 있다. 그들은 41살의 랜달 히긴보담으로부터 선거권을 빼앗았는데, 그것은 30살 짜리 신 히긴보담의 죄 때문이었다. 그 명부는 수상한 짝짓기로 엉망이다. 유권자인 플로리다의 데이비드 러셀 버틀러 Jr.는 오하이오의 데이비드 버틀러로 되어 있었다. 말할 것도 없이 데이비드 R.이 그의 이름으로 되어 있는 데다 Jr.까지 붙여서 등록했기 때문이다. 플로리다 전화부에는 66명의 다른 데이비드 버틀러들이 있고 그들은 동시에 각각의 우편물을 받아야만 했다. 있을 것 같지 않은 일로 그들이 맞는 버틀러를 삭제한 것은 교란시키는 행위였다. 수정할 생각이 아예 없었음에 틀림없다.

틀린 버틀러들, 스미스들, 잭슨들은 DBT의 "매칭 로직"과 "매칭 범위" 때문에 그 리스트에 남아 있었다. 신용카드 회사들은 그들이 카드를 발행하기 전에 인증을 위해 35개의 매치를 필요로 한다. 플로리다 주정부는 부분적으로 네 가지, 이름(이름에서 네 자만 맞아도 충분했다), 생일, 성별, **인종만 맞으면 만족했다.** 주소나 그 리스트를 검증하기 위해 맞는 범위를 더 늘리기보다 주정부는 DBT에게 범위를 없애라고 말했다. 예를 들면 Messrs.를 보자. 버틀러와 잭슨은 그런 혼동을 피하기 위해 공식적인 이름에 "Jr." 붙이기를 굉장히 조심스럽게 했다.

믿기 어려운 행운으로 나는 로버츠의 사무실에서 2000년 6월 14일자, 내부 우편을 발견했다. 그 편지에서 사무원들은 에드워드와 에드윈(그리고 에드위나!) 사이의 "매치"를 허용하는 데이터 "비틀기"라고 부르는 것에 대해 초조해 하고 있었다. 그것은 고의적으로 미들네임과 이니셜을 무시하고 "Jr."나 "Sr." 같은 접미사를 건너뛰는 것이었다.

나는 탈라하시의 윌리 D. 화이트닝을 만났다. 목사인 화이트닝은 십년 전 과속딱지를 뗀 적이 있다고 고백했다. 그러나 그것이 선거권하고 맞바꿀 수 있는 것인지 의문을 가졌다. 그러나 그 삭제 리스트에는 윌리 J. 화이트닝 –"Jr."는 아니고– 이 있었고 윌리 D.의 생일과 이틀 차이가 나는 것이었다.

"우리가 확인할 수 있는 것보다 더 많은 이름이 있었으면 했습니다…"

얻은 데이타를 분석하기 위해서는 DBT의 특수한 전문가적 능력이 필요했다. 그러나 DBT 플로리다 연락사무소에 있는 자넷 모드로우는 DBT가 텍사스와 같이 그러한 데이터를 공개하는 십여 개 주로부터 단순히 명단을 다운로드 받았을 뿐이라고 고백하였다. 매킨토시 컴퓨터와 신용카드만 있으면 고등학생도 인터넷에서 이런 명단을 얻어낼 수 있었다. 11개 주 가운데 8개 주의 명단은 아예 사용되지도 않았지만 플로리다 주는 개의치 않았다. 만일 지불된 대로 대조확인 작업을 완료하라고 DBT 측에 주정부가 요구하였다면 57,700명의 명단은 크게 그 숫자가 줄어들었을 것이고 따라서 수천 명의 더 많은 흑인들이 투표를 할 수 있었을 것이다.

DBT가 플로리다에 그 위조된 텍사스 리스트를 넘기는 것을 태만하게 했기 때문에, 플로리다와 카운티들이 그 잘못을 고치려고 할 때는 큰 돈이 들게 되었다. 그러나 해리스의 사무실에 있는 모드로우는 주정부가 거기에 대해 변제를 요구하거나 계약서 상에 있는 어떤 벌금도 물게 하지 않았다고 말했다. 사실, 주정부는 DBT하고 4백만 달러에 달하는 다른 계약 갱신을 체결했다.

왜 주정부는 불평하거나 고소하거나 지불을 유예하지 않았던 것일까? 나의 첫 번째 보고서에 따르면, 초이스포인트 DBT는 일 년 연장하는 계약에 동의했다는 것이다. 그러나 왜 그 감시인들이 가만히 있었을까?

해리스 측이 엄청난 비용을 지불한 것에 대해 우리가 유일하게 결론 내릴 수 있는 것은 다음 두 가지뿐이다. 첫째 무고한 시민의 시민권을 박탈한 작업이 오류투성이에 값비싼 것임에도 불구하고 비용을 지불한 것이든지 아니면 둘째 **그러한 작업이 정확히 계획된 바 그대로였기 때문에 지불한 것이든지 둘 중에 하나일 것이다.**

잘못된 작업을 수행하라고 DBT는 돈을 받았던 것일까? 오류를 하나하나 살펴보면 그것이 전화를 통한 확인이든 표본추출을 통한 검사이든 아니면 여러 데이터베이스 간의 대조작업이든 간에 모두 한쪽 방향으로 진행되고 있었다. 즉 그것은 전과자로 잘못 기록되는 사람들의 숫자를 늘리는 방향이었다. 그 사람들 중 절반은 흑인이었다.

초이스포인트와 같은 전문 회사가 그런 엉터리 같은 작업을 했고 또 그럼에도 고객 측으로부터 전혀 불평의 소리도 듣지 않았다는 사실을 보면 당연히 그 고객, 즉 플로리다 주가 회사에 지시하여 일부러 잘못된 작업을 하게 했다고 여기게 될 것이다.

사실이 그러했다. 2000년 2월, 방송을 하기 직전에 초이스포인트의 부사장 제임스 리가 런던, BBC 스튜디오에 있는 우리에게 전화를 걸어 왔다. 그때 처음으로 그는 플로리다 주가 아무런 죄가 없는 사람들의 이름을 보내달라고 하였다는 점을 내비쳤다. 그의 말은 다음과 같았다. "플로리다 주는 중죄인으로 확인할 수 있었던 사람들보다도 더 많은 사람들의 이름이 있었으면 했습니다." 얼마나 특별한 성명서인가?

우리는 그들의 진술과 함께 취재내용을 방송하였다. 그러자 초이스포인트는 서면으로 런던의 방송 책임자에게 방송 내용의 철회를 요구하는 등 매우 공세적으로 나왔다. BBC는 앞으로 방영할 증거들을 하나하나 들면서 이들의 요구에 전혀 굴복하지 않았다.

맥키니 의원이 그 자백을 폭로하다

2001년 2월 15일, 방송이 나가고 난 후, 미국 의회에서 유일하게 한 사람이 BBC로 전화를 걸어 우리한테 증거를 요청했다. 신시아 맥키니 의원이었다. 그녀는 내가 좋아하는 종류의 문제가 있는 사람이었다. 흑인으로 혼자 애를 키우고 있고, 프린스톤 대학의 플레처 외교학교에서 박사학위를 받았으며, 항상 질문이 많은 사람이었다. 정치의 세계에서, 그것은 그녀를 위험하게 만들었으니, 외교국가위원회의 기자가 그녀를 "방사성 물질"이라고 묘사한 것에서도 알 수 있다. 보통 조사를 대리로 시키는 의원들하고는 달리, 그녀는 상세한 메모와 증거들을 직접 읽어서 자신이 처리해야 할 일들을 잘 알고 있다.

애틀랜타를 대표하는 의원이고 애틀랜타는 바로 초이스포인트 본사가 있는 곳이다. 그녀는 초이스포인트의 실무자들이 애틀랜타 특별 청문회에 나올 것을 요구하였다. 보통 때와 같이, 그녀는 공적으로 대답을 듣고 싶은 몇 가지 질문이 있었다. 그래서 나는 그녀에게 초이스포인트의 증거를 제출했다. 초이스포인트 측은 나의 질문에 대해 함구하고 있었지만 만일 그녀가 질문한다면 아무런 주저 없이 속이거나 허튼소리를 하기는 어려울 것이었다.

4월 17일에 초이스포인트의 제임스 리는 맥키니가 이끄는 패널들 앞에서 증언을 시작하였다. 증언과 함께 초이스포인트 측은 앞서의 호언장담에도 불구하고 선거권 정리 사업에서 손을 떼겠다고 발표하였다. 초이스포인트 측은 매우 전문적인 용어와 빈틈없는 언어를 구사하며 모든 책임을 플로리다 주 측에 떠넘겼다.

예컨대, 리는 **플로리다 주가 만일 성이 90% 일치하면 정리명단에 넣으라는 어처구니없는 지시를 했다고 말했다. 즉 Anderson이 죄를 지었으면 Andersen도 선거권을 잃게 되는 것이었다.** 이렇게 하면 수많은 무고한 사람들의 선거권이 침해될 것임을 알고 있었기 때문에 초이스포인트는 이의를 제기했다는 것이다. 플로리다 주는 다시 90%에서 80%로 낮추었다. 따라서 오류가 많았던 것은 의도된 것이었다. 성과 이름이 바뀌기도 했다. 토마스 클래렌스라는 중죄인이 있다면 클래렌스 토마스는 투표를 할 수 없었다. 가운데 이니셜은 무시되었고 "2세"나 "3세" 같은 마지막에 붙는 것 등은 없애버렸으며 별명이나 가명 등은 추가되어 명단의 크기를 부풀렸다. 그리고 DBT 측은 - 매우 조용하게 - 이에 대한 이의를 이메일을 통해 보냈다고 말하였다. 이것은 진정 시민권을 무참히 제약하는 것에 대한 반대의사 표명이었을까? 아니면 앞으로 문제가 될 경우를 대비해 보낸 것에 불과한 것일까? 여하튼 리의 증언에 따르면 "DBT 측은 주정부 관리들에게 정리명단 작성 규칙을 따르게 되면 사망하지 않은 사람, 두 개 이상의 카운티에 등록하지도 않은 사람, 그리고 중죄인이 아닌 사람들도 명단에 포함되게 된다는 점을 말해 주었다고 한다. 또한 DBT는 명단에서 선거권이 있는 사람들의 숫자를 줄일 수 있는 방식도 제시했었다."는 것이다.

그 명단을 고쳤다고? 이들 "중죄인이 아님"이라는 것이 지워졌는가? 그러나 플로리다 주 측은 이에 대해 신경 쓰지 말라는 반응이었다.

흑인유권자들을 사냥하다 - 6월 9일 편지

플로리다는 무고한 사람들을 사냥하고 있었다. 피부가 검으면 검을수록 좋았다. 무작위로 수천 명의 유권자를 솎아낸다는 것은 선거의 방향을 바꾸는 데에는 아무런 도움이 되지 않았다. 결과에 아무런 영향을 미칠 수 없기 때문이다. 중요한 것은 색깔이었다. 이것을 중요한 요소로 작용시키도록 매우 정교한 컴퓨터 조작이 이루어졌다. 명단 가운데 어떻게 54%가 흑인일 수가 있었겠는가? 미국의 중죄인 가운데 절반이 흑인인 것은 사실이다. 그렇지만 무고한 사람으로 명단에 실린 사람들 대부분이 흑인일 수 있는가?

11월에 초이스포인트 홍보담당 직원들이 여러 차례 내게 전화를 걸어 "인종은 명단 작성에서 고려사항이 전혀 아니었습니다."라며 매우 흥분된 어조로 말하였다. 이것은 시민권을 침해하는 인종차별 음모에 관련되었다며 NAACP 측이 고발을 하고 나자 회사 측에서 여러 차례 보도자료를 통해 발표한 내용이었다. DBT는 편집자들과 취재기자들에게 불만을 표시하였다. 인종은 명단작성의 기준이 아니었다는 단호한 한마디뿐이었다. 그리고 나는 모든 카운티 선거관리 위원들에게 보낸 초이스포인트 DBT 부사장 브루더의 2000년 6월 9일자 편지를 입수하였다.

대조과정에서 이용된 정보에는 이름, 중간 이름, 성과 출생연월일 및 인
종 그리고 성별 등이 있습니다. 하지만 사회보장등록번호는 사용하지 않
았습니다.

그러나 그들은 내게 거짓말을 한 것은 아니었다. 그들은 대조작업에
서 인종을 기준으로 사용한 것이지 애초 명단을 뽑아내는 데는 사용하
지 않았기 때문이다. 초이스포인트는 "대조"와 "초기명단작성" 간의 혼
란을 활용하여 BBC의 보도내용을 오도하려고 했다. 또 그들은 미인권
위원회의 인종차별에 대한 질문을 빗겨가려고 애를 썼다. 그러나 2월
16일 아침, 우리들 방송이 나간 다음날 인권위원회의 요청에 의해 나는
위원회 측에 6월 9일자 편지와 여타의 중요한 서류를 팩스로 보내주었
다. 그날 늦게 위원회는 브루더의 증언을 들었다.

위원회: 명단을 작성할 때 인종이나 지지정당이 대조의 기준이었습니까?
브루더: [선서 하의 대답임] 아닙니다…….
위원회: [6월 9일자 편지를 읽는다.] 이 편지를 증인이 쓰셨습니까? 여기에
　　　　증인의 서명이 있습니다.
브루더: 그걸 볼 수 있을까요?
위원회: 그러니까, 증인께서 플로리다 선거관리 담당자들에게 인종이 대조
　　　　기준이라고 잘못 알려주었죠?
브루더: 네.

현명한 답변을 했소, 브루더 씨. 선거관리 담당자를 오도하는 것은 범
죄가 아니지만 위증은 범죄가 되기 때문이다. 그는 혼동을 했었다고 주
장했다. 만일 인종이 대조 기준이 아니었다면 어떻게 흑인들만 중죄인
으로 분류되었던 것일까?
다시 정리 명단을 살펴보기 전까지 나는 몹시 혼란스러웠다. 거기에

Source	Method	Voter Full Name	Voter DOB		Voter Race	Felon State	Felon Full Name	Felon DOB		Convicted	n Race
DOE	NAM	SMITH , JC	5/25/1978	M	BLA	FL	SMITH , JC	5/25/1978	M	8/12/1997	BLA
DOE	SSB	NETTLES , MARY ANN	11/14/1959	F	BLA	FL	DOE , JANE	11/14/1959	F	7/11/1996	WHI
DOE	NAM	STEWART , ROBERT N	8/19/1948	M	WHI	FL	STEWART , ROBERT NORMAN	8/19/1948	M	2/5/1997	WHI
DOE	NAM	SEWELL , IMOGENE	8/14/1951	F	BLA	FL	SEWELL , IMOGENE BREWTON	8/14/1951	F	7/18/1988	BLA
DOE	NAM	WOODBERRY , MARIE	4/8/1908	F	BLA	FL	WOODBERRY , MARIE	4/8/1908	F		BLA
DBT	NAM	REEDER , WILLIAM T	9/10/1927	M	WHI	SC	REEDER , WILLIAM THOMAS	9/10/1927	M		WHI
DOE	NAM	FAULK , JOSEPH CURTIS	9/29/1930	M	WHI	FL	FAULK , JOSEPH CURTIS	9/29/1930	M		WHI
DOE	SDL	HIGGINBOTHAM , RANDALL J	8/28/1960	M	WHI	FL	HIGGINBOTHAM , SEAN DAVID	6/16/1971	M	12/22/1994	WHI
DBT	NAM	JACKSON JR, JOHNNY	8/8/1969	M	BLA	TX	JACKSON , JOHN FITZGERALD	8/8/1969	M		BLA
DOE	NSD	WOODS , LAWRENCE LAMAR	3/31/1949	M	WHI	FL	WOODS , CLARENCE L	3/31/1949	M	2/3/1992	WHI
DOE	NAM	ROBERTS , DUSTY EDWARD	11/21/1954	M	WHI	FL	ROBERTS , DUSTY EDWARD	11/21/1954	M	10/12/1987	WHI
DBT	NAM	BUTLER JR, DAVID RUSSELL	9/17/1959	M	WHI	IL	BUTLER , DAVID	9/17/1959			
DBT	NAM	DIXON JR, WILLIE G	10/3/1931	M	BLA	FL	DIXON , WILLIAM G	10/3/1931	M	11/20/1981	WHI
DOE	NAM	THOMPSON , DOYLE TRAVIS	3/23/1962	M	WHI	FL	THOMPSON , DOYLE TRAVIS	3/23/1962	M	8/8/1983	WHI
DOE	NAM	ALDRIDGE , LOYAL EDDIE	4/26/1953	M	BLA	FL	ALDRIDGE , LOYAL EDDIE	4/26/1953	M	7/18/1988	BLA
DBT	NAM	COOPER , THOMAS ALVIN	9/5/1973	M	WHI	OH	COOPER , THOMAS	9/5/1973	M	1/30/2007	BLA
DOE	NAM	RAMOS , MIGUEL ANGEL	12/19/1956	M	WHI	FL	RAMOS , MIGUEL	12/19/1956	M	5/30/1997	WHI
DOE	NAM	HALL , ARTHUR LEE	6/3/1943	M	BLA	FL	HALL , ARTHUR LEE	6/3/1943	M	5/7/1970	BLA
DOE	NAM	BARNES , SHANDA L	12/26/1973	F	BLA	FL	BARNES , SHANDA LATAIN	12/26/1973	F	5/3/1997	BLA
DOE	NAM	MCDONALD , WALLACE	2/11/1937	M	BLA	FL	MCDONALD , WALLACE	2/11/1937	M	6/12/1950	BLA
DOE	NAM	MARTIN , MARY A	2/17/1971	F	WHI	FL	MARTIN , MARY A	2/17/1971	F	11/2/1993	WHI
DOE	NAM	WILLIAMS JR, FRANK DEE	5/13/1975	M	BLA	FL	WILLIAMS , FRANK DEE	5/13/1975	M	7/26/1999	BLA
DBT	NAM	RODRIGUEZ , MICHAEL A	6/23/1976	M	UNK	NJ	RODRIGUEZ , MICHAEL	6/23/1976	M	6/29/1998	

그림 1.3 플로리다 "중죄인" 정리명단.

는 중죄인의 인종과 유권자의 인종이 표시되어 있었다. 어떻게 DBT는 그 사실을 부인하는 것일까? (그림 1.3)

초이스포인트 DBT는 모든 중죄인의 인종사항을 밝혀놓았고 주정부 국무부는 유권자들의 인종사항을 제공하였다. 그리고 인종차별적 작업을 마무리하는 것은 카운티 선거 담당자들의 몫이 되었다. 올바르게 명단이 작성되었다는 "증거"로 그들은 인종사항을 이용하였다. 따라서 윌리 파이팅이라는 흑인 중죄인으로 인해 -이것은 실제 사례였다- 무고한 윌 파이팅(흑인)의 등록이 불가능하게 된 반면 무고한 윌 파이팅(백인)의 시민권에는 아무런 지장이 없었다.

사전 승인 기만극

1965년의 미 선거권에 대한 법률을 보면 이 법률은 플로리다 주를 경계의 눈초리로 바라보고 있다는 것을 알 수 있다. 즉 올드 사우스에 속한 주들이 흑인 유권자의 투표를 막기 위해 선거과정을 왜곡하려 할지도 모른다는 가정을 배경으로 하여 만든 법인 것이다. 플로리다는 투표과정을 스스로 바꿀 수 없도록 하고 있다. 그래서 1965년 법안에 의해 지목된 몇 개의 주들과 함께 플로리다 주는 투표 과정 변동에 대해 법무부로부터 "사전에 안정성을 보증 받아야" 한다. 플로리다 주는 새로운 유권자 등록절차가 흑인 유권자들에게 "별다른 영향"을 주지 않을 것이라는 사실을 증명해야 한다.

도대체 플로리다 주는 이런 인종차별적 중죄인 정리 계획을 어떻게 연방정부의 제지도 받지 않고 버젓이 시행할 수 있었을까? 1998년 이상한 낌새를 알아챈 법무부는 몇 가지 질의를 하게 되었다. 그 중 하나는 왜 플로리다는 외부 수주업체와 계약을 해야 했는가라는 질문이었다.

1998년 7월 21일 사태를 진정시키고자 주정부의 어느 하급 입법관련 보좌관이 법률 비망록을 작성하였는데 여기서 그는 정리 작업을 단지 행정적 개혁으로 호도하고 있다. 그 보좌관이 바로 클레이튼 로버츠로 주 상원의원인 캐서린 해리스와 함께 일하고 있었다. 이들은 1998년 씨를 뿌리고 그 결실을 2000년에 거두어들인 것이었다.

투표기계의 인종차별

미국 인권위원회의 회장인 매리 프랜시스 베리는 2000년 선거의 진짜 공포는 우리의 미디어가 못박아 버린 선거재개표가 아니라 "개표자체가 없다"는 것으로, 시민이 투표하는 것이 금지되거나 그들의 투표가 무효화 되었다는 것이다.

그리고 플로리다는 그들의 "무개표" 수법에서 유권자 삭제보다 더한 방법을 사용했다. 2001년 2월, 나는 특별한 것을 찾아냈다.

그 사실은 내 주의를 집중시켰다. 537표 차이로 승패가 갈린 대통령 선거에서 플로리다는 179,855표를 집계에서 제외하였다. 표가 유효표로 인정되느냐 아니면 무효처리 되느냐는 피부색에 달려 있었다. 백인 카운티인 레온(탈라하시)의 경우에는 단지 500표에 1표 비율로 무효표였다. 이웃 카운티인 가드젠은 흑인 유권자의 비율이 높은 곳인데 8표 가운데 1표 꼴로 무효처리가 되었다.

다음 표는 흑인들이 많이 거주하는 플로리다 카운티와 백인이 많이 거주하는 카운티의 무효표를 비교하고 있다.

흑인 카운티

흑인 인구가 25% 이상인 지역

	흑인 거주자	집계되지 않은 표
가드젠	52%	12%
매디슨	42%	7%
해밀턴	39%	9%
잭슨	26%	7%

백인 카운티

흑인 인구가 5% 미만인 지역

시트러스	2%	1%
파스코	2%	3%
산타로사	4%	1%
사라소타	4%	2%

하나의 패턴을 찾았는가?

어떻게 이런 일이 일어날 수 있을까? 정확하게 어떻게 선거가 "망쳐졌는가?" 그리고 왜 흑인 선거는 그렇게 쉽게 망쳐졌는가?

나는 그 대답을 레온 카운티 선거관리위원회 위원장인 아이온 산초의 탈라하시 사무실에서 찾아냈다. 다른 많은 주와 마찬가지로, 산초는 종이 투표용지를 사용했다. 기계가 그 투표용지들을 읽는데, "광학적으로 스캔이 되는 것"이었다. 그는 투표기계에 시험삼아 투표용지를 넣어보라고 하였다. 나는 일부러 나이더와 부캐넌 모두에게 기표하였다. 투표지를 기계에 넣자 크르릉 철커덩하는 소리와 함께 용지를 다시 뱉어냈다. 즉 "아큐보트(Acuvote)"라는 이름의 이 기계를 사용하면 절대 실수할 수 없다는 이야기이다. 이 얼마나 훌륭한 기계인가! 나는 투표지를 사용하는 카운티들은 모두 이 기계를 비치하고 있느냐고 사무원에게 물었다. 사무원의 대답은 그렇다라고 할 수도 있고 안 그렇다고 할 수도 있다는 것이었다. 이웃 카운티인 가드젠의 경우에는 자동인식 투표기계가 설치되었었지만 거부장치를 작동하지는 않았다는 것이다. 투표용지에 잘못 기표하는 일은 매우 쉽게 저지를 수 있는 실수이다. 가드젠 카운티에서 잘못 기표하면 기계가 투표용지를 그대로 받아들이고 그렇게 되면 결국 집계에서 제외되는 것이다. 예컨대 어떤 유권자들은 "앨 고어"라는 이름에 체크를 했으나 이 표들은 고어의 표로 인정받지 못했다.

그래서 나는 플로리다 질의라고 부르는 질문을 던졌다. "혹시 선생께서는 **잘못된 투표용지를 그대로 받아들이는 카운티의 인종분표 상황**에 대해 알고 있습니까?"

그러자 나는 플로리다 답변을 듣게 되었다. "우리는 누군가가 그 질문을 해왔으면 하고 기다려왔습니다." 그리고 사무원은 여러 색깔로 쓰여진 종이를 꺼내왔다. 그것은 플로리다 각 카운티의 무효표를 집계한 것이었다. **표가 유효표로 인정되느냐 아니면 무효처리 되느냐는 피부색에 달려있었고, 거의 완벽한 매치를 이루고 있었다.** 그러나 '나이트라인'의 테드 커플은 흑인들이 너무 무식해서 투표용지를 식별하지 못하기 때문이라고 우리한테 말했다. 테드는 그것이 잘못된 것을 알아낼 수 있었는가? 탈라하시 공무원이 내게 밝힌 바와 같이 투표가 유효한 것이냐 아니면 무효표이냐는 투표자의 교육이나 교양에 상관되는 것이 아니라 단지 기계의 종류와 기계의 버튼을 어떻게 위치시키느냐에 달려 있는 것이다.

그런 다음 나는 질문을 하게 되었다. 해리스와 주지사는 무엇을 어떻게 알았으며 언제 알게 되었는가? 둘다 이런 것들이 차별적으로 장치되었다는 문제를 알고 있었을까? 그들의 집무실은 실험용 기계로부터 그야말로 엎어지면 코가 닿을 곳에 있었다. 기술자들은 내게 이렇게 말해주었다. "그래서 그곳에 설치해 놓았던 것이죠. 선거 전에 미리 살펴볼 수 있도록 말입니다."

은폐와 왜곡

새로운 취재내용이 미국 본토에는 사실상 전혀 보도되지 못하고 있는 반면 왜곡보도는 그 극에 달해 있었다. 평소 균형 잡힌 시각을 갖고 있던 『월스트리트저널』도 무효표의 인종적 통계수치를 무시하면서 투표기계가 지리학적 차이를 보이는 표결과에는 어떤 인종상의 차별도 없었다고 주장하였다.

중죄인 명단정리에 대한 내 보도는 플로리다 언론을 들쑤셔 놓았다. 선거가 있고 몇 개월 후, 초이스포인트 DBT의 회사가 위치한 지역의 신문 『팜비치포스트』는 "수천 명의 중죄인들이 지난 선거에서 투표하였다. 이들 투표는 앨 고어의 득표에 유리하게 작용한 것으로 여겨진다." 라는 보도를 하였다. 놀랍군! 수천 명이라니!

『팜비치포스트』의 '중죄인들도 투표하다' 라는 제목의 충격적 기사는 미인권위원회가 주정부 및 DBT의 정리명단이 엉터리라고 선언한 때보다 일주일 앞서 보도되었다.

『팜비치포스트』의 취재기자들은 중죄인들을 찾아내기 위해 어떤 자료를 사용하였는가? 어처구니없게도 DBT의 명단을 사용하였다. 그리고 그들은 6백만 플로리다 유권자들 중에서 "중죄인"과 이름, 생년월일, 인종 그리고 성별이 일치하는 사람들을 찾아냈다. DBT가 사용한 방법의 답습이지만 그것보다도 더 엉성한 것이었다. 플로리다 주와 카운티들이 서투르게나마 했던 대조작업조차도 하지 않았던 것이다.

『팜비치포스트』의 "5,643명의 중죄인이 투표하다"의 내용은 그 제목의 의미와는 거리가 멀었다. 이들이 보도한 내용은 흔하게 볼 수 있는 이름(예를 들면 존 잭슨)과 그리고 같은 생년월일을 지닌 사람들의 명단이나 혹은 잘해야 경범죄를 지은 사람과 이미 사면을 받은 사람들의 명단에 불과했다. (한번 이렇게 생각해 보자. 만일 각각의 생년월일이 하나의 시(市)라고 하자. 그러면 미국에는 365개의 시가 있고 각 시에는 75만 명의 시민이 살고 있게 된다. 과연 시 전화번호부를 펼쳤을 때 "Joe White"란 이름을 갖고 있는 사람이 한두 명에 그치고 말까?")

이것은 단순히 언론이 시원치 않아서 그런 것이 아니고 의도적으로 독자를 오도하려 했다는 혐의가 짙다고 할 수 있다.

『팜비치포스트』 기사의 동기와 그 방식에 대해 의구심을 가질 만한 충분한 이유가 있다. 이 신문이 선거 이전에 선거권 박탈에 대한 비리가 있음을 감지하고 있었지만 플로리다 주가 DBT의 브루더에게 보낸 기록에 "선거 담당부서의 뉴스보도 조정계획"이라 이름 붙은 계획안을 알고도 그냥 덮어두고 말았던 바로 그 신문이었다는 점을 기억해야 할 것이다. 선거 후 우리 조사원들에 의해 입수된 그 기록을 보면, 선거 담당국은 어떻게 『팜비치포스트』로 하여금 그들 기사를 "바로잡게" 하며 또 『선센티넬』과 여타의 신문에 자신들에게 유리한 기사가 실리도록 하느냐를 기술해놓고 있다.

결정적인 근거

그리고 DBT 및 『팜비치포스트』 명단의 진위에 대한 결정적인 시금석이 있다. 플로리다 법무장관인 밥 버터워스는 불법적으로 투표했거나 등록한 사람은 누구든 반드시 처벌하겠노라고 내게 말해 주었다. 중죄인으로서 투표하는 행위는 또 다른 중범죄를 저지르는 것이다. 그렇다면 그것은 징역형을 의미한다. 57,700명의 플로리다 사람들이 ─ 혹은 5,643명이라고 해도 ─ 수년간의 교도소 생활을 할지도 모르는 위험을 감수하고서라도 투표를 하려 했다는 것은 암만해도 믿기 어렵다. 만일 DBT와 『팜비치포스트』가 범죄자들을 발견하였다면 왜 그들을 체포하지 않고 있는 것일까? 버터워스가 지금 "몇 명"을 확인해 보고 있지만 글을 쓰고 있는 이 순간까지 "중죄인 투표자"는 한 명도 찾아내지 못하고 있다.

개표를 할 수 없었던 콘소시엄

언론의 왜곡보도로 인해 선거명부에 대한 인종청소가 알려지지 못하고 말았다. 그러나 『뉴욕타임스』, 『워싱턴포스트』, CNN을 비롯하여 신

정보질서를 수호하는 언론매체들에게는 그것만으로 충분하지 못했다. 여타의 새로운 주요 미디어와 함께 이들은 엄청난 돈을 쏟아부어 시카고대학 내에 "콘소시엄" 형태로 전국여론조사센터(NORC, National Opinion Research Center)를 설립하였다. 이들이 행한 것은 소위 "재검표"라는, 실제로는 그 이름이 적절치 않은 그런 작업이었다. 수개월간 그들은 조사내용을 발표하지 않고 있었다. 마침내 대통령선거가 끝나고 1년도 더 지난 시점에서 그 결과를 공표하였다. "어떡하든 부시는 결국 이겼을 것이다"라는 제목으로 우리들에게 이렇게 재확인시켜 주고 있었다. 그러니까 조용히 해. 딴소리 말고 그만하자고. 카불의 사자*가 정정당당하게 이겼다니까.

진짜 그가 이긴 것인가?

첫째로 NORC는 "재검표"를 한 것이 아니라는 점을 이해할 필요가 있다. 실은 그들의 작업은 캐서린 해리스가 카운티들로 하여금 공식집계에서 제외하도록 한 못쓰게 된 18만 표 각각을 설명했을 뿐이었다. 아무튼 이들 표를 최초로 집계한 것은 맞다. 둘째로 NORC의 "검표원"들은 표 계산을 하는 데 있어서 투표자의 의도를 고려해서는 안 되고 단지 각 투표용지의 물리적 상태만을 기술하도록 하였다. 그들은 "투표용지, 고어에 동그라미"라고 써 넣을 수 있지만 그 표를 고어 표로 계산할 수는 없었다. 그리고 NORC의 전문가들이 아니라 신문과 TV의 실무자들과 편집자들이 부시가 결국 "승자"라고 발표했던 것이다.

대부분의 미국인들은 플로리다 주민의 선택이 진정 누구인가를 밝혀내기 위해 여러 언론기관들이 수백만 달러를 들였다고 생각할 것이다. 그러나 **언론의 우두머리들은 권력의 정당성을 위협하는 민주주의에 대해**

---

* 탈레반 병사가 우리 안으로 던진 폭탄 때문에 암사자도 잃고 눈까지 멀게 된 늙은 사자 이야기는 세계 언론의 관심거리였다.

별반 고운 시선을 갖고 있지 않았다. 특히 아프가니스탄 전쟁 및 부패한 경제와 관련하여서는 더욱 그러했다. 따라서 NORC 검표원들은 분명히 대부분의 플로리다 유권자가 고어에게 표를 던졌다는 것을 알게 되었지만 신문들은 NORC의 결과가 부시의 승리를 확인해 주는 것이라고 보도했다. 대다수를 차지하는 고어 투표자들이 볼 수 있도록 NORC는 그 데이터를 인터넷에 올렸다. 미디어를 지배하는 자들이 사용한 수법은 플로리다 주의 여러 법률 조항을 이용해 잘못 그어진 표를 모두 무효처리한 다음, 그래도 결국 부시가 이겼을 것이라고 발표하는 것이었다. 그것은 이미 우리가 잘 알고 있는 내용이었다. 캐서린 해리스가 바로 부시의 손을 들어주었던 방식이 바로 그것이었다. 즉 투표수가 아니라 절차상의 형식적인 것을 고집하며 얻어낸 결과였다. 이런 야바위꾼들이나 할 만한 짓을 통해 공화당은 살아남을 수 있었다.

나는 NORC 활동을 2001년 2월 마이애미에서 직접 지켜보았다. 활동과정은 **이상한 나라의 앨리스에서나 볼 수 있을 법하게 몹시도 이상했다. 즉 "먼저 승자를 발표하고 그 다음 검표를 한다."**는 것이었다. 유권자들이 어떤 후보에게 투표했는가를 판단하는 것은 어렵지 않은 일이었다. "명확하게 누구를 찍었는지 알 수 있었습니다." 어느 검표원의 말이다. 만일 어떤 사람들이 "고어"에 동그라미를 쳤다면 과연 그들은 누가 대통령이 되기를 원하고 있다고 생각하는가? 하지만 그런 표들은 유효표로 인정되지 않았다. 이유는 단지 엉뚱한 곳에 기표하였다거나 획이 삐져나왔다는 것이었지만 후에 밝혀졌다시피 이는 종종 투표기계 자체에 의해 그런 결과가 나오기도 했었다. NORC 종사자들은 명확하게 기표한 수만 개의 표를 제외한 것에 대해 아무런 언급을 하지 않았다. 그만한 표를 무시했다는 것은 NORC 측 자료를 보아도 알 수 있다. 또 그렇게 무효처리한 표로 인해 야기된 결과에 대해서도 침묵하였다. 그 결과란 엉뚱한 사람이 대통령으로 취임하게 된 사건이었다.

증거가 사라지다

그리고 증거가 사라지기 시작했다.

인권위원회 고문법률가는 투표권이 있는 2,834명의 중죄인들을 제명한 것에 대해 가장 크게 관심을 기울이고 있다고 내게 말했다. 이 행위는 두 가지 법원명령에 대한 고의적 위반이라는 것이다. 불법적인 절차였다는 증거로는 카운티 선거관리 담당자들에게 보낸 2000년 9월 18일자 편지가 있다. 그 편지를 내가 입수하지는 못했지만 그 내용은 카운티 사무원이 읽어주었다. 그래서 나는 제브 부시 주지사의 사면 담당관인 자넷 킬에게 전화를 걸었다. 편지 사본을 얻기 위해서였다. 〈전례가 없는 2000년 대통령 선거〉라는 제목으로 프로그램을 제작하던 우리팀은 통화하는 장면을 카메라에 담았다.

— 제 이름은 그레고리 팔라스트입니다. 런던에서 전화 드리는 겁니다.
— 저는 트로이 워커입니다.
— 트로이 씨, 도움을 주시기 바랍니다. 사면 담당관 자넷 킬 씨의 2000년 9월 18일자 편지가 있습니다. 힐스보로 선거관리위원회에 보낸 편지인데 플로리다 주로 이주했고 중범죄를 저질렀으나 사면을 받은 사람들의 등록에 관련된 편지입니다. 사본을 갖고 계실 텐데……
— 그런 비슷한 내용의 편지가 있습니다.
— 좋습니다. 날짜가 언제로 되어 있습니까?
— 2001년 2월 23일자 편지군요.
— 뭐라고요? (상대방은 킬의 편지를 읽어주었다. 그런데 9월18일자 편지와는 정반대의 내용이었다.)

9월18일(선거가 있기 전임): 다른 주로부터 이주해온 전과자들은 "시민권 회복을 위한 요청을 플로리다 주 측에 해야 한다."

2월23일(선가가 끝난 후임): 다른 주 출신의 전과자들은 "플로리다에서 시민권 회복을 요청할 필요가 없다."

선거 후에 작성된 편지는 인권위원회가 불법행위에 대해 플로리다 측에 질의를 시작하고 나서 일주일이 지난 다음 작성되었다. 그리고 이제 트로이는 킬의 문서기록철이나 다른 문서기록철, 컴퓨터 기록에도 첫 번째 편지에 대한 기록이 없다고 말하는 것이었다. 다른 소스를 통해 나는 죄를 입증할 수 있는 9월 18일자 편지를 얻어냈다. 편지머리에는 주지사 부시의 이름이 박혀 있었고 킬의 서명이 첨가되어 있었다.

Part 4 · 대통령 선거 절도행위 — 2004

아마도 우리는 해리스와 플로리다의 공화당원들이 제시한 대로, "그것을 극복하고 그냥 앞으로 나아가야만" 할지 모른다. 그들은 2002년도와 2004년도를 향해 나아갔다. 그들은 2000년 11월의 선거를 조정해서 다음 선거의 사이클을 조롱하는 작업을 했다. 해리스와 제브 부시는 그들의 삭제 작업이 노출되었어도 벌을 받지 않았다. 결국 2002년 그들은 잘 해냈다.

전리품 묻어 버리기: 플로리다의 선거인 명부를 백인보다 더 희게 보존하기

2002년 1월 10일, 살롱 기사를 인용하면서, NAACP는 초이스포인트

의 DBT와 캐서린 해리스와 클레이톤 로버츠를 1965년에 제정된 투표
권법과 미국헌법에 의해 보장된 수천의 플로리다 시민들의 시민권을 모
독한 죄로 고소했다.

해리스는 자신은 아무 잘못이 없다고 주장한다. 이제 그녀는 판사에
게 말할 수 있었다. (그럼에도, 해리스에게 그것은 위험한 행동이 될 수 있
다. 2002년 6월, 그녀가 마지막으로 법정에서 자신을 변호하려고 애쓸 때, 판
사 한 명이 평범하지 않은 그러나 통찰력이 있는 평결을 내렸다. "이 여자는
제정신이 아니군요." 판사의 언급이 그녀의 정도를 벗어난 법의 해석에 있는
것이지 그녀의 일반적인 정신상태를 말한 게 아닌 것은 그녀에게 다행이다.
다른 한편으로 보면, 플로리다의 법률 하에서, 그녀는 선거인 명부에서 삭제
당해야만 했을 것이다.)

피고인인 해리스와 로버츠에게 나쁜 소식은 DBT가 법정에서 그들의
편에 서지 않은 것이다. 일단 선거인 명부 정리 사업의 막을 내리자,
DBT의 데이터베이스 조작원들은 자신들을 뜨거운 곤경에 빠지게 할
공무원들을 변호해서 아무것도 얻을 것이 없었다. 그 회사는 집단소송
의 배상을 피하기 위해, 화해를 빌면서 NAACP의 자비를 간청했다.

2002년 7월, DBT는 새로운 정리 명단을 제공하기로 NAACP의 법률
회사로 행동하는 People for the American Way와 사인을 했는데 원
래 플로리다 주하고 약속한 일에 더 근접한 일이있다. 내 추정으로 그
명단은 기껏해야 열 명 중 한 명을 검증할 수 있었다. 아니 너무 친절했
나 보다. 그 새로운 명단은 원본에 있는 20명 중 단지 한 명을 포함하고
있다고 DBT는 암시했다. 다른 말로 하면, 5만 명이 넘는 사람들이 그들
의 대상자명단에서 삭제될 것이라는 것이다.

NAACP의 변호사들은 단지 노적가리를 떨어뜨린 것이 아니었다. 그
들은 2000년 선거를 뒤집을 수는 없다는 것을 알고 있었다. 그들의 목

표는 2002년과 2004년의 도둑선거를 막는 것이었다. 이를 위해, DBT의 승인을 받은, NAACP는 단순히 주정부에 중죄인으로 잘못 기재된 사람들의 선거권을 돌려주기를 요청했다. 당신은 DBT가 자백하고 나서 유해한 명부의 95%까지 삭제했으며, 해리스와 제브와 클레이 로버츠가 적어도 그들이 잘못 처리한 사람들을 바르게 해놓았다고 생각할 것이다. 절대로 아니다. DBT는 5만 명의 이름을 그들의 명부에서 없앴지만 해리스는 아니었다. 그녀의 사무실은 그들의 시민권을 돌려주기를 거절했다. 여러분은 그녀의 논리를 볼 수 있다. 만일 당신이 그것을 2002년도에 모두 돌려주어야만 한다면 2000년 선거를 훔칠 필요가 무엇이겠는가? 훔친 물건을 감춘 은행강도가 피해자들에게 "그것은 아직 내것입니다"라고 주장하는 것처럼 주정부는 불법적으로 삭제된 흑인 유권자를 영원히 묻어 버리기 위해 책에 있는 모든 기술적이고 법적인 술수를 다 사용하고 있다.

그러나 결국, 이 선거권은 회복되어야만 한다. 그땐 제브 부시의 팀이 백인보다 더 하얀 선거인 명부를 어떻게 보존할 수 있는가? 대답은 이렇다. **2002년과 2004년에 대비한 새로운 "중죄인" 명부이다.** 그러나 새로운 리스트를 만드는 것은 새로운 장애물에 부딪혔다. 바로 법이다. 살롱과 『네이션』 이야기를 따라가 보자. 당황한 플로리다 주의회는 정리명단을 만들기 위해 DBT 같은 외부 회사를 국무성이 다시 고용하는 것을 금지하도록 투표했다. 그 주의회는 이 작업을 해리스에서 전문가인 법원서기플로리다연합회로 바꾸도록 지시했다. 공화당원들에게 문제는 그 법원서기들이 전에 이 작업을 하면서 합리적으로 공정하고도 정확하게 그리고 편견이 없이 했다는 것이다. 결국, 중죄인들은 모담, 해리스 그리고 DBT가 진행하기 오래 전에 선거인 명부에서 삭제되었다.

해리스는 직설적인 방법으로 새 법의 문제점을 극복했다. 아예 깨버린 것이다. 그 법은 "외부 회사를 고용해서는 안 된다…"고 했는데 명확한 표현이었다. 그럼에도 2001년 12월, 해리스는 법원서기들하고의 일련의 회합을 중단하고는 외부 회사를 고용했다. 그녀의 청부업자인 로버츠는 플로리다 신문들에게 현재의 시스템을 평가하기 위한 비용으로 그들이 30만 달러를 요구했기 때문에 서기들과의 화합을 중단했다고 얘기했다. 그는 30만이라는 소리에 좋아서 크게 웃었을 것이다. 그가 새로운 컨설턴트에게 지불하기로 승인한 금액은 160만 달러였던 것이다.

DBT를 내보내고 플로리다 정부가 시민들의 시민권을 맡기려고 새롭게 관계를 맺은 회사는 누구인가? 액션츄어(Accenture), 일명 아서 앤더슨 컨설팅이다.

해리스 수법

중죄인 명부 하나만 가지고 민주주의를 방해할 수는 없다. 선거인을 먹어치우는 기계는 가즈덴과 다른 흑인 카운티들에서는 잘 작동했지만, 사이버스페이스는 재미와 게임에서 더 많은 기회를 제공하고 있다. 이번에는 "터치 스크린(만지기 화면)" 투표이다. 투표용지 추적이나 감사나 재개표를 두고 싸울 필요가 없다. 재개표 자체가 아예 불가능하다.

플로리다는 이 비디오게임 선거 기술을 채택한 첫 번째 주이다. 국무장관인 해리스는 즉시 일렉션 시스템&오마하 소프트웨어에서 나온 아이보트로닉스(iVotronics)라는 기계의 신뢰성을 인증했다. 그들의 웹사이트를 보면, 아무라도 시험해 볼 수 있는 산뜻한 데모 프로그램이 있다. 나도 해보았더니 후보자 한 명한테 이중투표가 가능한 "과투표"가 성공적으로 실행되었다. 그런 다음 그 사이트는 내 노트북을 망가뜨렸다. 그러나 그 버그들은 계속 실행되고 있었으니…….

질문은 어느 누가 그 터치 스크린을 만지는가?이다. 그 회사에 의하면, 산드라 모담이라고 한다. 기억하는가? 그녀는 플로리다 국무장관으로 공화당의 해리스 전임자로, DBT를 고용했던 사람이다. 이제 그녀는 플로리다의 아이보트로닉스의 대표이다.

새로운 미국의 인종차별정책 "인종과 부시 형제들"

2002년 해리스는 선거집회에서 말했다. "하나님과 가족과 친구와 나의 국가 앞에서, 나는 밤마다 편히 잠을 잘 잔다."

당신은 생각한다. "누구와?" 자, 부끄러운 줄 알자. 내 생각은 더 진지해졌다. 결국 해리스는 『하퍼스(*Harper*)』에 실린 그녀의 기사를 사실상 인정했다. 그 기사는 아무 죄없는 흑인 수천 명의 선거권을 빼앗았다고 보도한 것이었다. 만일 그녀가 자신은 잘못이 없다고 믿는다고 해도, 어떻게 밤에 잠을 잘 잘 수가 있단 말인가? 나는 만일 그녀가 돈 있고, 중요한 백인 컨트리-클럽의 회원명부에서 유권자를 잘못 삭제했다면 많은 문제가 있었을 것이라고 추측한다.

농담하지 마시오: 삭제된 유권자들의 피부 색깔은 왜 미국 미디어들이 오랫동안 이 조사를 간단히 처리해 버렸는가 하는 문제와 깊은 관련이 있다. 해리스가 "자유주의 미디어"라고 부르는 그들은 결코 그들 자신의 미묘한 편견을 인식하지 못하고 있다. 뉴욕에서 죄를 지었으나 플로리다에서 선거할 자격이 주어진 알라추아의 존슨 목사 이야기를 기억하는가? 한 명의 기자가 그 사실을 의심했기 때문에 미국 지방 방송국 조차도 발표를 거절했다. 백인 아이비 리그 출신들은 중년의 흑인이 전

과자였다해도 남부 시골에서 그의 권리를 주장하기 위해 카운티 사무실에서 왜 논쟁을 벌이지 않는지 이해할 수가 없다. 왜 존슨 목사는 테이블도 치지 않았는가? 결국, 팜 비치의 유권자들은 공적으로 불평하는 데 어떤 문제도 가지고 있지 않다.

내가 얘기해 본 희생자들 중, 카메라 앞에서 말하기를 동의한 흑인들은 세 명의 성직자로 목을 둘러싸고 있는 깃의 칼라가 일종의 문화적인 보호막을 제공하고 있는 사람들뿐이었다. 알라추아 카운티, 오키페노키…… 이 주들은 아직도 올드 사우스이고 많은 사람들의 기억 속에 흑인 유권자들은 나무에 매달렸던 곳이다. 짐 크로우*의 깊은 상처의 역사는 불법적으로 선거권이 삭제 당한 많은 희생자들이 처음에 조용했던 이유를 설명하고 있으니 민주당의 침묵으로 그 경고가 반복되고 확인된 것이다.

21세기 초, 미국은 1965년 투표권법에 의해 해결되었다고 생각한 문제를 다시 묻게 한다. **흑인들에게 투표권을 허락해야만 하는가?**

지금까지, 우리는 중죄인 기록을 가진 것으로 잘못 고소된 시민들을 삭제하는 문제만 다루었다. 만일 틀린 것이 바로 잡힌다고 해도, 50만의 선한 플로리다 사람들이 여전히 방해받지 않고 투표를 할 수 있을까? 그리고 우리는 그들의 피부색을 알고 있다. 플로리다의 흑인 중 1/3이 선거권을 잃었다.

그리고 부시 형제들은 그렇게 하는 것을 좋아한다.

2000년 선거의 두 달 동안에 부시 대통령은 "또다른 플로리다"를 막기 위한 개혁을 추천하기 위해 Bi-BURP(BiPartisan Blue Ribbon Panel)를 소집했다.

그의 패널들이 알아낸 것과 추천사항이 무엇이든 아무런 고의성이 없

---

* 흑백분리 정책을 주창했던 미시시피의 주지사.

다는 것을 우리에게 증명하기 위해, 우리의 대통령은 자기가 가장 무시하던 두 사람, 지미 카터와 제럴드 포드 전임대통령들을 Bi-BURP의 책임자로 임명했다. 실행해야 할 계획을 만들어야 하는 압박에서 벗어난 두 사람은 중죄인 삭제의 가장 근본적인 문제에 접근했다. 바로 인종 문제였다. 결국, 13개의 주가 이 배제법을 유지했다. 그 법은 원래 미국의 재건기간(Reconstruction) 후에, KKK단이 한밤중에 말을 타고 다니며, 더 직접적인 방법으로 선거인 명단을 깨끗하게 만드는 동안, 디프 사우스(조지아, 알라바마, 루이지애나, 미시시피의 최남부 주)에서 통과되었던 것이다.

부시 대통령이나 부시 주지사는 백인이 아닌 시민들의 권리를 복귀하기 위해 카터-포드가 소환 실행 같은 일시적인 제스처를 써도 조금도 마음을 쓰지 않았다. 제브 부시의 개혁은 아서 앤더슨 컨설팅과 모담의 터치 스크린을 위한 돈이 많이 드는 계약에 제한되어 있다.

플로리다를 넘어서

나는 여러분이 무엇을 생각하는지 알고 있다. 그들 모두는 그렇다. 공화당이나 민주당 둘다 그렇다. 그러나 그 정도는 아니고 그렇게 성공적이지도 않다. 나는 시카고에 있을 때 보스 데일리*의 기계가 양로원의 한 무더기의 부재자 투표를 무자비하게 잘라먹고는 같은 수만큼 민주당의 표로 만드는 것을 지켜보았던 것을 기억하고 있다. 그러나 이번은 새로운 게임으로, 미래를 향한 선거 도둑질이다.

플로리다에서 전야제는 굉장히 성공적이었고, 공화당원들은 그들의 쇼를 가지고 지방공연을 하고 있다. 2000년 선거 이래로 정치인들은

---

* 1965년부터 1976년까지 시카고 시장을 지냈던 인물.

주 선거과정을 "플로리다 식"으로 만드느라 바쁘다. 2004년의 대통령 선거는 그저 절차만 치를 뿐이지 이미 당신을 위해 결정이 되어 있을지도 모른다.

플로리다 투표 계수 보드빌*은 여러 주에 있는 투표 시스템을 "개혁"이라는 멸시 섞인 이름 아래에서 조롱하기 위한 구실로 사용되고 있었다. 이 개혁들은 플로리다에서 개척한 중심집중 컴퓨터에 의한 명단을 정리하는 방법들을 의심스럽게 되풀이하는 것이다.

이 그릇된 "개혁" 바람을 가져온 사람은 누구인가? 한쪽 방향은 어마어마한 유권자통합프로젝트(VIP)로 워싱턴 DC 외곽에 있다. 보수적이고 비영리적인 그 기관은 1993년 자동차 유권자법(모터보터)에 반대하는 공화당과 나란히 캠페인을 벌였다. 그것은 전국적으로 선거인 등록을 700만으로 증가시켰고, 그중의 많은 부분이 소수민족 유권자였다. 창립 회장은 여성으로, 로날드 레이건의 측근인 모톤 블랙웰의 부인인 헬렌 블랙웰이었다. 2000년 11월 선거 바로 전에, VIP는 특별한 유권자 통합상을 DBT에 주었고, VIP회의는 실제로 DBT의 도움을 받았다. "DBT는 주정부의 유권자 등록 기록을 정리하도록 플로리다를 도왔던 회사이다"는 것을 자랑스럽게 나타내면서 VIP는 DBT가 플로리다에서 행했던 방법을 다른 주에도 채택하게끔 캠페인을 벌였다. 그때 VIP는 유권자 명부 "삭제"와 비슷한 필요성을 가진 작은 커뮤니티를 알아내기 위해 DBT 온라인과 계약에 들어갔다고 발표했다. 제안은 펜실바니아와 테네시까지 확대되었고 그 주들은 고어-부시 선거에서 반반의 가능성을 가진 곳으로 여겨지는 곳이었다.

선거 후에, DBT라는 이름은 시장성의 매력을 잃었고, VIP는 내게 그 회사와의 협정제안은 유효기간이 지난 세탁비누 쿠폰같이 "무효화"되

---

* 가벼운 희가극, 노래가 있는 짧은 희곡.

96

었다고 말했다. 그러나 공화당 상원의원 크리스 본드는 VIP의 여성회장이 주최한 신문협의회에 참석해서 전국적으로 플로리다의 선거방법으로 밀고 갈 프로그램을 소개하고 있다고 말했다. 그때 상원의원 봅 토리첼리가 그의 옆에 서 있었는데 민주당 의원들은 그들 자신의 정치적인 장례식에 기꺼이 참석한다는 것이 항상 발견되고 있음을 증명하고 있다.

2001년 6월, 『워싱턴포스트』지는 결국, 가장 신중한 어조로, 지난 도둑선거에 관한 『살롱』과 『네이션』의 기사를 보도했다. 그리고 그들은 내게 2004년의 도둑선거에 대해 경고해 준 것에 대해 감사했다.

"선거를 바로잡기 위한 잘못된 방법"
『워싱턴포스트』, 2001년 6월 20일

주여, "개혁"으로부터 우리를 구하소서.

만일 플로리다가 11월 대선을 치뤘던 방식에 대해 만족스럽게 생각하는 사람이 있다면 그는 10개의 주에서 통과되고 16개 주에서 발의되어 있는 선거개혁법안들을 환영할 것이다. 이들 법안은 플로리다에서 큰 문제점을 야기했던 바로 그 방식을 사용하도록 규정하고 있다. 즉 컴퓨터를 이용한 중앙집중식 명단정리 방식이다. 법안들의 목표는 사망한 사람을 비롯하여 중죄인 및 기타 법률에 의해 선거권이 제한된 사람들의 등록을 막고자 하는 것이다. 그러나 아마도 그 결과는 수많은 유권자들이 투표권을 상실하게 될 것이고 또 잘못된 정치적 행태가 늘어날 개연성이 커질 것이다.

사람들은 다른 주들이 플로리다 주의 방식을 답습하지는 않을 것이라고 생각할 것이다. 그러나 콜로라도, 인디아나, 사우스다코타, 텍사스, 버지니아, 조지아, 캔자스, 몬타나 또 워싱턴 등은 플로리다 주가 사용한 방법을 그대로 채용하도록 하는 법률을 이미 통과시켰다. 이들 법률은 세부사항에는 차이가 있으나 기본적으로는 중앙집중식의 컴퓨터를 사용한 명단정리를 하도록 하고 있다. 크리스토퍼 S. 본드 상원의원(공화당, 몬태나 주)이 법안을 하나 도입하였는데 이 법안에 담긴 일부 규정에 의거하면 모든 주는 의무적인 유권자 명단 정리를 실행해야만 하게 되어 있다.

전반적으로 이들 법안은 수백만의 국민에게 추가적으로 투표권을 부여하는 "모터보터" 법률에 대한 대응으로 나오게 된 법률이다. 소수 민족 유권자들은 민주당 지지자인 경우가 대부분이므로 "모터보터" 법률이 민주당 지지자들에게 환영을 받고 있는 반면, 명단 정리를 목표로 하는 법률들은 공화당 지지자들에 의해 지지를 받고 있다는 것은 그리 놀랄 만한 일이 아니다.

그러나 많은 요소들이 이런 성급한 엉터리 개혁에 힘을 실어주는 변수로 작용하고 있다. 조지아를 예로 들어보자. 2000년 11월 대선이 있기 하루 전, 『애틀랜타저널컨스티투션』과 WSB-TV는 이미 사망한 조지아 주민이 투표를 한 경우가 지난 20년간 총 5,412회였다고 공동으로 보도하였다. 그들은 앨란 J. 맨델(Alan J. Mandel)을 구체적 예로 들고 있는데 그는 1997년 사망한 이후에도 3차례나 선거에 참여한 것으로 드러났다는 것이다. 그러나 그 직후 버젓이 살아있는 Alan J. Mandell(L이 두 개 있음에 유의할 것)이 나타나 조지아 주 행정부에 밝히기를 지역 선거관리 담당자가 실수로 이미 사망한 다른 사람의 이름을 잘못 체크하였다는 것이었다. 그의 말대로 담당자에 의한 실수일 수도 있고 아닐 수도 있었다. 하지만 지난 가을 신문 지상을 독점했던 펀치카드 소동의 와중에서, 자세한 내용보다는 소위 개혁을 해야 한다는 커다란 목소리에 관심이 더욱 쏠리게 되었다.

만일 개혁을 주장하는 자들의 의사가 관철된다면 심각할 사태가 발생할 수도 있으니 조심해야 할 것이다. 플로리다의 흑인 선거권 박탈은 1998년 플로리다에서 통과된 "개혁" 법률의 외피를 걸치고서 시작되었던 것이다. 2001년 4월 18일, 잘못된 플로리다의 코드를 모방해서 사인된 법 아래에서, 조지아의 국무장관은 이제 "명부관리"를 통제하고 죽은 유권자들의 이름을 삭제하는 권력을 인계받았다.

주 선거권자 등록의 중앙집중화는 어떤 당이 국무장관의 사무실을 통제하는가에 따라 독점이 되버린다. 아주 기술적인 컴퓨터 보조 삭제의 본성은 추적된 중죄인들과 죽은 유권자들, 중복 유권자들을 정리하는 데 한쪽으로 치우치게 해서 놀랍게도 쉽게 실행하면서도 폭로되기를 어렵게 했다.

폭로된다 해도, 명백한 편견은 도전하기도 어렵다.

결국, 한 사람이 지나치게 열심히 삭제한 것이 다른 사람의 취임식이 되는 것이다.

민주주의와 민주주의를 믿는 국민: 결론

도둑맞은 선거 이야기는 컴퓨터, 데이터베이스 경영 또는 선거기계에 관한 것이 아니다. 만약 미국의 선거 절취 문제가 투표기계나 투표절차를 바꾸는 문제로 귀결되는 것이라고 한다면 그러한 문제들은 작년 러시아 의회가 제시한 방법대로 하면 해결할 수 있을 것이다. 즉 "세계정세에 미치는 미국의 영향이 더욱 커져가고 있음을 고려해 보면" 미 대통령 선거는 하이티와 르완다 대통령 선거와 마찬가지로 유엔의 감시 하에 실시하는 것이 옳을 것이라는 주장이었다.

민주주의의 문제점들에 대한 해결책은 컴퓨터나 나비용 투표용지 사용금지 등을 통해 얻어질 수는 없다. 기술적인 것이나 절차상의 것들은 선거에서 패배한 자가 권력을 거머쥐게 되었다는 사실에 비하면 매우 주변적인 것이다. 내가 유럽에서 이 문제를 보도하자, 유럽 사람들은 단순하게 사고했다. 즉 잘못된 사람이 선출되었다면 그 자리에서 물러나게 하면 될 것이라는 생각이었다.

그렇다면 우리는 어떻게 해야 할까? 시카고의 보스라 불리었던 데일리의 아들인 윌리엄 데일리를 플로리다 검표기간 동안 대변인으로 고용한 민주당의 행태나 또 앨 고어가 비굴하게도 패배를 시인한 연설을 보면, 공화당이든 민주당이든 정도의 차이만 있을 뿐 모두 유권자의 뜻은 안중에도 없음을 알 수 있다.

2000년도에 대통령 선거가 거의 절취당할 뻔한 나라가 두 곳 더 있다. 페루와 유고슬라비아였다. 아이러니하게도 유권자의 뜻이 결국 관철된 곳은 미국이 아니라 이들 두 나라였다. 페루인들과 유고슬라비아 인들은, '**권리는 그냥 주어지는 것이 아니라 그 권리를 적극적으로 주장할 때만 지켜질 수 있다**'라는 마틴 루터 킹의 가르침을 가슴에 깊이 새기고 있었던 것이다. 정당하게 선출되지 않은 자가 대통령 직을 얻는 경우에 민주주의를 지키려는 사람들은 거리로 뛰쳐나와 권리를 주장해야 한다는 사실을 그들은 잘 알고 있었다.

제 2 장

돈으로 살 수 있는 최고의 민주주의

부시 가와 그들을 사랑한 억만장자들

누가 미국을 소유하고 있는가? 얼마를 주고 구입했나? 대금은 현금, 수표 아니면 신용카드, 어떤 것으로 지불하였나? 그 돈들은 대통령에 출마한 내 아들에게 내어준 기부금인가? 혹은 연방교도소로 향하는 내 아내의 전 변호사를 위로하기 위해 내어준 자문 계약금인가?

그리고 모든 것을 소유한 억만장자에게 당신은 무엇을 내주는가? 그들이 탐내는 네바다의 금광? 면책특권?

이제 미국 국회를 선물로 포장하는 데 어려움깨나 겪게 될 것이다.

조지 W. 부시는 투표소에서는 패배했을지 모르지만 돈 잔치에서는 승리했다. 이 운이 좋은 아들은 5억 달러를 처들여 백악관으로 입성하게 되었다. 미국 기업으로부터 얻어낸 이 숨막힐 듯한 대다수의 현금은 앨 고어의 4억4천7백만 달러를 누르고 있었다. **그들은 그것을 선거라고 불렀으나 거의 경매 같은 것이었다.**

이런 약탈품으로 무엇을 샀을까? 2001년 5월, 그걸 알아내기 위해 나는 텍사스로 날아갔다.

당신을 데불고 온 사람이랑 춤을 춰야 쓸 것이랑게

아! 아침에 맡는 휴스턴의 냄새.

부동산 중개인 라넬 앤더슨에 따르면, 내가 맡고 있는 냄새는 황화수소 그리고 정확히 무엇인지 알 수 없는 독성 폐기물이 결합된 냄새라고 한다. 엑손모빌(ExxonMobil) 소유의 미국 최대 정유소 및 화학공장이 있는 휴스턴에서 BBC의 '뉴스나이트' 촬영팀과 함께 길을 가던 우리는 휴스턴 수로에 있는 한 연못 맞은편에 멈추어 섰다.

벤젠 찌꺼기로 가득한 연못은 엉긴 거품이 덩어리가 되어 떠다니고 있다. 근처에 공원이 있지만 수영을 할 수 있는 전원의 연못이 아니다. 오히려 꽉 막힌 변기에 오래된 배설물들이 둥둥 떠 있는 걸 상상하면 된다. 단 둘레는 8백m나 되는 변기이다.

휴스턴의 수로에서 공기 속의 독성물질 냄새를 맡은 라넬은 곧 렉서스 승용차에서 내려 커다란 흰색 통을 꺼내 밸브를 열고 시료로 쓰일 공기를 3분 동안 빨아들였다.

그녀는 이것을 미 환경보호국(EPA, Environmental Protection Agency)으로 보낼 생각이었다. 그녀는 환경보호국에서 공기오염의 범인을 찾아 벌금을 물릴 것으로 믿고 있었다.

공기오염 물질을 추적하는 일은 고약한 취미활동이다. 자신이 오염으로 인한 희귀 면역질병에 걸렸다는 것을 알게 된 이후 라넬은 그러한 활동을 시작했다. 그녀의 부모 모두 폐 질환과 암으로 젊은 나이에 세상을 떠났다. 그녀는 수로 근처에서 자라났고 또 지금까지 살고 있다.

나는 라넬에게 그 통을 그냥 버리는 것이 나을 것이라고 차마 말하지 못했다. 부시 대통령이 내놓은 새 예산안에는 환경보호국의 중요 활동에 대한 예산이 전혀 책정되어 있지 않았기 때문이다. 정유화학 회사들이 공화당 선거본부에 4,800만 달러를 퍼부어 넣은 것과는 무관한 것이라고 해두자.

라넬은 잠시 멈추어 서서 낡은 볼링공으로 축구를 하고 있는 10대의 멕시코계 아이들과 이야기를 나누었다. 그들은 엑손모빌이 "취약 지구"라고 부르는 지역에 살고 있다. 엑손모빌은 2000년도에 사고로 76kg이나 되는 독극물을 대기와 하천에 방류하였다. 엑손모빌의 기록에 따르면 그 지역의 펜탄*이 증발해 불이 붙으면 약 3km 이내에 있는 사람들은 피부 화상을 입을 것이라고 한다. 그 지역에는 7,300명이 살고 있다.

---

* 메탄계 탄화수소의 일종.

부시는 이 문제의 해결책을 마련하고 있다. 해결책이란 그 위험지역에 대한 보도를 일반 사람들에게 공개하지 못하게 하는 것이다.

대통령은 걱정할 필요가 없다. 그는 엑손이 상하게 할 수 없는 지역에 안전하게 살고 있다. 공화당은 부시의 캠페인 동안 개인기업으로부터 120만 달러를 모았는데, 엔론이 그들의 기업을 통해 최고로 아량을 베풀었다.

수로 건너편에서 갑자기 불길이 올라왔다. 라넬은 무슨 일인가 알아보기 위해 급하게 그곳으로 갔다. 어느 화학공장에서 수소 도관에 불을 붙인 것이었다. 공장에서 일하는 사람들이 못 쓰게 된 에틸렌을 저장해두는 대신 불에 태우기로 했던 것이다. 백악관만한 크기의 유독성 화염이 여러 시간 동안 타오르며 휴스턴 전역을 시커먼 연기로 뒤덮었다.

이런 역겨운 방출 행위는 텍사스 주 단속기관들에게는 전혀 문제가 되지 않는다고 라넬은 말했다. 백악관에 들어가자마자 부시는 대기오염 규제를, 강력하게 단속하는 연방당국으로부터 좀더 느슨하게 단속하는 주정부기관으로 이관토록 하는 계획안을 내놓고 있다. 또 부시의 에너지 계획에는 화학산업에 대한 환경보호국의 규제를 완화하는 것을 추가로 담고 있다.

2001년 5월 캘리포니아의 전력 위기에 대한 수습책을 조지 W. 부시 대통령이 공식발표했다. 캘리포니아 주는 단전 사태를 겪고 있었다. 전력요금은 1,000%까지 올랐다.

그러나 부시 대통령의 수습책 첫머리를 듣는 순간 나는 그의 수습책이 태평양 연안에서 파도타기를 하는 고어의 지지자들, 즉 캘리포니아 주민들을 돕는 것과는 아무 상관이 없다는 걸 알게 되었다. 부시의 "에너지 위기" 계획은 텍사스적인 빛깔이 돌았다. 즉, **텍사스 주 특유의 공해**

와 뇌물과 정치적 힘 등이 뒤섞여 유황 냄새를 풍기는 것이었다.

부시는 캘리포니아 소비자들을 구하기 위한 위원회에 부통령 딕 체니를 책임자로 앉혔다. 그가 내놓은 첫 번째 제안은 원자력 발전소를 짓는 것이었다. 지진이 빈번한 캘리포니아에는 달갑지 않은 제안이었지만 텍사스에 본부를 둔 원자력발전소 건설회사 할리버튼* 회사의 브라운 루트 자회사에게는 몹시도 반가운 것이었다. 할리버튼의 최근 CEO는 바로 딕 체니 부통령 자신이었다.

두 번째 제안은 알래스카의 북극 야생동물 보호구역에서 석유를 시추하라는 것이었다. 캘리포니아는 발전소에서 석유를 사용하지 않음에도 위원회 위원과 통상장관 돈 에반스는 이 제안을 받아들였다. 에반스의 최근 일자리는 10억 달러 규모의 석유가스회사인 톰브라운 회사의 CEO였다.

모두 그런 식이다. 전직 텍사스 농업위원회 위원인 짐 하이타워는 내게 다음과 같이 말했다. "그들은 중개인을 두지 않았습니다. 회사들은 정부에 더 이상 로비를 할 필요가 없었습니다. 그들 자신이 정부였으니까요." 하이타워는 몬산토(Monsanto)가 농림부 장관에게 로비를 하고 있는 것에 불만을 토로하곤 했다. 현재는 몬산토 간부 앤 베나민이 바로 농림부 장관으로 있다.

빌 클린턴은 퇴임 전인 12월 14일 캘리포니아 전력시장에 무제한적 투기를 더 이상 하지 못하도록 하는 조치를 취했다. 그들의 아우성치는 소리는 저 멀리 텍사스까지 울려 퍼졌다. 텍사스에는 에너지 사업의 승자들, 즉 엔론(Enron), TXU, 릴라이언트(Reliant), 다이너지(Dynegy), 엘파소기업(El Paso) 등의 본사가 자리하고 있다.

---

* 현 미국 부통령 체니가 최대 주주로 있으며 이번 이라크 재건 사업에서 가장 큰 계약을 따 낸 미국 기업이다.

워싱턴 소재의 응답정치센터(Center for Responsive Politics)에 따르면 이들 다섯 개 에너지관련 기업들은 그들의 경영간부 및 직원들을 통해 410만 달러를 공화당 대통령 선거운동 자금으로 내놓았다고 한다. 그들은 오래지 않아 투자한 금액 - 아니 실례했습니다. - 정치 헌금으로부터 커다란 대가를 얻을 수 있었다. 부시는 취임 후 3일 만에 클린턴이 캘리포니아의 전력사업 매매에 대해 내린 조치를 전격 취소하였다.

달라스로 가면서, 나는 텍사스의 경치에 지독한 흠집이 있는 것을 내려다 보게 되었다. 알코아 알루미늄 갈탄 채굴광산 때문에 7.5m 구멍이 줄지어 있고, 그 도랑가에 그들의 공장이 있었다. 만일 정부가 사용하게 한다면 갈탄은 연료 중 가장 더러운 것이다. 내가 탄 소비행기는 웨인 브링클리 목장에 착륙했다. 이상한 농가였다. 모든 것이 끈적거리는 것으로 덮여 있었다. 웨인의 픽업, 웨인의 나무, 그리고 아마도 웨인의 허파도 있을 것이다.

1997년, 알코아는 깨끗한 천연가스로 바꿔야 한다고 강요하는 원칙이 최고조에 달했다. 엑손은 휴스턴 수로에 대한 방출량의 50%를 강제로 삭감당하게 되었다. 부시 주지사는 엑손의 지휘하에 알코아와 위원회를 선정해서, 자발적인 기준으로 규칙을 바꾸는 법을 비밀리에 만들었다. 텍사스 주의 반부패법은 주지사인 부시에게 재임기간 동안 돈을 기부하는 것을 불법으로 하고 있었다. 그러나 부시가 주의 법률제정을 통해 그 청구서를 감시하고 한 달 후, 그는 대통령 출마를 선언하면서 위원회 대표들로부터 받은 15만 달러의 기부를 완전히 합법적으로 만들었다. 알코아는 그 일로 1억 달러를 절약했다고 자랑했고, 그들의 법률사무소는 공화당 대통령 캠페인에 17만 달러를 냈다. (부시는 확실히 알코아의 방법을 몇 번이고 칭찬했다. 그는 알루미늄 회사의 회장인 폴 오닐을 재무성 장관으로 임명했다.)

　나는 달라스로 가서 필리스 글레이저를 만났다. 그녀는 텍사스 위노나의 사망자 어머니회를 조직한 사람이었다. 그 회원들은 자녀를 희귀병으로 잃은 사람들이다. 그들은 그 희귀병이 지하에 독성 폐기물이 저장되어 있는 커다란 크기의 "주입 우물" 때문이라고 생각하고 있다. 신시아라는 여인은 금속 고리장식과 소가죽 술이 달린 웨스턴 댄스 복장을 하고 있었다. 그래서 나는 텍사스 투스텝 춤을 좋아하냐고 활짝 웃으며 물었다. 그러자 그녀는 이렇게 말했다. "실은 요즘에는 별로 추지 못한답니다. 뼈가 약해지고 있거든요."

　필리스를 비롯한 어머니들은 버스를 타고 워싱턴으로 갔다. 그렇지만 아무도 그들을 상대해 주지 않았다. "그들이 말하기를 20만이나 200만 달러를 내면 요구사항을 직접 전할 수 있다는 것입니다."

　엔론 사의 회장 켄 레이는 그렇게 곧바로 윗선과 닿은 텍사스 사람이다. 엔론은 전력분야 투기회사로 부시의 에너지 계획으로 크게 이익을 얻었다. 레이는 개척자이다. 하지만 초원 위의 작은 집에서 살며 땅을 가는 그런 종류의 개척자는 아니다. 여기서 말하는 **"개척자"란 부시를 위해 10만 달러를 내겠다고 한 거물급 카우보이를 말한다.** 400명의 개척자가 있으니 대선자금으로 이들이 4천만 달러를 냈다는 이야기가 된다.

　레이는 나와 이야기하려 하지 않았다. 그러나 그의 동료 개척자인 텍사스 팬핸들 목장 소유주 틸 비빈스 상원의원은 매우 친절하게도 취재에 응해주었다. 오스틴 시 의사당에 있는 그의 집무실 벽에는 카우보이 가죽바지와 그의 개척자 메달, 그리고 롱혼*의 목이 걸려 있었다. 롱혼의 나머지 몸뚱아리는 상원의원이 바비큐로 구워먹은 것이 확실했다.

---

* longhorn, 영국 종의 뿔이 긴 소의 일종.

부시에게 10만 달러를 내놓은 것은 카우보이 정치인들에게는 별 문제가 되지 않았다. 그것은 쉽게 마련한 돈이기 때문이다. 그리고 부시는 도움을 준 친구를 결코 잊지 않는다. **부시는 취임 100일 기념으로 소고기 생산업자들이 방사능을 사용해 살모넬라균을 죽이는 것을 허용하였다.** 이 것은 방사능을 사용하지 않는 방식보다 비용이 적게 드는 것이다. (학교 급식에 쓰이는 고기에 대해 약간의 살모넬라균이 남아 있는 것을 허용하는 부시의 제안은 대중의 강력한 반발에 부딪혀 철회되었다.)

비빈스 의원은 10만 달러를 더 낼 수 있었고, 클린턴이 거액 기부자를 위해 백악관을 모텔로 이용했던 것처럼, 2년 후 부시는 비빈스를 포함한 그의 선발대를 백악관의 링컨 베드룸에 초대했다.

나는 비빈스 상원의원에게 암 환자이자 환경오염과 투쟁하고 있는 필리스 글레이저에 대해 말해 주었다. 그리고 워싱턴에 의사를 전달하기 위해서는 큰 금액의 기부금이 있어야 하는 것에 대해 그녀가 불만을 표하고 있다는 것도 전해주었다.

"글쎄요. 언론이 희생자를 골라서 널리 선전하는 일은 쉬운 일이겠지요. 그러나 현실은 인구가 3억인 나라에서 한 개인이 대통령과 면담 기회를 갖기란 매우 어렵지요."

그렇다면 엔론 회사에 있는 개척자 레이의 경우는 어떤가? 그의 회사는 미국에서 가장 큰 전력분야 투기회사이며 또한 부시의 최고 정치 후원자 역할을 해왔다. 2000년 대통령 선거에서 공화당에 180만 달러를 헌금했다. 레이는 선거 후 정권인수 시기에 부시의 개인 고문으로 일했다. 그리고 그의 회사는 에너지 계획을 위해 정책입안자들과 비밀 회동을 가졌다. 부시가 전력산업에서 규제철폐를 옹호함으로써 엔론은 큰 이득을 얻었다. 부시가 클린턴의 조치를 되돌려 놓은 덕분에 부시가 집권하고 처음 1/4분기에 엔론의 수익은 8,700만 달러로 치솟았다.

비빈스 상원의원은 매우 솔직한 인물이다. "따라서 당신이 2년 동안 열심히 일해서 수십 만 달러를 부시 대통령이 모금할 수 있도록 해준다고 해도 직접 만날 수는 결코 없을 것입니다."

내가 이해하지 못할 경우를 생각해서 그는 텍사스 사투리로 이렇게 바꾸어 말해 주었다. "당신을 데불고 온 사람이랑 춤을 춰야 쓸 것이랑게.*"

거기에 대해 나는 이론을 달 수 없었다. 만일 부시가 필리스 글레이저 대신에 엔론의 레이와 투스텝을 추기 원한다면, 아 그런데 솔직히 말하면 레이는 요즘 춤추기가 어렵다.

아버지 부시, 금을 찾아내다

조지 W. 부시는 만일 그의 성(姓)이 존스나 스미스였다면 결코 이만한 금액을 모을 수 없었을 것이다. 다른 후보자들은 헌금을 내달라고 구걸하고 간청하고 감언이설을 늘어놔야 하는 반면, 부시 가 사람들은 자금사냥에 창의적이고 수지맞는 새로운 전개 방법을 더해 갔는데 경쟁자는 모방할 수도 없었다. 바로 퇴임 후 아버지 부시의 역할에 힘입은 것이었다. 그것은 두비야** 캠페인의 거대한 적립금의 기조가 되었고, 당연히 부시 집안의 자산 가치는 수백 퍼센트로 늘어났다.

예를 들면, 1998년 전직 대통령이자 저 유명한 '사막의 폭풍'을 주도했던 아버지 부시는 셰브론 정유회사를 대신해서 쿠웨이트 석유장관에게 편지를 보냈다. 그는 편지에서 "나는 셰브론 회사와 아무런 이해관

---

* 텍사스 지역에서 유행하던 말로 당신에게 정성을 쏟은 사람에게 당신도 정성을 기울이라는 뜻.
** 아들 부시의 별명

계가 없습니다"를 솔직하게 밝히고 있다. 부시가 이기심 없이 이렇게 영향력을 발휘하고 나자 셰브론 정유회사는 657,000달러를 공화당의 금고에 넣어주었다.

그 해, 아버지 부시는 아르헨티나에 큰 물의를 불러 일으켰다. 부시는 가까운 정치적 제휴자인 카를로스 메넴(Carlos Menem) 대통령에게 로비를 벌여 미라지 카지노 회사에 카지노 사업권을 허가해 주도록 영향력을 행사하였다. 부시 자신은 그 계약에 개인적 이해관계가 없다고 말했다. 그것은 사실이다. 그러나 아버지 부시에게 아무런 이득이 없었던 것은 아니었다. 그 후, 미라지는 공화당 대선 자금으로 449,000달러를 내놓았던 것이다.

응답정치센터의 보고서에 따르면 대부분의 정치헌금은 "큰돈"이거나 "소프트 머니"의 형태라고 한다. 소프트 머니로 헌금을 하는 것은 기업들이 미국 법률의 적용을 피하기 위해 택하는 편법이다. 여러분들은 놀라겠지만 회사가 직접 정치헌금을 하는 것은 법적으로 금지되어 있다.

아버지 부시의 활동이 모두 아무 대가없이 자발적으로 행해진 것은 아니다. 텔레콤 신생기업인 글로벌크로싱의 이사회에 한마디 거든 일로 해서 그는 1,300만 달러 상당의 주식을 배당받았다. 또 그 회사는 아들 부시의 선거 자금으로 100만 달러를 내놓았다.(3장에서 글로벌크로싱을 다시 볼 수 있다.)

부시 가문 사람들은 중죄인 전과자들은 대통령 투표권을 가져서는 안 된다고 고집스럽게 믿고 있는 반면에, **중죄인 전과자들이 자신들을 고용하는 일에는 아무런 반대를 하지 않는다.**

1996년 미국 교회 지도자들의 간곡한 만류에도 불구하고 아버지 부시는 문선명 목사의 단체가 후원하는 강연회에서 여러 차례 강연을 하였다. (한 강연당 부시는 10만 달러를 청구하였다.) 문선명은 잘 알다시피

이단종파 지도자이며 탈세를 했던 인물이고 또 미 연방 교도소에 복역한 사실까지 있다.*

1997년부터 2000년까지의 선거 기간 동안 공화당을 후원한 돈의 일부분은 배릭회사라는 곳에서 나왔다. 합계는 10만 불이 조금 넘어 상대적으로 작은 액수지만, 그것은 캐나다에 본부를 둔 회사에게는 제스처에 불과하다. 기술적으로 그 기금은 캐나다의 미국 유니트인 배릭 골드 스트라이크와 관계가 있는 곳에서 나왔다.

그들은 더 잘할 수 있는 여유가 있었다. 아버지 부시 행정부의 마지막 날, 내무성은 1872년에 제정된 광산법에 특별하고도 주목할 만한 과정의 변화를 주었다. 그 법은 골드러시 시대에 소규모의 시굴자들이 작은 구획에다 냄비와 노새만 놓고도 자신의 소유권을 주장하는 것을 허락했던 것인데, 내무성은 미국에서 가장 큰 금광발견자라고 재빠르게 주장하는 배릭을 위해 광산회사에 대한 신속한 절차를 시작했다. 배릭은 100억 달러로 추정되는 금광에 대해, 법적인 전문용어로 "완벽한 허가"를 얻을 수 있었다. 그것을 위해 배릭은 만 달러도 안 되는 적은 돈을 미국 재무성에 지불했을 뿐이다. 유레카!

물론, 배릭은 최초의 소유권리와 노획물을 채굴하는 비용으로 현금을 내야만 했다. (그리고 네바다 민주당 상원의원인 해리 레이드를 지지하기 위해 적은 액수의 기부금도) 지금까지도 그 법을 바꾼 것은 최고로 수지맞는 일이었다. 워싱턴 DC의 광산정책센터의 전문가에 의하면 배릭은 에누리없이 억만 달러의 거액을 절약했고 미국은 그만큼의 세금을 잃었다.

클린턴의 새로운 내무장관인 브루스 배비트는 퇴임하면서 배릭을

---

* 탈세 혐의로 구속 수감되어 미국 법원으로부터 징역 18개월을 선고받았다.

"부치 캐시디* 이후 최고로 큰 금도둑"이라고 했다. 그럼에도 불구하고 그 회사는 부시 하에서 그들을 위해 돈을 많이 썼기 때문에 클린턴은 국민이 속고 있는 동안에 금광을 그들에게 주는 것 외에는 다른 방법이 없었다.

배릭은 광산법이 변할 당시에는 대통령이 누구였든 어떤 접촉도 없었다고 말한다. 배릭의 의중에는 아버지 부시를 위한 자리 ―월급을 줄 생각이 항상 있었다. 1993년 배릭은 토론토 회사의 국제자문위원회의 명예고문으로 전직대통령을 고용했다. 부시는 캐나다의 전 총리인 브리안 멀로니의 제안에 동의했다. 부시를 좋아한 멀로니는 총리 자리에서 불명예스럽게 쫓겨났었다. 나는 부시 대통령이 거기에 동의했다는 것에 조금 놀랐다. 백악관을 나가면서 부시는 기업에 참여하거나 로비하지 않겠다고 맹세했었다. 배릭의 회장은 "명예고문"이라는 직책이 그 약속을 조심스레 지키게 하기 위한 은밀한 작전이라고 공개적으로 자랑했다.

나는 이상한 생각이 들었다. 이제 진이 빠진 대통령을 두고 그들은 무엇을 하려는 것일까? 배릭은 부시가 "자신이 알고 있는 세계의 다른 지도자들이나 회사에 상당한 도움을 줄 수 있는 사람들하고 접촉할 수 있게 주선하기 위한" 약속을 했다는 것을 격렬하게 부인했다. 그러나 1996년 9월, 부시는 인도네시아 독재자인 수하르토(Suharto)에게 새로운 금광 채굴권을 배릭에게 넘겨주도록 도와주었으면 하는 편지를 썼다.

부시의 편지는 마술을 부린 것 같았다. 수하르토는 그 금광을 처음 발

---

* 미국에서 범죄를 저지른 뒤 볼리비아 국경으로 도망쳤던 두 명의 범인 부치 캐시디와 선댄스 키드. 폴 뉴먼과 로버트 레드포드가 주연한 〈내일을 향해 쏴라〉는 원제가 〈부치 캐시디와 선댄스 키드〉로 그 두 사람을 모델로 만든 영화이다.

견한 사람한테서 세계에서 가장 큰 금광의 68%를 빼앗아서 배릭에게 넘겨 주었다. 그렇지만 부시의 로비 마술이 무적은 아니었다. 배릭의 미국인 경쟁자인 프리포트—맥모란을 이끄는 루이지애나의 짐 밥 모펫이 수하르토를 개인적으로 만났다. 모펫하고의 회담장을 나온 도둑정치가 수하르토는 프리포트가 부시의 캐나다인을 대신해서 그 금광을 맡을 것이라고 발표했다. (배릭은 운이 좋았다. 그 거대한 금광의 매장량은 날조로 밝혀졌다. 그 사기극이 드러났을 때, 짐 밥의 동료는 그 금을 "발견했던" 지리학자 마이크 드 구즈만을 초대해서 그의 실수에 대한 얘기를 들으려고 했지만, 불행하게도 그를 만나러 오는 길에 구즈만은 헬리콥터에서 떨어졌다.)

우리의 전직 대통령으로 하여금 **백악관의 명성을 빌리게 만들었던 배릭은 누구인가?** 나는 캐나다의 전화번호부에서 조 배릭이라는 이름을 찾을 수가 없었다. 오히려 현재 운영되고 있는 회사는 피터 뭉크에 의해 창립되었다. 1960년대 캐나다에서 대중의 주목을 받았던 내부거래 스캔들에서 그 기업은 중요한 거물로 처음 떠올랐다. 뭉크는 망하기 직전에 경영하던 스테레오 공장에 그의 주식을 투매해서 다른 투자자와 정부를 궁지에 몰리게 했다. 그는 그 일에 전혀 책임을 추궁당하지 않았다. 그러나 캐나다의 『맥린』 잡지를 보자. 그 투기와 주식매매로 "뭉크는 사업과 명성을 잃었다"고 했다. 그러나 현재, 뭉크의 순수재산은 3억 5천만 달러로 추정되고, 거기에는 두 대륙과 그의 섬에 있는 집들도 포함되어 있다.

어떻게 파산한 사업가가 거의 억만장자에 가깝게 되었을까? 그 이유는 사우디 무역거래상으로 이란—콘트라 무장납치 스캔들의 "중요인물"인 아드난 캬쇼기 때문이다. 이란 회교 시아파 지도자인 아야톨라(ayatolla)에게 무기를 보낸 그 사람은 호텔 투기에서 뭉크와 팀을 맺고 있었고, 결국은 1983년 배릭을 사기 위한 현금을 지급했다. 배릭은 그 당시 네바다 광산에 대해 "불완전한" 요구를 하던 작은 회사였다. 여러분은 캬쇼기를 악의 축으로 무장하도록 도운 공모자를 부시가 용서했다는 것을 기억할 것이다. (부시는 캬쇼기에 대한 호의에서가 아니라 자기 자신에 대한 호의에서 그 공모자를 용서한 것이다.)

캬쇼기는 이란-콘트라 스캔들이 터진 후, 바로 배릭에서 발을 뺐고 오래지 않아 1995년 부시는 배릭의 초빙을 받았다. 그때 적어도 부시는 속으로 뭉크가 토론토 대학에 막대한 거금을 기부함으로써 뭉크의 명성이 회복되었다고 생각했을 것이다. 이 대학교는 뭉크와 그의 어드바이저인 부시에게 명예학위를 수여했다. 여러 학생들은 현금으로 명예를 거래한 그들에게 반대시위를 하다가 체포되었다.

뭉크가 대통령을 고용한 것은 인도네시아 일에 대해 그 비용을 지불한 것이 아니다. 정치인에게 투자한 배릭은 아프리카에서부터 그 보답을 받았다.

모부투 세세 세코는 이미 고인이 된 콩고의 독재자로 지난 세기 가장 확실한 중요 범죄자의 하나로 부시 상원의원과는 골프 친구이고 그의 국가금고에는 도적질한 수억 달러가 있었다. 이 오래되고도 오래된 유대관계는 배릭이 이 콩고 살인자로부터 8만 에이커의 금광채굴권을 성공적으로 얻는 데 절대로 손해를 주지는 않았을 것이다. 부시는 배릭을 위해 자신이 직접 나서서 그 거래를 로비하지는 않았다. 전직 대통령은 독재자와 거래하면서 그의 전직 지위가 부여하는 권한을 사용하는 데 그리 까다롭게 굴지는 않았다. 오히려 그 당시 부시는 가끔씩 배릭의 산업경쟁자인 아돌프 런딘을 돕고 있다는 보고가 있었다.

아프리카 전문가인 런딘의 패트릭 스미스는 1996년 부시가 모부투에게 전화를 걸어 배릭의 광산에서 멀리 떨어진 광산을 런딘이 거래하게

끔 확실히 보장해 달라고 했다고 한다.

회사가 나름대로 노력했음에도 모부투에 대항하는 폭동으로 그 광산 지역이 쓸모없게 되었다. 인권에 대한 외국문제연구소 소위원회의 소수민족 지도자가 소집한 청문회의 증언에서 전문가인 웨인 매드센은, 양쪽의 비위를 맞추기 위해 배릭이 양쪽에서 간접적으로 기금을 받았고 그래서 고의는 아니더라도 피의 갈등이 계속되어지도록 한몫을 했다고 주장했다. 명망있는 저널리스트 웨인 매드센에 의한 주장은 입증되지 않았고 그 진실은 국가의 조사가들이 절대로 걸어가지 않을 정글 어딘가에서 실종되어 버렸다.

배릭은 인도네시아와 콩고에서는 실패했지만 큰 보답은 그 대륙의 다른 쪽에서 왔다. 그 회사의 회장은 주주들에게 멀로니-부시 자문위원회의 명성은 탄자니아의 불얀풀두에 있는 이스트 아프리카에서 가장 큰 금광 중의 하나를 얻는 데 쓸모 있을 것이라고 자랑했다. 배릭 회장의 말에 의하면 회사는 1990년대 중반 이후 순금가치로 해서 30억 달러로 추정되는 보유고가 있는 채굴권에 목말라 하고 있었다는 것이다. 그때는 정부로부터 채굴권을 얻어 놓은 다른 캐나다 회사인 수톤 리소스가 감독하고 처음으로 접촉하는 정도로 발전했을 때였다. 네바다 투기로 재산을 모은 배릭은 결국 수톤을 인수할 수 있었다.

그러나 1996년 수톤을 인수하는 데도 문제가 있었는데 수만 명의 소규모 채굴자들이 나름대로 아주 작은 광맥을 발견해서 이미 그 땅에 살면서 채굴하고 있었기 때문에 "보석광부들"로 불리고 있었다. 이 가난한 아프리카 광부들은 그 땅에서 그들의 작은 갱에 대해 법적인 권한을 가지고 있었다. 만일 그들이 거기에 계속 머문다고 한다면, 수톤의 채굴권은 쓸모가 없었다.

1996년 6월 수톤의 불도저가 무기를 쏴대는 군경의 호위를 등에 업고, 그 광산으로 밀고 들어가서 사람들의 집을 박살내고, 그들의 광산도구를 부셔놓고, 그들의 탄갱을 메꿔버렸다. 수천 명의 광부들과 그들의 가족들은 그 땅에서 쫓겨났다. **그러나 50명의 광부는 아직도 그들의 탄갱에 산 채로 매장되어 있었다.**

산 채로 매장되어 있다니. 그것은 부시의 이력서나 배릭의 웹사이트에 있는 말은 아니었다. 여러분은 그런 일은 생각지도 않았을 것이다. 그러나 그 당시 미국 신문 어디에서고 그 기사를 볼 수는 없었을 것이다.

이 침묵에 대해 두 가지 그럴듯한 설명이 있다. 먼저, 절대로 그런 일은 일어나지 않았다는 것이다. 산 채로 매장된 이야기는 완전히 탐욕에서 나온 날조이고 흑인들이 수톤 리소스를 망치기 위해 거짓말을 하고 있다는 것이다. 이런 주장은 배릭 측에서 나온 것으로 그들은 자체적으로 열심히 조사했으며 탄자니아 정부가 국지적으로 그리고 국가적으로 조사를 한 결과를 발표한 것이다. 그리고 회사의 그런 입장은 세계은행의 지원을 받았다. 이것에 대해 더 보려면 8장을 참조하라.

다른 한 가지 설명은, **자신들의 주장에 대해 감히 한 마디라도 하려는 신문이나 인권단체를 배릭이 협박하거나 고소했다는 것이다.** 그러나 배릭은 이 사실을 부인했다. 나는 그들이 우리 신문인 『옵서버』와 『가디언』을 고소했다는 것을 알고 있다.

심지어 배릭은 국제적으로 명망있는 인권변호사로 워싱턴에 있는 세계자원기구에서 일하는 탄두 리쑤에게 『옵서버』에 대한 소송을 대략 정리해서 편지로 보내면서, 리쑤가 계속 자신들의 주장에 대해 무슨 말이라도 한다면 자신들의 명성을 지키기 위해서라도 "모든 필요한 조치"를 취하겠다고 경고했다.

배릭의 위협은 리쑤의 문제 중에서도 시시한 것이다. 그 광산지역으로 밀고 들어가면서 경찰이 죽인 한 남자의 사진들을 증거로 내게 제시한 것은 목격자의 말들을 증명하는 것이었다. 심지어 광산에서부터 사람들을 찾는 노동자들을 찍은 경찰의 비디오와 그 죽음에 대한 조사를 요구하는 리쑤를 옹호했던 다르에스살람에 있는 그의 동료들은 체포되었고 리쑤는 탄자니아 정부로부터 치안방해죄로 기소되었다.

1997년에 부시가 그 위원회에 있을 때 (1999년에 그만두었다.) 『머더 존스』 잡지는 배릭의 회장인 뭉크를 미국의 "열 명의 작은 돼지(10 Little Piggies)*"–캐나다 사람으로서는 굉장한 명예이다– 중 한 명으로 발표했다. 그의 죄목은 배릭이 광산을 녹이기 위해 사용한 수 톤이나 되는 청산가리가 서부의 물공급에 해독을 주었다는 것이다.

그 중에서도 특히, 2001년 부시의 내무부가 취한 첫 번째는 금채굴자가 버리는 쓰레기량에 제한을 두어야 한다고 요구하는 클린턴의 행정법을 뒤집은 것으로 그것은 만일 새로운 광산이 "실제적으로, 불치의 해악"을 가져온다 해도 허가한다는 것이었다. 『뉴욕타임스』는 1면에다 네바다 금광회사들이 얻게 된 예기치 않았던 횡재에 대해 길게 써내려 갔다. 그러나 신문기사의 어느 곳에서도 네바다에 있는 가장 큰 금광의 소유주인 배릭의 이름은 찾을 수 없었고 **배릭한테서 최근까지 월급을 받은 대통령의 아버지의 이름에 대해서는 더욱 그랬다.**

---

* 10 Little Piggies: 뭉크 외에 알폰소 판줄(설탕업계의 대부), 마이클 퀸란(맥도널드의 회장), 조지 미첼(미첼 에너지 회장), 제임스 블루(제너럴 아토믹스) 등이 있다.

우리의 대통령이 빈 라덴 수사를 방해하였나?

BBC 텔레비전 쇼인 '뉴스나이트' 에서 한 미국인 저널리스트가 고백하기를, 2002년 9월 11일 테러 이후 미국의 기자들은 자신의 경력을 망칠 수도 있는 불편한 질문을 하기 두려워한다고 했다. "그건 지겨운 비교이지만, 남아프리카에서 사람들이 반대파 사람들의 목에 불타는 타이어를 둘러 놓았던 시절 같다. 어느 면에서는, 당신도 여기에서 목이 매달릴 것이고 애국심이 부족하다고 당신의 목에 불타는 타이어가 둘릴 것이다."라고 댄 라더가 말했다. 방송을 위해 화장도 안 한 그는 자신이 너무 많이 양보했다는 고백을 할 때 다소 지쳐보이고 늙어보이고 패배감에 빠져 있었다. "어려운 질문 중에 가장 어려운 질문을 못한다는 것 그리고 아주 많이 어려운 질문을 지루하게 계속해야 한다는 것 때문에 저널리스트들은 두렵다."

침묵이 애국주의라고? '뉴스나이트' 의 프로듀서와 『가디언』의 편집자들은 그렇게 강압적이진 않았다. 그래서 나는 뉴욕의 그라운드 제로* 지점으로 가서 테러 이후 초기에 미국 리포터들이 말할 수가 없었던 필요한 질문들을 하도록 지시받았다. 왜 CIA와 FBI 등 풍부한 예산 지원을 받고 있는 기관들이 진주만 기습 이후 가장 치명적인 공격을 방어하지 못했는지, 또 미리 알아내지 못했는지를 취재하기 시작했다. 대답은 질문만큼이나 불유쾌한 것이었다.

만일 미국의 정보기관들이 공격이 있으리라는 것을 몰랐다면 그들은 보지 말라는 말을 들었기 때문이란 말인가? 왜? CIA와 FBI의 내부에서 나온 말들과 서류를 보면, 부시 행정부가 사우디의 고위 왕족들과 오사마를

---

* 9 · 11테러가 일어났던 미국의 세계무역센터 건물이 있던 장소를 말함.

뺀 빈 라덴 가(家)의 사람들이 알카에다와 다른 테러자들의 기관에 테러
자금을 지원하고 있다는 의혹에 대한 수사를 중단하게 했다는 것이었
다. 이 정보에 근거한 보고서로 나는 2002년에 캘리포니아 대학교의
〈저널리즘 프로젝트 상〉을 받았다. 당신이 관심을 가져주길 원하는 것
은 이런 종류의 상이 아니고 미국 방송전파와 신문들이 효과적으로 막
고 있는 심각한 이야기가 있다는 것이다.

　나는 여기에서 어떤 오해가 있기를 원하지 않는다. 그래서 나는 우리
가 아무것도 발견하지 못했다는 것을 강조해야겠다. 그것이 무엇이든
조지 부시가 9월 11일 공격에 대해 미리 알고 있었다거나, 아님 오 주님
용서하소서, 그 공격과 관련이 있는 것에 대해서는 어떤 정보도 폭로되
지 않았다는 것을 말이다.

FBI 서류 199 I

　우리가 발견한 것은 너무 심각했다. 시작하자면, 우리는 FBI 요원으
로부터 흥미로운 서류를 얻었는데, "기밀"이라고 표시된 30페이지가
넘는 것이었다. 199 I 이라고 지시된 것에 주의해 보자. 그것은 "국가
안보 사항"에 관한 FBI-용어이다. 내부 인사에 의하면, FBI 요원들은
빈 라덴 가족의 두 명인 압둘라와 오마르에 대해 조사하기를 원했지만
윗사람으로부터 2001년 9월 13일까지 그만두라는 지시를 받았다. 그때
쯤, 압둘라와 오마르는 미국을 빠져 나가 멀리멀리 가버린 뒤였다.

　왜 빈 라덴 형제에 대한 조사를 그만두었는가? 부시 행정부의 선은 빈라
딘 가(아랍 이름으로 부르는 데는 이것이 일반적이다)는 좋은 사람들이라는
것이다. 빈 라덴의 검은 양(Black Sheep)*인 오사마는 아마도 그의 사

---

* 집안의 말썽꾸러기.

우디 친척한테서 의절당했을 것이다. 그러나 공식적으로는 그랬지만 FBI 요원들은 그 가족이 약간은 회색을 띠고 있다고 의심해 왔다. 특히 세계무슬림청년회의인 WAMY하고 그 두 명은 관련되어 있었고, WAMY는 "테러리스트 기관으로 추정된다"는 표시가 서류에 붙어 있었다.

여기서 조금 조심해 보자. WAMY는 완전히 죄가 없는지도 모른다. FBI는 많은 죄없는 사람들을, 사실 너무나 많은 사람들을 목표로 하고 있지만, WAMY라는 기구는 정밀한 조사를 받아야 한다는 충분한 증거가 있었다. 사우디 왕족의 자선기금으로 리야드에서 창설된 WAMY는 축구팀과 교육적인 세미나를 지원한다. 그러나 그들의 플로리다 여름 캠프에서 보면, 아동들을 위한 일반적인 기술과 공예 외에도, 젊은이들은 자살이나 포로납치 같은 이슬람식의 실전으로 준비된 것들에 대해 고무된 이야기를 많이 듣는다. (우리는 그 강의 중의 하나를 비디오 테이프으로 찍은 것을 BBC에서 보았다.) WAMY의 안내 인쇄물이 1993년 세계무역센터 폭파범 한 명의 아파트에서 발견되었는데, 예배를 보고 있는 무장하지 않은 유태인을 죽인 "영웅들"을 찬양하고 있었다.

WAMY의 가르침이 얼마나 악한지는 FBI의 관심거리가 아니다. 그렇지만 테러를 위한 신병모집은 관심거리이다. 9월 11일 전에, 인도와 필리핀 정부는 시민에 대해 살인적인 공격을 한 WAMY를 체포했다. BBC에서 방송이 나가자, 독일 비밀서비스는 WAMY가 "잔인한 행동을 돕고 있다"고 발표했다. 2002년에, 『월 스트리트 저널』의 글렌 심프슨은 압둘라 빈 라덴이 위원으로 있는 자선기금이 체첸 게릴라들에게 자금을 빼돌리고 있다는 보스니아 정부의 보고를 발표했다. 9월 11일의 비행기 납치범 중 두 명은 버지니아의 휠스 처치에 있는 WAMY의 사무실이 있는 같은 거리의 주소를 사용하고 있었다.

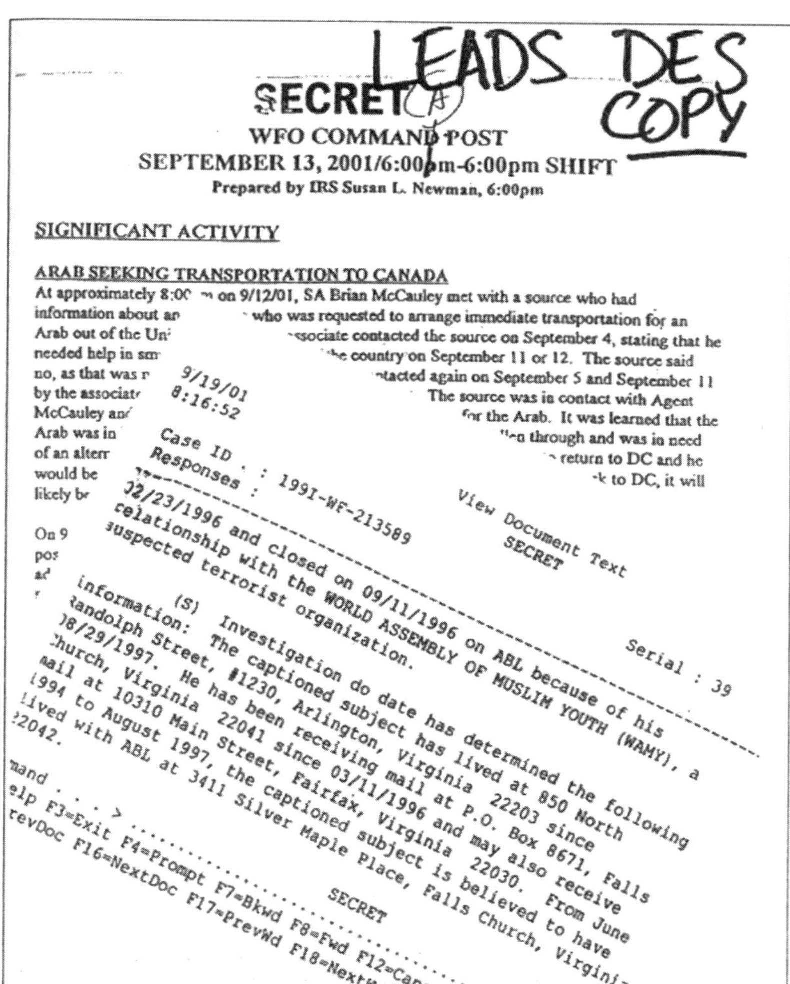

SECRET

WFO COMMAND POST

SEPTEMBER 13, 2001/6:00pm-6:00pm SHIFT

Prepared by IRS Susan L. Newman, 6:00pm

SIGNIFICANT ACTIVITY

ARAB SEEKING TRANSPORTATION TO CANADA

At approximately 8:00 ~ on 9/12/01, SA Brian McCauley met with a source who had information about an ~ who was requested to arrange immediate transportation for an Arab out of the Uni~ ~ssociate contacted the source on September 4, stating that he needed help in sm~ ~he country on September 11 or 12. The source said no, as that was r ~ntacted again on September 5 and September 11 by the associat~ The source was in contact with Agent McCauley an~ for the Arab. It was learned that the Arab was in ~ through and was in need of an alter~ ~ return to DC and he would be ~k to DC, it will likely b~

On 9 pos~ a~

그림. 2.1 FBI documents: 'SECRET' 로 표시되어 있다. "199"는 국가안보사항을 의미한다.

"철회" 명령과 이슬람의 폭탄

이런 애타는 사실에도 불구하고, 압둘라와 그의 기관들은 그들이 현역 요원들이 아니라면, FBI 국장들하고는 더할 나위 없었다. SNAFU*는 그저 바보란 말인가? 우리에게 꼭 익명으로 해달라고 조건을 단 CIA의 최고 국장한테 들은 것만은 아니다.

아버지 부시가 퇴임한 후, 국가안보원에는 "중요한 정책적인 변화"가 있었다고 한다. **조사요원들은 사우디아라비아가 테러 조직에 지원을 하고 있느냐는 식의 질문은 다 "철회"하라는 명령을 받았다.** 특히 만일 사우디의 왕족이나 그들의 가신들과 연결이 되어 있으면 더 그랬다. 알려진 재산가치만도 120억 달러에 달하는 빈 라덴 가의 사람들과 사우디 왕실의 실제 무기들은 조사 밖으로 밀려났다. 오사마는 예외라 수배자로 남아 있었다. 그러나 요원들은 그가 그의 재산을 어떻게 채우는지 가깝게 들여다볼 수가 없었다. 어떤 조사에서든 중요한 규칙인 "돈을 따라 가라는 것"은 이제 방해를 받았고 적어도 9월 11일 전에 있었던 조사들은 사라지기 시작했다.

수사해야 할 일들이 많았다. 부시 행정부 하의 CIA와 FBI의 경우에는 의도적으로 무시해 버린 사건들도 많았다. 이는 국제 무기상의 말에 따르면 (독자에게 죄송한 일이지만 이쪽 분야에는 덕이 높은 사람들보다는 죄인들이 더 좋은 취재원이다.) 1996년 5월 파리의 몽소 호텔에 사우디의 백만장자들이 모여 오사마 빈 라덴의 재정 대리인과 회의를 했다. 사우디의 주요 왕자를 포함한 사우디 사람들은 무슬림이든 무슬림이 아니든 무기거래업자를 만나 오사마에게 누가, 그리고 얼마를 낼 것인지를 결

---

* SNAFU(Support Network for an Armed Forces Union): 반전운동을 펼치는 재향군인, 학생, 노동자 들의 모임.

정하였다고 한다. 이 지원은 오사마를 지지해서 한 것이 아니라 그 미치광이 폭탄 테러범으로부터 사우디아라비아를 보호하기 위한 것이었다고 한다.

여기에서 중요한 질문은 만일 내가 이런 회의에 대해 알 수가 있었다면 **어떻게 CIA가 그것을 놓칠 수가 있단 말인가?** 사실, 이 책이 처음 나온 이후, 그 회의는 프랑스 정보부에 의해 감시되었다는 것이 다른 정보에 의해 밝혀졌다. 미국 정보부도 그런 정보를 얻었을 터인데, 왜 우리 정부는 사우디에 대해 즉각적인 조치를 하지 않았단 말인가?

나는 사우디에 대해 철회하라는 명령 때문에 중단된 특별 조사에 대해 CIA가 접촉했다는 사실을 면밀히 조사했다. 그는 우리에게 WAMY에 비해 훨씬 큰 대어가 달아났다고 말해주었다. 그 칸(Khan) 실험실 조사는 효과적으로 보류 중이다.

여러분은 칸 실험실이라는 것에 대해 들어본 적이 없을 것이다. 그러나 만일 올해 이 지구가 박살이 난다면, 칸 실험실이 파키스탄군을 위해 핵탄두를 만들었다는 것에 감사해야 할 것이다. 왜냐하면 조사가들은 소위 "이슬람의 폭탄"이 사우디아라비아로 다시 들어간 것에 대해 그 기금을 조사하고 있었으나 부시의 제한적 안보 하에서, 그 조사가 좌절되었기 때문이다. **(그 요원은 무뚝뚝하게 그 제한은 9월 11일에 해제되었다고 내게 말했다.)**

클린턴은 한눈을 감아 버렸다

신념을 굽히지 않는 민주주의자들은 다음의 글이 그냥 지나가 주기를 원할지도 모른다. 만일 부시 대통령이 사우디가 테러와 핵폭탄 프로그램을 지원하는 것에 대한 조사에 결정타를 먹인다면, 이것은 단순히 빌 클린턴의 정책에서 한 단계 나아간 것뿐이 될 것이다.

1996년 사우디에 있는 코바르 타워(Khobar Towers)의 폭탄 테러 후, 클린턴은 열의를 가지고 오사마를 잡았지만 우리의 오일 생명선 위에 앉아 있는 족장들을 보호해야 했기 때문에 그 열정은 제한되었다.

1994년, 사우디의 한 외교관이 왕국의 봉인된 서류 캐비넷에서 14,000페이지의 서류를 빼내 미국으로 망명했다. 풍부한 정보를 담고 있는 서류는 **서구에 살고 있는 사우디 반대파를 암살한다는 계획에 대한 증거**를 포함하고 있었다. 관심을 끈 것은 사우디가 사담 후세인에게 이슬람 폭탄을 만들기 위한 첫 번째 시도로, 핵 프로그램을 위해 70억 달러를 준 것에 대해 상세한 내용을 담고 있는 것이었다. 그 망명자인 모하메드 알 키레위에 의하면, 사우디 정부는 레이건과 아버지 부시 시대 동안에 핵 약탈자인 사담 후세인을 풀어주었다는 것이다. 그 당시 우리 정부는 아직도 사담은 말로 표현할 수 없이 훌륭하다고 생각하고 있었다. 그 생각은 사담이야말로 이란을 증발시킬 폭탄을 사용할 유일한 사람이라는 것 때문이었다.

클린턴은 그 사우디 망명자에게 감사해 했지만, FBI가 그 서류를 살펴보는 것은 금지했다. 망명자인 알 키레위의 뉴욕 변호사인 마이클 와일드는 놀랐었다고 내게 말했다. 와일드는 미국에서 가장 안보에 민감한 망명 케이스의 몇 건을 취급하고 있다. **"우리는 FBI에게 '여기 그 서류가 있으니 그것을 가지고 나쁜 사람들도 잡으시오! 우리가 복사비까지 댈 것입니다.' 라고 했다"**고 한다. 그러나 그의 사무실에 왔던 요원은 사우디의 범죄 행동의 증거를 이 미국 땅에서조차 받지 말라는 명령을 받았다는 것이다.

1997년, 코바르 타워 공격자의 하나인 캐나다 사람이 잡혀서 미국으로 인도되었다. 1999년, 버논 조단 법률 사무소가 개입했는데, 그가 알카에다(Al-Quaeda)와 사우디에 대해 알고 있는 모든 것을 폭로하기도 전에 그 살인자를 사우디로 돌려 보냈다는 것이다. 나는 그것을 찬찬히 살펴 보았지만 FBI에 의해 테러리스트로 추정된 사람에 대한 것을 노트에 적는 것은 허락되지 않았다.

나같이 명백한 비전문가의 눈에도, 알카에다가 그를 테러리스트의 정보지로 만들 만한 가치가 충분히 있었다. 그는 자유의 몸이 된 것이 아니고 사우디 왕궁의 동굴 중 하나에 있다. 그러나 그의 정보는 그와 함께 비밀로 되어 있다. 테러리스트의 망명자 소환은 "클린턴"에게 달려 있었다. 즉 "클린턴이 사우디에 키스를 보내는 부분만큼"이라고 한 내부인사가 말했다.

족장들을 행복하게 만든 클린턴의 정책은 부시하고 아주 비슷해 보이지만 거기에는 두드러진 차이점이 있다. **클린턴은 "천천히 가라"였지만 부시의 정책 입안자들은 "가지 말라"는 것이다.** 그것은 한 눈을 감는 것과 두 눈을 감는 차이이다.

블로백과 아버지 부시

아직도 우리는 왜 아버지 부시와 클린턴이 사우디가 테러를 지원하고 있다는 발표를 하지 않고 있는가에 대해 의문을 가지고 있다. 나는 레이건–부시 시대에 사우디아라비아의 제다에 있는 미국 대사관 비자국에 있었던 마이클 스프링맨의 대답으로부터 첫 힌트를 얻을 수 있었다. "사우디아라비아에서 나는 자격이 안 되는 신청자에게 비자를 내주라는 지시를 윗사람으로부터 지속적으로 받았었다. 그들은 사우디아라비아나 심지어 자신의 나라하고도 어떤 연관을 가지고 있지 않았다. 그때 나는 지독하게 불평을 했다."

그것이 스프링맨의 실수였다. 그는 그가 비자법에 위반되는 자에게 비자를 내주는 것에 대한 보고서를 낼 때마다 그것이 소비에트를 목표로 한 여러 대륙간의 정보기관을 위한 은신처를 위험에 빠뜨리고 있었던 것을 깨닫지 못했던 양심적인 중간계급 관료의 하나였다. 스프링맨은 대사관에 근무하는 누군가가 뇌물을 받았거나, 비자를 팔거나 하는 것 같은 가벼운 도둑질을 하고 있다고 추정했다. 그래서 그는 법규를 어기는 사람에 대한 그의 불평이 외교안보국에서 왜 "침묵 속에 있어야" 하는지에 대해 이해할 수 없었던 것이다.

스프링맨은 스스로 일을 그만두었다고 불평했다. 이제 그는 변호사로, 엔지니어링에 대한 지식이 전혀 없는 의심스런 "엔지니어"가 미국에 들어갈 수 있도록 하라고 명령을 받았던 것에 대해 더 많은 정보를 얻고 있었다.

"실제로 내가 이의를 제기했던 것은 오사마 빈 라덴이 모집한 신병들을 CIA가 테러리스트 훈련을 시키려고 미국으로 데리고 오려는 노력을 할 때였다. 그들은 그 당시 소비에트와 싸우기 위해 아프가니스탄으로 돌아갔다."

그러나 그 다음 그들은 포스트-소비에트 권력인 우리와 싸우기 위해 그들의 재능을 이용했다. 스파이 세계의 어조로 하면 이것은 "블로백"이라는 것이다. **빈 라덴과 그의 피로 맺어진 형제들은 미국 자신의 프랑켄슈타인 공장에서 만들어졌다.** 우리가 잡은 테러리스트들 중 일부가 레이건과 부시 행정부에서 훈련받고 무장되었다는 것을 알려고 파헤치는 것은 현재의 대통령이나 기관의 공무원들을 위한 것은 아니다. 그리고 그것은 요원들이 WAMY나 압둘라 빈 라덴을 조사하려고 할 때 드러나는 문제 중의 하나이다. "동정심이 있는 젊은이 오사마 빈 라덴"이라고 씌여진 WAMY 인쇄물은 우리 정부가 직접 쓰지는 않았어도 퍼트린 것이나 마찬가지이다.

만일 압둘라의 보스니안 운영 "자선기금"이 체첸 게릴라들을 지원하고 있다면 그것은 오로지 클린턴의 CIA가 눈을 감아주었거나 미국이 승인한 척, 세르비아하고 싸우는 보스니안 게릴라들을 돕고 있는 다른 그룹과 WAMY에게 고개를 끄덕여 주었기 때문이다. "우리가 말하고자 하는 것은, 정보부 공무원에게는 당혹스럽고 경력을 망치게 하는 블로백입니다"라고 국가안전 전문가 조 트렌토가 말했다. 그리고 그는 대통령의 아버지에 대해 더 말할 수도 있었다.

가족사업

나는 아직 내 모든 질문에 대한 답을 찾지 못했다. 우리는 클린턴과 부시들이 사우디가 테러리스트들과 연관이 있음을 밝혀서 사우디를 불편하게 하기를 싫어한다는 것을 알고 있다. 그러나 부시 대통령이 특히 사우디를 보호하려고 하는 것은 무엇 때문일까. 심지어는 그의 정보부 요원들을 방해하면서까지 말이다.

그 대답은 "카알라일"(Carlyle)과 "아르부스토"(Arbusto)로 돌아온다.

어떤 사람들이 수호천사를 가지고 있는 것처럼 우리의 대통령도 수호 족장을 가지고 있는 것 같다. 조지 부시는 태어날 때부터 은으로 된 유정을 가지고 태어났다. 그의 가족의 돈의 역사에도 불구하고 그의 지분으로 된 큰 재산은 없다. 그는 유정을 파도 아무것도 나오지 않은 텍사스 오일맨 같았다. 그럼에도 그는 오일로써가 아니라 아라비아와 연결된 투자자의 수중에 있는 분출유정의 권리를 주장하는 것으로 대사업가가 되었다. 사우디는 부시의 말썽꾸러기 사업 중 하나가 망하려고 할 때 항상 그를 붙잡아 주는 것처럼 보였다.

두비야(Dubya, 현 미국 부시 대통령)의 아르부스토* (스페인어로 "수풀
(shrub)"을 뜻하는 것이다.) 오일은 제임스 배스에 의해 1977년에 창립되
었다. 다른 사람 중에서도 배스의 자금은 족장인 살림 빈 라덴과 카리드
빈 마포즈를 대신해서 나왔다.

1981년 채굴사업을 포기하려고 하던 부시는 그 사업권을 필립 우지
엘리한테 이상할 정도의 높은 프리미엄을 받고 팔았다. 우지엘리는 아
버지 부시의 국무성장관이었던 제임스 베이커 3세의 대학 룸메이트이
고 카알라일이라 부르는 회사의 사업동료이다. 1986년에 우지엘리의
회사인 스펙트럼 오일은 부시를 위원회에 둠으로써 하켄 오일한테서 놀
랄 정도로 좋은 조건을 지킬 수 있었고 일 년 안에 사우디 족장 압둘라
바크쉬로부터 풍부한 현금투자를 받았다.

1990년 하켄 자신이 남쪽으로 진출하려고 할 때, 바레인 정부는 페르
시아만을 뚫는 사업에 아모코(Amoco)를 빼고 이 텍사스 회사를 선택했
다. 우리가 듣기로는, 이 놀라운 일이 그 당시 자유세계의 대통령이었던
두비야의 아버지하고는 아무 상관이 없다고 했다.

카알라일은 배경이 베일에 가려진 채 오로지 초빙만 하는 지주 투자
그룹으로 미국에서 가장 큰 방위계약업자이다. 예를 들면 카알라일은
전투제트기를 만드는 유나이티드 테크놀로지(United Technologies)를
소유하고 있다. 카알라일은 변호사로 고용한 두 부시 대통령이 원하는
요구의 차이점을 알고 있었다. 두비야는 카알라일 비행기 외식회사가
파산할 때까지 위원회에 있었다. 1999년 아버지 부시는 카알라일을 대
표하여 사우디아라비아에 들르기도 했다.

빈 라덴 가는 9월 11일 공격 직후, 그 관계가 불리해질 때까지 카알라
일이 선택한 후원자 중에 있었다. 그 회사의 회장은 프랭크 칼루치로 아

* 부시(bush) 역시 같은 뜻을 갖고 있음.

128

버지 부시 밑에서 국방장관을 역임했었다. 보통 카알라일의 변호사는 지분으로 2,500만 달러를 받았다. 특히 그중에서도, 사우디 왕자인 알 왈러드 빈 타랄 빈 압둘 아지즈는 카알라일을 그의 어드바이저로 고용 했고 시티콥(Citicorp)의 우선주 10%를 샀다. 많은 비용이 드는 카알라 일을 선택한 것은 투자은행이 아닌 그룹으로서는 이상한 일이다. 사람 들은 사우디의 권력자가 카알라일의 멤버들이 부유해지기를 원했나 보 다라고 생각할 것이다.

아직도 고백할 것이 있는 댄 래더는 BBC에서 말했다. "사람들이 스 스로에게 말하고 있는 것을 안다. '나는 바른 질문이 무엇인지 알고 있 지만 당신도 알다시피, 그것을 물어볼 적당한 때가 아니다.'"라고.

그러나 어떻든 나는 물을 것이다. "부시 가족의 비즈니스가 끝나고 정책이 시작할 곳은 어디인가?"라고.

내 의견으로는 **너무 많은 것이 빈 라덴과 카알라일과 부시의 연계에서 만 들어졌다.** 부시 대통령이 돈을 받은 대가로 테러리스트에 대한 사우디 의 자금지원에 대한 수사를 종결시켰다는 주장은 매우 터무니없는 것이 될 것이다. 그 시스템이 그렇게 노골적인 것은 아니다. 그 속에 있는 사 람들은 그런 식으로 행동하지 않는다. 그러나 증거가 있음에도 불구하 고, 당신과 당신의 가족을 부유하게 해주는 것과 연관이 있는 이들 미소 짓는 걸프 억만장자들이 미국인들을 대량 살상하는 일에 자금을 지원하 지 않은 것 같다고 결론짓는 것은 오히려 매우 자연스러운 것이다.

누가 테러와의 전쟁에서 패배했는가?

누가 테러와의 전쟁에서 패배했는가? 오사마? 그의 입장에서 보면 그는 유명살인자들의 명예의 전당에 들어갔다. 그는 어디 있는가? 부시에게는 묻지 마라. 우리의 지도자는 단지 그 주제를 이라크로 바꾸었다. 그래서 우리는 아프가니스탄의 낙타 사이에서 오사마 빈 라덴을 찾는 82번째 비행기를 띄우고 있다. 그 억만장자의 턱수염은 아마 없어졌을 것이다. 그는 리츠 칼튼의 수영장에서 몸을 떨면서, 두 명의 금발미녀가 그의 발을 마사지하는 동안 우리를 보고 웃고 있을 것이다.

부시는 오사마를 잡는 데 실패했다. 그러나 우리는 하원의원 맥키니의 위협은 성공적으로 없앴다. 당신은 그녀를 기억한다. 캐서린 해리스가 흑인 유권자를 말살하는 것을 도왔던 초이스포인트에게 감히 질문을 했던 사람이다.

2001년 11월 BBC 방송과 『가디언』지 보도 후, 맥키니는 하원에서 우리의 이야기를 인용하면서 정보실패와 당신이 방금 여기서 읽은 정책편견에 대한 감사를 소집했다. 그러자 그녀에게는 반역자, 색골, 음모자, 미치광이라는 이름이 붙여졌고, 마지막 말은 그녀와 같은 주의 민주당 상원의원으로 이 완고한 흑인 여성에게 정치적 린치를 하기 위해 폭도들을 이끌었던 사람이 한 말이다. 『뉴욕타임스』는 "그녀는 부시 대통령이 9월 11일 공격에 대해 미리 알고 있었으면서도 아무 조치도 취하지 않았고 그래서 그의 지지자들이 전쟁에서 돈을 벌게 해줬다고 얘기해서 흑인 선거권자들을 화나게 했다"고 썼다. 그녀가 그렇게 말했는가는 문제가 아니다. 타임스는 항상 진실보다 더 영향력이 있다. **댄 래더는 그녀에게 입 다물고, 질문도 하지 말라고 그래야 목 매달리는 것을 피할 수 있을 것이라고 경고했다.** 그녀는 그렇게 하지 않았고 결국은 하원의원 자리를 잃게 되었다.

맥키니가 정치적으로 시체가 되자 정치인들은 조용해졌고, 미디어는 벙어리가 되었다. 그러나 몇 명의 미국인은 아직도 협조하지 않고 있다. 그들 때문에 우리는 경고 없이 시민을 조사하는 것을 허가하는 새로운 법을 가지게 되었고 시민권 기구로부터 거래협상 반대자들까지 테러리스트 동조자라는 표가 붙게 되었다.

그러나 FBI나 CIA 요원 중 어느 누구도 우리에게 말하지 않았다. "만일 우리가 그 성가신 권리장전을 가지고 있지 않았다면 우리는 빈 라덴을 체포할 수 있었을 것이다."라고. 어느 누구도 "우리에게 필요한 것은 조국의 안보를 위한 새로운 부서이다."라고 말하지 않았고, 어느 누구도 중서부에 살고 있는 "아메드(Ahmed)"라고 이름이 붙은 모든 사람을 다 감옥에 집어 넣어야 한다고 말하지 않았다.

마지막으로 한 가지 당치 않은 질문이 남게 된다. 누가 이겼는가? "테러와의 전쟁은 아직 해결되지 않았지만 몇 명의 승리자는 나왔다."라고 비즈니스 잡지 『포브스(Forbes)』가 힘차게 말한다. "배경 체크서비스는…… 정부가 세계의 가장 규모가 큰 경제에서 보안을 보강해야 한다고 제안할 때 제일 큰 이득을 볼 비즈니스가 될 것이다…… 초이스포인트 같은 회사가 제공한 서비스는 미국 이민국이 이민자의 뒤를 조사하는 단계를 높이게 될 때 더 증가할 것이다."

2002년 5월 30일, 법무장관 존 애쉬크로프트는 일반적인 범죄, 공갈, 테러리즘에 대한 새로운 지침을 발표했다. 애쉬크로프트는 시민에 대한 상업적인 데이터베이스에서 사적인 정보를 조사하는 권한을 위임하면서 그 전자 개인정보센터는 "범죄적인 행동과는 전혀 관계가 없다"고 했다. 가장 큰 상업적 데이터베이스 회사의 하나는 누구인가? 초이스포인트이다. FBI 요원이 초이스포인트가 하고 있는 일은 큰 낭비일 뿐이라고 말한 것은 잊어버리자. 초이스포인트는 우리를 위해 대통령을 선택해 주었고 가장 최선의 것이 무엇인지 확실히 알고 있다. 또한 그들은 당신의 피를 원한다. 그 행정부는 우리 각자를 위한 DNA 인식표를 국가적으로 저장할 장소를 추진하고 있는데, 그 작업은 이미 초이스포인트의 자회사인 보드 테크놀로지에 의해 시작되었다. 그리고 **만일 당신이 이것에 대해 불평이라도 할라치면, 기억하라, 그들은 당신이 어디에 살고 있는지 알고 있다는 것을.**

조지가 복권에 당첨되다

부시 가족과 사람들의 호의와 친분과 대선자금 지원이 하나로 이어진 것은 두비야의 "전쟁 시절"로 거슬러 올라간다. 아들 부시는 베트남 전쟁 때 전투기 조종사였다. 하지만 심각한 부상을 당할 수도 있는 미 공군에 있었던 것이 아니라 에어가드(Air Guard)라는 이름으로 알려진 텍사스 주 공군에 몸담고 있었다. 텍사스의 장난감 같은 이 군대는 남북전쟁 당시의 유물이다. 이곳은 실전(實戰)이 부담스러운 전쟁광들의 좋은 집합소였다. 주말 전투원으로 이곳에 등록되면 징집을 면할 수 있었고 베트남에서의 실전 경험도 피할 수 있었다.

전쟁 동안 상원의원 P. 부시와 하원의원 조지 부시는 동남아시아로 다른 사람들의 아들이나 손자를 보내는 일은 기꺼이 했다. 그러나 이 괜찮아 보이는 일에 자원자가 많지 않자 의회는 일종의 죽음의 복권게임을 만들어 냈다. **생년월일이 추첨되면, 군대에 가는 것이었다.** 그러나 에어가드의 비행사들은 이 섬뜩한 복권게임에서 면제되었다.

에어가드에 들어가기 위한 시험에서 젊은 조지 W. 부시는 100점 만점에 25점을 얻었다. "너무 지적 능력이 낮아 조종을 할 자격이 못 됨"이라는 낙제점수보다 1점을 더 얻었다. **그러함에도 그는 수백 명의 응시자들을 제치고 에어가드에 들어갔다.**

자, 어떻게 이런 일이 일어났는가? 아주 최근에 나는 어렴풋하나마 진실을 들을 수 있었는데, 『옵서버』지가 G테크(GTech)라고 불리는 뉴저지에 있는 회사를 조사하다가 부산물로 얻은 것이다. 이 회사가 계약을 유지하고 있었던 곳은 군인징병을 위한 것보다 더 많이 돈이 벌리는 복권기관인 텍사스 스테이트 로터리이다.

돈을 따라가 보자. 1997년에 톱-건 조지 부시 Jr.는 주지사이고 G테크란 이름의 회사는 텍사스 복권사업을 주관했다. 그리고 텍사스는 전국에서 가장 크고 수지맞는 복권사업처였고 G테크는 거의 수억 달러의 가치가 있는 계약을 상실할 위기에 직면하고 있었다. 주정부 복권사업 담당국장의 남자친구가 당시 수뢰혐의로 기소 중이었음에도 G테크가 그를 직원으로 고용하였다는 사실이 밝혀졌고 그에 따라 담당국장이 파면된 것이었다. 금전문제가 깨끗하고 새로 담당국장이 된 로렌스 리트윈은 감사를 지시하였고 G테크와의 계약을 종결하고 다시 입찰하도록 하였다. 리트윈은 또한 G테크의 정치 헌금에 대한 수사에 들어갔다.

그런데 이해할 수 없는 일이 발생했다. 텍사스 복권사업 위원회가 리트윈을 해고했던 것이다.

부시가 임명한 위원들은 그 후 곧바로 새로운 계약자를 찾기 위한 입찰도 취소해 버렸다. 입찰을 통해 제일 낮은 가격을 제시한 업체에게 G테크 대신에 사업을 맡기겠다는 발표가 이미 있었음에도 그렇게 했던 것이다. 위원들은 재무 감사도 그만두게 하였고 정치 헌금에 대한 수사도 종결시켰다. 그리고 G테크와의 계약을 다시 체결하였다.

왜 텍사스 정부는 G테크 측에 복권사업권을 주기 위해 그토록 애를 썼던 것일까? 미 법무부로 배달된 어느 익명의 편지에는 어느 로비스트를 지목하고 있는데 그는 G테크 측으로부터 2,300만 달러의 활동비를 받았다고 한다. 그 로비스트는 바로 벤 반즈였다.

정보 누설자에 의하면 1968년 텍사스 부지사 벤 반즈의 보좌관이 제임스 로즈 준장에게 은밀히 말을 넣어 조지 H. 부시의 아들이 에어가드에 근무할 수 있는 자리를 알아봐 달라고 하였다는 것이다. 아들 조지를 베트남에 보내지 않기 위해 부시가 영향력을 행사했는가는 1994년에 있었던 주지사 선거에서 각축전을 벌였던 앤 리차드에게는 아주 큰 문제였다. 그러나 리차드는 로즈 장군과 접촉했던 반즈 사무실의 일을 몰랐으므로, 그 이야기는 그대로 묻혀졌다.

부시 주지사의 징병기피 사실을 알고 있던 반즈는 이를 이용하여 주 당국으로 하여금 G테크와의 독점 계약을 체결하게 했다고 이 편지는 주장하고 있다.

> "조지 부시는 반즈가 94년 선거전에서 자신이 거짓말을 한 것을 밝힐 수 있기 때문에 G테크의 복권 계약을 다시 체결하게 했다. 선거전에서, 부시는 당시 하원이었던 그의 아버지가 그를 내셔널 가드에 들어가도록 도와주었는가 하는 질문에 아니라고 대답했었다.
>
> 조지 부시는 베트남에서 죽었을 수도 있었던 수천 명의 젊은 사람들 앞에 있었다……. 반즈는 그 이야기를 결코 누설하지 않았고, 이틀 후 주지사는 복권사업 의장에게 지시해서 그녀는 G테크가 그 계약을 유지하게 하는 데 동의했다."

두비야를 전쟁으로부터 구한 반즈에게 (아버지 부시는 신이 나서 다른 사람들의 아들들은 그 전쟁터로 보냈다.) 2,300만 달러를 제공하고 G테크는 무엇을 얻었는가? 그것을 알아낼 도리는 없다. 1999년 11월, G테크가 리트원에게 30만 달러를 주었기 때문이다. 그 대가로 리트원은 반즈의 다섯 시간에 걸친 녹취록을 영원히 공개하지 않겠다고 약속했다. 이 녹취록에는 복권사업과 에어가드에 대한 부시 가문의 영향력 행사가 기술되어 있다.

내가 불평을 하고 있는 것은 아니다. 어쨌든 부시 가문은 돈 주고 살 수 있는 민주주의 가운데서 최고의 민주주의를 우리에게 제공하고 있으니 말이다.

공화당과 민주당, 함께 손잡고 억만장자 형제를 구하다

부시 대통령에 대한 내 기사를 읽고 어느 사려 깊은 독자는 내가 좀 너무하다는 생각이 든 모양이었다.

> "야, 이 똥구멍 같은 새끼야. 그래 요즘은 어떤 놈들 똥구멍 냄새 맡고 다니느냐? 너 같은 작자들이 코를 막고 냄새 맡기 좋아하는 곳이 바로 거기지. 그런데 그게 부시 대통령이다 이거지, 이 꼴통 새꺄. 그래 잘 먹고 잘 살아라. 아일랜드가 해방되기를 바라마!"

그래서 나는 좀더 공정한 태도를 취하기로 작정했고 그에 따라 아칸소 사람 힐러리와 빌의 이상한 재산 관련 기록을 살펴보기로 했다. 나는 특별검사 켄 스타의 증거물을 살펴보는 것이 좋을 것 같다고 생각했다. 그러나 그는 아무런 증거를 갖고 있지 않았다. 심술이 가득한데다 옹졸하기까지 한 스타는 4천만 달러를 들여 클린턴 부부를 수사했으나 내놓은 것은 "화이트워터"라는 더러운 물 한통과 정액 묻은 옷 한 벌, 그리고 "그 다음 나는 대통령의 바지를 내리고……"라고 과장되게 쓰여진 포르노물 한 점뿐이었다. 어떻게 아무 것도 찾아내지 못할 수가 있을까? 부분적 이유는 스타와 그 보좌진들은 샘 스페이드*가 아니라, 수사기법을 무제한의 비열함으로 대체할 수 있다고 생각했던 법률사무소 출

* Sam Spades, 〈The Maltese Falcon〉이라는 TV 드라마의 주인공. 사립탐정이다.

신의 유복한 우파 속물들이기 때문이었다.

　그러나 만일 스타가 클린턴의 미꾸라지 빠지듯 빠져나가는 술책에 두 손 들고 말았다고 한다면, 상원 내무위원회는 심각한 문제를 조사하고 있었다. 이들은 인도네시아의 리아디 가문과 힐러리의 전 고객인(이 사람들에 대해선 다음 장에서 다룰 것이다) 아칸소 리틀록의 엔터지인터내셔널이 힐러리의 전 법률회사 동료들에게 지불한 수백만 달러에 대해 살피고 있었다. 그리고 1998년 상원 내무위원회의 공화당 의원들이 클린턴 부부에게 치명타를 안길 수 있는 증거에 다가서고 있을 때 위원회는 조사를 종결하고 말았다.

　왜일까? 1998년 나는 그 이유를 알아냈다. 답은 "트라이애드(Triad)"였다.

　비난 받아 마땅한 인도네시아 자본이 유입된 사실을 조사하는 것은 클린턴에게 치명타가 될 수 있었는데 그 위험에서 클린턴을 구한 것은 두 사람의 부유한 사업가 찰스 코크와 데이비드 코크였다. 처음에 그들은 클린턴을 구하려고 나서지는 않았다. 그들 코크 형제들은 클린턴을 몹시도 혐오하고 있었다.

　코크가 소유한 사업은 여러분이 결코 들어본 적이 없을 만큼 어마어마한 것이다. 연간매출이 350억 달러가 넘는 것으로 추정되고 있다. 이는 마이크로소프트나 보잉 항공사보다도 더 많은 것이다. 우리는 그 회사의 매출액을 추정만 할 수 있을 뿐인데 그 이유는 Koch(콜라를 말하는 "coke"와 발음이 같다)가 미국에서 두 번째로 큰 기업으로 개인소유의 기업이기 때문이다. 데이비드와 찰스 코크가 기업의 대부분을 소유하고 있으며 이 둘의 지분을 모두 합치면 400억 달러에 달한다고 한다. 여러분이 코크 가에 대해 들어본 적이 없다 해도, 정치인들에게는 익숙하다.

　부시를 백악관으로 들여 보내기 위한 공화당 파티를 지원한 Big Oil

회사 중에서, 엔론과 엑손모빌을 제외하고 가장 많은 돈을 퍼부은 기업이 코크 회사이다.

코크 가문의 행운은 아버지 프레드 코크가 스탈린 치하의 러시아에 정유공장을 지으면서 시작되었다. 1946년 코크는 소련에서 돌아와 캔자스의 위치타에 자리를 잡았다. 그리고 이곳에서 극우파 단체 '존 버치 소사이어티'를 창립하였다. 데이비드와 찰스는 아버지의 정치적 견해를 거부하고 대신 더욱 더 초극우적인 단체와 활동을 지원하였다. 1980년 데이비드는 자유당(Libertarian Party)이란 이름의 정당 대통령 후보로 나와 로날드 레이건에 맞섰다.

비밀스러움은 코크 가문의 특징이다. 위치타에 위치한 본부에서 이들은 CIA의 손길이 닿지 않는 미국 내의 유일한 개인 소유의 보안 전화 네트워크를 운용하고 있다. 그들은 이 네트워크를 이용해 소규모 농부나 인디언 보호구역으로부터 기름과 가스를 구입하는 핵심적 사업을 운영하고 있다.

개인기업이므로 코크는 그들의 사업내용을 아무에게도 말하지 않는다. 주주회의에서 따지고 드는 사람들이 아무도 없다. 꺼릴 것이 없으므로 코크 형제는 자신들의 특이한 꿈을 추구할 수 있었다. 다른 회사들은 특혜를 바라는 마음으로 정치권에 수백만 달러를 기부하지만 코크 가문은 1억 달러에 가까운 **돈을 퍼부어 미국 정치 향방 자체를 바꾸려고 했다.**

그리고 그들은 성공했다. 2,100만 달러를 들여 워싱턴에 카토연구소를 세웠고 3천만 달러를 들여 건전경제자문회의를 설립했으며 또 싱크탱크 및 정치활동 위원회 등과 같은 단체를 만드는 데 수천만 달러를 사용하였다. 이렇게 코크 가문은 누구도 대적할 수 없는 정치적 단체를 만들어 이를 통해 반정부 운동을 고취시키고 정치적 영향력을 활용하여 여기에 새로운 사상적 적법성도 마련해 놓고 있다. 카토를 비롯한 코크의 기관들로부터 뉴트 깅그리치의 "미국과의 계약"이 나왔으며 또 1994년 선거에서 깅그리치를 위한 자금지원도 나왔다.

코크 형제가 특별한 청탁을 하지 않았던 것은 아니다. 1989년 미 상원특별조사위원회는 다음과 같이 보고하였다. "코크 인더스트리의 자회사인 코크 오일은 의도적인 계량기 조작과 사기성 보고를 통해 부당이득을 취하고 있는 기업 가운데 가장 극적일 정도로 눈에 띄는 기업이다." FBI 요원들은 코크 인더스트리의 트럭들이 인디언 보호구역의 조그만 탱크에서 돈을 다 지불하지도 않고 기름을 취하는 것을 주시해 왔다. 인디언 부족을 위해 일하는 어느 전문가는 150억 달러에 달하는 코크 인더스트리의 부(富)는 훔친 기름으로부터 나온 것으로 추정하고 있다. 그러나 코크는 이 모든 것을 부인하고 있다.

코크에 대한 어떠한 조치도 1995년도까지 취해지지 않았다. 상원에 대한 수사를 벌이고 있던 그 당시의 FBI요원 리차드 엘로이가 법무부에 편지를 보내 아버지 부시가 대통령으로 있던 시절 코크의 범죄행위에 대한 기소가 "정치적 이유"로 인하여 거부되었음을 고발하였다. 그러나 FBI의 증거를 접한 클린턴 정권 하의 법무부는 315건의 고의적 환경훼손 행위에 대한 민사소송만을 제기하였다. 클린턴은 또한 형사 기소를 고려해서 두 명의 대배심원을 직접 선발하였다.

뉴트 깅그리치는 코크를 구원하기 위해 뛰었다. 만일 뉴트 깅그리치의 "미국과의 계약"이라는 개혁법안의 한 구절이 그대로 법률이 되었다면 코크에 대항한 법무부의 이 소송사건은 이루어지지 못했을 것이다.

코크를 구하기 위한 법률의 통과는 의회에서 다수를 차지하고 있는 공화당에 달려 있었다. 1996년 선거에서 공화당의 지배력은 위기를 맞았다. 이 선거에서 박빙으로 겨우 승리하는 데 결정적 역할을 했던 것은 공인 자선단체인 어린이 미래를 위한 연합(CCF, Coalition for Our

Children's Future)에서 광고비를 지불하고 내보낸 수백만 달러짜리 텔레비전 광고였다. 이 광고는 어린이 보호에 크게 신경을 쓰고 있는 사회에 커다란 반향을 불러일으켰으며 이에 따라 후보자 선택에도 크게 영향을 미쳤다. CCF가 광고를 내보내기 몇 주 전까지만 해도 그들이 지지하는 공화당 의원들은 극빈자 가정의 어린이들에게 지급되는 식량표의 폐지를 결의하였다.

CCF가 후원하는 정치인들은 어린이 무료 급식을 반대하는 것 외에 또 다른 공통점을 지니고 있었다. 바로 그들의 지역구에 코크 회사가 있다는 점이었다.

미국 법률이 기업의 선거자금 지원을 금지하고 있다는 것에 놀랄 수도 있다. 공적으로, 기부금은 개인적이고 정치적인 위원회를 통과해야만 한다. 내무위원회를 조사하던 수사관들은 CCF와 그 외의 정치 집단들이 코크의 자금으로 운영되는 트라이애드 매니지먼트와 관련되어 있음을 밝혀주는 은행 기록을 찾아냈다. 민주당 상원의원들은 트라이애드에 자금을 댔는지, 또 관련단체를 조정했는지를 알아보기 위해 코크 인더스트리의 경영자들을 소환하겠다고 위협하였다. 민주당 의원들은 클린턴의 자금지원에 대해 세상의 비난이 있기 전에 거물급 기업인들을 소환할 수도 있었다.

상원의 어느 주요 내부인사는 -그의 이름은 절대 밝힐 수 없음 - 그때, 공화당 의원들이 의도가 분명한 거래를 내놓았다고 말했다. "트라이애드를 그냥 놓아두면 우리도 클린턴을 건드리지 않으리다"라고. 위원회 내의 또 다른 정보통에 따르면 공화당 의원들은 트렌트 로트 의원과 돈 니클스 의원의 지도 하에 클린턴의 돈 문제를 더 이상 파헤치지 않겠다고 합의했고 이에 따라 클린턴은 위기를 모면하게 되었다.

클린턴에게 치명적 타격을 안겨줄 조사가 - 인도네시아와의 돈 거래는 대통령직을 잃을 수도 있는 문제였다 ─ 좌절되고만 진짜 이유를 알게 된 우리는 코크 인더스트리의 영향력이 얼마만한 것인지를 실감할 수 있게 되었다. 공화당 의원들은 자신들이 후원하고 있는 사람의 비리를 덮기 위해 클린턴 대통령에 대한 좋은 공격기회를 포기했던 것이다.

양당은 상호보호협상에 만족해했다. 양쪽의 억만장자들은 안전하게 되었다. 중요한 자금 수사를 빼고 보니 공화당 조사자들은 모니카 르윈스키의 더러운 빨래감을 뒤지고 대통령의 지퍼 냄새 맡는 일 빼고는 더 이상 진행할 일이 남아 있지 않았다.

모든 억만장자들이 원하는 것

나는 이 기사를 『옵서버』에 실었다. 물론 미국에서는 전혀 보도되지 못했다. 왜 민주당 내부인사들이 이런 정보를 내게 주었던 것일까? 왜냐하면 그들은 공화당 사람들에게 너무 화가 났기 때문이었다. 민주당 쪽에서는 휴전한 것으로 생각했으나 공화당 측에서 모니카 르윈스키를 물고 늘어졌던 것이다. 공화당 측에서 볼 때 협상은 정치자금 조사만 하지 않는 것으로 생각했다. 그래서 대통령이 인턴 직원에게 수작을 건 가벼운 사건은 포함시키지 않았다.

내가 이 억만장자─기부자와의 야합에 대해 알게 된 것은 클린턴이나 뉴트 깅그리치의 비리를 쫓다가 그렇게 된 것이 아니라 예전에 정부에서 수사요원 및 자문위원으로 일하는 과정에서 코크 형제와 엔터지 회사 그리고 인도네시아 리아디 가문과의 이권 등을 조사하는 일을 맡았기 때문이다. (다음 장에서 보게 될 것이다) 엔터지와 코크가 상원 조사 과정에서 수면 위로 떠올랐다가 갑자기 조용해진 것은 아무리 보아도 양당 간의 더러운 야합일 것이라는 냄새가 났다.

코크 형제는 진짜 특종감이었다. FBI 요원들은 코크 회사가 1980년대 오클라호마의 가난한 인디언들의 석유 수집 탱크에서 석유를 눈속임으로 빼돌린다는 것을 알아냈다. 1999년 코크 회사는 이런 눈속임을 발견한 시민 배심원들에게 2,500만 달러를 지불했다. 아마도 코크 인더스트리의 경영진은 이렇게 기름을 빼돌린다는 사실을 모르고 있었을 수도 있다. 또 이것은 모두 오해에서 비롯된 것이고 거기에 대한 적절한 설명도 있을 수 있다. 그러나 로저 윌리엄스에 의하면 그렇지 않다는 것을 알 수 있다. 그는 석유수집업무를 주관하는 간부사원이다.

윌리엄스는 좀도둑질 행위를 기록해 놓았다. 여기에서 1달러 어치, 저기에서 2달러 어치 하는 식으로 억만장자 회사라면 할 것 같지 않은 그런 짓이 기록되어 있다. 윌리엄스는 찰스 코크가 그 기록에 어떻게 반응했는가를 묻는 질문을 (내가 가지고 있는 테입에서) 받았다. 윌리엄스는 억만장자 코크와 당시 옆에 있던 경영간부의 반응을 다음과 같이 말했다. "서로를 툭툭 치며 낄낄거리고 웃더군요. 매우 유쾌한 분위기였습니다."

자신의 말이 녹음되는 것을 몰랐던 윌리엄스가 코크의 말을 틀리게 되풀이할 수도 있었거나 아니면 잘못 들었을 수도 있다. 그러나 소문에 의하면 윌리엄스가 들은 것은 미국에서 가장 큰 기업의 성공을 설명하는 구절이었다. 윌리엄스는 이런 작은 금액의 사기에 억만장자가 관심을 기울이는 것에 놀랐다는 것이다. 그러나 윌리엄스는 찰스 코크가 자신에게 다음과 같이 말했다고 한다. "나는 정당한 내 몫을 원하지. 그저 그것뿐이야."

제 3 장

캘리포니아 Reamin:

규제 철폐와 전력도둑

앤더슨의 매직쇼
새로운 세계 비즈니스 질서
권력을 쥔 여성의 폭언
텍사스는 오염되다
그 텍사스 사람들은 캘리포니아를 전구로 잡다
그들은 어떻게 그것을 했을까
"헬로, 나는 부통령의 아들입니다."
책임감이 강한 좋은 독재자
그것을 모두 집으로 가져오자
아무것도 할 수 없는 돈

1989년 4월 10일, 서던 회사의 걸프파워(Gulf Power) 자회사의 부사장 제이콥 "제이크" 호턴은 회사 회계상의 속임수와 지역 정치인들에게 불법적인 자금을 제공했다는 **의혹을 이사회에 해명하기 위해 회사 제트기에 올랐다. 이륙하고 수분 후, 비행기는 폭발하고 말았다.** 그날 늦게 경찰은 다음과 같은 익명의 전화를 받았다. "걸프파워 수사를 지금 당장 종결하시오."

2000년 12월을 향해 막 달려가고 있던 때, 샌프란시스코의 불빛이 껌뻑이더니 꺼져버렸다. **캘리포니아의 전력 요금은 수일 만에 7,000% 올랐고, 샌프란시스코의 전력회사는 파산을 선언하였다.**

미국 대법원에서 막 부통령으로 선출된 딕 체니는 전력회사 집행부와 일련의 비밀 회담을 시작한다. 새 대통령은 취임 3일째, 그들의 조언을 듣고는 에너지부로 하여금 12월 클린턴 대통령이 퇴임하면서 지시한 요금 속임수와 폭리 부당이득에 대한 규제를 철폐하게 했다.

체니의 비공식회담 결과인 에너지 계획이 2001년 5월 대통령에 의해 발표되었다. 캘리포니아 전력 위기에 대한 대책을 발표하면서 대통령은 그 계획이 전력 부족을 끝낼 마술 같은 부분을 포함하고 있다고 했다. 그런데 2001년 9월 11일 테러 이후로 부시의 에너지 계획은 중동의 테러리스트를 제압하는 무기로 다시 사용되었다. 고약한 성품을 지닌 독자들은 부시의 에너지 프로그램이라는 것이 정유회사 친구들에게 큰 이익을 안겨 주고 지구를 기름으로 튀기며 대지를 석탄가루와 석유 오염 물질과 핵폐기물로 질식시키는 멍청한 계획으로 생각할 것이다. 그러나 실은 그것보다도 더욱 상궤에서 벗어난 것이었다.

제이크의 비행기 폭발에서 금문교의 등화관제, 체니와 부시가 제공한 에너지 계획에 대한 오염론자의 몽정까지에는 연관성이 있었다. 환경

파괴자들의 에너지 계획이라는 꿈속을 파내려 들어가면 그 아래에는
"전력사업 규제 철폐"라는 신비스런 경제학이 놓여 있었다. 그리고 이
런 **이상한 시장이론의 역류 배후에는 4조 달러 상당의 가스, 수도, 전화, 그
리고 전기 등 전 세계 공공시설의 소유권과 지배권을 두고 벌이는 여러 대륙
들의 전쟁이 있었다.** 그 전쟁의 이야기는 10여년 전 제이크의 비행기 폭
발과 함께 시작되어 파키스탄의 쿠데타와 엔론이라는 회사의 붕괴로 이
어진다.

앤더슨의 매직쇼

1989년, 호톤의 고용주인 애틀랜타의 서던 회사는 조지아, 알라바마,
미시시피, 플로리다에 있는 수백만의 고객들에게 과다요금을 청구했다
고 의심하는 조지아 시민모임의 조사를 받게 되었다. 나는 개리 길만이
라는 회계사가 일 년 전에 녹음해서 만들어 놓은 재무부 녹음테이프의
복사본을 면밀히 검토하고 있었다. 마이크를 몸에 몰래 숨겨 들어가 서
던 회사 간부의 이야기를 녹음한 것이었다. 그 간부는 사용하지도 않은
부품을 사용한 것처럼 해서 회사가 소비자에게 6,100만 달러를 청구한
방법에 대해 구체적으로 설명하고 있었다. 그들은 쓰지도 않은 부품을
전자 대장에 기록해 놓았는데 그 전자 대장이 한 중역간부의 차 안에서
발견되었다. 나는 수개월간 장부를 면밀히 살펴보았고 **10년 후, 캘리포
니아에서 아르헨티나까지 등화관제와 파산을 몰고 왔던 것이 무엇인가에 대
해,** 바로 통찰력을 얻게 되었다.

호톤이 죽자마자, 애틀랜타의 대배심은 예비부품 회계조작에 대해 서
던 회사 조지아 지부를 기소할 준비를 하고 있었다. 그러나 잘 사용하지
않는 절차를 발동해서, 부시의 사법부는 그 기소요청을 취소하기 위해

지방검사의 요청을 기각했다. 이유는? 비밀파일 안에 은닉된 회계를 유지하는 것과 잘못된 회계에 대한 장부기입 때문에 지출을 하는 것은 드문 일이었을 것이고, 공적으로 거금이 들 수도 있었을 텐데도, 훌륭한 회계감사 회사라고 하는 아서 앤더슨은 모든 과정들을 승인했다.

정말로 그들은 그랬다. 앤더슨에서 온 편지 한 장은 그 힘있는 회사의 집행부가 문제들을 없애기 위해 예비부품 기록에 대한 부기를 어떻게 뒤흔들었는가를 보여주고 있었다.

나는 그때 제안했다. "왜 앤더슨을 기소하지 않나요?" 그 거대한 회계법인을 서던 회사의 공모자로 고발해서 시민들이 대항해야 한다고 했다. 놀랄 일은 아니지만, 내 제안은 정치적인 수단의 법칙을 이해하고 있는 변호사의 비웃음만 샀다. 부시 행정부의 신호는 명백했다. 즉, 앤더슨을 고용하라, 그래서 "감옥에서 자유롭게 나오는" 카드를 가져라였다.

새로운 세계 비즈니스 질서

불쌍한 제이크는 어떠했나? "그 외의 다른 방법이 그에게는 없는 것 같았습니다."라고 서던의 전 회장 A.W. "빌" 달버그는 애도하듯 말했다. 자살? 제이크의 동생은 거기에 의문을 표시한다. 그는 호톤이 애틀랜타에서 미국 변호사를 만나기로 했다고 한다. 제이크는 서던 회사가 방계 석탄회사에서 가져온 석탄값을 고객들이 지불하는 것에 대해 명백히 할 말이 많은 것 같았다. 가끔씩 그 화차들은 석탄 대신 바윗돌을 가득 채우고 있었다.

제이크의 죽음과 서던과 앤더슨의 기소 실패는 1989년 급진적인 전환점이 되었다. 미국이라는 회사가 사업을 하는 방법에서 그 당시는 보이지 않았지만 사업에는 실패했음이 드러났다.

이 새로운 세계 비즈니스 질서는 권력, 수도, 천연가스 회사와 전화 회사에 의해 끌려가고 있다. 1990년까지, 미국 정부는 이런 독점기업의 영리추구로 인한 사태의 혼란을 막고 있었다. 미국의 오래된 법규시스템은 공청회와 공개기록에 근거하고 있어서 독특하게 민주주의적이고 세계 어디에서도 이런 것은 찾을 수가 없었다. 이것이 1900년에서 1930년을 통해 미국인에게 전해진 무장하고 분노한 농민운동인 포푸리스트(Populists)의 전통이다. 미국은 세계에서 가장 낮은 가격에 가장 믿을 만한 전력 서비스를 받을 수 있었고, 물론 이런 것들은 주주에게는 저주스러운 일이었다.

1933년 프랭클린 루스벨트 대통령은 사무엘 인술이라는 마지막 전력 도둑으로 믿어지는 남자를 붙잡았는데, 그의 전기회사는 시세조작에서 최고였고 장부도 가짜였고, 주식은 물타기를 했고 질식할 정도로 독점의 소굴이었다. 루스벨트는 그와 그의 가족을 공익기업 보유회사법, 연방정부전력강령, 연방법 등으로 쳤다. 그 법들은 전기, 가스, 상수도 회사가 어떠해야 하는가에 대해 규정한 주 정부 법과도 연합되었다. 가격과 이윤은 한도액이 부과되고 아주 작은 자산이라도 설명되어야 하고, 주식이나 본드 발행은 정부의 승인이 있어야 하고, 방계회사끼리의 판매는 통제되었고, 부정자금의 보조는 금지되고 전기는 강제법에 의해 유지되었고, 가격을 올리기 위한 부정자금이나 공갈은 안 되는 것이었다. 게다가, 루스벨트는 어떤 형태로든지 기부금을 받는 것은 불법으로 했다.

루스벨트의 법은 거의 반 세기 동안 유지되었다. 그리고 여러 이유에서 회사들은 그것을 싫어했다. 서던 회사가 대표적이었다. 1980년대, 서던 은 재정의 삭감으로 거의 죽어가고 있는 전혀 주목 받지 못하던 지방 회사였다.

　호턴이 죽은 후 최고 경영자 달버그가 그 자리를 인계받았고 서던은 법률적, 재정적 어려움을 타개하는 데 있어 상식에 어긋나는 방법을 채택하였다. 제대로 보여주는 것도 없이 법을 어기려고 했는데, 법은 지키기 위한 것이 아니고 달버그의 계획에 맞게 바꾸는 것으로 바로 진행이 되었다. 그 계획은 작은 일이 아니었다. 거의 파산지경에 처한 지역 기업으로 하여금 전 세계 전기사업을 인수토록 하고 동시에 자신의 기업이 부를 축적하는 데 방해가 되는 전력사업 규제를 지구상으로부터 완전히 몰아내는 것이 그 계획이었다.

　캘리포니아의 정전은 이런 놀라운 프로그램이 성공한 것을 보고 놀라 일으키는 딸꾹질일 뿐이다. 2003년 현재, 서던은 엔론이 망한 후로 미국에서 가장 큰 회사이다.

　2001년 초, 미국의 신문들은 전력공급으로 120억 달러의 출혈을 겪고 있는 캘리포니아 두 회사의 어려움만을 이야기할 뿐, 이들이 혈청을 얻고 있다는 사실은 보도하지 않았다. 서던과 여섯 개의 협력회사들은, 리틀록에 있는 엔터지 인터내셔널, 북캐롤라이나의 듀크(Duke) 전력회사, TXU, 다이너지, 엘파소 회사와 엔론이다. 엔론이 있던 휴스턴에 경제적 어려움이 있다는 것을 알았을 때인, 2001년 11월까지 미국 신문들은 이 회사에 대해 어떤 것도 알려고 하지 않았다. 진실로 엔론의 회장인 켄 레이에 대해 약간의 프로필이 나타나 있을 뿐이었다. 그러나 그 프로필은 레이를 아인슈타인과 엘비스를 합성해서 묘사해 놓은 것 같은 어리석은 위인전뿐이었다.

　이 책이 처음 발행된 후, 약간의 변화가 있었다. 미국의 미디어들은 결국 많은 미국 기업의 회계상의 방법을 해리 포터 식으로 적어 놓았다. 그러나 나는 진실을 읽어야만 했다. 그리고 루스벨트의 귀찮은 법령을 그리고 결정적으로는 전력사업 회계규칙을 없애기 위한 부시의 학살은 시작되었다.

전력사업규제철폐는 1992년 선거에서 법으로 되었고 백악관을 떠나기 전, 아버지 부시가 부시의 기증자들을 위해 줄 수 있는 마지막 선물은 루스벨트의 회사 행동규칙의 중심을 흔드는 것이었다. 동시에 부시의 연방커뮤니케이션 위원회는 그 자신의 관리 시스템을 제거했다.

그 결과 회계의 균등 시스템은 박물관의 골동품이 되었다. 그것 없이 전력과 텔레커뮤니케이션 회사는 아무런 문제 없이 대차대조표를 준비할 수 있었다. 지난 2년 동안, 20건의 대형부도 중 10건이 전력산업과 관련 있다는 것은 우연이 아니다. 특히 두 회사, 월드컴과 글로벌크로싱은 규제 철폐 전에 곤경을 겪던 서던이 취했던 그 수법의 대가가 되었는데, 그것은 전환자본과 지출항목에 관한 것이다. 1998년 부시의 말 한마디에 1,300만 달러에 해당하는 주식을 부시에게 지불했을 때, 그것은 글로벌크로싱 산업에 강요되었던 스톱사인과 안전철도를 부시가 쓰지 않아도 된다고 한 것에 대한 감사의 표시였는가?

1980년도에는 **범죄였던 것이 2000년도에는 "기업가 정신"이 된 것은 무엇인가?** 소위 개혁으로 불리는 이것은 값싸게 얻어진 것이 아니었다. 전력산업계는 지난 대통령 캠페인에 1,890만 달러를 정치가들에게 쏟아부었다.

그러나 기부금에 대한 공식적인 기록은 그 반도 보여주지 않고 있다. 그린마운틴 닷컴은 부시의 규제 철폐 실험실에서 만들어진 권력판매 산물의 하나로 샘 와일리가 만들었다.

텍사스의 와일리 가는 조지 부시 캠페인에 가장 많이 기여한 11명 중의 하나로 전부 25만 달러를 기부했다고 연방선거위원회에 그 이름이 있는 억만장자이다. 그러나 그것은 빙산의 일각이다. 와일리 가는 부시를 위해 중요한 250만 달러를 내놓았는데, 캠페인 기록 어디서고 그 사실을 찾을 수가 없다. 이 돈들은 그때까지 공화당 예비선거에서 부시를 여지없이 때려 눕히고 있던 존 맥케인을 중상하기 위해 2000년 3월에 펼쳐졌던 악의에 찬 광고비용으로 지불되었다.

1992년 아버지 부시가 연방법을 철폐시킴으로 샘 와일리가 전력사업에서 힘을 얻게 되었지만 아직 주정부 수준의 제한은 있었다. 부시의 규제 철폐 시행은 와일리 회사가 기초를 잡는데 도움을 주었고 와일리는 서부라는 큰 시장에서 판매할 권리를 갖게 되었다. 조지 부시가 텍사스 규제철폐법에 사인하는 날, 와일리는 말했다. **"부시 주지사의 노력과 리더십은 성과를 거둘 것이다"**라고. 2002년 3월 와일리는 그 보답을 받은 것이다.

권력을 쥔 여성의 폭언

정치인들을 향해 돈을 퍼붓는 것은 미국에서만 있는 일도 아니고 미국에서 시작된 일도 아니다.

세계 전력을 장악하겠다는 서던과 엔론의 계획이 (여러분들이 원한다면 "에너지 공급의 세계화에 대한 비전"으로 불러도 좋다) 성공하게 된 배경에는 영국의 역할이 컸다. "미친 권력자의 호언장담은 어떤 때는 어느 잊혀진 경제학자가 휘갈겨 쓴 기록"에서 나온 것이라고 케인즈가 말한 적이 있다. 이번 경우 문제의 교수는 스티븐 리틀차일드 박사이다. 영국인이지만 1970년대 텍사스 대학에서 공부한 젊은 스티븐은 공공 서비스 부문을 영국 정부가 소유하는 대신 자기보다 이전의 경제학자들에 의해 받아들여졌던 모든 진리들과 상식들에 배치되는 것을 주장하였다. 그것은 바로 전력사업에서의 자유시장 정책이었다.

150

　진정한 자유 시장이란 존재하지 않으며 또 제대로 작동할 수 없다는 사실에도 불구하고 권력을 쥔 여인, 즉 마가레트 대처 수상은 그 정책을 채택하였다. 그녀에게 확신을 갖게 한 것은 자유시장정책보다 더한 것이었다. 그녀의 귀에 대고 속삭인 사람은 당시는 그냥 '존' 웨이크햄으로 불리던, 대처의 에너지 장관이었던 웨이크햄 경이었다. 웨이크햄은 첫 번째 '상업성' 전력소를 승인했다. 겨우 1985년에 세워진 엔론이 그 소유권을 가지고 있었다. 웨이크햄의 결정은 어떤 나라에서든지 처음으로 엔론이라는 전력소 소유주는 시장이 견뎌낼 수 있다면, 더 정확하게 말하면 견뎌낼 수 없다 해도 상관하지 않고 요금을 매길 수 있다는 것을 의미했다.

　1990년 엔론이 규제 철폐된 국제적인 전력무역업자로 자리를 잡을 수 있던 것은 이 강령 때문이었다. 그 뒤 바로, 엔론은 웨이크햄을 이사에 지명하고 회계감사와 준수위원에 앉히고 회사의 회계법을 감독하도록 했다. 그는 이사의 월급으로 한 달에 만 불을 받았고, 컨설팅 비용은 따로 받았다. 만일 이것이 당신에게 이권의 갈등으로 생각된다면 갈등이야말로 웨이크햄의 장점이다.

　귀족인 그는 국회의 선거권이 있을 동안에 엔론의 지위를 잡고 있었는데, 영국에서 그것은 합법이었다.

　엔론과의 거래 후, 웨이크햄은 가정에서 공장까지 전력을 제공하는 국가의 모든 전력사업을 팔아버리라고 영국 정부를 밀어붙였다. 그때 대처는 리틀차일드 교수의 꿈인 잉글랜드−웨일즈 파워풀(England-Wales Power Pool)을 작동했다. 그것은 자유시장원칙에 근거해서 국가의 전기 요금을 정하는 킬로와트에 대해 경매를 붙이는 것이었다. 서류상으로는 매우 바람직한 것이었다. 새로운 사기업 전력회사들은 서로 치열하게 경쟁을 할 터이고 그에 따라 영국 소비자들은 더욱 저렴한 가격의 전력을 사용하게 될 것이었다.

그러나 그것은 이론일 뿐이었다. 나는 이 시장 계획이 몇 분 혹은 며칠 만에 실패하게 되었는지 정확하게 이야기할 수는 없지만 곧 파워풀은 산업계에서 "도박"이라고 불리는 것을 위한 놀이터로 급격히 바뀌어 갔다. 그 도박이란 "규제 철폐"로 자유를 얻게 된 지역 전력회사들이 볼모로 잡힌 소비자의 주머니에서 능숙하게 돈을 뽑아내는 것이다. **전기요금은 뛰었고 전력소의 사장들은 그들의 투자가치가 하루밤 새에 300%에서 400%로 올라 버린 것을 알았다.**

대처는 그 머리가 돈 리틀차일드 교수를 엉망이 된 전력산업을 규제하는 책임자의 자리에 앉혔다. 1998년 그의 임기가 끝났을 때, 그는 붙박이 카지노와 음모 덩어리 같은 "자유시장"을 뒤에 남겼다. 리틀차일드는 엔론의 수상한 한 방계 기업의 이사회에 자리잡았다.

서던이 엔론과 영국 기업으로 하여금 부당이득을 취하도록 내버려 두는 데는 방법이 없었다. 1995년, 서던은 영국의 사우스웨스턴 전력회사를 사들였다. "규제가 철폐된" 영국에서는 조지아에서 허용된 가격보다 곱절이 많은 요금을 받을 수 있었고 미국에서보다 5배나 더 벌 수 있었다. 이것은 미국 전력회사가 미국 밖에서 회사를 인수한 최초의 경우였을 뿐만 아니라 자신의 서비스 지역 밖에서 다른 회사를 인수한 최초의 사례였다. 이 탈취는 새롭고 대담하고 불법이었다.

아니면, 적어도 법은 그렇게 말하고 있었다. 아버지 부시는 루스벨트의 법규를 결딴내고 망쳐 버렸지만 아직 많은 것이 살아 있었다. 거기에는 명백하고 분명한 말로 미국 전력회사들이 외국기업에서 도박하는 것을 금하는 법이 포함되어 있었다. 그러나 엔론은 법규란 깨기 위해, 아니면 "개정"되기 위해 만들어졌다는 것을 보여 주었다. 나이가 든 "뉴딜" 공화당 하원의원의 공식적인 불평에도 불구하고, 안보외환위원회는 서던 회사가 구입한 것을 나중에는 축하했다. 안보외환위원회의 마음을 돌리는 것은 쉬운 일이 아니었지만, 서던에게는 아칸소 리틀록의 엔터지 인터내셔널이라는 정치적인 보호막이 있었다. 빌 클린턴이 대통령이었고 힐러리의 전 고객인 엔터지는 또한 영국에서의 활동으로 뭔가를 원했다.

거의 부도가 날 지경의 엔터지는 엉망으로 건축된 핵발전소와 루이지애나와 아칸소를 통과하는 전선을 소유하고 있었는데 얼마 안 있어 거대한 런던 전력소의 자랑스런 주인이 되었다. 단지 18개월 안에, 엔터지는 10억 달러의 이익을 위해 프랑스 정부에 런던을 가볍게 던져버렸다. 투자에 대한 보답은 무한대여서 엔터지는 정당한 현금은 한푼도 들이지 않고 런던을 사버렸다.

서던과 엔터지 뒤를 이어서 달라스의 TXU와 다른 미국인들이 3년도 안 되는 사이 돈도 없이 영국 전력배급시장의 70%를 소유하게 되었다. 서던은 거의 영국에서 가장 큰 전력판매업을 손에 넣었지만, 호톤의 활동중지와 회계상의 눈속임 같은 불쾌한 이야기가 보도되어 그것은 토리 (Tory) 정부에게 위협이 되었고 선거전에서 지게 되어 소유권의 취득이 금해졌다.

토니 블레어의 새로운 정부는 겉으로는 미국인들의 이익에 적대적이었다. 그러나 1998년, 『옵서버』 신문에서 비밀로 내사하는 동안, 나는 영국 정부의 장관들과 전력회사의 이사진과의 비밀거래의 상세내역을 은밀히 기록했다. 그 거래는 휴스턴의 릴라이언트 회사가 영국에서 두 번째로 큰 회사를 양도하게 한다는 것이었다. 또한 나는 블레어가 엔론과 엔터지가 새롭게 규제 철폐된 전력소를 짓는 것을 허락하도록 사적으로 그의 조정위원들에게 압력을 넣은 것을 알게 되었다. 그것은 클린턴의 특별한 부탁이었다.

텍사스는 오염되다

1998년경, 영국에 상륙해서 영국을 휘어잡은 엔론, 서던, TXU, 릴라이언트 그리고 엔터지 같은 미국의 악덕 전력사업자들은 남극을 지키는 각 나라마다 있는 전력소와 전선들을 움켜 쥐었다.

그러나 미국 내에서 처음부터 그런 것은 아니었다. 미국인들은 자유기업을 믿고 있으면서도 탄탄한 법규와 정부의 소유가 조화를 이루어 나오게 된 거의 공짜 물과 싼 전기료를 좋아했다. 이 지구상에서 **오로지 미국만이, 세계은행이 "신진보주의 개혁"이라고 부르는 것에서 완고하게 제외되어 있었다.** 그리고 이것은 미국 내에서 자유시장 사기를 치고 싶어 전전긍긍하는 신국제적인 선수들의 마음을 끊임없이 요동치게 했다. 산업로비스트들은 두 군데의 상륙지점, 텍사스와 캘리포니아에 자리를 잡았다. 그 두 주들은 전기시스템도 방대하고 공화당원들이 충분해서 "자유시장"으로 바꾸기에 충분할 정도였다.

캘리포니아는 전력 규제 철폐의 벼랑에서 벌렁 나자빠진 첫 번째가 되었지만 텍사스는 젊은 새 주지사인 조지 부시의 압력으로 도약한 첫 번째가 되었다. 텍사스의 회사들이 세계시장으로 신속히 진출하면서 그 주에서 규제 철폐가 급하게 시작된 것은 놀랄 일이 아니다.

그러나 텍사스에서 법규를 고치는 것이 연기되는 기술적인 문제가 생겼다. 그 이유를 이해하려면 엔지니어링에서 약간의 교육이 필요하다. 텍사스의 전력소는 전기, 오염, 정치적인 기부 이 세 가지를 생산한다. 그리고 항상 그렇지만 텍사스는 그 세 가지 면을 가장 많이 생산해 낸다.

예를 들면 TXU가 소유하고 있는 빅 브라운이라는 전력소를 보자. 부도덕한 것으로 치자면, 빅 브라운은 단연 챔피언이다. 와코 가까이 있는 칠이 벗겨진 광산은 불이 붙는 쓰레기의 일종인 갈탄으로 가득채워 놓는다. TXU는 매년 공기중으로 389,000톤의 오염물질을 내뿜으면서, 미국에서 가장 오염이 심한 주인 텍사스에서도 제일 오염된 회사가 되었다.

부시가 이 공룡 같은 회사에 집진기가 필요하다는 법에서 몇 군데의 TXU 공장을 제외시키는 내용을 가진 "기득권에 입각한" 법령에 사인했을 때 달라스 시민들은 숨이 막히게 된 것이다. 그로 인해 이득을 본 다른 회사는 두 번째 오염배출사인 릴라이언트였다. TXU와 릴리이언트는 부시가 두 번째로 주지사에 출마했을 때 50만 달러를 밀어 넣었다.

1995년 클린턴 법무부는 TXU와 릴라이언트가 텍사스의 전기산업을 독점하려는 음모에 대한 증거가 나타나자 조사를 시작했다. 규제 철폐가 만들어낸 조작된 "경쟁"은 연방정부를 진정시킬 수 있었고 그와 동시에 엔론의 켄 레이를 매우 행복한 사람으로 만들었다. 문제는 TXU와 릴라이언트가 빅 브라운의 지원을 받고 있고 공장은 너무 돈이 들고, 비효율적이고, 위험하고 오염이 심해 실제 경쟁시장에서는 수십억 달러의 손해를 보게 할 것이라는 데 있었다.

부시 주지사는 항상 이해 충돌을 조심스레 피하려고 했다. 이번 경우는 그의 가장 큰 기부자인 엔론, 엘파소 회사, 다이너지, TXU, 릴라이언트 사이의 대립이었다. 전직 엔론 로비스트인 테리 손은 부시가 값을 지불할 수 있는 제 3자를 발견할 때까지 2년 동안 텍사스 규제 철폐를 발뺌함으로써 이 곤경에서 벗어났다고 말해주었다. 제 3자는 텍사스 전기 소비자들이다.

1999년, 주지사, 전력거래업자, 전력생산업자들은 텍사스 전기 요금에다가 "궁지에 몰린 요금" 90억 달러의 부당대금 부과를 추가하는 거래에 동의했다.

켄 레이는 걱정거리가 따로 있었다. 부시의 궁지에 몰린 요금으로 인한 부당대금 부과로 그 게임이 시작되기는 했지만, 만일 규제 철폐의 위태로운 계획이 실패라도 한다면 매우 성가신 법규가 남게 되는데, 바로 불법행위법으로 우리를 사취하는 가짜를 고소할 독특한 권리가 미국인에게 있다는 것이다.

1994년 부시가 주지사에 출마하던 해, 레이는 '소송개혁을 위한 텍사스 사람'(TLR)이라는 기구를 창립했다. 레이는 시간을 허비하지 않는다. TLR's PAC는 한 해에 텍사스 정치인들에게 백만 달러씩을 지불했다. 1995년 부시가 주지사가 되자, TLR의 강령을 시행하기 위한 주의회의 긴급 개회를 소집했다. 부시와 레이의 손 안에서 "불법행위 개정"은 변형되었다. 주지사는 주주와 노동자와 연금수령자들이 부패한 집행진을 고소하는 권리에 새로운 제한을 두어야 한다고 주 의회에 압력을 가했다. 그 모든 것은 켄 레이가 생각한 그대로였다.

그 텍사스 사람들은 캘리포니아를 전구로 잡다

텍사스의 회사들이 이권의 틈을 잡기 위해 규제 철폐를 미루고 있을 동안, 그들의 로비스트와 기업들은 캘리포니아로 밀치고 나아갔다.

링컨은 "여러분은 항상 모든 사람을 속일 수는 없지만, 그렇게 할 필요도 없다"라고 했다. 산업 로비스트들은 컬럼버스가 전시용으로 신세계에서 구대륙으로 인디언을 데리고 왔던 것처럼 대처 이론의 교수들과 숨을 헐떡이는 그들의 자유시장 고안품을 캘리포니아로 가지고 왔다. 1996년 많은 보상을 받은 학구파의 의심스러운 계산으로 무장하고 전력회사들이 기부한 정치자금의 장기간 복용에 정신이 흐릿해진 캘리포니아 주 의회는 결국 규제 법률을 폐기처분하고 말았다. 그때까지 규제

법률 덕분에 값싸고 깨끗하고 또 품질을 신뢰할 만한 전력을 제공받아 왔었던 것이다.

영국에서의 실패에도 불구하고 머리가 혼란해진 입법자들은 법률 그 자체에 로비스트들의 닳고 닳은 문구를 집어넣었다. 즉 **"규제 철폐"가 된 시장에서 소비자 가격은 20% 내려간다는 것이었다.**

1999년 샌디에고에 사시는 부모님이 전기요금 청구서를 내게 보내주셨다. 규제 철폐가 이루어진 첫 해에 **요금은 20%가 줄어들기는커녕 379% 상승하였다.** 그러나 엄청난 요금 청구가 있기 이전에 새로운 세계 규모의 전력 사업자들은 막대한 자금과 캘리포니아의 좋은 실례를 따르겠다는 의지를 가지고 다른 23개의 주들도 규제 철폐 계획을 채택하게끔 했다.

그렇다고 모든 경제학자들이 돈으로 판매되는 것은 아니다. 매수되지 않은 전문가인 유진 코일 박사는 캘리포니아 동료들이 교묘한 수단으로 수십억 달러의 이득을 취하고 있음을 알아냈다. 1998년 코일 박사와 일단의 지역사회 행동주의자들은 주 의회의 규제 철폐 선거를 뒤집기 위하여 캘리포니아 투표용지에 일반투표를 하게 만들었다. 그 전력 상인들은 결과를 알기 위해 투표가 계산되기를 기다릴 필요가 없었다. 그들은 그것을 산 것이다. 선거를 매수하기 위해 가장 높은 가격을 지불한 기업은 말할 필요도 없이 서던 캘리포니아 에디슨, 패시픽 가스&일렉트릭이고, 그들의 연합세력은 규제 철폐의 속도를 늦추게 하려는 코일 교수의 제안을 무너뜨리는 데 5,300만 달러를 썼다.

컴퓨터로 통제되는 캘리포니아의 새로운 전력 공매 시스템은 엉망이었다. 플로우 차트는 파스타요리가 담긴 그릇이 벽에 내던져진 것 같았다. **혼란할수록 이익이 있었고, 복잡할수록 더 큰 이익이 있었다.** 나는 거기서 텍사스 사람들의 냄새를 맡았다. 정전사태 재해가 시작된 후 만났던 칼 우드는 엔론이 처음 규제 철폐를 위한 로비에는 별로 관계가 없지만 이상하고 어려운 세부사항이 적힌 플로우 차트의 작성에는 상관이 많다고 했다.

2000년에 베스 에모리는 내게 아주 놀라운 이야기를 해주었다. 에모리는 캘리포니아 공매하우스를 총괄하는 에이전시의 부회장이며 총감독이었다. 만일 코일 박사와 내가 영국식의 시스템이 결국 가격의 파괴와 정전사태를 가져온다는 것을 알고 있었다면 그 시스템을 지켰던 공화당 전력위원들도 분명히 그것을 알고 있었다는 것을 알았다. 2002년 정치가들이 그 시장을 조작하기 위해 사용된 수법을 적어놓은 엔론의 메모를 발견했을 때, 그들은 자못 심각한 충격을 표시했다. 이런 과정은 〈Get Shorty〉*, 〈Death Star〉 그리고 〈Ricochet〉**같은 영화에 잘 그려져 있다. 그럼에도 전력소의 갱들은 캘리포니아에서 사용했던 이 트릭 중의 하나하나를 영국에서도 제대로 연습은 했다. 심지어 선수들까지도 같았다. 엔론, TXU, 듀크, 서던 캘리포니아 에디슨(영국의 댐을 소유하고 있다) 그리고 애틀랜타의 서던이 그들이다. 거기에서도 이 시장 상인들은 "겹치기 쌓아놓기" "억지로 채워넣기" 그리고 "잘못된 스케줄"을 사용했다.

그래서 나는 에모리에게 물었다. 주정부는 규제 철폐 계획이 날아가버릴 것을 알면서도 그대로 진행했을까요? "그럼요, 우리는 알고 있었지요" 2002년에 에모리가 한 말이다. 지금 그녀는 워싱턴에서 산업변호사로 활동하고 있는데, **"그 정전사태와 가격폭등은 예견된 일이었습니다. 심각한 문제들을 가지고 있음을 작년부터 알고 있었습니다"**고 덧붙였

---

* 엘모어 레오나드의 소설을 원작으로 해서 만들어진 존 트라볼타가 주연한 1995년도 블랙 코미디 영화.
** 1991년도 댄젤 워싱턴이 주연한 영와.

다. 규제 철폐를 교묘하게 지연시키는 데 대한 의논이 있었지만, 재해가 예견됐음에도 정치적인 압박은 계속되었다고 한다.

내부 소식통인 에모리는 규제 철폐 후 첫 더위가 있던 날도 주정부는 놀라지 않았고 캘리포니아로서는 할 수 있는 방법이 무엇이든 필요했을 때인데도 전기소유주들의 소규모 모임은 캘리포니아 전력 시스템을 볼모로 잡고 있었다고 말했다. **그들은 전기요금을 마음대로 정할 수 있었고 30불이었던 요금은 3만 퍼센트가 올라 9,999달러가 되었다.** 에모리는 그래도 캘리포니아 주민들은 행복한 것이라고, 전력해적들이 주정부의 컴퓨터가 자동화된 공매에서 단지 네 자리 숫자만을 받아들일 수 있게 했기 때문에 그 정도였다고 말했다. 사실 그 컴퓨터는 일곱 자리까지 가능했는데, 그렇게 되면 하루 만에 LA에 사는 가구의 반이 부도가 날 수 있을 정도였다.

그러나 한 사람의 재앙은 다른 사람에게는 횡재가 될 수도 있다. 그리고 만일 다른 사람이 켄 레이나 스티브 레트베터(릴라이언트) 같은 사람이라면, 누군가는 그 횡재의 일부분은 공화당으로 떨어질 수도 있다는 것을 기대할지도 모른다. 규제 철폐라는 티푸스성의 전염병은 캘리포니아 전력위원회 회장인 다니엘 페슬러라는 사람이 기업체 후원으로 영국으로 여행을 갔다 캘리포니아로 돌아올 때 가지고 온 경제 바이러스이다. 페슬러는 윌슨 주지사가 그를 주정부의 전력 에이전시의 책임자의 자리에 앉게 했을 때, **전기에 대해서는 쥐뿔도 몰랐지만 공화당의 공무원으로서 당의 이해를 위해서는 어떻게 해야 하는지는 확실하게 알고 있었다.**

그들은 어떻게 그것을 했을까

전력 시장은 조작하는 것도 아니고 조작할 수도 없다. 전기는 베이글이나 당신의 아침 머핀하고는 달라 전기료가 너무 올라가면 당신은 아무것도 할 수가 없다.

엔론도 역시 그것을 알고 있었다. 예를 들면, 캘리포니아 시장이 사업을 개시한 후 바로, 엔론 거래업자들은 15메카와트 전기선에다 5,000메가와트 전기를 통과하게 해서 주정부에 팔았다. 그것은 골무에다 1갤론의 가솔린을 퍼부으려는 것과 같이 불가능한 일이었다. 이것은 사실상 우리의 전기를 관리하는 에이전시인 시스템 오퍼레이터로 하여금 비용이 드는 긴급 구매를 하게 해서, 시장가격이 급등하도록 강요했다. 이런 공포가 일어날 것을 미리 알고 있던 엔론은 최고의 이익을 얻을 수 있었다.

추운 날이나 더운 날에 조금이라도 전력이 부족하게 되면, 이리떼 같은 전기 판매업자들은 끝도 없이 배상금을 빼낼 수가 있다. 날씨가 영향력을 행사하지 않을 때는 몽키 렌치 하나가 그 일을 할 수 있었다. **전기 수리는 꼭 피크 때에 계획되었다.** 릴라이언트 고용인들은 회사가 이상한 시간에 전력소를 돌리는데 회사에 대해 정보를 누설하는 사람은 고의적인 사보타지로 간주된다고 말한다. 그래도 북캐롤라이나의 듀크 회사는 덜 교활하다. 그곳의 매니저는 공장이 돌아가는데 필요한 여유 전력을 그냥 버렸다고 고용인은 말한다. 그리고 샌디에고의 전력배급회사는 듀크회사가 전력이 부족할 때인데도 회사를 휴업하라고 명령했다고 내게 말했다. 캘리포니아 회사는 그 명령을 거절했다.

단순히 한 전력소의 전력을 내보내지 않게 되면, 전력상인은 다른 전력소의 전기를 금보다도 가치있게 만들 수 있었다. 캘리포니아의 구매

에이전시의 보고서에서 안잘리 쉐프린 박사는 캘리포니아 전기회사가
2000년 4월에서 11월까지 캘리포니아에서 전기 부족을 일부러 조작하
기 위해 98%는 "물리적인 보류"와 "경제적인 보류"를 사용한 증거를
가지고 있다. 세 개의 거대기업은 (코드로 해서 A1, A4, A5 라고 하자) 이
기간 동안 정직하게 값을 매긴 적이 한 번도 없었다. "그릇된 혼잡""불
량 스케쥴링""메가와트 돈 세탁" 그리고 과다 청구까지 더해져서 한 해
에만 62억 달러를 벌었다.

　1998년 코일의 반규제 철폐를 패배시키기 위해 3,900만 달러를 지불
한 것 외에 PG&E, 에디슨 그리고 셈프라의 3대 거대기업은 로비와 캠
페인에 3,480만 달러를 썼다. 큰 지출이지만 억 단위로 다시 돌아오는
것을 보면 **정치인들에게 투자하는 것은** 공장이나 생산품에 투자하는 것
보다 성공률이 높다는 것이 증명되었다.

"헬로, 나는 부통령의 아들입니다."

　미국이 규제 철폐를 어떻게 할까 주저하고 있는 동안에 지구상의 나
머지 회사들은 "파워 풀"로 무모하게 곤두박질했다. 영리 목적의 전기
회사로 하여금 법규없이 운영하는 것을 허용하자는 아이디어는 실행면
에서 보잘것없는 아이디어로 판명되었다. 실제적으로 모든 나라들은 영
국의 얼빠진 대처 시스템을 적용했다. 캘리포니아에서는 정치적인 헌금
으로 기름칠을 하기도 했지만, 로비와 선전활동의 비싼 캠페인을 통해
규제 철폐는 승리했다. 지구 남반구에 있는 가난한 나라에서 사유화와
규제 철폐는 구식방법을 퍼지게 했으니, 위협, 압제정치 그리고 영업거
점을 제공하기 위한 현금이 그것이다.

저항은 무익했다. IMF와 세계은행은 모든 개발도상국에다 차관의 조건으로 전기, 수도, 전화 그리고 가스 시스템을 팔게 했다. 차관 삭감은 경제적인 죽음을 의미했기 때문에, 팔지 않으면 죽는 것이었다.

세계은행의 전직 중요 경제학자는 세계은행이 요구한(명령한) 대로 시세를 내리는 프로그램은 **사유화가 아니고 "뇌물화"였다고 내게 말했다.** 사실상 모든 입찰 가격은 깎였다. (그럼에도 세계은행이 제한선을 두었음은 감사해야만 하겠다. 그 은행은 부패의 증거가 공개적으로 드러나자 당황해서 아프리카의 가나한테 엔론하고의 계약을 포기하도록 강요했다.) 브라질에서 파키스탄까지의 전력 시스템도 팔렸다.

약탈은 엄청나서 공개적인 자산으로는 4조 달러가 판매되었다. 전기 시스템보다 더한 것이 매물로 나왔다. 가스회사, 전화회사, 가장 비극적인 결과로 수도회사가 미국, 프랑스, 영국의 해적회사의 손에 넘겨지게 되었다.

전력에서 "자유"시장을 죽이는 동안, 수도시스템을 잡는 것은 확실한 내기였다. 정부는 이미 파이프 대금을 냈고 시장은 꽉 막혔고, 고객들은 서비스도 못 받고 목말라했다. 다시 대처의 영국은 첫 번째 사유화의 선두에 섰다. 영국에서 수도요금은 미국의 250%로 올랐고, 수도회사 주식 가격은 다섯 배로 뛰었고, 1995년 수도 시스템은 분해가 되었다. 영국의 어떤 지역에 가면 잔디에 물을 주는 것만으로도 체포될 수가 있었다. 가장 큰 승자(큰 정치적인 기부자)는 웨섹스 워터로 엔론이 100% 소유주였다.

아르헨티나는 1998년 트랜스-안디안(trans-Andean) 가스 파이프라인의 판매로 시작된 전리품을 처음으로 제공했다. 그 당시 장관은 이제 국회의원이 된 로돌포 테라그노인데 미국에서 자신을 "부통령의 아들"이라고 밝힌 어떤 사람으로부터 부에노스 아이레스로 걸려온 이상한 전화를 받았다고 내게 말했다. **그러나 부시 누구란 말이지?** 테라그노는 그 사람이 자신의 친구이고 아르헨티나에 큰 투자를 한 닐 부시는 아니라고 했다. 테라그노의 추측에 의하면 조지 부시인 것 같다고 했다. 아니면 나의 산업계의 소식통은 말하길 그 동생인 제브라고 했다. 어떻든 부시의 아들은 그 장관에게 엔론이라고 새롭게 만들어진 회사에 그 프로젝트를 주는 것은 "아르헨티나와 미국 사이의 유대관계를 튼튼히 하는 것"이 될 거라고 했다.

백악관에 들어가려고 하는 사람의 아들이 한 일이라고 하기에 그것은 별로 솜씨 있는 일은 아니었다.

그 당시, 부시 형제들은 사적으로 비즈니스를 하고 있던 때라 아버지의 이름을 그렇게 사용하는 것은 어느 정도 냄새를 풍기는 일이 될 수는 있었겠지만 모든 것은 지극히 합법적이었다. 그래서 나는 왜 부시 형제들이 테라그노에게 깨끗이 밝히지 않았는지 이해가 안 된다. 조지 부시의 대변인은 테라그노와 부시의 만남을 부인했고 언제나 할 말이 많은 제브는 불가사의하게 코멘트를 거절했다.

2002년, 내가 그 아르헨티나 사람을 만났을 때, 테라그노는 내게 부시 형제들이 입을 꽉 다물고 대답하지 않은 이유에 대해 힌트를 주었다. 그가 말하길, 엔론이 부정거래를 원했다는 것이다. 즉 그 텍사스 사람들은 아르헨티나의 천연가스 사업에 대한 대가를 세계 시세의 1/5만 지불하면서 엉뚱하게도 다른 입찰자들을 날려 버린 것이었다. 엔론의 로비스트는 만일 아르헨티나의 장관이 과소산정된 엔론의 입찰을 잘되게 한다면 그 회사는 감사의 표시를 할 것임을 암시했다고 테라그노가 말했다. "만일 내가 '네' 라고 했다면 한푼의 돈이라도 내 주머니로 들어왔음에 의심의 여지가 없지요. 그들이 그런 말을 한 것도 아니었지만 그것은 암시적이었습니다." 테라그노는 웃으면서 엔론을 거절했지만 이 년 후,

부시 가족의 절친한 친구인 아르헨티나의 대통령 카를로스 메넴이 엔론에게 다른 천연가스 파이프라인을 입에 착 붙는 조건에 주게 되었을 때 소환되기도 했다. (정부의 질의가 시작되었으나 메넴이 중요 조사자를 총으로 쏘면서 그대로 끝나 버렸다.)

엔론은 부에노스 아이레스 변경의 수도 시스템을 구입하게 되면서 아르헨티나 쇼핑에 대한 탐닉이 전성에 이르게 되었다. 모든 것이 엔론의 손 안에 맡겨졌다. 노동자들은 대량으로 해고되고, 투자하겠다던 회사의 확고한 약속은 어기면서, 엔론은 그들의 월급을 착복했다. 관리 노동자도 없이 수도시설은 망가진 채로 있게 되었다. 엔론이 시스템의 관리를 게을리하면서 수도는 오염되었다.

그러나 경제가 불경기로 뒤로 자빠짐에도 불구하고 엔론하고의 거래는 이제 충분하다고 여긴 아르헨티나는 더 이상은 취하려고 하지 않았다. 2001년 10월에, 그 지방은 엔론한테 30년 계약을 끊고 그 지방에서 깨끗하게 나가 달라고 했다. 엔론이 받아야 할 당연한 벌을 받는 것을 여러분이 재미있게 듣고 있는 동안에, **그 휴스턴 사람들은 그들 자신의 돈이 아니고, 여러분의 돈으로 게임을 했던 것이다.** 엔론이 해외에서 얻은 것의 대부분은 미국 세납업자로부터 보조금을 받은 것이었다. 이 세납업자는 미국 재무성이 반을 소유한 세계은행의 보조 기관인 인터-아메리칸 개발은행이다.

책임감이 강한 좋은 독재자

해적과도 같은 전력기업의 경영자들은 캘리포니아 교두보에 대한 공격을 감행하기 전 남미의 빛의 도시라고 하는 리오데자네이로에 상륙했다. 1999년, 나는 리오에서 온 엽서를 한 장 받았다. 그 엽서는 온

통 시커먼 색이었다. "카리오치스(Cariocis)"(리오의 주민들을 이렇게 부른다)가 라이트(Light)에 대한 항의의 뜻으로 보낸 것이었다. 라이트는 리오의 전력회사로 이제는 "다크"(Dark)라는 별명으로 불리고 있었다.

브라질 정부는 리오 라이트를 민영화하면서 그것을 프랑스 전력회사와 부시의 친구인 텍사스 휴스턴의 릴라이언트에 팔았다. 새로운 소유주는 서비스 개선을 약속했었지만 곧바로 회사 인력의 40%를 해고했다. 불행히도 리오의 전력 설치 내용은 지도로 작성되어 있지 않았다. 리오 라이트의 전기 기술자들은 전선과 변압기의 위치를 머리 속에 넣고 있었다. 그 기술자들이 새로운 프랑스 및 텍사스 소유주에 의해 해고되자 머리 속의 지도도 그들과 함께 없어지고 말았다. 거의 매일같이 정전 사태가 일어났다. 기업의 소유주들은 엘니뇨 때문이라고 했다. 그러나 엘니뇨는 태평양 쪽에서 일어나는 기후 현상이었고 리오는 대서양 쪽에 있다.

그러나 새 외국 소유주들의 콘소시엄에게는 모든 것이 다 어두운 것만은 아니었다. 임금삭감과 요금인상으로 이들은 배당금을 1,000%로 올릴 수 있었다. 리오 라이트의 주식 가격은 300달러에서 400달러로 올랐다.

그리고 세계은행은 남미 에너지의 미래를 누구 손에 쥐어 주었는가? 캘리포니아 주지사인 그레이 데이비스는 릴라이언트를 두고 터무니없는 요금으로 갈취를 일삼는 회사라고 하였다. 그리고 1980년대에 우리의 연방정부는 그 회사가 핵발전소를 경영하기에는 도덕적으로 맞지 않는다고 결정했다.

이 회사는 세계화 기업으로 나서기 전에는 휴스턴 파워&라이트란 이름을 갖고 있었는데, 사우스 텍사스 핵발전소의 건설을 관리했다. 아니 더 정확히 하자면, 그 공장의 건설을 잘못 관리했다. 직원 가운데 누가 안전성에 대해 부정적 내용을 외부에 알리면 그는 해고된다. 존 렉스는 안전 검사 서류가 조작되었다는 것을 알렸다가 해고되었다. 토마스 사포리토는 안전 기준 위반을 폭로하였다는 이유로 또 론 골드스타인은 용접기록을 외부에 유출시킨 이유로 해고되었다.

휴스턴 파워에 불충실한 노동자를 골라내기 위해, 그 회사의 계약자로 지금은 할리버튼 회사가 된, 브라운&루트 회사는 직원들 라커룸 천장에 작은 구멍을 뚫고 7.5Cm짜리 몰래카메라를 설치해 계속 감시자를 색출해 내려고 했다.

잘못된 인상을 남기지 않도록 하자. 릴라이언트는 필요가 있을 때는 정직할 수도 있다. 2002년 가을에 엔론, 글로벌크로싱, 월드콤이 내분된 후, SEC(Securities Exchange Commission)는 큰 회사 최고경영자들로 하여금 그들의 장부는 정확하다는 맹세를 하고 사인을 하게 했다. 이상한 것은 그들은 이미 자신들의 보고서를 믿는 것으로 추정되었는데 사인하기 전 마지막 날, 릴라이언트는 전에는 정직하다고 했던 장부에서 20억 달러의 세금을 지워 버렸다. 그들은 그것을 "재성명"이라고 이름지었다.

*　*　*

또 이 분야의 빼놓을 수 없는 거대 기업으로는 아칸소 주 리틀록에 본부를 둔 엔터지인터내셔널이 있다. 한때는 어려움을 겪던 지방 전력회사의 자회사였으나 그들의 고향사람 빌 클린턴이 대통령으로 당선되어 백악관으로 입성하자 야심찬 프로젝트를 추진하기 시작했다. 그 프로젝트 가운데는 런던 전력회사의 매입도 끼어 있었다. 엔터지는 클린턴과의 연줄을 활용하여 중국과도 계약을 맺었다. 중국의 전체주의적 통치는 그 회사의 회장인 에드 루프버거에게 특별한 매력을 갖게 했다. 페루에서 재산을 모으면서, 그는 말했다. "그곳은 매우 안정된 상황입니다. 마음씨 좋은 통치자가 그곳에 있습니다. 신뢰할 만한 리더십을 발휘할 것입니다."

1992년, 파키스탄은 엔터지에게 또 다른 대박으로 여겨졌다. 당시 베네지르 부토 정부는 이해할 수 없게도 파키스탄의 전력사업자가 지불해야 하는 전기요금을 인상하는 것에 동의했다. 그 전력소는 엔터지가 10%를, 영국 가스회사가 40%를 소유하고 있었다. 그리고 1998년 부토는 선거에서 참패했고 새로운 파키스탄 정부는 부토가 런던에 상당량의 소유 재산을 갖고 있음을 알게 되었다. 그녀의 재산과 미영 전력회사들과의 특혜적 계약 사이에 관련이 있다고 파악한 파기스탄 정부는 1998년 부토와 영국 및 미국 콘소시엄을 뇌물수수 혐의로 기소하였다. 뇌물수수 하에 맺어진 계약은 무효라는 국제 관행에 따라 파키스탄의 새 정부는 그 영미 콘소시엄에 높은 금액을 더 이상 지불하지 않게 되었다.

공식적으로 IMF와 세계은행은 뇌물수수를 비난하고 있다. 그럼에도 파키스탄 정부가 콘소시엄을 기소하고 또 그들에게 지불하던 금액을 줄이자 **클린턴과 블레어의 요청에 따라 IMF와 세계은행은 파키스탄 측에 국제 금융을 이용할 수 없도록 하겠다고 위협했다.**

경제봉쇄 위협에 놀란 파키스탄은 콘소시엄에 지불할 돈을 마련할 계획을 세웠다. 1998년 12월 22일 파키스탄 군대는 페르베즈 무사라프 장군의 지휘 하에 3만 명의 병력을 발전소에 보냈다. 영국 국가 전력회사 해외담당관인 피터 윈저는 이렇게 말했다. "군대가 들어오고 많은 것이 변했습니다. 이제는 우리도 합당한 가격을 받을 수 있게 되었고 또 파키스탄 정부도 시위를 벌이던 사람들로부터 돈을 받아낼 수 있는 방법을 얻게 되었습니다." 노동조합 변호사 압둘 라티프 니자마니는 대규모 시위로 체포되었다가 석방되었을 때 말했다. "네, 맞습니다. 총부리가 앞에 있었으니까요." (원저는 뇌물수수를 완강하게 부인하였다.)

파키스탄 군대가 국가의 인프라를 통제하고, 또 다국적 기업에 지불보증을 한 상황에서 9개월 후 무사라프 장군의 쿠데타는 발전소와 관련된 논란에 완전한 결론을 내리게 하였다. 서방언론에게 이 쿠데타는 큰 충격이었다.

퇴임을 몇 개월 앞둔 시점에, 클린턴 대통령은 파키스탄으로 날아갔다. 충격을 받은 하원의원들은 왜 클린턴이 미국 국무부가 인정하고 있지 않은, 핵무기에 대해 전면 핵전쟁 추진론자이자 탈리반이 좋아하는 군부 독재자를 만나려 하는지 이해하지 못했다. 그 답은 토의 의제 가운데 있었다. 영국 및 미국 콘소시엄과 체결한 수상쩍은 계약을 이행하기 위해서는 전기 요금을 올려야 한다는 요구를 하기 위해 갔던 것이다.

다른 한편, 인도의 다른 변경에서는 경찰이 다볼(Dabhol)에 엔론의 전력소를 건립한다는 프로젝트에 반대해서 시위하고 있는 데모대들에게 혼나고 있었다. 그 프로젝트는 인도에 너무 많은 돈을 들게 하기 때문에 1998년 마하라쉬트라 주정부는 그 계약을 거절했었다. 클린턴은 인도의 고통을 느끼기는 했지만…… 수금요원들인 국무장관인 울브라이트와 에너지 장관인 하젤 오리어리를 인도에 파견했다. 그 숙녀들은 외교적인 방법으로 인도의 공무원들을 떨게 했다. 만일 엔론이 그 요구를 얻지 못한다면 나라 경제가 교살상태에 빠질 것이라고 위협한 것이었다. **클린턴 보다는 기사도가 더 넘치는 부시는 남자의 일에 여성을 보내지는 않았다.** 2001년 그 위협은 부통령 딕 체니에 의해 인도 정부에 되풀이되었다.

그것을 모두 집으로 가져오자

2001년 11월 엔론의 부도선언에 뒤이어, 고용자들, 채권자들과 돈을 떼인 고객들은 회사의 어떤 재산이라도 그리고 도벽이 있는 이사진으로부터 몇 푼이라도 확보하기 위해 나섰다. 부시 가의 사람들은 엔론의 자산 폐품업자 사냥에 합세했다. 부도 두 달 후, 플로리다의 제브 부시 주지사는 엔론의 전임 회장, 리치 킨더의 고향인 텍사스로 가서 일인당 500달러나 하는 기금모집 디너파티를 약탈자의 힘으로 열어서 2백만 달러를 모았다. 플로리다에는 거기에 끼고 싶어하는 사람들이 많이 있다. 왜냐하면 플로리다의 주정부 연금기금인 10억 달러의 1/3이 엔론에 투자되어 남아있기 때문이다. 그 액수는 다른 주보다 3배나 넘는 액수이다.

2000년 12월 정전사태 이후, 엔론은 부도가 난 패시픽 가스&전기회사에 5억 달러를 청구했다. 많은 공무원은 엔론의 켄 레이하고 개인적으로 가깝게 보이기를 원하지 않았다. 그러나 제브는 아니었다. 그 플로리다 주지사는 개인적인 메신저를 보내 레이를 간절히 만나고 싶다고 했다. 이런 애정의 표시를 했음에도 불구하고 제브는 켄 레이하고 이야기를 나눈 것이 기억나지 않는다고 말한다. 그러나 그의 일지를 보면 주지사가 엔론의 회장하고 2001년 4월 17일 규제 철폐에 대해 의논하느라 주고 받았던 30분짜리 전화 기록이 있다.

대통령이었던 아버지와 형같이, 제브는 레이의 규제 철폐 묘약의 열성당원으로 남아있다. 그러나 이 플로리다 주지사는 레이에게 흥미를 가지고 있는 더 긴급한 문제를 가지고 있다. 설탕농장은 인을 에버글레이즈(Everglades, 미국 플로리다 주 남부의 소택지)에 용해하는데 다른 농업 비즈니스의 오염자들까지 가세해서 한 해 867만 달러의 손해를 보게 하고 있었다. 간단히 생각하는 사람들은 설탕 농장주에게 농사를 그만 짓게 하면 된다고 생각할지도 모른다. 그러나 물수로 안에 인이 있는 동안에, 농장 소유주들은 정당의 금고에 돈을 쏟아 붓고 있었다. 판줄 가(Fanjul Family) 혼자만도 백만 달러에 가까운 돈이었다. 설탕업계의 거물인 페페 판줄은 아버지 부시의 "팀 100"의 일원이었다. 팀의 선수들은 부시에게 각각 10만 달러들을 걷어 주었다.

그의 설탕아버지들에게 에버글레이즈를 오염시키는 것을 멈추라고 요구하기보다는, 부시 주지사는 아주릭스(Azurix)라고 불리는 회사의 계획에 힘을 실어 주었다. 그것은 늪에다 깨끗한 물을 퍼넣을 수 있도록 새 저수지들이 있는 남부 플로리다 전체 수도 시스템에 새롭게 파이프를 설치하는 것이었다. 전문 수문학자의 견해에 의하면 그런 메가-프로젝트는 분별없는 짓이고 끝이 안 보이는 돈을 쏟아 붓는 것이라고 한다. 거래의 일부분으로, 아주릭스는 저수지의 물을 6백만 플로리다의 고객들에게 팔 권리를 가지게 된다는 것이다. 아주릭스는 최근 부에노스 아이레스에서 쫓겨난 엔론이 전적으로 소유하고 있다.

아무것도 할 수 없는 돈

미디어는 엔론의 부도로 조각조각이 나버린 주식 소유자들을 위해 우리가 눈물을 흘리기를 원하고 있다. 나를 믿어라. 엔론은 주식의 물타기와 마술 같은 부기 조작만으로 살아 남은 것은 아니다. 그 회사의 주식은 높이 날아갔고, 5개 대륙의 노동자와 고객으로부터 좀도둑질한 현금으로 불을 지폈다.

엔론은 규제 철폐와 캠페인 현금이 놀랍게 짝이 맞은 〈로즈마리의 아기〉*였다. 그러나 엔론이 악마의 유일한 아이는 아니었다. 나는

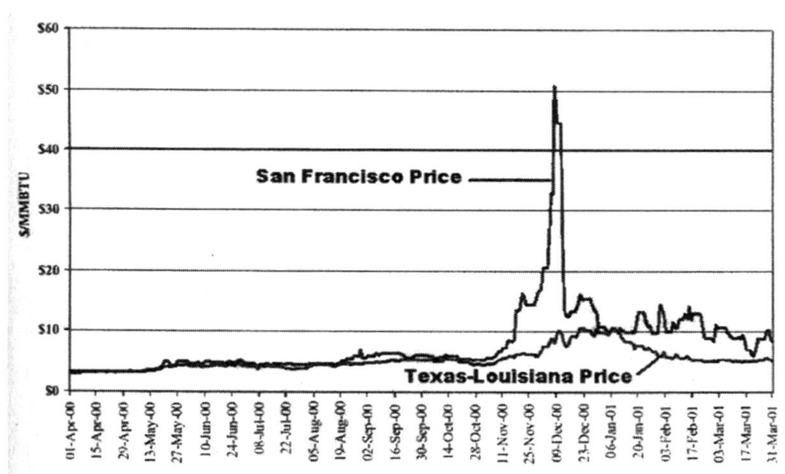

그림. 3.1 천연가스 가격표.

2000년 12월의 정전사태를 다시금 살펴보았다. 그 달에 남부 캘리포니아의 전력요금은 그 전 해와 대비해 1,000%가 상승했으며 발전소 연료로 쓰이는 천연가스의 가격은 일주일 만에 1,000%가 올랐다. (그림 3.1) 전력부족이라고? 절대 아니다. 텍사스에 있는 헨리 허브 가스 파이프라인 교환센터를 보면, 당신은 1섬**을 1달러에 구입할 수 있다. 그러나 수송관을 따라 3.2Km 캘리포니아 안쪽으로 들어오면 가격은 10달러가 된다.

캘리포니아로 들어오는 가장 큰 파이프라인을 통제하는 텍사스 상인은 엘 파소 회사로 드러났고 수송관의 일부를 폐쇄해 놓았다는 것이 밝혀졌다. 그 결과는 공포, 가격 급등, 정전이었다. 투자자들은 이 별것 아닌 기계조작으로 수억 달러를 벌어들였다. **다른 말로 하면, 캘리포니아는**

---

* 1968년 로만 폴라스키가 감독한 영화로 중산층 아파트에 입주한 젊은 부부가 악마의 씨를 잉태한다는 공포 영화.

**열량 단위.

에너지가 고갈된 것이 아니었고 단지 정부가 행했어야 할 것들이 고갈되어 있었던 것이다.

거기에서 정의는 소멸하고 있다. 코일 박사의 국민투표를 박살낸 패시픽 가스&일렉트릭은 규제 철폐법에 가격동결을 써놓았다. 교활하게 그 조항을 추가함으로써 샌프란시스코 공장과 LA의 에디슨은 기름가격이 떨어질 때 200억 달러의 횡재를 그들의 주머니에 채워 넣을 수 있었다. 게다가 그들은 다른 주에 있는 전력 상인들에게 공장을 팔아 돈을 벌었다. 그들의 200억 달러 횡재는 곧 120억 달러의 손해를 가져왔으니, 2000년 말에 PG&E가 부도가 난 것이다.

그러나 우리는 PG&E가 당연한 벌을 받는 것은 오래 즐기지 못했다. 캘리포니아 주지사인 그레이 데이비스가 그 회사에 자금지원을 했기 때문이다. 데이비스는 그 회사를 위해 전기구매 장기계약서에 사인을 했는데, 예전 요금보다 10배나 되는 요금으로 가격을 책정했다. 그 주는 주정부 채권으로 수십억 달러를 발행하는 비싼 계약을 체결했다. 샘 와일리가 말한 것처럼, 부시의 노력은 보상을 받았고, 캘리포니아는 30년 동안 20억 달러를 갚아갈 것이다.

제 4 장

렉서스 자동차는 팔고
올리브 나무는 불태우라!

— 세계화와 그 반대자들

볼리비아로부터의 다급한 소식을 받았을 때 나는 스트레이트재킷*을 맞추기 위해 치수를 재고 있던 중이었다. 그 재킷은 토마스 프리드먼 (Thomas Friedman)의 아이디어였다. 그는 『뉴욕타임스』 칼럼니스트이자 아마추어 경제학자이며 세계화를 찬양하는 책인 『렉서스 자동차와 올리브 나무(*The Lexus and the Olive Tree*)』의 저자이기도 하다.

2001년 5월 나는 Council on World Affair 회의에서 프리드먼과 토론을 벌이기 위해 클리블랜드에 있었다. 그는 위원들에게 세계화란 모두 통신혁명과 관련된 것이라고 했다. 그것은 인터넷에 관한 것으로 이제는 파자마를 입은 채로 침대에 앉아서 어떻게 아마존닷컴(Amazon.com) 주식을 구입하는 동시에 에스키모인들에게 이메일을 보낼 수 있는가에 관한 것이었다.

프리드먼에 의하면 우리들은 서로 "연결되어" 있으며 "사용 권한을 부여받고" 있고 또 "사용가능 상태"에 있다. 이러한 세계화가 충분히 매력적이지는 않다 할지라도 최소한 경제는 성장할 수 있게 하였다. 지구상의 어떤 나라든 간에 세계화를 서약하고 충실하게 그 지시 내용을 따르면 숨겨져 있는 엄청난 부를 얻을 수 있을 것이었다. 가난은 마침내 종식되고 독재정부도 끝장날 것이며 볼리비아 사람들 모두는 각자의 이메일 주소를 갖게 될 것이었다.

가난의 종식이라! 에스키모인들이 이메일을 사용하게 된다니! 나는 이런 멋진 미래의 세계가 이루어지기를 간절히 원했다. 그것도 당장에 이루어지기를 얼마나 바랐는지 모른다! 프리드먼의 주장에 따르면 우리가 해야 할 일은 좀더 우리 몸에 맞는 것으로 갈아 입기만 하면 된다는 것이었다. "골든 스트레이트재킷**은 세계화를 특징짓는 필요불가결한

---

* 정신질환자나 난폭한 죄수 등에게 입혀 두 손을 구속하는 두꺼운 천으로 만든 옷웃.
** 프리드먼이 앞에서 언급한 그의 책에서 주장한 경제정책.

174

정치경제적 의복이다. 더욱 단단히 조여 입으면 입을수록 더욱 큰 부를 얻게 될 것이다."라고 그는 설명했다.

물론 프리드먼은 "마가렛 대처가 재단한" 최근의 경제적 추세를 골든 스트레이트재킷이라고 비유적으로 표현한 것이었다. 그는 로날드 레이건이 거기에 "단추를 달아 놓았다"라고 말하였다. **약 12개의 구체적 조치를 담고 있지만 핵심적인 것은 다음과 같다.**

정부의 크기를 줄이고 예산과 공무원 숫자와 규제를 줄일 것, 대부분의 것들을 민영화할 것, 통화시장과 자본시장에 대한 규제를 철폐하고 은행에 전폭적인 자유를 줄 것, 그러나 거기에 그치지 말고 모든 국가는 관세를 없애고 외국인의 소유 한도를 두지 않는 등의 자유무역을 행할 것, 무역에 있어서 국경의 장벽을 완전히 없앨 것, 전기에서 물까지 모든 것에 대한 시장가격을 정할 것, 가격결정과 투자가 자유시장에 의해 결정되도록 할 것, 연금과 복지 및 국가보조금을 삭감할 것, 정치적 영향력을 줄이고 시장에 의해 주도되도록 할 것 등이다.

이런 정책을 채택하도록 하는 것은 매우 쉬운 일이다. 이에 대한 반대가 없기 때문이다라고 그는 말하면서 씽긋 웃었다. 물론 시애틀에서 철부지들이 소란을 일으킨 일이 있기는 했다. 토니 블레어가 말했듯이 "반대시위에 참가하는 사람들은 완전히 오도된 것이다. 세계무역은 직업을 창출해내고 생활수준을 향상시키는 일을 한다. 반대시위는 단지 난동일 뿐이다." 그러나 우리들은 젊은이들의 철없음을 눈감아 주어야 한다. 거리에서 시위하는 아이들이 모르고 있는 점은 역사는 이미 종언을 고했다는 사실, 완전히 결판났다는 사실이다. 프리드먼은 다음과 같이 말했다. "역사적인 논쟁은 끝났다. 해답은 자유시장에 기초한 자본주의다." 공화당이든지 민주당이든지 간에, 보수당이든지 또는 노동당이든지 간에, 사회당이든지 또는 기독민주당이든지 간에, 우리는 모두

스트레이트재킷을 걸쳐 입고 있다. 문제는 단순히 소매 길이를 어느 정도로 할 것이냐는 것 정도이다.

나는 "단단히 졸라매 주시오"라고 말하려던 참이었다. 그러나 볼리비아의 코차밤바로부터 한 통의 이메일을 받게 되었다. 메일은 오스카 올리베라에 대한 것이었다. 오스카 올리베라는 내가 라틴아메리카 노조와 일을 하면서 알게 된 운동가였다. 그 내용은 천 명에 가까운 볼리비아 경찰이 평화적으로 행진하는 군중들을 최루탄으로 해산시켰고 이 과정에서 경찰은 군중을 구타했고 개인들의 소지품들을 압수했다는 것이다.

무엇이 문제였을까? 아마 인터넷이 다운되어 그들이 소유한 아마존 닷컴 주식을 처분할 수 없었던 것에 대해 시위하는 것인지도 모르겠다.

이메일은 다음과 같이 끝을 맺었다. "오스카는 행방불명되었다. 소재가 파악되지 않고 있다." 오스카는 자신이 "연결되어" 있고 "사용가능 상태에 있다는" 것을 몰랐던 것일까?

이것들은 최근 우연히 내 손에 들어온 상당량의 은밀한 문서를 생각나게 했다. 이 문서들은 세계은행과 세계통화기금(IMF)으로부터 어렵게 얻어낸 것들과 유럽경제위원회(European Commission)와 세계무역기구의 관리들 서랍에서 나온 것들이었다. 이 문서들은 국가원조전략, 제 133조 외교문서, 서비스무역협정(GATS) 위원회 기록 등, 새로운 국제 경제의 조건들을 마련하고 또 그것의 실행을 관장하는 기구들의 내부문서들로 세계화의 핵심적 사항을 담고 있는 것들이었다.

이들 문서를 아무리 뒤져보아도 에스키모인들이 휴대전화를 사용하는 것에 관한 글은 찾아볼 수 없었다. 다만 아르헨티나의 연금을 13% 삭감하는 것, 브라질의 노동조합을 분쇄하는 것, 그리고 볼리비아의 수도요금을 올리는 것 등에 대한 엄청난 분량의 문서들만을 볼 수 있었다. 모든 글들은 매우 전문적 용어로 기술되어 있었고 그 위에는 "관용(官

用)"이라고 찍혀 있었다.

펑크머리를 한 시애틀의 시위자들은 기업집단들과 IMF, 그리고 볼리비아 사람들의 피를 빨고 탄자니아의 금을 훔치는 온갖 중개업자들 사이에 모종의 거대한 음모가 있다고 믿고 있다. 하지만 철부지 같은 이들의 생각은 옳지 않았다. 오히려 자세한 내용은 그들이 생각했던 것보다도 훨씬 추악한 것이었다.

2001년 3월, 에콰도르 정부가 가스 요금을 인상하고 이어 굶주린 인디언들이 수도를 불태웠을 때, 나는 그보다 몇 달 전에 나온 세계은행의 비밀 계획 문서를 읽고 있었다. IMF와 함께 세계은행은 국내연료 가격의 80% 인상을 지시하였으며 **냉혹하게도 이런 조치가 국가적 소요사태를 일으키리라는 것을 예측하고 있었다.** 마치 폭동을 계획적으로 일으키려는 것 같았다.

내가 이름을 밝힐 수 있는 유일한 내부 인사 조셉 스티글리츠에 따르면 ― 그는 전(前) 세계은행 수석 경제학자였다 ― 그것이 사실임을 알 수 있다. 그는 "**우리는 이런 폭동을 IMF 폭동이라고 부른다.**"라고 하였다. 이런 폭동뿐만 아니라 그 대응책도 마련되어 있었다. 문서는 그 대응책을 "결의"란 용어로 불렀으며 경찰력과 탱크 그리고 강력한 검거활동 등을 이용하는 것이었다.

나는 스트레이트 재킷을 벗어 던지고 세계은행과 IMF의 자금지원시 요구하는 "융자조건"들에 (에콰도르의 경우 167개의 조건이 있다) 대해 쓰기 시작했고, 이번 장에서 세계무역기구 하의 서비스무역협정 제VI.4항의 이행에 있어서 공표되지 않은 조건에 대해서 살펴볼 것이다. 또 "TRIPS"(무역관련 지적재산권 협정)하의 지적재산권에 대한 법률을 살펴보고 이 협정이 유방암 치료에서부터 닥터 드레(Dr. Dre)*의 랩 음악에

---

* 힙합 및 랩 가수.

이르기까지 모든 것들을 어떻게 조율하는가를 알아볼 것이다. 그리고 세계화가 갖는 추악한 여타의 소소한 사실들도 살펴볼 것이다. 이 모든 것을 독자 여러분은 파자마를 입은 채로 읽어 내려갈 수 있다.

또한 왜 오스카가 행방불명되었는지, 사실상 볼리비아 자신들의 세계화 집행군대에 의해 어떻게 그가 잡혔는지도 알게 될 것이다.

프리드먼은 자신의 강연을 – 그는 직접적으로 토론하기를 원하지 않았기 때문에 우리는 각기 다른 날에 강연을 해야 했다 – 인텔(Intel) 사(社)의 앤디 그로브의 말을 인용하는 것으로 끝맺었다. **"새로운 자본주의의 목적은 부상당해 괴로워하는 사람들을 사살하는 것이다."**

나는 그날, 오스카의 안전을 위해서, 프리드먼의 생각이 틀린 것이기를 희망하였다.

닥터 뱅켄슈타인*의 괴물들 ─ 세계은행, IMF 그리고 에콰도르를 먹어치운 외계인들

대통령들과 수상들과 그들의 재무장관들의 모임인 2000년 G7 정상회담이 열리고 있던 때, 나는 뉴욕 힐튼 호텔 앞에 서 있었다. 그때 IMF 이사 호르스트 쾰러를 태운 리무진이 들어오다가 도로의 융기된 부분에 덜컥했고 마침 열리던 문에서 "에콰도르 잠정 국가원조 전략"이라는 문서가 튕겨져 나왔다. 그 위에는 "기밀서류. 배포하지 말 것"이라고 쓰여 있었다. 그 문서를 그렇게 해서 얻어냈을 리는 없으리라고 여러분은 생각할 것이다. 그러나 이 문서는 매우 어려운 문제에 대한 답을 담고 있다는 본인의 말은 신뢰하기 바란다.

---

* 은행을 의미하는 뱅크와 프랑켄슈타인을 합성하여 뱅켄슈타인으로 한 것임.

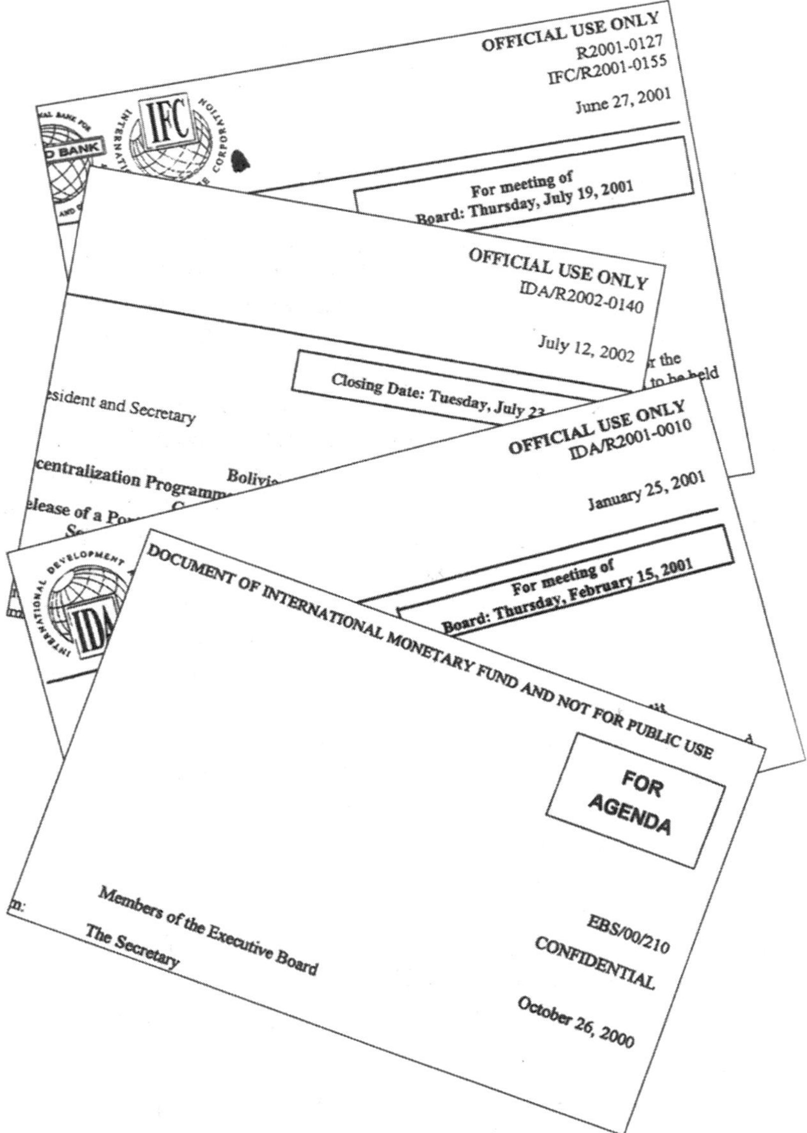

그림. 4.1 IMF와 세계은행의 서류.

힐튼호텔 안에서는 앤소니 기든스 교수가 런던경제대학(London School of Economics) 출신자들로 자리를 메운 진지한 청중들을 향해 "세계화는 하나의 현실이며 그 현실을 주도해 나가는 것은 통신 혁명"이라는 설명을 하고 있었다.

와! 그것은 혜안을 가져다 주는 명강의였다. 호텔 밖에서 머리를 녹색으로 물들이고 소리를 지르며 IMF를 비난하는 별종들은 완전히 잘못 생각하고 있는 것이었다. 기든스 교수가 하고자 하는 이야기는 세계화는 안데스 산맥에 사는 사람들 모두에게도 인터넷이 가능한 노키아(Nokia) 휴대전화를 가져다 주게 된다는 것이다. (앤소니 기든스 이 양반도 분명 토마스 프리드먼의 이야기를 그대로 외운 모양이었다.) 그런데 이해하기 어려운 것은 이러한 세계화의 장밋빛 미래로 향하는 전진을 성토하는 사람이 있는 이유는 무엇일까라는 점이었다.

그래서 나는 **몰래 훔쳐낸 IMF의 "에콰도르 전략"**을 뒤적이며 에콰도르의 학교들을 월드와이드웹에 연결해 주는 것에 대한 장을 찾아보려 하였다. 그러나 그 대신 나는 비밀계획을 알아내게 되었다. 그 문서에는 에콰도르 정부에게 조리용 가스를 2000년 11월 1일까지 80% 인상하라는 지시를 내렸다고 적혀 있었다. 또 에콰도르 정부는 26,000개의 일자리를 없애고 남은 사람들의 실질 봉급을 50%로 깎되 IMF가 구체적으로 제시한 시간계획에 따라 네 단계에 걸쳐서 진행하라는 내용이었다. 2000년 7월까지 에콰도르는 국내최대의 상수도 사업을 외국 회사에 넘겨야 했으며 또 안데스 지역에 송유관을 건설하고 그 소유권을 영국 석유회사에 인가해 주기로 되어 있었다.

이것은 시작에 불과한 것이다. 전부 다 해서 총 167개의 세부적인 대출조건이 있는데 이것들은 "원조 계획"이라기보다는 재정적 쿠데타를 위한 청사진이라 할 수 있었다.

이런 방법 외에는 대안이 없다고 IMF는 반론을 펼 것이다. 결국 민간 은행들의 도산으로 인해 에콰도르는 완전히 파산나고 말았다. 그러나 여분의 부존자원이 있고 한때는 OPEC 회원국이기도 했던 에콰도르가 어떻게 그런 곤경에 빠지게 되었을까?

그것을 알아보기 위해서는 1983년을 살펴보아야 한다. 그때 IMF는 에콰도르 상류층이 외국은행에 진 개인적 부채를 에콰도르 정부가 떠맡도록 하였다. 미국 은행 및 여타 외국은행 지점의 부채를 갚기 위해 에콰도르 정부는 15억 불의 차관을 얻었다.

에콰도르가 이 차관을 갚을 수 있도록 하기 위해서 IMF는 전기료를 비롯한 여러 공공요금의 인상을 단행하도록 명령하였다. 그리고 이런 조치에도 충분한 자금을 확보하지 못하게 되자 또 다른 "원조 계획" 하에 12만 명의 노동자를 해고하게 하였다.

더욱이 IMF가 요구하는 수많은 의무사항을 한번에 만족시키려는 의도에서 에콰도르는 어리석게도 소규모인 자금 시장을 "자유화"하였다. 그래서 은행들을 정부 통제로부터 자유롭게 했으며 개인부채와 이자율이 엄청나게 치솟도록 내버려 두었다. **누가 에콰도르를 이런 자유시장 금융이라는 미친 짓거리로 밀어 넣었는가?**

힌트를 주자면 그 앞 글자는 I-M-F이고 이들은 에콰도르 금융부문의 자유화를 또 다른 원조 계획이라는 미친 짓거리의 요구조건으로 내세웠던 것이다. 이런 고약한 내막은 또 다른 IMF 내부보고서에 기록되어 있다. 우연히 입수하게 된 이 보고서는 **"다른 곳에 인용하지 마시오."**라는 경고문이 붙어 있다. 그러니 인용하지 않은 척해야겠다.

IMF는 AIDS를 어떻게 치유했는가

IMF와 그 짝꿍인 세계은행은 20여 개 국가에 까다로운 조건의 원조를 해주었다. 탄자니아의 예를 들어보자. 현재 탄자니아에는 130만 명의 사람들이 에이즈로 인해 죽음을 눈앞에 두고 있다. IMF와 세계은행은 뛰어난 신자유주의적 해결책을 들고 구원에 나섰다. 그 해결책이란 예전에는 무료였었던 병원 진료에 요금을 청구하도록 한 것이었다. 세계은행이 이러한 요구사항을 실행하게 한 이후로 탄자니아의 수도인 다르에살람의 3대 국립병원 환자수가 53%까지 격감하였다. 세계은행의 치유책이 효과를 거두고 있는 것이 틀림없다.

IMF와 세계은행은 또한 학교에도 등록금을 징수하도록 명령하였다. 그런 후 학교 등록율이 80%에서 66%로 떨어지자 이들은 놀랍다는 반응을 보였다.

세계은행과 IMF는 탄자니아에 대해 총 157개 항의 원조안을 마련해 놓았다. 2000년 4월, 탄자니아 정부는 비밀리에 이들 제안을 모두 수용하기로 합의하였다. 사인을 하느냐 아니면 그냥 굶어죽느냐의 문제였다. 개도국은 IMF의 도움이 아니면 자금을 들여올 곳이 없다. **(예외로는 중국이 있다. 중국은 총생산이 매년 5%씩 증가하고 있다. 이는 IMF 정책과 정반대되는 정책을 열심히 추진함으로써 이루어지고 있는 것이다.)**

IMF와 세계은행은 1985년 이후부터 탄자니아 경제를 효과적으로 통제해 오고 있다. 그들이 탄자니아 문제를 넘겨 받았을 때 이들이 보기에 명백히 탄자니아는 가난과 질병 그리고 부채에 허덕이고 있는 사회주의 국가였다. 이들 신자유주의의 전문가들은 조금의 지체함도 없이 무역장벽을 없애고 정부지출을 제한하며 국가소유의 기업을 처분해 버렸다. 세계은행의 숨은 통치자들은 놀랄 만한 업적을 이루어냈다. 세계화 대응 이니셔티브(워싱턴 소재, Globalization Challenge Initiative)의 은행 감시 위원 낸시 알렉산더에 따르면 15년 만에 탄자니아의 GDP는 309 달러에서 210달러로 감소하였고 문맹률이 증가하였으며 절대빈곤 비율이 전체 인구의 51%로 크게 늘어났다고 한다.

그렇지만 신자유주의적 노력에도 불구하고 세계은행은 자유시장경제계획에 있어서 탄자니아 국민의 마음을 잡는 데 실패하였다. 2000년 6월, 크게 실망한 세계은행은 다음과 같은 보고문을 내놓았다. "사회주의가 남겨놓은 유산은 대부분의 개발을 이끌어가고 또 사회보장을 제공하는 근본적인 역할을 국가가 해야 한다고 사람들이 믿고 있다는 점이다."

래리는 언제 착륙했는가

항시 그랬던 것은 아니었다. 세계은행과 IMF는 1944년 분명하고 또 긍정적인 임무를 갖고 탄생했다. 전후 복구와 개발계획에 자금을 제공해 주며(세계은행) 또 일시적인 적자를 겪고 있는 나라에 경화(硬貨)를 대출해 주는(IMF) 것이었다.

그런데 1980년도부터 이 둘은 모두 전혀 다른 모습을 보이는 듯했다. 1980년 초, 제3세계 국가들은 다섯 배로 뛰어오른 원유가격과 그에 못지않게 솟아오른 달러 이자 지급으로 인해 엄청난 출혈을 겪고 있었고 그에 따라 IMF와 세계은행에 구걸을 해야만 하는 처지가 되었다. 그러나 자금을 지원 받는 대신에 이들이 받아든 것은 평균 114개의 "융자조건"이 담긴 구조조정 지원이었다. 세부사항은 나라마다 달랐지만 공통적으로 요구되었던 것은 국가자산을 외국투자자에게 매각하고 사회보장지출을 대폭 줄이며 노동을 "유연화"(즉 "노동조합을 분쇄하라"는 것)

하는 것 등이었다.

어떤 이들은 1980년 IMF와 세계은행이 바람직하지 못한 방향으로 급격한 변화를 보이게 된 것은 그 해 로널드 레이건의 대통령 선출이 가져온 결과라고 말한다. 즉 레이건의 선출은 대처의 영향력을 가속화하였고 정책에서 "신자유주의"(즉 자유시장)적 경향이 힘을 얻기 시작했다는 것이다. (내가 얻은 정보에 의하면 IMF와 세계은행은 래리라는 이름의 외계인에 의해 접수되었다는 것이다. 한때 세계은행 수석 경제학자이며 후에는 미국 재무부 장관을 지내기도 했던 "래리" 서머스는 실은 인류를 값싼 단백질 원료로 바꾸기 위해 파견된 외계인 소대라는 것이 확실하다.)

그렇다면 외계인들이 구조조정지원과 자유시장이라는 처방을 통해 이루어낸 것은 무엇인가? 『파이낸셜 타임스』의 세계화의 기수로 활약하고 있는 사무엘 브리턴은 새로운 세계 자본시장과 자유무역은 "전 세계에 걸쳐 삶의 질을 그 유례가 없을 만큼 향상시켰다."라고 선언하고 있다. 브리턴은 1950년부터 1995년까지 일인당 GDP와 평균수명이 큰 폭으로 증가하였고 또 저개발국가의 문맹률도 현저히 낮아졌다는 것을 예로 들고 있다.

그러나 잠시 생각해 보자. 1980년 전에 실질적으로 그가 조사한 제 3세계 국가들은 모두 사회주의국가이거나 국가 통제에 의한 사회복지를 추구하는 나라였다. 그들은 "수입대체 모델(Import Substitution Model)"에 기초하여 개발해 나가고 있었다. 즉 정부의 투자와 높은 관세 등 신자유주의자들에게 악몽으로 들리는 조치들을 통해 각국이 소유한 산업이 형성 발전되었던 것이다. 국가통제가 더욱 커지고 새로운 복지정책이 나오는 암흑의 시기(1960-1980년)에 일인당 국민소득은 라틴아메리카의 경우 73%가, 아프리카에서는 34%가 각각 증가하였다. 이와 비교하여 1980년 이후 레이건/대처 모델 하에서 라틴아메리카의 성장은 실질적으로 멈추게 되었고 아프리카인들의 수입은 23% 감소하였다.

이제는 희생되어 죽은 사람들의 숫자를 알아보도록 하자. 1950년부터 1980년까지 사회주의 정책 및 국가 통제 복지정책은 지구상의 실질적으로 거의 모든 국가들에게 평균수명을 10년 이상 늘려주었다. 1980년부터 현재까지, 구조조정지원 하에 사람들의 삶은 더욱 팍팍해졌으며 수명도 줄어들었다. 1985년 이후로 15개의 아프리카 국가들에서는 문맹인 사람들의 숫자가 늘어났고 평균수명은 떨어졌다. 그것에 대해 브리턴은 **"운이 나빴던 것이지 국제 경제 시스템 탓은 아니다."**라고 주장하고 있다. 예전 소련연방의 일원이었던 국가들에서는 IMF와 세계은행의 충격 요법이 위세를 떨치고 있는데 이곳에서도 평균수명이 크게 떨어졌던 것이다. 러시아만 하더라도 이전보다 1년에 140만 명이 더 사망하고 있다. 러시아여! 굉장히 운이 안 좋구먼.

세계은행과 IMF는 명백하게 자기혁신을 하고 있다. 이들은 더 이상 그 가공할 "구조조정지원 계획"을 내놓지 않고 있다. 이제 그것을 "빈곤 감소 전략"이라는 이름으로 부르고 있다. 이제는 좀 안심이 되지 않는가?

2000년 4월, IMF는 세계화가 가져다준 그 동안의 결실을 정리하였다. "세계 전망"이라는 보고서에서 **IMF는 "최근 몇십 년 동안 세계인구 가운데 5분의 1에 가까운 사람들의 생활이 퇴보하였음"**을 인정하고 있으며 "그것은 20세기의 가장 큰 경제 실패 가운데 하나이다."라고 하고 있다.

여보시오, 기든스 교수. 그것이 바로 현실이요.

추운 곳으로부터 온 세계화주의자 —
경제적 지옥으로 향하는 IMF의 4가지 단계

"그것은 사람들에게 사형선고를 내렸다."라고 전직 공산당 관리가 내게 말했다. 마치 르 카레(Le Carré)*의 작품 한 장면을 보는 것 같았다. 뛰어난 역전의 요원이 추운 곳으로부터 탈출해 나와 우리 편으로 왔고 여러 시간에 걸친 심문 과정에서 그는 정치적 이데올로기의 이름으로 자행된 소름끼치는 일들의 기억을 털어 놓는다.

그리고 여기 내 앞에는 써 먹을 만큼 써 먹은 냉전의 스파이보다도 훨씬 거물인 사람이 붙잡혀 있다. 그는 바로 조셉 스티글리츠로 세계은행의 수석 경제학자였다. 새로운 세계의 경제 질서는 상당 부분, 바로 그의 이론이 현실로 바뀐 것이라 할 수 있다.

나는 여러 날에 걸쳐 스티글리츠를 "심문"하였다. 심문은 케임브리지 대학과 런던의 호텔 그리고 마지막으로 2001년 4월 세계은행과 IMF의 성대한 회담이 열리던 워싱턴에서 이루어졌다. 스티글리츠는 각국 장관들과 거물급 은행가들이 참석한 회의를 주재하는 대신에 커다란 나무십자가를 들고 있는 수녀들과 볼리비아 노조 지도자들 및 에이즈 희생자들의 부모 그리고 여타의 "반세계화" 시위대들과 마찬가지로 푸른색의 폴리스라인 뒤에 안전하게 추방되어 있었다. 골수의 내부인사가 이제는 외부로 나온 것이었다.

1999년에 세계은행은 스티글리츠를 해고하였다. 그에게는 평온한 퇴직이 허락되지 않았다. 미 재무부 장관 래리 서머스는 스티글리츠가 세

---

* 영국의 소설가로 스파이소설을 주로 쓰고 있다. 대표작은 『추운 곳으로부터 온 스파이
The Spy Who Came In From the Cold』이다.

계은행식의 세계화에 대해 약간의 견해차를 표명하였다는 이유로 그의 공개 제명을 요구하였다고 한다.

워싱턴에서 우리는 **IMF와 세계은행 그리고 세계은행의 51% 지분을 갖고 있는 미 재무부 등이 수행하는 일에 대해 진실을 이야기했다.** 그중에는 금지된 부분도 있었다.

에콰도르 서류 외에, 나는 2001년에 이름을 밝힐 수 없는 제보자로부터 "기밀", "대외비", "세계은행의 허가 없이 발표하지 말 것" 등의 글자가 박힌 한 무더기의 문서를 입수하게 되었다. 이 중에 스티글리츠는 관료적 언어로 쓰인 "국가 원조 전략"이라는 문서를 일상 언어로 번역하는데 도움을 주었다.

또 나라 하나하나에 대한 각각의 원조 계획 문서가 있는데 세계은행은 그 나라에 대해 신중한 실사를 거친 후 마련된 것이라고 기술하고 있다. 그러나 내부인사였던 스티글리츠에 따르면 세계은행 관계자들의 "실사"는 해당 국가의 별 다섯 개짜리 호텔을 면밀하게 살핀 것이 전부라고 한다. 그리고 마지막으로 세계은행 관계자들은 잔뜩 주눅이 들어 사정하는 그 나라의 재무부 장관을 만나 미리 작성된 **"구조조정 합의서"**를 건네주며 "자발적인" 서명을 하도록 한다. (나는 여러 나라의 합의서를 골고루 갖고 있다.)

각 국가의 경제는 각각 개별적으로 분석되고 그 이후에 세계은행은 모든 장관에게 동일한 4단계 프로그램을 내어준다고 스티글리츠는 말한다.

1단계

제 1단계는 **민영화**(Privatization)이다. 스티글리츠는 좀더 정확하게 표현하자면 "뇌물화(Briberization)"라고 할 수 있다고 한다. 그의 말에

따르면 이들 국가의 지도자들은 국가산업의 매각을 반대하는 대신 세계
은행의 요구사항을 핑계로 자국 내의 비판을 잠재우고 전기와 수도 사
업을 기꺼이 팽개쳐 버렸다고 한다. "국가자산을 수십억 달러 싸게 내
놓으면 스위스 은행에 10%의 커미션을 넣어주겠다는 제안에 그들의 눈
이 휘둥그레지는 것을 볼 수 있었습니다."

그리고 미국 정부는 그러한 사실 가운데 최소한 1995년 러시아의 매
각이라는 사상 최대의 "뇌물화"에 대해서는 알고 있었다고 스티글리츠
는 말하였다. "미 재무부의 견해는 옐친의 재선을 원하는 한 그것은 괜
찮다는 것이었고, 부정선거라 해도 상관하지 않는다라는 입장이었습니
다. 그들은 자금이 리베이트를 통해 옐친의 선거 진영으로 흘러가기를
원했습니다"

스티글리츠는 블랙 헬리콥터(Black Helicopters)*에 대해 떠벌이는
음모 영화의 미치광이가 아니다. 스티글리츠는 이 모든 것의 중심에 있
었고 빌 클린턴 행정부의 대통령 경제자문위원회 위원장을 지내기까지
했다.

스티글리츠에게 가장 역겹게 생각되었던 일은 미국이 후원하는 러시
아의 독재정부가 자국의 산업자산을 송두리째 내던져 버렸던 일이었다.
러시아의 이러한 부패로 러시아의 총생산은 절반으로 줄어들었고 경기
침체와 기아의 고통을 가져왔다.

2단계

"뇌물화"가 끝나고 IMF 및 세계은행이 만병통치약으로 처방해 주는
계획의 제 2단계는 **"자본시장의 자유화"**이다. 이론적으로, 자본시장 규

---

* Black Helicopters: 새로운 세계질서인 UN군대 비밀요원들의 헬리콥터가 미국을 침략
  할 것에 대비해야 한다는 음모이론이다.

제철폐는 투자자본의 유입과 유출을 자유롭게 한다. 그러나 불행하게도 인도네시아와 브라질의 경우에서와 같이, 자금은 끊임없이 유출만 될 뿐이다. 스티글리츠는 이를 가리켜 "핫머니(hot money)*" 사이클이라고 부르고 있다. 부동산 투기나 통화 투기의 형태로 현금이 흘러들어 오지만 조그마한 문제점이라도 생기면 단숨에 빠져나가 버리고 만다. **한 국가가 보유하고 있는 외환이 단 며칠 혹은 몇 시간 만에 바닥이 나게 된다.** 그리고 그런 일이 일어나게 되면 투기자금을 다시 끌어들이기 위해서 IMF는 금리를 30%, 50% 또 80%까지 올리라고 그 나라에 요구하는 것이다.

"결과는 예측된 것이었습니다." 아시아와 라틴아메리카에서 핫머니가 썰물처럼 빠져나간 것을 두고 스티글리츠는 그렇게 말했다. 높아진 이자율은 자산 가치를 크게 떨어뜨렸고 산업생산에 타격을 주었으며 또 국가의 부를 고갈시켰다.

3단계

이 시점에서 IMF는 숨통이 조여져 헐떡거리는 나라를 제 3단계로 몰고 간다. 제 3단계는 시장에 기초하여 가격이 결정되도록 하는 조치이다. 까놓고 제대로 표현하자면 **식품과 상수도 그리고 가정용 가스의 가격 인상을 말한다. 예측할 수 있듯이 이러한 조치는 제 3과 1/2 단계로 올라가는데 이 단계를 스티글리츠는 "IMF 폭동"이라고 부른다.**

IMF 폭동은 고통스럽게도 예견된 것이다. "한 국가가 완전히 기진맥진해 있을 때 IMF가 그 기회를 이용해 마지막 한 방울의 피까지 짜냅니다. 이들은 불을 더욱 지펴대고 마침내 폭발해 버리게 됩니다." 그 실례는 1998년 IMF가 빈민들을 위한 식품과 연료의 배급을 중단해 버렸을

---

* hot money: 국제 금융시장을 돌아다니는 유동성 단기 자금.

때 인도네시아에서 일어났다. 인도네시아는 폭동에 휩싸였다. 그러나 예는 여기서 그치지 않는다. 2000년 4월, 볼리비아는 물값 인상으로 폭동이 일어났고 2001년 초기에는 에콰도르에서 가정용 가스요금의 인상이 세계은행에 의해 단행되자 폭동이 일어났다. 계획안에 폭동에 대한 것도 미리 마련되어 있었던 것이 아닌가 하는 인상을 받을 정도이다.

그것은 실제로 그러했다. 예를 들어 우리는 에콰도르의 "잠정 국가원조 전략"이라는 기밀서류를 살펴볼 필요가 있다. 거기에서 세계은행은 자신들의 계획이 "사회적 불안"을 야기하리라고 냉혹하리만큼 명료하게 여러 차례 명시하고 있다. 여기서 "사회적 불안"은 혼란 속에 빠져 있는 국가를 기술하는 관료적 언어이다.

경제적으로 충격이 가해진 상황에서 그것은 놀랄 만한 것이 아니다. 그 비밀 보고서는 **미 달러화를 에콰도르의 통화로 하는 계획이 인구의 51%를 절대빈곤으로 추락시켰다고 기술하고 있다.** 그리고 그 나라가 폭발 지경에 이르면 세계은행의 "원조" 계획은 단순히 시민들의 저항에 맞서고 "정치적 결단"을 통해 높은 물가를 감수하도록 요구하고 있다.

각각의 새로운 폭동(여기서 폭동이라 함은 평화시위를 총과 탱크 및 최루탄 등으로 해산시키는 것을 말한다)은 자본의 유출과 정부 파산을 낳게 된다. 이러한 경제적 방화행위를 통해 득을 보는 편이 있다. 그들은 바로 외국기업들로 광산채굴권이나 항만 등과 같이 그나마 남아있던 자산들을 엄청난 헐값에 사들인다.

스티글리츠는 사실 IMF와 세계은행이 시장경제를 철저하게 신봉하고 있는 것도 아니라고 적어 두었다. IMF가 인도네시아의 식료품 구입 "보조금 지급"을 못하도록 하면서도 동시에 "은행들이 긴급 구제 금융이 필요할 시에는 시장에 대한 간섭을 환영하는 것이다." IMF는 인도네시아 금융업자와 또 넓게는 그들에게 돈을 빌려준 미국 및 유럽의 은행들을 구하기 위해 수백억 달러의 자금을 긁어모았다.

여기서 일정한 패턴을 볼 수 있다. **이러한 시스템에서 수많은 사람들이 많을 것을 잃게 되지만 분명 득을 보는 측이 있다. 바로 서방 은행들과 미 재무부가 그들로,** 새로운 국제적 자본의 소용돌이로부터 엄청난 돈을 벌어들였다. 예를 들면 스티글리츠는 세계은행 취임 초기에 에티오피아 최초로 민주적 선거에 의해 선출된 에티오피아 대통령과의 불행한 만남에 대해 말해주었다. 세계은행과 IMF는 원조금을 미 재무부에 적립하라고 에티오피아 측에 명령하였다. 에티오피아는 국민의 민생을 해결하기 위해 미 달러화를 연 12% 이율로 빌려온 반면에 미재무부는 겨우 4%의 이자만을 지급했던 것이다. 신임 에티오피아 대통령은 원조자금을 국가 재건에 사용할 수 있도록 해달라고 스티글리츠에게 사정하였다. 하지만 요청은 거부되고 말았고 약탈물은 곧바로 워싱턴에 있는 미재무부 금고실로 보내졌다.

4단계

이제 IMF와 세계은행이 스스로 "빈곤 감소 전략"이라고 부르는 제 4단계를 살펴볼 차례이다. 그것은 한마디로 **자유무역**이다. 자유무역이란 세계무역기구(WTO)와 세계은행이 설정해 놓은 규율에 의한 자유무역이다. 스티글리츠 같은 내부인사도 WTO식 자유무역을 중국의 아편전쟁에 비유하고 있다. "아편전쟁도 시장을 열기 위한 것이었습니다."라고 스티글리츠는 말했다. 19세기와 마찬가지로 오늘날 유럽인들과 미국인들은 제 3세계 농산물에 대해서는 자국의 시장은 단단히 닫아놓고 있으면서도 아시아와 라틴아메리카 그리고 아프리카에 대한 수출장벽은 없애버리고 있다.

아편전쟁에서 서방은 군사적 봉쇄를 이용하여 그들의 불평등한 무역을 위해 시장을 개방할 것을 강요했다. 오늘날 세계은행은 **금융봉쇄**를 사용하고 있는데 이것은 군사적 조치만큼 효과적이며 때로는 그에 못지 않은 인명피해를 낳기도 한다.

스티글리츠는 WTO의 지적재산권 조약에 대해 특히 분개하고 있다. (지적재산권 조약은 TRIPS라는 약자로 표기된다. 이에 대해서는 뒤에서 다룰 것이다.) 이 조약으로 인해 새로운 세계질서라는 것이 "사람들을 죽음으로 내몰고 있다"고 스티글리츠는 말한다. 그것은 약품에 대해 엄청난 금액을 제약회사에 지불하도록 하고 있기 때문이다. "그들은 사람들이 죽든지 살든지 상관하지 않습니다." 기업 및 은행 옹호자들의 스승인 스티글리츠는 그렇게 말했다.

그런데 **IMF와 세계은행 또 WTO를 섞어 사용하고 있는 것에 대해 혼란스러워하지 말았으면 한다.** 그들은 모두 동일한 관리 시스템의 여러 얼굴일 뿐이다. 그들은 소위 "트리거(triggers)"라는 것으로 서로를 단단히 결속시켜 왔다. 교육 자금으로 세계은행에서 자금을 빌려오게 되면 세계은행과 IMF가 설정한 모든 "조건"들을 받아들인다는 요구사항이 따라붙게 되어있다. 그 조건이란 한 나라당 평균 114개에 이른다. 스티글리츠에 따르면 IMF는 공식적인 WTO 규정보다도 더욱 불리한 무역 정책을 취하도록 요구하고 있다는 것이다.

스티글리츠가 가장 심각하게 생각하는 것은 **세계은행의 계획들이 비밀리에 세워지고 또 독단적이고 탁상공론식으로 추진되면서 결코 비판이나 논의에 대해 열려 있지 않다는 점이다.** 서방국가들이 개발도상국들에 대해 공정한 선거를 하라고 촉구하면서도 소위 빈곤퇴치 프로그램은 "민주주의의 근간을 뒤흔들고" 있다. 게다가 빈곤퇴치 프로그램이라는 것이 빈곤퇴치의 효과도 거두지 못하고 있다. 흑인지역 아프리카의 생산성은 IMF의 구조조정 "지원" 하에서 급전직하로 떨어지고 말았다.

이런 운명을 피한 국가가 혹 있을까? 스티글리츠는 보츠와나(Bots-wana)가 있다고 대답했다. 그렇다면 그 방법은? **"IMF 측에 대고 즉각 철수하라고 말했지요."**

그래서 나는 스티글리츠에게 반박을 가했다. 좋소. 현명하신 교수 양반. 그렇다면 어떤 방법으로 개도국을 도와줄 수 있다는 거요? 스티글리츠는 급진적인 토지개혁을 제안하면서 "지주제"의 핵심적 내용에 대해 맹공을 펼쳤다. 전 세계적으로 소수의 가진 자들이 소작인에게 보통 50%의 소작료를 물리고 있다고 한다. 그래서 나는 그에게 다음과 같은 질문을 던져야 했다. 당신은 세계은행의 최고 경제학자인데 왜 세계은행이 당신의 조언을 따르지 않는 것입니까?

"만일 토지소유권에 대해 제동을 걸면 그 나라의 엘리트 구조에 변화를 일으키게 됩니다. 그들로서는 크게 바라는 바가 아니지요." 하긴 그럴 것이다.

궁극적으로 스티글리츠가 자신의 직무에 회의를 갖게 된 동기는, 위기를 앞에 두고 미국 재무부와 세계은행이 제대로 상황변화를 이끌어내는 일에 실패했기 때문이었다. 오히려 이들은 4단계 정책으로 위기를 더욱 악화시키고 말았던 것이다. 자유시장 정책이 실패하게 되면 예외 없이 IMF는 더욱 강력한 자유시장 정책을 쓰도록 요구했다.

"마치 중세시대와 어느 정도 비슷하지요. 환자가 죽으면 이렇게 말하는 겁니다. '충분히 피를 흘리지 못하고 중간에 멎고 말았지. 아직 몸 안에 피가 조금 남아 있었는데도 말이야.' 라고요."

스티글리츠와의 대화를 통해 나는 세계의 빈곤과 위기에 대한 해결책이 비교적 간단하다는 결론을 내리게 되었다. 즉 그 해결책은 피를 빠는 자들을 제거하는 것이다.

누가 아르헨티나를 죽였나?
연기 피어오르는 총 위에 찍힌 지문은 "IMF"이다

2001년 8월 어느 날 밤, 나는 아르헨티나의 경제가 사망했다는 전화를 받았다.

진범이 누구인지 알아내기는 매우 쉬운 사건이었다. 아직 온기가 남아 있는 아르헨티나 경제의 시신 옆에 살인범은 연기 피어오르는 총을 남겨두었다. 총에는 온통 그의 지문으로 가득했다. **살인에 쓰인 총은 "기술적 양해각서"로 제조연월일은 2000년 9월 5일로 되어 있었다.** 아르헨티나 중앙은행 총재인 페드로 포우의 서명이 있었고 IMF 총무 호르스트 퀼러에게 전달된 것이었다.

나는 "양해" 각서 사본 한 부 및 동반된 편지를 입수하였다. 아르헨티나 재무부가 IMF로 보내는 이 편지에는 발신자가…… 발신자는 쓰여 있지 않다고 해두자.

우선 양해각서는 재정적자 규모를 2000년도 53억 달러에서 2001년에는 41억 달러로 줄이라고 아르헨티나 측에 요구하고 있었다. 한번 생각해 보라. 그해 9월 아르헨티나는 이미 깊은 불황 속으로 빠져들기 시작하고 있었다. 다섯 명 중 한 명은 실업자였다. 경제가 위축되고 있는 와중에 정부지출을 줄이면 그것은 마치 속도가 떨어진 비행기의 엔진을 꺼버리는 것과 같다는 사실은 IMF의 설익은 경제학자라도 알 만한 것이다. 적자를 줄이라고? 네 살짜리 내 딸아이가 말하듯 그건 정말 "맹꽁이 같은 짓"이다.

그 후 경제의 날개가 떨어져 나가자, IMF는 적자 해소를 명령하였고 그에 따라 경제는 급격히 위축되어 파괴되고 말았다.

공식적으로 실업률이 16%에 달했고 비공식적으로는 직업이 있는 사람들도 그 중 1/4이 임금을 못 받고 있거나 직장폐쇄로 출근을 못하거나 아니면 생계가 불가능할 정도의 임금만을 받고 있었다. 이미 상반기에 25%나 하락했던 산업생산은 달러 표시에 의한 대출의 이자율이 90%로 뛰어오르자 완전히 멈춰서고 말았다.

IMF는 오류를 범하는 것에 그치지 않고 항시 잔혹하기도 하다. 양해각서를 읽어내려 가다가 "빈민들 상황을 향상시킴"이라는 굵은 글자로 쓰여진 곳을 보면 정부비상고용 프로그램 하의 임금을 20% 삭감, 즉 월 200달러에서 160달러로 삭감하도록 하고 있다. 그러나 가난한 사람들에게서 40달러씩 취하는 것으로는 별다른 절감 효과를 얻을 수 없다. 보다 큰 절감 효과를 내기 위해서 공무원 봉급을 12~15% 내리고 특권적 연금혜택도 합리화할 것을 양해각서는 요구하고 있었다.

IMF 측이 말하는 "합리화"가 무엇을 의미하는지 알지 못하는 독자를 위해 설명하자면 합리화란 노인들에게 지급되는 공공연금 및 민간연금을 13% 인하하는 것이다. 불경기임에도 무조건 삭감, 삭감, 또 삭감하라는 이야기이다. 맹꽁이 같은 친구들.

연금수령자들 및 가난한 사람들에 대한 정책에 있어서 IMF의 이해할 수 없는 권고와 어처구니없는 계획안은 망상에 가까운 경제 예측에 따른 것이었다. 양해각서에서 세계화를 주장하는 두뇌들은 소비자의 구매력을 약화시키는 그들의 계획안을 추진해 나가기만 한다면 아르헨티나의 경제 생산은 3.7%로 도약할 것이고 또 실업률도 떨어질 것이라고 예측하였다. 실은 2001년 3월말에 아르헨티나의 GNP는 연초보다 이미 2.1% 떨어졌으며 그 이후로는 급전직하로 추락하고 말았다.

도대체 왜 아르헨티나는 IMF의 말도 안 되는 요구에 응했던 것일까? 그것은 바로 IMF와 세계은행 그리고 민간금융들이 함께 마련한 20억 불지원 자금 때문이었다. 그러나 얼핏 생각하는 것과 달리 이것은 그렇게 조건이 좋은 금융지원이 아니다. 양해각서는 또 아르헨티나가 계속해서 페소화를 달러화와 일대일 비율로 고정하도록 요구하고 있는, 1991년에 제정된 "Conventibility Plan"을 계속 유지하리라 가정하고 있었다. 고정 환율은 치러야 할 대가가 적지 않다. **IMF와 일하고 있는 외국은행들은 이런 환율 정책을 시행하는 데 드는 달러를 조달해 주면서 위험부담을 이유로 일반 이자율보다 16%나 더 높은 터무니없는 이자를 요구하고 있다.**

자 이제 한번 계산을 해보자. 울펜손이 그의 메모에 쓴 것은 아르헨티나의 외채가 1,280억 불이고 일반이자보다 높은 이자를 물어야 하므로 1년 이자가 270억 불에 이른다. 다시 말하면 아르헨티나 국민은 200억 달러의 금융지원을 받고도 한 푼도 손에 쥘 수 없다는 이야기다. 빚은 커지지만, 뉴욕 밖으로 이 돈은 전혀 나가지 못하고 빚을 내준 미국 시티은행이나 스티브 핸케 같은 크고 작은 금융업자들에게 이자로 지불되기 위해 그대로 묶여있게 된다.

나는 핸케와 이야기를 나누었다. 핸케는 토론토 트러스트 아르헨티나의 회장이다. 토론토 트러스트 아르헨티나는 지난 1995년 통화위기 기간 동안 아르헨티나 채권에 100% 투자하였다. 스티브를 위해 울지 말아요, 아르헨티나여. 스티브는 그해 79.25%의 수익을 얻어 투기 회사들 가운데 가장 최고의 위치를 차지할 수 있게 되었다.

핸케는 바로 IMF의 정책 실패를 예상해 투기를 함으로써 이윤을 얻고 있다. 그러나 이러한 "죽은 고기를 뜯어먹는" 식의 투자는 단지 핸케의 부업일 뿐이다. 본래 직업이 메릴랜드 주(州) 존스홉킨스 대학 경제학과 교수인 그는 아르헨티나의 고통을 종식시키는 직설적 충고를 아끼지 않고 있다. 그런데 그의 조언은 자신의 투기사업을 더 이상 하지 못하게 할 수도 있는 것으로, 즉 **"IMF를 없애라"**는 것이다.

그러나 1달러에 1페소로 고정해 놓고 있는 환율제의 중요성이 너무 과장되었다. 1월에 아르헨티나 정부가 마지막으로 페소의 가치를 내렸을 때, 저축예금의 가치는 없어져 버렸다.

그러나 아르헨티나를 궁지에 몰아넣은 것은 고정환율제 자체가 아니고 IMF의 정책이었다. 현재의 환율은 IMF가 아르헨티나의 재정을 쥐는 손이라고 이해하면 된다. 그것은 아르헨티나로 하여금 페소를 살리기 위해 지속적인 달러 공급을 구걸해서라도 빌리게 만들었다. 그리고 이것은 IMF와 세계은행이 팜파스에 신자유주의 4대 조치를 풀어놓게 하는 합리적인 이유가 되었다. 스티글리츠가 묘사한 바에 의하면, **4대 조치란 금융시장 자유화, 정부의 축소, 자유무역, 광범위한 민영화를 말한다.**

금융시장을 "자유화"한다 함은 국가간의 경계를 허물어 자본이 자유롭게 오갈 수 있도록 하는 것을 의미한다. 실로 금융시장 자유화 이후로 자본은 자유롭게 유동하였다. 아르헨티나의 부유한 자들은 불안한 마음에 페소를 달러로 모두 바꾸어 안전하게 투자할 수 있도록 국외로 빼돌렸다. 2001년 6월만 보더라도 아르헨티나 사람들은 총 은행예금 가운데 6%를 인출했던 것이다.

예전에는 정부소유의 국영은행 및 지방은행들이 정부의 부채를 감당해 오고 있었다. 그러나 1990년대 중반, 카를로스 메넴 정부는 이들 은행들을 뉴욕의 시티은행, 보스턴의 플리트은행 및 여러 외국 금융기관에 매각해 버리고 말았다. 세계은행 자문위원을 지냈던 찰스 칼로미리스와 대담을 나눈 적이 있는데 그는 아르헨티나 은행의 사유화를 "진정으로 훌륭한 것"이라고 이야기하고 있다. 누구에게 훌륭하다는 말인가? 아르헨티나의 예금주들에게 상환하는 것이 내키지 않은 외국인 소유의 은행과 함께 정부는 저축예금을 동결하고 외국 채권자들에게 돈을 갚기 위해 아르헨티나인들의 돈을 효과적으로 확보하고 있다.

양해각서에는 빚을 내준 금융업자들에게 반가운 것이 또 있다. "세입 공유 제도 개혁"이라는 것으로 교육 및 여타의 공공업무에 쓰일 목적으로 거둔 세금을 전용하여 미국 은행에 지불할 수 있도록 하고 있다. 또한 양해각서는 건강보험제도도 "개혁"하여 현금을 확보하도록 하고 있다.

그러나 이러한 삭감 조치만으로 빚을 감당하지 못하는 경우에는 민영화 계획과 관련하여 마리오 델 카브릴이 "라스 호야스 데 미 아부엘라" 즉 '할머님의 보석'이라고 묘사한 알짜배기 기업을 팔아치우면 된다. 프랑스는 거대한 수도사업을 인수하고 곧 요금을 인상하였는데 어떤 지역은 그 인상률이 400%에 달했다. 세계은행의 울펜손이 한숨을 쉬며, **그의 기밀메모에서 "거의 모든 공익사업이 민영화되었다. 그래서 이제 팔 건 아무것도 없다"고 했다.**

양해각서의 마지막 탄환은 "개방무역정책"의 시행이다. 이것으로 인해 아르헨티나의 수출업자는 미국 달러화로 고정된 환율 상황에서 통화가 평가절하된 브라질의 상품에 맞서 나갈 수 없었다. 이런 맹꽁이 같으니라고.

세계은행과 IMF는 아르헨티나의 공포에서 배운 것이 있을까? 그들은 돼지가 노래를 부르는 방법을 배우겠지만, 그들은 할 수 없고 하지 않을 것이다. 만일 그들이 노력한다면, 그 나오는 소음은 참기 어려운 것이다. 1월 9일, 아르헨티나의 수도는 불길에 휩싸여 있는데, IMF의 앤 크루거는 에두아르도 두할데 임시대통령에게 정부 지출을 대폭 삭감하라고 명령했다.

부시 대통령도 IMF의 예산 삭감에 대한 조언을 지지하면서 같은 시기에, 미국이 불경기에서 빠져나가기 위해서는 50억 달러 계획을 의회가 승인해야 한다고 요구했다.

이런 재앙의 와중에서도, 울펜손의 메모는 세계은행과 IMF의 계획이 여전히 먹히리라고 주장했다. 아르헨티나 사람들 모두에게 필요한 것은 "생산단가의 축소"로 오직 노동시장의 유연화가 요구되는 단계이다. 즉 그것은 연금을 낮추고 임금을 삭감 또는 아예 무임금을 말한다. 그러나 아르헨티나의 지배계급들에게는 실망스럽게도 노동자들은 스스로를 더욱 가난한 처지로 몰아가는 이러한 조치에 완강하게 반대하고 있다.

아니발 베론은 노동시장의 유연화에 완강히 저항하는 노동자 가운데 한 사람이었다. 그는 37살이고 다섯 아이의 아버지인데, 아홉 달치 월급도 받지 못한 채 버스 운전사 자리를 잃었다. 베론은 "피케테로스(piqueteros)", 즉 성난 실직자 대열에 참가해 도로를 봉쇄하며 시위를 벌였다. 2000년 11월 경찰이 도로봉쇄를 진압하는 와중에 그는 머리에 총을 맞고 사망하였다. 미국과 유럽의 미디어들은 7백만 아르헨티나 노동자들의 2000년 6월의 총파업 뉴스는 묻어두고 시애틀과 제노아의 시위에만 초점을 맞추었다.

토니 블레어 같은 세계화 추진자들은, 세계화 반대자들을 잘못된 생각에 빠져 시위를 통해 그들의 권태로움을 해결하려는 서방의 철부지 아이들로 묘사하곤 한다.

제노아에서 반 자유주의 시위를 벌이다 사망한 카를로 줄리아니는 미국과 유럽 신문의 1면에 크게 등장하였다. 그러나 베론의 죽음은 어디에도 실리지 못했다. 베론의 이름을 알아내는 데에만도 우리 신문의 민완기자 올리버 샤이클리스가 이틀이나 뛰어다녀야 했다. 또 부에노스아이레스 북쪽에 있는 살타 지역의 어느 교회 마당에서 경찰이 발포하여 카를로스 산틸란(27세)과 오스카 바리오스(17세)가 사망한 사건도 전혀 알려지지 않았다.

단 한 번 12월에, 아르헨티나가 외국자본에 대한 이자를 갚지 못하자, 유럽과 미국 신문들은 갑자기 우리가 라틴아메리카로부터 기대하고 있는 것들, 즉 최루탄, 불타고 있는 자동차, 새 대통령이 맹세를 하고 있는 이미지만을 보여주면서 "위기"라고 보도했다.

누가 그랬는가? 누가 아르헨티나의 경제를 죽였는가! 그 양해각서야말로 세계은행과 IMF가, 마치 외국채권자들과 재산 날치기들을 위해 사람을 치는 것처럼 행동하듯이, 방아쇠를 당긴 것이 그 증거이다.

나는 부에노스 아이레스에 본부를 둔 평화정의봉사대(SERPAJ)의 지도자인 아돌포 페레즈 에스퀴벨에게 전화를 걸었다. 그는 산틸란과 바리오스가 사망한 도시에서 경찰이 시위자들을 고문한 그간의 사정을 문서로 기록하고 있다고 말했다. 에스퀴벨(그는 1980년 노벨평화상을 수상했다.)에게는 폭압과 IMF의 "자유화"는 독재정권의 지탱을 위한 시녀로 여겨지고 있다. 또 5세 어린이까지도 준군사 단체에 소속시키는 등 히틀러 유년대 창설에 비견할 수 있다며 경찰을 당국에 고발하였다고 내게 일러주었다.

페레즈 에스퀴벨은 아메리카 자유무역협정(Free Trade Agreement of the Americas)을 반대하는 시위를 이끌어왔지만 아르헨티나의 사망 원인이 IMF에 있다는 내 주장에는 동조하지 않고 있다. 그는 세계은행이 총애하는 재무부 장관 도밍고 카발로가 경제적으로 치명상을 안겨준 소위 "개혁"이란 것을 도입했기 때문이라고 보고 있다. 대규모의 파업 후 12월에 해고당한 도밍고 카발로는 1976–1983년 군사독재 시절에 중앙은행 총재를 지낸 것으로 잘 알려져 있다. 그런 이유에서 연로한 평화주의자인 에스퀴벨에게는 카발로가 IMF와 세계은행에 적극적으로 협조함으로써 조국의 경제가 죽음을 맞은 것은 타살에 의한 것이 아니라 자살이었다고 보고 있는 것이다.

GATS, 보이지 않는 자유무역 지하드

9월 11일 테러 후, 나는 우리의 대통령이 은신처에서 나와 "미국은 일을 시작할 준비가 되어있다"고 국민들에게 말했던 것을 기억한다. 대통령이시여, 나의 이웃은 아닙니다. 대부분의 우리는 행방불명이 된 친구들의 소식을 기다리며 떨고 걱정하고 있었다.

그러나 어떤 사람들은 그런 마음을 포착했다. 얼마 안 있어 장삿속이 강한 사람들은 희생자의 가족들에게 작은 가방을 팔기 시작했는데, 추측컨대 죽은 동료들의 재가 가득 차 있었던 것 같다. 조지 부시의 세계화의 황제인 무역대표부의 로버트 죌릭도 대량학살을 했다. 그는 만일 국회에 있는 겁쟁이들이 대통령에게 추가헌법 제정권을 준다면 오사마 빈 라덴을 패배시킬 수 있을 것이라고 하면서, 그 권한은 전쟁을 수행하는 것이 아니고 새로운 무역조약을 교섭하는 것이라고 했다.

이제 죌릭 대사가 비정하고 괴상한 사기꾼이라고 결론을 내리기 전에, 그의 말이 이치에 맞는다는 것을 생각해 보자. "테러리스트들은 미국이 세계를 지배한다는 생각을 증오한다." 그는 최고경영자 모임에서 말했다. "국제적인 재정과 세계화를 공격하기 위해 폭력적으로 된 사람들과 미국이 지적으로 연관성이 있는 것이 아닌가 하고 사람들이 의심을 가지는 것은 어쩔 수 없는 일이다." 무슨 말인지 아시겠나요? 당신은 자유 무역이거나 알 카에다거나 둘 중 하나를 선택해야 한다는 것이다.

오사마를 벌벌 떨게 만들 무기는 "야심적인 무역권력(Fast-Track Trade Authority)"이라고 불린다. 그것은 세계화를 위한 일종의 공수표이다. 이 권력으로 대통령은 WTO와 어떤 계약, 무역을 포함하는 어떤 조약에도 사인할 수 있다. 그리고 국회는 이런 협정에 대해 아무런 특별

조항도 내놓을 수가 없다. 세부사항은 죌릭에게 달려있다.

엔론 회사의 대표자를 지낸 후 부시의 내각에 들어온 죌릭은 WTO 회의를 준비하는 동안 발표를 했다. 죌릭과 WTO 무역의 영주들이 한 일은 정치적인 재로 가득찬 그들의 작은 가방에 있는데 너무 중요해서 순진한 의원들은 자세히 조사하기도 어려웠다. 나는 나의 팩스로 들어온 비망록에 있는 답변의 일부를 슬쩍 보았다. 그것은 2001년 3월 19일자였고 "기밀사항"이라고 표시되어 있었다.

민주주의보다 나은 "필요성 테스트(The Necessity Test)"

처칠이 "민주주의는 다른 모든 정부형태를 제외하면 가장 최악의 정부형태이다."라고 말했을 때 그는 2001년 3월 WTO가 훨씬 좋은 것으로 민주주의를 대체하리란 것을 미리 내다보지 못했다. 훨씬 좋은 것이란 GATS라고 잘 알려진 서비스무역협정의 6조 4항이다.

그리고 그것은 내 손 안에 있었다. 몇 달 전, 놀랄 만한 문서가 WTO 사무국으로부터 내 팩스로 보내져 왔다. WTO가 몰래 숨겨 놓았던 6쪽짜리 그 문서는 아마 언젠가는 후기 민주주의의 마그나카르타(대헌장, 大憲章)로 여겨질는지도 모른다. 이 문서에는 **각 국가의 국회 결정이나 규정에 대해 거부권을 행사할 수 있는 국제기구의 창설에 대한 계획**이 담겨 있다.

"두 개의 서로 상충 가능성이 있는 우선사항, 즉 무역의 확대를 장려하는 것과 정부의 법률 제정 및 집행권을 보호하는 것 사이의 조화"를 깨는 나라에 대해 어떤 처벌을 가할 것인가라는 어려운 문제를 숙고하는 것으로 이 문서는 시작되고 있다.

그것에 대해 생각해 보자. 미국이 기준을 세운 후, 수세기 동안 대다수의 국가들은 국회의원, 수상 그리고 대통령 등을 선출하고 선출된 이들은 법률 및 규정을 제정해 왔다. 시민의 이익과 상업의 이익 사이에 균형을 맞추는 것이 바로 이들 꼴사나운 심의 기관들이다.

이제 그런 쓸데없는 제도와는 작별을 고하라. 국가가 GATS 6조 4항에 서명만 하면 소위 "필요성 테스트"라는 것이 비집고 들어온다. 3월 19일자 문서에 요약되어 있는 사무국의 비밀 프로그램에 의거하여 국회와 규제기관들은 실제적으로는 자문기관으로 격하된다. 법률이나 규정이 "필요 이상으로 부담을 지우는 것인가"의 여부를 결정하는 최종적 결정권은 GATS의 분쟁위원회가 쥐게 된다. 그리고 국회가 아니라 GATS 위원회가 어떤 것이 "필요한 것인가도" 결정한다.

GATS는 WTO에 권한을 주고 같이 구성하는 6가지의 조약 중의 하나이다. 나는 WTO 공무원에 의해 무역규정 전체주의로 이상하게 기안됐던 3월 19일자 메모를 간단히 처리해 버릴 뻔했다. 그러나 그 메모는 국내법규에 관한 특별조사위원회처럼 닫혀있는 문 뒤에서 회원국의 무역장관들이 회의에서 얻어낸 합의점을 요약한 것이다.

실질적인 문제에 있어서 **필요성 테스트가 의미하는 것은 다음과 같다. 국가는 자국민이 들이마시는 대기 환경과 또 교통이나 식료품 등에 관한 법을 규정하는 데 있어서 가장 좋은 것이나 안전성이 가장 확실히 보장되는 방법이 아니라 외국투자자 및 무역상들이 가장 저렴한 비용으로 경제활동을 할 수 있도록 보장하는 방식을 채택해야 하는 것, 바로 그것이다.**

실례를 들어보도록 하자. 필요성 테스트는 NAFTA, 즉 북아메리카 자유무역 협정 안에 포함되어 실험적으로 운용이 되었다. 캘리포니아 주는 자동차연료 첨가제인 MBTE의 사용을 금지하였다. MBTE는 여러 화학물질을 섞어놓은 것으로 강을 오염시키는 것으로 밝혀진 것이다. MBTE에 들어가는 "M" 물질을 제조 판매하는 캐나다 회사는 캘리포니아의 금지조치가 필요성 테스트를 만족시키지 못한다며 제소를 했다.

캐나다 사람들이 주장하는 것은 매우 논리적이라고 할 수 있는데 캘리포니아는 MBTE를 금지하기보다는 모든 주유소로 하여금 저장 탱크를 파내어 다시 방수처리를 하게 하고 또 검사관들을 고용하여 이런 작업이 확실히 이루어졌는가를 확인할 수 있게 해야 한다는 것이었다. 그 요구를 따르자면 캘리포니아는 엄청난 비용을 감당해야 하며 또 그 작업을 확인하는 것도 현재의 경찰력으로는 불가능한 것이었다.

캐나다인들은 수자원 보호에 있어서 그들의 대안이 "무역과 관련하여 최소의 규제"가 되는 것이라고 주장하고 있다. "무역과 관련된 최소의 규제" 여부가 NAFTA의 필요성 테스트이다. 만일 캘리포니아가 굴복하지 않는다면 미 재무부는 캐나다의 오염물질 생산자에게 9억 7천 6백만 달러를 배상해 주어야 한다.

GATS의 필요성 테스트는 NAFTA보다도 한층 강화된 것이다. 위의 서류에 제안되어 있다시피 GATS 하에서는 국가의 법률과 규정이 상업에 "필요 이상으로 부담을 지울" 경우 그대로 폐기처분되어 버리고 만다. "무역에 규제를 가하는"이란 문구에서 (NAFTA) "부담을 지우는 규정"으로 바뀐 것에 주목하라. GATS는 이제 무역에 대한 조약이 전혀 아니며 단지 외국이든 국내든 어디를 막론하고 상업 및 산업에 대한 규제를 완전히 없애버리기 위한 간교한 수단인 것이다.

어떤 부담스러운 규제가 기업이 정해놓은 십자선(+)에 걸리는가? 미 무역대표부는 이미 소매유통에 대한 여러 제안들을 마련해 놓았다. **영국의 그린벨트를 보존하기 원하는가?** 만일 월마트에서 매장을 짓기 원하는 곳에 숲이 있다면 숲은 포기되어야 할 것이다. 좀더 약한 형태의 현행 GATS 하에서도 일본은 거대 유통매장이 들어올 수 있도록 여러 계획규정을 폐기처분해야만 했다.

공식적으로 WTO는 우리에게 공공이익 관련 법률을 시행하는 데 있어서 어떤 압력도 넣지 않는다고 확언하고 있다. 그러나 3월 19일자 문서에 따르면 그렇지 않다는 것을 알 수 있다. 이 문서를 보면 다자간 비밀 협상 과정에서 통상부 장관들은 GATS의 심판이 있기 전에 "공공이익을 보장하는 장치들을 폐기할 것"에 동의하였다고 한다. 공공의 이익 대신에 GATS 사무국은 마키아벨리적인 "효율 원칙"을 제시하고 있다.

3월 19일자 메모는 "경제적 효율에 우선권을 부여하는 국제규정을 받아들이는 것이 여러 국가들에게 있어서 정치적으로 좀더 만족할 만한 것이다."고 제시하고 있다. 이것은 통치자들이 자국의 민주적 의회가 결코 받아들일 수 없음을 잘 알고 있는 그런 자격을 GATS 측에 부여해 달라고 노골적으로 요구하는 것이다. 이것은 매우 위험한 상황을 가져올 수도 있다. 예컨대 만일 미국이 대기오염 규제를 폐기처분하고자 하는 "부시"라는 이름의 대통령을 선출하게 되는 경우이다. 회사 경영인들에게는 얼마나 편리한 것이 되겠는가! 선출된 의회가 감히 요구하지 못하는 사항을 GATS가 요구하고 나설 것이기 때문이다.

예를 들면 전 텍사스 주지사였던 부시 대통령은 회사의 이단자들에 대해 유일하게 남은 효과적인 통제력을 분산시키려고 했는데, 그 통제력은 노동자들을 망치게 하고 소비자들을 죽이고 그들의 책을 날조한 회사와 집행부를 고소하기 위한 희생자의 권리였다. 주지사로서 부시는 1999년 텍사스 법에 있는 불법행위 개정을 주관했다. 그것은 그 당시 엔론의 최고경영자였던 켄 레이의 사업에 이득을 안겨 주었다. 은밀한 변화는 이미 NAFTA의 주도 하에 시작되었다.

1996년, 한 판사는 시장을 독점하고 가격을 올려서 소규모 미국 경영자들을 위협한 캐나다 장례업 체인점인 로웬 회사에게 미국법을 어겼다고 판결했다. 이 판결에 대해 로웬은 상고하지 않고 피해업자들에게 150만 달러를 지불하기로 동의했다. 그런 다음 갑자기 미국 정부에게 전체 금액을 돌려달라고 요구했고 NAFTA의 주도 하에 725만 달러를 돌려 받았다. 캐나다-미국-멕시코 NAFTA 패널은 로웬과 미시시피 재판에서 자신들의 사법권을 인정받았고 그것은 다소 두려운 일이었다. 그것은 미국의 대법원이나 헌법이 아닌 NAFTA 패널이 미국에 대해 궁극적으로 법적인 권한을 선언할 수 있다는 것을 의미하는 것이었다.

이런 논쟁적인 패널에 의해 법원과 국회가 대치되자 영국의료연합(BMA)은 불안감을 느꼈다. **영국 국가보건기구가 팔릴 것인가?** BMA는 자신들이 발행하는 정기간행물 「란셋(*Lancet*)」에서 "규정의 해석은 분쟁조정과정, 즉 GATS 위원회에 의해 이루어져서는 안 된다."라는 파스칼 래미의 확언을 통해 신경질적으로 의문을 제기하였다. GATS를 옹호하는 어떤 인사는 BMA의 이러한 비난을 "히스테리성 반응"이라고 말했다.

그러나 WTO의 3월 19일자 내부문건을 읽어보고 나면 히스테리는 충분한 근거를 갖고 있다고 할 수 있다. 이 사무국 문서는 규정의 해석에 있어서 독립국가의 주권을 인정하지 않고 있다. 후기 민주주의적인 GATS 치하에서는 자유시장 체제의 종교재판소 역할을 맡고 있는 분쟁조정위원회가 한 국가의 법률이나 규정이 문서에 표현된 "합법적인 목표"에 부합되는가를 결정할 것이다.

미국 국회가 헌법 제정을 할 때는 정해진 법률의 합법성을 공개된 증거에 입각해 공개적으로 논의하고 또 국민들의 의견도 공개적으로 수렴하는 길고 복잡한 절차를 거치는 반면에 GATS 위원회는 훨씬 더 효율적이다. 의견수렴은 아예 없다. 노동조합이나 소비자단체 및 환경단체, 인권단체 등의 참여는 배제되며 위원회 안에서 어떤 의견들이 오고 갔는지도 알 수 없다.

자유무역에 관한 판타지랜드 판에서, 우리 정부는 나쁜 외국인들이 우리의 상품을 거부할 때 미국인의 직업을 방어하기 위해 GATS 논쟁 패널을 이용했었다. 그러나 현행 법규에서 미국이 갖고 있는 가장 큰 불만은 유럽인에 대한 바나나 시장 관문을 닫아 버린 것이었다.

우리 정부는 정확히 얼마나 많은 바나나 따는 직업을 이런 조치로 구할 수 있었던가? 해리 벨라폰테가 "Day-O!"라는 노래를 불렀을 때, 그는 뉴저지의 베이욘에 대해 말한 것이 아니었다. 그리고 **특기할 만한 사항은 미국은 바나나를 재배하지 않는데 도대체 어떻게 하여 이런 분쟁에 관여하게 되었는가 하는 것이다.** "치키타(Chiquita)" 바나나 회사의 사장 칼린드너가 공화당과 민주당 모두에 상당한 기부금을 내는 사람이라는 사실과 관련이 있었던 것일까?

이 바나나 상소에서 기업 로비의 손길을 짐작할 수 있지 않을까? 그리고 3월 19일자 WTO 메모에 대한 이 아이디어를 무역부 장관은 어디서 얻었는가?

LOTIS 위원회

WTO의 초국가적인 통제력에 대한 청사진이 기업의 엘리트와 정부의 공무원 그리고 주어진 명령에 따라 적절한 선전활동을 하는 미디어의 지도자들 사이의 비밀스런 협상에서 나왔다고 상상하는 괴짜 음모론자와 편협한 반세계주의자가 있다. 그러나 그들이 맞다.

이 은밀한 그룹 중의 하나가 로티스 위원회(LOTIS Committee)라고 불린다. 이 중심적인 그룹에서도 중추그룹은 "하이 레벨 로티스"라고 불리는데, 마치 불교신자들의 계발단계처럼 들리지만, 그것이 아니고 로티스는 "서비스의 자유로운 거래(Liberalization of Trade in Services)"
를 말한다.

그 메모는 −내가 어떻게 그것을 얻었는가는 중요하지 않다− 재미있
게 읽힌다. 2001년 2월 22일 회의에서, 영국의 최고 중재자는 GATS
조약에 대한 그들의 조사를 위해 로티스의 회원들에게 개인적으로 배포
된 산업법규에 관한 EC의 서류를 참조문으로 이용했다. 그 유럽판 메
모는 정부의 기밀서류였던 것 같은데 GATS 필요성 테스트 제안서에
대한 내부 단서를 로티스에 주었다. 로티스 회원들의 꿈과 희망은 한 달
후인 3월 19일 WTO 메모에서 기록된 대로 무역장관들의 동의하에 충
분히 만족하게 되었다.

로티스의 선동자들과 제안자들은 여러 가지 기밀 서류를 검사했지만
일반사람들은 속았다. WTO 감시기관인 WDM(World Development
Movement) 디렉터인 배리 코츠는 영국 정부에 의해 그 서류들이 거부
당했다고 말했다. 코츠는 그 서류들이 "아예 있지도 않았다"는 말을 들
었다.

여러분들은 수조 달러의 자산을 만지는 은행과 보험기관인 로티스의
사람들이 코츠나 그의 WDM 조사에 전혀 신경을 쓰지 않을 것이라고
생각할 것이다. 그러나 사실 WDM은 "반 GATS 대책"이라는 제목이 붙
은 메모로 로티스를 공포에 떨게 했다. 그것은 마치 쥐 한 마리 때문에
벌벌 떠는 한 떼의 코끼리 같다. 그러나 WDM은 포효하는 쥐이다.

2월 로티스 회의는 "반 GATS 문서를 반격하는" 데 많은 시간을 보냈
다. 이 사적인 모임에서, 그들은 사실에 입각한 WDM의 발표로 인해 비
즈니스맨들이 반격할 수 없었던 자유무역에 대해 문제를 일으킬 것을
걱정했다. 한 회원은 "NGO(비정부기구)가 자유화의 경제적인 이점이
어디에 있는가에 대한 증거를 요구하게 되면 프로−GATS는 비난받기

쉽다"면서 괴로워했다.

로티스는 몇몇 교수한테서 우호적인 연구를 사기 위한 계획에 들어갔고 각 사람에게 75,000 달러에서 10만 달러를 주고 협력을 얻을 수 있었다.

그리고 로이터(Reuters) 통신의 헨리 매니스티가 참여함으로써 도움을 받을 수 있었는데, 로이터의 기사는 세계의 모든 주요 신문이 싣는 거대 뉴스 서비스이다. 매니스티는 그 선전효과를 위해 그의 뉴스 에이전시를 지원했다.

볼리비아의 물전쟁

로티스 그룹의 줄에 서 있던 것처럼 『인터내셔널 헤럴드 트리뷴』의 경제 파트 컬럼니스트는 죌릭 대사와 WTO의 만남을 수월하게 했다.

> 여기 다시 우리가 있습니다. 개방시장의 적들은 가난한 나라나 부자 나라, 양쪽을 위해 세계의 번영을 계획하고 있는 무역중재자들의 계획을 흩어지게 하려고 합니다.

세상에, 누가 우리의 적인가? "반세계화 행동주의자"들은 『트리뷴』 기자와 GATS에 반대하는 사람들에게 경고했다. 세계의 번영을 반대하는 사람들에게 내릴 벌은 무엇일까? 우리는 그들을 체포해야만 하는가? 뭐, 그 일은 볼리비아에서는 이미 벌어지고 있었다.

GATS 조약의 주요 목적 중 하나는 공기업이 소유한 수도시스템을 개인 기업에게 넘겨주는 것이다. 정부는 전국에 파이프 시스템을 설치

하느라 일조 달러가 들었지만 어떤 이득을 얻으려고 했던 것은 아니다. WTO, 세계은행, Azurix, Vivendi 그리고 인터내셔널 워터 리미티드라고 불리는 회사는 이것이 끔찍한 낭비라고 생각했다. 그러나 물은 싼 물건이기 때문에, 바보 같은 정부는 파이프 값만 주면 그 물은 주어버리려고 하는 것 같았다. 수도 가격을 올리게 되면 가능한 사업이 되는 것이었다.

영국에서 처음 공공수도가 회사에 팔렸다. 물값은 250% 올랐고 정원에다 물을 주는 것은 범죄로까지 여겨졌다. 영국사람들은 늘 그랬듯이 투덜대면서도 비용을 지불했다. **아무런 저항 없이 상수도 사기업화는 이집트, 인도네시아, 아르헨티나까지 행진했다.** 그러나 볼리비아의 코차밤바에 이르렀을 때 대실업가들이 상상도 못한 일이 벌어졌다. 목마른 군중이 대항했고, 결국에 그들은 피까지 흘려야 했다.

"시위로 인해 2명 사망"이란 제목의 볼리비아 발 뉴스가 영국 『가디언』 지의 "세계단신"에 자그마하게 실렸다. 미국 신문에서는 볼리비아 기사는 사라지고 대신 모니카 르윈스키의 드레스가 등장했다. 2001년 4월이었고 나는 무슨 일이 일어났는가를 알아내기 위해 인터넷과 나의 스페인 친구를 동원했다.

먼저 숫자를 바로잡아야겠다. 볼리비아의 사망자는 6명이고 부상자는 실명한 두 어린이를 포함하여 175명이었다. 진압군인들은 처음에는 최루탄을 사용하였으나 곧 실탄을 사용하였다. 사람들은 코차밤바 시(市)의 수도요금이 35%나 치솟는 것에 대해 시위를 벌이고 있었는데 요금 인상은 새로이 수도사업을 인수한 런던의 국제수도회사(IWL)가 단행한 것이었다.

코차밤바에서 인명피해가 나자 휴고 반제르(한때 볼리비아의 독재자였으나 당시는 선거에 의해 선출된 대통령이었다)가 전국에 계엄령을 선포하여 통행금지를 실시하고 기본권을 제한하였다. 2000년 4월 12일, 계엄령이 선포된 직후에 세계은행 총재인 제임스 울펜손은 워싱턴 시위에 대해 대비를 하는 와중에 잠시 시간을 내어 볼리비아 사태에 대해 입을 열었다. "볼리비아 소요사태는 다행히도 가라앉고 있습니다."

나는 코차밤바 시위를 주도하고 있던 오스카 올리베라를 만나 어떻게 시위를 조직했는지를 질문했다. 요금인상에 대한 첫 번째 시위가 일어난 후인 4월 6일에 노조 지도자 올리베라는 14인의 경제학자와 국회의원 및 법률가와 지역 지도자들로 구성된 위원회와 함께 IWL의 요금인상에 대해 토론을 해보자는 정부의 제안을 받아들였다. 코차밤바의 정부청사에 들어서자마자 올리베라는 동료들과 함께 체포되었다. 올리베라가 체포되자 건물 밖의 시위는 코차밤바의 가톨릭 대주교가 주동을 하고 500명의 시위 인원이 참여하는 정도의 것이 되었다.

물론 세계은행 총재가 사태를 잘못 파악했을 가능성이 있다. 그리고 그가 폭동자라고 부른 사람들이 실은 무자비한 진압에 희생된 죄 없는 사람들이었다. 다른 시위 지도자 4명과 함께 석방된 올리베라는 (또 다른 17명은 볼리비아 정부에 의해 연금 상태에 있었다.) 워싱턴으로 날아가 울펜손과 대화를 시도하였다. 그러나 울펜손은 바쁜 몸이라 올리베라는 그를 만나지 못하고 되돌아갔다.

국제수도회사(IWL)에 대해 들어본 적이 없다고요? 영국의 많은 다국적 기업처럼 이 회사도 미국 대기업에 의해 좌지우지되는 기업이다. IWL의 경우는 샌프란시스코에 본사를 둔 거대 건설업체 베크텔이 지배하고 있고, 한때는 닉슨 행정부의 국무장관이었던 조지 슐츠가 이끌었다.

또한 레이건 행정부의 국무장관이었던 카스퍼 와인버거로 이어졌고, CIA의 전직 국장이었던 존 맥콘과 윌리엄 캐시로 이어졌다. 베크텔의 미국 본사는 볼리비아 사태가 수도요금 인상과 아무런 관련이 없다고 강하게 부인하는 성명을 발표했다. 오히려 베크텔은 볼리비아 소요사태가 일부 "코카 잎 생산 단속"을 반대하는 자들의 소행이라는 암시를 던졌다. 올리베라는 자기나 대주교가 마약판매에 관련되지 않았다고 대응하였다.

이런 소요사태를 일으킨 요금인상은 거대한 미시쿠니(Misicuni) 댐 계획에 들어간 비용을 보충하려는 IWL 측의 필요에 의해 이루어진 것이었다. 미시쿠니 댐으로부터 물을 공급 받는 것은 다른 곳에 비해 대략 6배가 더 비싸게 먹힌다. 왜 IWL은 터무니없이 비싼 곳의 물을 공급 받으려고 할까? 아마도 그 이유는 IWL이 미시쿠니 댐 계획에 일부 지분을 갖고 있기 때문일 것이다.

IWL이 댐 계획에 대한 요금을 징수하는 것에 사람들이 반대하는 또다른 이유가 있다. 그것은 아직 댐이 건설되지 않았기 때문이다.

투자계획에 자금을 대는 것은 투자자이지 이용자가 아님은 회계학의 기본이 되는 사항이다. 투자계획이 이루어져 물품이 생산되면 위험을 감수한 자가 이윤을 얻어 투자금을 회수해야 한다. 이것이 소위 "자본주의"라는 제도의 핵심이고 정신이며 바로 자본주의를 정당화하는 것이다. 그것이 기본 이론이다. 그러나 독점기업이 한 시의 수도꼭지사업까지 모두 소유하게 되면 투자자금을 얻기 위해 (심지어는 시장가격의 600%가 넘는 비용이다.) 회사 주주들이 아니라 볼모로 잡힌 소비자들로부터 자금을 뽑아낼 수 있게 된다.

볼리비아 정부의 수도사업 자문위원을 지냈던 사무엘 소리아는 IWL이 이 사업에 자금을 투자했는가에 대한 어떠한 증거도 IWL 측으로부터 얻어낼 수 없었다고 말했다. 현재 코차밤바 경제학자 위원회 의장을 지내고 있는 소리아는 IWL 측으로부터 천만 달러의 자금을 뉴욕에 있는 시티은행에 예치시켜 놓았다는 이야기를 들었으나 볼리비아로 이체

된 증거는 발견하지 못했다고 한다. 그는 IWL 관리 하에서는 수도요금이 150%까지 올라갈 수도 있다고 우려하고 있다.

"어느 누구도 그 수도회사에 돈을 내놓지 않았다." 코차밤바 신문인 『헨테(*Gente*, 민중이란 뜻)』의 편집자 루이스 브레도우는 말했다. 브레도우가 취재를 통해 알아본 바로는 IWL은 모든 수도사업을 거저 얻어냈다는 것이다. 이런 엄청난 특혜는 반제르(Banzer) 대통령과 동맹을 맺고 있는 정당의 대표이자 전직 볼리비아 대통령인 자모라와 IWL과의 밀착관계에 따른 것이라고 그는 말하고 있다.

나는 IWL의 런던 대변인을 만나보았지만 "당신은 어떻게 IWL이 코차밤바와 관련되어 있다는 것을 알게 되었습니까?"라는 질문 외에는 별다른 말을 하지 않았다. (볼리비아에 있는 그들의 회사 이름은 아구아스 데 투나리이다.) 실은 IWL의 개입은 브레도우의 말을 빌리자면 점점 "미스테리오소(misterioso)"*해지고 있다. 반제르 대통령은 확산되는 시위를 가라앉히기 위해 수도사업의 민영화를 백지화하겠다고 2000년 4월 5일 발표하였던 것이다.

하루 뒤, IWL이 다시 수도회사를 인수한다는 말이 새어나오자 전국적으로 사람들이 거리로 몰려나왔다. 4월 10일, 당황한 볼리비아 정부는 영국 CEO가 볼리비아에서 피신해 나갔다는 정보를 접하자 외국 콘소시엄이 수도 사업을 "포기"했다고 발표하였다. 그러나 나는 그 CEO를 라파즈 호텔에서 찾아낼 수 있었다. 그곳에서 IWL 측 사람들은 앞으로 반제르 정부와 협상을 벌일 것이라고 내게 일러주었다.

베크텔이 코차밤바에 비참함을 가져다 주었다고 말할 수는 없다. 이들이 왔을 때 이미 거기에는 비참함으로 가득했기 때문이다. 설사를 일으키는 수인성 전염병은 볼리비아에서 가장 발생빈도가 높은 질병이며

---

* 미스테리하다라는 뜻의 스페인 말.

또 심각한 어린이 사망 원인이기도 하다. 이것은 농촌지역의 가정들 가운데 31%만이 상수도 시설과 위생설비 혜택을 받고 있는 현실에 기인하는 것이다.

세계은행 총재 울펜손은 물 부족 해결책을 갖고 있다. 그것은 요금을 인상하는 것이다. **"그러니 돈을 지불하시오."** 울펜손은 4월 12일 시위하는 볼리비아 수도 사용자들을 "폭도들"이라고 심하게 매도하면서 그들에게 그렇게 요구한 것이었다. 잠자코 조용히 돈이나 내라는 울펜손의 단말마적 발언은 자신의 전문가들로 구성한 세계은행 내의 위원회 결정과도 상충되는 것이다.

1997년 7월 워싱턴에서 열린 회의에서 세계은행의 전문 관료들은 미시쿠니에 반대되는 견해를 볼리비아인들을 향해 내놓았고 게다가 요금이 상승할 경우 사회적 소요사태가 일어날 수 있음도 경고하였다. 세계은행의 내부 인사들에 따르면 (해고될 위험이 있으므로 그들의 이름은 밝힐 수 없음) 세계은행의 수리(水理)학자와 기술자들은 미시쿠니의 부풀려진 비용의 극히 일부분만으로 코차밤바의 수도 계획을 생각하고 있다고 말했다.

그만한 비용이라면 요금인상 없이 해낼 수 있다고 한다. 그 은행의 전문가에 의하면 수돗물 공급 사업은 두 회사가 분담하도록 했는데 그렇게 하는 이유는 IWL 소유의 아구아스 데 투라니를 내세운 상황에서 자기거래를 못하도록 하기 위한 것이다.

그렇다면 세계은행 자체가 해악을 주는 것으로 판단한 계획에 대해 시위대들이 반대한다고 해서 울펜손이 비난을 퍼부었던 이유는 무엇일까? 2000년 4월 세계은행 "각료" 회의가 열리던 워싱턴이 장관들의 리무진으로 가득 메워지기 훨씬 이전에, 매우 중요한 정책 결정들이 훨씬 더 세분화된 여러 "분과" 회의들에서 결정되었던 것이다. 수도사업의 경우 거의 1,000명에 이르는 실무자들과 관료들이 2000년 3월 헤이그에 모여 전 세계 수도 사업을 사기업화하기 위한 프로그램을 심의하고 또 수정 보완하였다.

그러나 3월에 전 세계를 "시장 질서"라는 밑그림 안에 담으려고 한 사기업들은 가격을 급격하게 인상할 때만 이윤을 낼 수 있을 뿐이다. IWL는 볼리비아에서 16%의 수익율을 확보하였다. 이것이 가능했던 것은 오직 35%의 요금인상 단행 덕분이었다. 세계은행의 압력이라는 도움이 없었다면 이런 볼리비아 수도사업의 장악은 절대 이루어질 수 없었을 것이다. IMF와 세계은행 그리고 인터아메리카 개발은행은 매물이 많아 값싼 가격에 수도사업을 매입할 수 있도록 하는 계획을 마련하였다. 그들은 이것을 각 라틴아메리카 국가에 대한 "마스터플랜"으로 불렀다. IWL과 같은 콘소시엄은 그렇게 해서 헐값으로 나온 공공자산을 매입하기 위해 설립된 것이다.

IMF와 세계은행은 공공자산을 인수하려는 사기업들이 수도시설 보수와 확장에 절실하게 필요한 자금을 제공해 준다며 매각을 정당화한다. 그러나 여자를 유혹하는 바람둥이의 꽃다발처럼 그 약속은 급속히 시들어버리고 만다.

코차밤바의 시위 지도자들은 바로 국경을 넘어 부에노스 아이레스로 향했고, 그 지역에서도 최초의 민영화 콘소시엄이 7,500명의 노동자들을 해고했고 또 수도시설은 관리소홀로 크게 손상된 상태이며 요금은 천정부지로 솟은 사실과 필리핀에서 영국 중부지방까지 모든 수도사업 민영화에서 보았던 것이 되풀이되고 있음을 잘 알고 있었다. 아르헨티나에서 부에노스 아이레스 수도사업의 새로운 소유권자 가운데는 눈에 띄게도 세계은행 자신이 포함되어 있다.

수도 시스템을 헐값에 팔고 수도요금을 인상한 데 대한 총파업은 세계화의 전력작전에 맞서 처음으로 성공한 시위가 되었다. 울펜손이 쓴 바에 의하면 세계화는 행복하지 않았다고 한다. 세계화의 야단법석에 드는 큰 돈은 방글라데시의 매사냥 비데오 덱에 있는 것이 아니다. 그 **방식은 신속하게 국가자산을 헐값에 매입하는 것인데 독점을 통해 큰 이윤을 담보해 주는 인프라에 집중하고 있다.** 브라질 상파울로 가스회사를 영국가스회사가 인수한 일에서부터 마닐라 수도회사를 유나이티드 유틸리티가 매입한 것에 이르기까지의 일들은 아무런 위험부담 없이 쉽게 이루어지는 듯했다. 적어도 안데스 지역에 사는 몇몇 목마르고 또 분노에 찬 농민들이 이러한 새로운 제국주의에 제동을 걸 수 있을 것이라는 생각에 거리로 뛰쳐나오기까지는 그랬다.

볼리비아가 사라지다 — 패션 면을 보시오.

사망자가 나온 볼리비아 사태에 대해 신문에서 읽은 적이 없다고?

여기 보시오. 『워싱턴포스트』지에 나와 있소. 13면, 바로 패션 면이요. 농담이 아니오. 패션 면이요. WTO 반대 시위자들의 생활양식에 대해 쓴 조그만 기사 밑에 달려 있소.

그해 가장 주목할 만한 국제뉴스가 이렇게 뿅하고 나타났다가 사라져 버리고 말았다.

중요한 뉴스가 묻히는 이유는 충분한 자극을 주는 사진이 없거나 국내뉴스와 큰 관련이 없는 경우다. 그러나 볼리비아 뉴스에는 이 모두가 담겨 있었다. 방송사들은 군인들이 시민에게 발포하는 고화질의 화면을 입수할 수 있었다. 또 사태의 핵심에는 베크텔의 정치적인 배후를 포함한 거대한 미국 기업이 있었다. 가장 중요한 것은 남미에서 일어난 이 시위사태는 워싱턴에서 같은 날 일어난 시위와 동일한 성격이면서도 더

극적일 뿐 아니라 또 유혈사태까지 불러일으켰다는 점이다. 뉴스의 경중을 판단하는 어떤 잣대를 들이대어도 세계화의 진로에 제동을 건 이 사건은 커다란 뉴스감이 아닐 수 없다.

세계은행 총재 울펜손이 학살당한 시위자들을 "폭도"라고 불렀을 때 그가 의도했던 것은 언론이 볼리비아 사람들에 대해 동정적인 기사를 되도록이면 쓰지 않도록 하려는 것이었다. 하지만 그는 걱정할 필요가 없었다. TV에는 어떤 보도도 방영되지 않았다. 또 『워싱턴포스트』의 패션 면에 실린 것과 『뉴욕타임스』의 몇 단짜리 단신을 제외하면 주요 언론 및 방송에서 볼리비아는 사라져 버리고 말았다.

그나마 약간의 신문 취재도 차라리 아예 안 하느니만 못한 것이었다. 『파이낸셜타임스』는 볼리비아로 특파원을 파견했다. 그의 취재기사 첫머리를 보면 시위자가 점거한 건물에는 "빛바랜 체 게바라(Che Guevara)와 피델 카스트로(Fidel Castro)의 초상화"가 내걸렸다고 쓰여 있다. 6명이 사망했다는 말은 없었다.

『파이낸셜타임스』의 그 기자는 실상에 대해 좀더 잘 알고 있었을 터인데도 수도요금 시위의 배후에 마약상이 연관되어 있다는 다른 기사를 언급하고 있었다. 이런 애먼 소리는 베크텔 사의 홍보신문에 실렸었다. 여보시오, 기자양반. 기업의 홍보지가 실제 사실보다 더 중요하다는 것이군요.

볼리비아 국민들도 자세한 보도를 접할 수가 없었다. 다만 좀더 직접적인 매체를 통해서만 얻을 수 있었다. 볼리비아 신문 『헨테』의 용기 있는 편집자는 미국 및 유럽의 투자자와 정치적 이해관계가 있는 볼리비아 사람들 사이의 협잡에 의한 거래가 있음을 폭로하는 취재기사를 연재물로 실었다. 4월 말, 『헨테』의 발행인은 수도사업의 볼리비아 측 기업이 자금압박을 하겠다는 협박에 항복해서 편집자 루이스 브레도우에게 기사 철회를 신도록 요구하였다. 그러나 그 대신 브레도우는 사직서를 실었다. 베크텔의 자산에 대해 그가 알아낸 것을 나와 이야기했던 정부의 전문가인 소리아 박사는 그가 공적으로 알아낸 것 때문에 체포당했다.

코차밤바 시위 지도자인 오스카 올리베라는 그를 위한 전 세계적 석방운동에 굴복해 석방이 결정되었다. (이번이 처음은 아니었다. 그는 세 번이나 체포되었던 것이다.) 내가 토마스 프리드먼하고 논쟁을 벌인 그 밤에 받은 반가운 소식이었다. 그러나 이 여파에서 "시위 때문에 2명 사망"은 무엇이란 말인가? 말할 필요도 없이, 서방신문이나 볼리비아 신문들은 목숨을 잃은 시위자의 이름에 대해서는 아무 말도 하지 않았다.

그들은 누구인가? 베크텔이 주장한 대로 마약 딜러들인가? 선동가? 게릴라? 한 달 후, 결국 나는 동료로부터 그 정보를 얻었다.

> 받은 일자: 9/5/00 9:29:32 AM 동부서머타임시간
> 발신자 쏨
> 제목: 볼리비아 죽다
> 4월 8일 토요일 오후, 17세의 빅터 유고 다자가 얼굴에 총을 맞고 사망했다. 내 친구가 그 가족을 알고 있는데 그에 따르면 빅터는 어머니 심부름을 하느라 시내에 나와 있었다고 한다.

WTO의 조악한 TRIPS

2002년 7월 『뉴욕타임스』는 부시 대통령이 아프리카를 구원하였다고 보도하였다. 이 마음이 넓은 기부는 아프리카와 카리브해의 여러 나라에 에이즈 치료제 구입에 쓰라며 5억 달러를 주기로 했다는 것이다.

아프리카에 정가의 75%를 깎은 가격으로 에이즈 약을 제공하겠다던

제약회사들과 빌 클린턴의 거래와 연합해 보자. 그리고 나는 개인 기업이 뜻하지 않게도 가끔 기적을 행한다는 것에 수긍할 준비가 되어 있었다.

그러나 나는 아르헨티나에서 12쪽짜리 문서를 하나 입수하게 되었다. 때는 7월 1일로 크리스마스를 맞는 것 같은 기분이 들 때였다. 제노아에 있는 미국 무역대표부에서 나온 문서로 보였다. (이 문서가 진짜임을 이들은 부인하지 않고 있다.) 2000년 6월로 적혀 있는 이 극비 서한은 약품 수출입에 있어서 아르헨티나가 무역장벽을 없앤 것에 대해 협박하는 내용의 편지였다. **약품 수출입의 자유화를 계속 추진할 경우 미국은 "301조 감시 대상 명단"에 넣겠다고 말했다. 그것은 무역상대자에게는 사형선고나 다름없었다.**

GATS보다 그리고 상수도 소유권에 대한 투쟁보다 세계무역기구(WTO)가 더 심한 것이 있다.

여기 WTO 조약에 가장 적절한 것은 TRIPS라고 환각적으로 불리는 것이다. 즉 무역과 관련된 지적 소유권이 그것이다.

만일 세계화의 복음을 전하는 전도사의 복음을 들어본 적이 있다면 여러분들은 세계무역기구가 관세와 무역장벽을 없애는 것에 온 힘을 바치는 기구라는 인상을 받을 것이다. 그러나 그것은 **꿈에서나 가능한 일이다. 실제로 WTO는 관세 시스템을 민영화하기 위한 기구이다.** 한때 여러 나라들은 관세장벽을 두어 자국의 노동자와 산업을 보호했었다. 새로운 세계무역 질서에서는 세계 기업들이 브랜드나 시장 분할 등으로 구분해 놓은 지역 외에서 상품을 판매하고 구입하는 나라에 대해 징수액을 요구할 수 있다. 수출입 금지와 관련한 WTO의 처벌 시스템은 소위 TRIPS를 통해 작동하고 있다.

TRIPS의 이야기, 아르헨티나와 아프리카는 이 재미있는 사실을 가지고 시작한다. 지금 당장 아프리카에 의약품이 도착하지 않는다면 남부 아프리카의 2,530만 명은 에이즈로 죽을 것이다. 다행히도 브라질, 인도, 그리고 특히 **아르헨티나는 에이즈 치료제를 매우 값싸게 생산하여 죽어가는 사람들에게 값싼 가격으로 제공해 줄 수 있다. 그러나 미국과 영국 그리고 스위스 등의 거대 제약회사들은 이런 수출에 대해 큰 목소리로 이의를 제기하고 있다.** 클린턴 행정부 동안 미국은 앨 고어 부통령의 주도와 또 거대 제약회사의 후원 아래 노벨평화상 수상과 꽃무늬 옷으로 유명한 넬슨 만델라의 간청으로 마련된 구난계획을 저지하였다.

불행히도 고어는 당시 대통령 선거에 출마해 있던 상황이었기 때문에 그의 이러한 정책에 분노한 미국 동성애자들은 그의 선거캠페인마다 반대하고 나서게 되었다. 동성애자들은 영화 〈줄루(Zulu)〉에서 마이클 케인이 살해한 사람보다도 더욱 많은 아프리카인들을 미국이 살해하고 있다고 목소리를 높였다. 이것에 대한 TV 보도는 앨 고어의 선거 전략에 좋지 못한 것이었다. 그리하여 빌 클린턴 대통령은 아프리카에 수십억 달러를 지원하기로 했던 것이다.

그러나 이 자금지원에는 조건이 달려 있었다. 남아프리카 공화국은 의약품 100%를 모두 미국에서 구입해야 하며 또 자금 상환도 "시세 이자"를 붙여 해야 한다는 것이었다.

미국 무역대표부가 아르헨티나에 보낸 악의에 찬 편지는 의약품의 자유무역을 금지하는 실정법을 남아프리카 공화국이 어기지 못하도록 하려는 공급자의 계획을 드러내는 것이다. 남아프리카 공화국은 TRIPS의 예외 조항, 즉 비상시에는 특허권자의 허가 없이도 특허 의약품을 수입할 수 있다는 조항을 활용하려 했었다. 처음, 미국은 반(反) 고어 시위가 있기까지는 미국에서 수입하는 남아프리카공화국의 제품에 관세를 부과하는 보복조치를 단행하였다. 아르헨티나에 대한 미국 무역대표부의 협박은 클린턴 행정부가 어리석은 만델라식의 환상을 깨기 위해 남아프리카공화국의 에이즈 의약품 공급처를 차단하는 한편으로 아르헨티나에는 경제제재를 재개하려는 의도가 있음을 보여주는 것이다.

만일 아르헨티나가 이에 굴복하지 않았다면 다음과 같은 일이 일어났을 것이다. 즉, WTO의 형식적 재판을 거친 후 아르헨티나의 경제는 인도와 브라질 및 다른 수출국들에게 보여주기 위한 본보기로 제네바의 막대에 내걸렸을 것이다. 아르헨티나는 이미 무릎을 꿇었고, 클린턴이 그 경제적인 급소에 재빠르게 발차기를 해대자 얼른 굴복했다. 아프리카 사람들은 클린턴의 부정적이지만 너그러운 융자사기를 받아들이기에는 너무 똑똑하고 또 너무 가난했다. 부시는 클린턴이 제시한 액수의 네 배를 약속했는데 융자가 아니고 보조금 형식이었다.

아마도 이런 나의 주장은 공정하지 못한 것인지도 모른다. 결국 무역관련 지적재산권협정은 글락소웰컴의 에이즈 치료제인 AZT같은 의약품을 개발하기 위해 필요한 위험부담과 투자와 뛰어난 발명을 하는 제약업자들을 보호하고 또 보상을 해주고 있기 때문이다.

물론 글락소는 창의적 발명에 뛰어났다. 그러나 AZT를 개발하는 데 뛰어난 발명력을 발휘했던 것은 아니다. 그 물질은 1964년 제롬 호로위츠라는 어느 교수가 미국 국립보건원(National Institute of Health)으로부터 연구비를 지원받아 합성한 것이었다. 글락소의 한 자회사가 그 물질을 사들여 애완용 고양이에게 사용하였다.

1984년 국립보건원의 한 실험실이 에이즈 바이러스를 발견하였다. 국립보건원은 제약회사에 모든 항 레트로바이러스(HIV Virus) 의약품의 샘플을 빨리 보내줄 것을 요청하였다. AZT가 에이즈 바이러스를 죽인다는 사실이 실험에 의해 밝혀지자 정부는 글락소 측에 실험을 행해줄 것을 요청하였다.

글락소는 거절했다. 그들을 비난할 수는 없다. 에이즈 바이러스는 실험실을 오염시키고 또 연구자까지 죽일 수 있는 것이었다. 국립보건원의 히로시 미추야 박사는 뛰어난 연구능력과 용기 그리고 공공자금을 이용하여 살아있는 바이러스에 대해 어려운 확인실험을 실시하였다. 1985년 2월, 국립보건원은 반가운 소식을 글락소 측에 전하며 사람에 대한 임상실험을 해줄 것을 요청하였다.

글락소는 이번에도 거절했다. 바로 여기에서 글락소는 창의성을 발휘했다. 내용을 통보 받고 수일 만에 글락소는 신물질 "발명"으로 영국에 특허를 출원하였다. 글락소는 미국 정부의 역할에 대해서는 아무 언급도 하지 않았다.

그러나 글락소도 양심은 지니고 있었다. 2000년 7월 미국 및 영국 국적의 이 거대기업은 남아프리카공화국에 대해서는 환자 한 명당 하루치의 약을 2달러에 판매하겠다고 발표하였다. 이 가격은 미국과 유럽에서 판매되는 가격보다 75%나 더 싼 가격이었다. 나는 글락소 측에 전화를 걸어 이에 대한 감사의 뜻을 전하고자 하였다. 그러나 몇 가지 질문을 던지고 보니 2달러라는 가격은 브라질 및 아르헨티나 의약품 가격에 맞춘 것으로 여전히 생산원가의 세 배에 달한다는 사실을 분명히 알게 되었다.

한번 이에 대해 생각해 보라. 만일 2달러가 자유시장 가격이라면 미국인과 유럽인들은 400% 비싼 가격을 지불하는 것으로 이는 무역관련 지적재산권협정이 금지하는 가격차별에 분명히 해당되는 것이다. 세계무역기구의 소위 지적재산권에 있어서 웃기지도 않는 점이 바로 그것이다. 서방에서 무역관련 지적재산권협정을 선전할 때에는 얼굴도 시커멓고 게으르기 짝이 없는 제3세계 사람들이 자신들이 발명해 놓은 것을 훔쳐가려 하고 있다고 말한다. 그러나 지식을 개인소유화하는 이런 새로운 제도 하에서는 아프리카 사람들뿐만 아니라 서방의 환자들도 많은 것을 잃게 된다고 워싱턴에 있는 '기술에 관한 소비자 프로젝트(Consumer Project on Technology)'의 제이미 러브가 말했다.

러브가 그것을 확연하게 깨닫게 된 것은 1997년 모드 존스라는 30세의 런던 여성이 택솔(Taxol)이란 의약품을 얻을 수 있도록 도와달라고 사정하는 전화를 했을 때였다. 이 의약품은 유방암을 앓고 있는 그녀를 치유할 수 있는 것이었지만 영국의 의료시설에서는 엄청난 비용 때문에 처방을 해주지 않고 있다는 것이었다.

택솔은 특허가 없다. 미국 정부가 고용한 과학자가 이 물질을 발견했었던 것이다. 그러나 거대 제약회사인 브리스톨마이어 스퀴브가 복용량에 대한 작은 실험을 행한 이유로 해서 복용량과 관련된 자료에 대해 지적재산권을 지니고 있다. 사실 그 자료는 본래 미국 정부가 얻어낸 것이었음에도 불구하고 말이다. 특허권은 없지만 영국의 자료 보호에 관한 법률에 따라 브리스톨마이어는 택솔을 영국에서 10년간 독점할 수 있는 권리를 갖게 되었다.

브리스톨마이어는 암 치료에서의 시장독점권에 요행수를 바라지 않았다. 택솔은 주목에서 추출되는 물질이다. 서방의 제약회사들이 아시아 열대우림의 식물들을 사용료를 지불하지 않고 취해오면서 그 식물들은 자신들의 것이라고 오랫동안 주장해 왔던 것에 비해 브리스톨마이어는 미 의회로부터 미국 국토에서 주목을 벌목할 수 있는 독점적 권리를 얻어냈다. 미국은 주목이 자라는 유일한 지역이다. 이러한 공공자산을 사용하면서도 브리스톨마이어는 한 푼도 지불하지 않았다.

그러나 모드 존스는 돈을 지불했다. 결국 비난을 두려워한 브리스톨마이어는 그녀가 미국으로 건너오면 약품을 무료로 제공하겠다고 제안했다. 그러나 의사들은 이 제안은 이미 늦었다고 결론 지었다. 그녀의 가족은 파산에 직면해 있었는데 모드는 러브에게 전화를 걸어 그냥 죽음을 맞기로 했다고 말했다.

러브가 내게 말하길 모드는 죽음을 맞으며 남아프리카 사람들과 미국 사람들 그리고 유럽 사람들 모두 "도움이 되는 서로간의 연대"를 모색하기를 희망했다고 한다. **에이즈와 유방암에 있어서는 지구의 남북이 모두 지적재산권이라는 차별정책에 핍박받고 있는 것이다.**

닥터 드레가 소니를 보호하다

내가 박사에게 WTO TRIPS 조약에 대해 물어보자 닥터 드레는 내게 막말을 해댔다. "야 이 좆 같은 새끼야. 아가리 닥치고 굿이나 보면서 떡이나 먹어." 닥터 드레라고 알려진 가수 엔드레 영이 나와의 인터뷰에서 자신의 지적저작권 가운데 하나를 예로 들어준 것이었다. 냅스터(www.napster.com) 이용자들에 의해 공짜로 복사되는 것을 우려하고 있었던 것이 바로 이런 내용의 것이었다.

영은 냅스터를 고소하였고 캘리포니아 주의 한 판사는 저작권을 훼손하는 해적들에게 둘러싸인 그 사람을 보호하기 위해 냅스터의 폐쇄를 명령하였다. 법원의 명령에 대해 보인 영의 반응은 철학적이었다. "나는 두려움으로 가득차서 누구를 죽여 버리고 싶은 심정이다."

도대체 어찌된 일인가? 검은 얼굴의 성난 랩퍼가 냅스터를 공격하고 있는 장면 뒤에는 흰 얼굴을 한 자들이 웃고 있다. 그 얼굴들은 바로 그와 함께 고소했던 이들로 미국 레코드 산업 협회의 얼굴이었다. 레코드 산업 협회는 5대 음반회사인 EMI, BMG, 소니, 타임-워너, 유니버설을 대변하는 단체이다. 이들 5개의 거대 음반회사는 서방에서 판매되는 모든 음반의 95% 이상을 담당하고 있다. **가수들을 위하는 것처럼 보이는 그들의 행위 이면에는** − 언제부터 음반 산업이 가수들을 위해 주었던가? − **음악에 있어서의 OPEC라고 할 수 있는 그들의 담합을 보호하려는 좀더 심오한 계획이 도사리고 있다.**

이제 레코드 산업의 이면을 파헤쳐 보자. 거의 알려지지 않은 사건으로 미연방 무역위원회가 고소한 사건이 있는데 그 합의 판결문에 따르면 5대 음반회사들은 여러 해 동안 소매상에 압력을 넣어 아바(Abba)의 기념 CD를 36달러에 판매하도록 했다고 한다.

빌 게이츠의 경우에서 보았듯이 잘나가는 독점기업은 한편으로는 원료 공급자의 목을 죄면서 동시에 다른 한편으로는 소비자로부터 돈을 강탈해낸다. 음반 산업 카르텔의 경우를 보면 원료 공급자, 즉 가수들은 삼엄하게 경비되고 있는 다섯 개의 관문 가운데 하나를 통과해야 한다. 그 결과 이런 통과하기 어려운 관문을 뚫고 방송을 타거나 큰 상점에 진열될 수 있는 음반은 스파이스버니스, 에릭 크랩톤, 또는 에미넴과 같이 잘 기획된 어린 소년들, 재능은 없지만 중년의 거물급 인사의 아내로 번지르르한 외모를 지닌 여자(재능있는 머라이어 캐리를 지칭하는 것으로 오해해선 안 됨) 등이다.

다시 말해서 **이들 5대 기업은 우리 소비자가 원하는 것을 구매할 때 그 구매방식에 통제를 가하는 것이 아니라 우리가 무엇을 원해야 하는가까지 정해 주고 있는 것이다.**

음반 산업에 투입되는 인적자원 즉 가수들은 보통 이러한 폐쇄적 시스템을 비난해 왔다. 이때 드레와 그 단원들이 등장했다. 그와 "일당"들은 자신들의 인기를 이용해 거물급 인사들이 인터넷을 공격하는 데 도움을 주었다. 인터넷은 타임−워너사가 선정한 것 외의 음악을 널리 알리는 데 있어 새로운 대안적 통로이다. 이런 시스템은 랩 프로듀서 드레에게는 만족스러운 것이다. 이러한 카르텔을 통하여 드레와 퍼프 대디 (Puff Daddy)는 합심하여 그들의 위치에 위협을 가할 수 있는 가수나 "굿이나 보고 떡이나 먹어"를 작사한 마샬 매더스(에미넴) 같은 연예인의 약진을 막아낼 수 있기 때문이다. 드레는 바보가 아니다. 자신의 자그마한 자리를 유지하기 위해서는 윗사람들의 지적소유권 공장을 지켜주어야 한다는 사실을 잘 알고 있다.

드레 대(對) 냅스터 사건은 노래 가사에서부터 DNA까지 지적재산권을 두고 벌이는 거대한 전쟁 가운데 음악분야에서 벌어진 아주 작은 전투라고 할 수 있다. 넬슨 만델라가 남아프리카공화국은 자국의 생산업자가 값싼 에이즈 치료제를 생산할 수 있도록 "의무면허(compulsory licences)"를 발행할 수 있다고 말하자, **앨 고어는 WTO 망치로 그를 위협하였다.** 그러면서도 동시에 "고어 테크", 즉 AOL과 오라클(Oracle) 등 앨 고어와 깊은 관계를 맺고 있는 실리콘밸리의 갑부회사의 요청을 접하고 미 법무부는 마이크로소프트사로 하여금 자사 소유의 코드와 윈도우용 소프트웨어의 사용권을 정부가 제시한 가격으로 고어 테크 측에 공개하라는 강제명령을 내렸다.

여보시오. 나는 빌 게이츠의 지적재산권을 국가가 모두 압수해야 한다는 것을 주장하는 사람이지만 이런 어이없는 위선적 행위는 그냥 보아 넘길 수가 없소이다.

그러나 지적재산권에 관한 새로운 제국주의적 질서에서 위선은 산소와 같이 필수불가결한 것이다. 지식 정보라는 저택 안에 우아한 모습을 하고 있는 지주 양반이 도둑으로서의 인생을 새로이 시작했다. 현행 WTO와 미국 법률 하에서라면, 예전에 나온 상품 가운데 다른 사람의 아이디어를 바탕으로 만들어졌다는 이유로 얼마나 많은 상품들이 출시되지도 못하였을까? 아이작 뉴턴은 아마도 지금 이렇게 말할 것이다.

"내가 다른 이들보다 멀리 내다볼 수 있다면 그것은 멍청하게도 특허를 내지 않은 거인의 어깨를 밟고 올라서 있기 때문이다." "해적행위"라면 그렇게 열을 잘 내는 빌 게이츠도 다른 사람의 지적 발명에 크게 힘입어 개발한 두 가지 상품의 이름을 댈 수 있을 것이다. 바로 MS-DOS와 윈도우즈이다.

그렇다고 모두가 지적재산권의 혜택을 받을 수 있는 것은 아니다. WTO는 "생명 형태"에 대한 특허권을 인정하는 법률을 마련해 놓으라고 모든 나라에게 요구하고 있다. 이를 어기면 제재조치가 취해진다. 미국인과 유럽인들이 말하는 "생명 형태"란 유전자 조작을 통해 얻어진 씨앗이나 의약품 또는 제3세계에서 몰래 들여온 전통식물의 유전정보 등이다. 태국이 멋모르고 전통 의약품을 자국의 지적재산으로 등록하려고 했을 때 미 무역대표부는 자연물에 특허권을 인정하면 "의료연구에 지장을 줄 수 있다"는 답변을 보내왔다. (미국은 아이러니를 사용할 줄 모른다는 통념을 더욱 굳혀주는 사례이다.)

WTO는 간섭 받지 않는 시장을 옹호하는 것으로 그려지고 있다. 그러나 랄프 네이더의 글로벌 트레이드 워치(Global Trade Watch)*에 있는 로리 왈라치는 WTO의 무역관련 지적재산권 협정은 자유무역을 방해하기 위해 존재하는 것이라고 말하고 있다. 쏟아져 들어오는 수입상품으로 인해 노동자들은 일자리를 잃고 있지만 거대 제약회사나 미디어는 장벽을 없앰에 따라 발생하는 판매 감소가 장기적으로는 이익이 된다는 주장을 귓등으로 흘리고 있다.

냅스터 사건에서 볼 수 있듯이 지적재산권을 새로이 확대한 것은 창작자의 창작의지를 북돋기 위한 것이 아니라 실은 기업 독점과 관련이 깊다.

---

* 랄프 네이더가 1972년 설립한 소비자 환경단체.

그래도 창작자는 보상을 받아야 하지 않을까? 닥터 드레는 그의 "심 술궂은 엄마"라는 슬픈 랩이 거리에서 주워들은 내용이라 말하고 있다. 그러면 거리의 부랑자들에게 저작권료를 지불한 적이 있었는가?

나는 드레와 인터뷰를 한 적이 없었음을 고백한다. 전화를 해서 내 연 락처를 남겼지만 연락을 주지 않았다. 그렇지만 여기 인용한 그의 말은 분명 그의 지적 소유이다. 따라서 나는 그에게 저작권료를 지불하고 싶 다. 드레와 소니 그리고 마이크로소프트사 또 글락소웰컴 여러분. 지금 까지 제 굿을 보았으니 떡이라도 드시게 하고 싶소이다.

불찬성의 대가: 새로운 세계화 질서에 대해 반기를 든 베네주엘라를 볼모로 잡다

가끔은 그림 한 장이 천 마디의 거짓말보다 가치가 있다. 2002년 6월 13일자 『샌프란시스코 크로니클』의 1면을 보자. 사실 기사는 별로 없 고, 그냥 "10만 명이 베네주엘라 대통령에 반대 행진을 하다"라는 제목 아래 화난 군중들을 찍은 큰 사진이 있을 뿐이다. 사진 설명은 "화난 군 중들은 베네주엘라 대통령인 휴고 챠베스가 자리에서 물러나기를 요구 하고 있다"라고 쓰여 있다. 데모 군중들은 챠베스는 독재자라고 말한 다. 로이터 통신은(이 서비스에 대해 매니스티 씨는 비난 받을 여지가 있다) 그 사진과 사진설명 외에 별다른 소식은 전하지 않았지만 그 사진은 미 국에 있는 모든 신문에 실렸다.

나는 금방 카라카스에서 돌아왔고 그 사진이 틀리지는 않다는 것을 보도해야만 한다. 사실 나는 챠베스 대통령 반대 군중이 20만 명이라고 보았다. 그러나 미국 신문들은 왜 챠베스 대통령을 지지하기 위해 행진한 50만 명의 군중들에 대해서는 보도하지 않는가?

그 소식이 『뉴욕타임스』에 닿을 즈음, 챠베스 반대군중은 60만 명으로 늘어났으니 베네주엘라에는 기자가 하나도 없는 줄 알았나 보다. 라틴 아메리카에나 어울리는 일이지만 챠베스를 지지하는 군중은 100만 명까지 올라갔으나 미국 신문과 방송에서는 그 군중들이 사라져 버렸다.

이런 스탈린시대에 어울리는 뉴스 잘라먹기는 만인평등주의자 남미 대통령에 대해 그릇된 정보로 된 캠페인을 하면서 거의 일 년 가까이 계속되었다. 2002년도에는 최악에 달했는데, 미국의 모든 신문이 하나도 예외없이 챠베스가 대통령직에서 사임했다고 발표했다. 그는 "대중적이지 못했고" "독재자였으며" 그리고 이런 사실을 인정하고 그만두었다는 것이다. 이 이야기에서 두 가지가 내 눈에 들어왔다. 하나는 사실로 받아들여지는 이 일이 아주 잘못되었다는 것이고 두 번째는 거의 모든 신문이 똑같이 "사임(resigned)"이라는 단어를 썼다는 것이다. 그 말은 미국 국무성 브리핑에서 나온 것이었다.

사실, **챠베스 대통령은 납치되었는데** 그래도 인정이 있는 감시자의 핸드폰을 빌려 그는 자신의 내각에 전화를 했다. 챠베스는 쿠데타의 지도자가 베네주엘라의 백악관인 미라플로레스(Miraflores)에 있는 모든 사람들을 완전히 쳐부셨고, 자신이 저항은 했지만 "납치"된 것을 인정했다. 그러나 그는 내각에 말했다. "그래도 나는 아직 대통령입니다." 24시간 만에 챠베스는 그의 책상으로 돌아왔고 "사임은 하지 않았다."

대통령이 납치 당하고 용기는 꺾이고 중상모략 당하고 이런 모든 것이 무엇이란 말인가? 왜 부시 행정부는 사담 후세인보다는 덜 공개적이지만 챠베스를 광적으로 증오하고 있었을까? 카라카스에서 챠베스의 장관인 미구엘 부스타만테 마드리즈가 그것에 대해 내게 설명했다. "미국은 우리가 권력을 잡게 내버려 두지 않을 것입니다. 우리는 새로운 세계화 질서의 예외입니다. 만일 우리가 성공하면 우리는 모든 미국인에게 본보기가 될 것입니다.” 그는 그 잘못된 ‘사임’ 보도에 대해 귀띔을 했는데, 그래도 그는 행운아이다. 그는 쿠데타 지도자의 사정거리에 있었다. 그러나 그는 행운이라고 생각하지 않았다. 부시 행정부는 아직 베네주엘라 정부를 사정권에 두고 있다.

부시가 쿠데타 지도자의 비위를 맞추었는지는 의문이다. 챠베스는 미국 대사관부 육군무관이 미국 대사관에서 나와 자신이 잡혀있던 군대 지하실로 들어가는 것을 찍은 비디오테이프를 가지고 있다. 여기에 대해 국무성은 부정하지 않았다. 그리고 부시의 대사가 언덕에 있는 그의 거처에서 나와 민주적으로 선출한 대통령을 전복했던 살인자와 같이 사진을 찍은 것에 대해서도 부정하지 않았다. 백악관은 “다수표”에 의해 챠베스가 선택되었어도 그것이 그의 정부에 대한 “합법성”을 말하는 것은 아니라고 했다.

“새로운 세계화 질서에 대한 이의”가 워싱톤으로부터 그런 분노를 유발시킨 것은 왜일까?

데모 군중으로 돌아가 보자. 노동절에 20만 명의 금발머리가 힐튼 호텔에서 나와 카사노바 거리를 따라 카라카스의 쇼핑 타운을 따라 동쪽으로 행진하고 있었다. 동시에 50만 명의 갈색머리의 군중이 서쪽에서부터 모이고 있었다. 마치 코믹스런 샴푸 광고의 한 장면 같은 광경이었다.

노동절의 갈색머리들은 챠베스를 지지했다. 그들은 도시를 둘러싸고 있는 가파르고 불안정한 언덕배기에 따닥따닥 지어진 오두막집에서 나왔다. 어떤 오두막집의 벽돌은 새것이었고 카드보드 벽으로 지어진 악취가 나던 슬럼에서 그래도 최근에 개량된 것이었다. “챠베스는 그들에게 벽돌과 우유를 주었다"고 지방 TV 기자가 내게 말하면서 경멸을 감추지 않았고 "그것 때문에 사람들이 챠베스한테 투표했다"는 것이다.

챠베스가 가난한 사람들에게 우유를 주고 집을 지어준 것은 죄도 아니었다. 그의 진짜 죄는 베네주엘라 국회에서 두 가지 법안을 통과시킨 것이었다. 하나는 사용하지 않는 땅을 땅이 없는 사람들에게 주기로 한 새로운 토지법인데, 플랜테이션 소유자가 2년 이상 소출을 내지 않은 땅에 한해서이다.

다른 하나는 **엑손모빌의 로열티 세금을 두 배로 하고 다른 정유회사에게도 새롭게 석유가 발견되면 16%에서 30%까지 로열티를 내야 한다는 석유법을 챠베스가 통과시킨 것인데, 이 때문에 대통령직을 위협받은 것이다.** 게다가 챠베스는 명목상으로만 정부가 소유했지 실제로는 외국회사가 가지고 있는 PDVSA 석유회사의 통제권을 정부가 가지도록 했다.

이것은 미국에 더이상 사소한 문제가 아니었다. 소수의 미국인들은 베네주엘라가 미국 석유공급에서 첫 번째가 될 수도 있다는 것을 알고 있었다. 아랍 석유금지가 있던 1973년, OPEC 할당량 이상으로 생산을 늘려서 어려운 고비를 넘기게 해준 것은 남미 국가들이었다. 챠베스가 베네주엘라의 대통령일 뿐만 아니라 OPEC의 회장이기도 한 것은 똑같이 중요한 일이었다. 챠베스만이 베네주엘라의 생산량을 OPEC 할당량에 맞추어 세계 석유 가격을 배럴당 20달러가 넘게 두 배로 올리면서 OPEC를 재건하는 일을 거의 혼자서 해냈다. **"우유와 벽돌"을 위한 돈이 거기에서 나온 것이고 챠베스는 베네주엘라의 석유를 가장 많이 뽑아내는 엑손모빌에 일대일로 대항했던 것이다.**

OPEC의 총무비서인 알리 로드리게스가 말했듯이 "미국의 석유의존도는 늘어만 가고 있다. 베네주엘라는 미국에 석유를 공급하는 가장 중요한 나라 중의 하나이다. 그래서 베네주엘라의 안전은 미국에게 굉장히 중요하다." 2002년 4월 12일 쿠데타가 계획보다 일찍 일어난 것에 대해 얘기해 준 것도 로드리게스였다. 이라크와 리비아는 미국이 이스라엘을 지원해주는 것에 대한 대응책으로 미국에 석유를 수출하는 것을 멈추려고 OPEC를 움직이고 있었다. 베네주엘라 석유에 대한 미국의 접근은 갑자기 긴급사항이 되었다. **챠베스를 몰아내려는 4월 12일의 쿠데타는 베네주엘라에 비상 안전장치를 해놓지 않은 상태에서 아랍으로부터 석유 수출금지를 당하지 않을까 하는 미국의 두려움에서 시작된 것이다.** 챠베스는 지금 당장 대통령직에서 물러나야만 했다.

협력적인 로비의 최종 결과

챠베스는 콜라의 열매처럼 까맣고 둥글게 생겼다. 그의 동료들같이 그는 "인디안"이다. 그러나 베네주엘라는 금발의 스페인 사람들이 지배한다. 내 주위에 있던 금발들은 대통령의 해임을 요구하면서 영어로 "물러나라! 물러나라!"를 외치며 행진한다. 하이힐을 신고 디자이너 안경을 쓴 식용유 회사의 중역은 말했다. "민주주의를 위해 싸우는 거지요" 그러면서 덧붙인다. "우리는 조직적으로 할 것입니다" 나는 분홍빛 립스틱을 바른 은행가가 "다음 선거까지 챠베스가 물러나는 것을 기다릴 수가 없지요"라고 설명할 때 조직적이라는 말의 뜻을 알 수 있었다.

그들의 영웅인 부시 대통령같이 그들은 **선거와 민주주의를 동등하게 여기지 않았다.** 베네주엘라 인구의 80% 또는 빈곤 수준의 아래에 있는 사람들에게 선거는 돈 있는 사람들에게 이의를 제기하기 위한 방법으로는 그다지 매력적이지 않은 것이었다. 챠베스는 58%의 지지를 얻어 당선되었다. 이것은 총으로 위협하지만 않는다면 바뀔 가능성은 없는 지지율이었다.

그리고 4월 12일 베네주엘라의 비즈니스 지도부는 대통령 궁에서 총으로 챠베스 대통령을 납치한 몇 명의 스페인계 장군들의 지지를 얻었다. 비즈니스와 산업의 국가연합의 회장이었던 페드로 카르모나가 자신이 대통령이라고 선언했다. 사람들은 이 쿠데타가 협력적인 로비의 최종 결과라고 말할지도 모른다. 몇 시간도 안 돼, 카르모나는 산업계의 수장들, 외국정유회사의 이사진, 대형 플랜테이션의 소유주들을 화나게 만들었던 챠베스의 49가지 법령을 무효화시켰다. 카르모나는 취임식에 리본과 끈으로 장식된 옷을 입었다. 미라플로레스의 볼룸은 베네주엘라의 엘리트들로 가득 찼고, 은행 연합의 회장인 이그나지오 살바티에라는 카르모나가 스스로를 대통령으로 선출한 것을 인정하는 뜻으로 자신의 이름을 화려하게 사인했다. 그 둘은 청중들이 박수치는 가운데 열정적으로 포옹했다.

카르모나는 비즈니스 관계자들이 박수치고 환호하는 가운데 대법원과 국회의 해산을 선언했다. "민주주의! 민주주의!" 나중에 나는 카라카스의 추기경이 이 대통령궁으로 카르모나를 데리고 왔다는 것을 알았다. 그러나 그것은 챠베스가 시적으로 표현했듯이 "수탉의 울음소리가 나면" 사라질 환상이었다.

지금은 변호사이지만 한때는 베네주엘라의 산에서 좌익 게릴라 생활을 하기도 했던 OPEC의 국장인 로드리게스는 이 미스테리에 대해 명확하게 설명해 주었다. 어떻게 챠베스가 쿠데타에서 무사할 수 있었는지. 로드리게스는 쿠데타가 있기 바로 전에, 제네바에 있는 OPEC 본부에서 그의 오래된 친구인 챠베스에게 전화를 걸어 아랍 석유 수출금지 이야기를 해주었다. 챠베스 스스로가 내게 말했지만 그 전화가 자신이 이런 사태에 대해 준비하는 데 도움을 주었다고 했다. 국회에서 대표적인 챠베스 지지파의 지도자인 주안 바레토에 따르면 챠베스 지지 군대가 대통령 궁의 마루 밑에 숨어 있었다고 했다.

4월 13일, 그의 환상적인 취임식에서 바로 깨어난 카르모나는 도시 외곽인 마라카이에 있는 챠베스 낙하산 연대의 대장한테서 전화를 받았다. 100만 명 이상의 베네주엘라인들이 챠베스의 복귀를 요구하며 대통령궁으로 행진하고 있었다. 포위된 카르모나는 어떻게 죽어야 하나를 선택할 수 있었다. 안에는 권총이 있고, 위에는 로켓이 있었고 아니면 "벽돌과 우유" 군중에 에워싸여 팔다리가 절단되든가. 카르모나는 그의 의장을 벗고 항복했다.

반-아르헨티나

미국이 공포에 가까울 정도로 챠베스를 제거해야 될 긴급한 이유가 석유 수출금지에 대한 불안도 있었지만, **부시 행정부의 불만의 중심은 더 깊은 곳에 있었으니 베네주엘라가 세계화에 대한 "반-아르헨티나"의 입장을 취한 것 때문**이었는데 그것은 경제적인 면에서 반그리스도적인 입장과 동등한 비중을 차지하는 것이었다. 아르헨티나는 세계은행의 네 단계의 경제적인 치료제인 자유 무역, "유연성 있는" 노동법, 민영화, 정부예산삭감과 규제를 거의 운명적인 환희로 받아들였다. 그러나 챠베스는 이 모든 것을 다 거부했다. 챠베스는 유럽과 미국에 생필품 수출의 가치를 늘림으로써 북미와 남미의 무역에서 변화를 추구했다. OPEC를 재건하는 장기적인 정책과 석유에 대한 높은 관세는 WTO에 의해 전형화된 무역 불균형을 박살내는 내용임에 틀림없었다.

우리는 세계은행이 아르헨티나에 경제침체를 가져온 2001년 6월 "국가보조전략" 진행보고서를 어떻게 비밀로 했는가를 보았다. 이것들은 노동 프로그램의 삭제, 노동법의 폐기 그리고 실제 임금을 깎는 것을 요구하는 것이었다. 쿠데타를 진정시킨 후, 챠베스가 처음 한 행동은 최저 임금에서 20% 인상을 선언한 것이다. **챠베스는 저임금을 받는 노동자들의 구매욕을 늘림으로써 경제를 보호하려고 했는데, 이것이야말로 세계화주의자들이 제일 싫어하는 것이었다.**

아르헨티나는 부엌의 싱크꼭지를 포함한 모든 것을 팔아버렸지만 챠베스는 석유를 다시 국유화하려고 했고 베네주엘라의 수도시스템의 판매를 거절했다. 경제학자인 마크 웨이스브롯은 아르헨티나의 심각한 국고적자의 100%에 해당하는 수입이 주 정부 사업으로 손해나고 있다고 계산했다. 아르헨티나는 세계은행과 WTO의 지시사항을 따랐고 국가가 소유하고 있던 은행과 수도회사들을 시티뱅크, 엔론, 산탄데르 은행 그리고 미국의 비벤디, 스페인과 프랑스에 팔아 버렸다. 이렇게 되자 아르헨티나는 경화 준비금이 말라서 국가부도 단계까지 가게 되었다. 만일 아르헨티나가 자신의 석유회사를 싼 가격에 팔지 않았다면, 가난한 에콰도르가 OPEC에서 탈퇴하지 않았다면이라고 상상해 보자. 그들이 원하지 않았어도 오늘날에는 부자가 되어 있을 것이다.

챠베스는 세계은행과 IMF가 아르헨티나에 지도했던 그러나 궁극적으로는 강요했던 방향과 정확히 반대의 길로 갔다. 그의 나라 안에 있는 회사에 대한 투자금지조치로 인한 위협적인 침체에서 빠져 나오기 위해 챠베스는 고전적인 케인즈 이론에서처럼 석유회사에서 세금을 받아 "벽돌과 우유" 문제를 해결했다. 그의 설득력에도 불구하고 너무 개혁적이라고 할 만한 것은 없었다. 챠베스는 카스트로가 아니다. 사실 그는 사회주의자하고는 거리가 멀었다. 마르크스가 냉전의 "실패자"의 철학으로 평판이 나빠져 있는데, "챠비스모(Chavismo)"는 혁명적인 것으로 여겨졌다.

챠베스는 고전적인 스타일의 사회민주적인 개혁가로, 주택과 기본적

시설에 대한 투자를 늘렸고 생필품의 수출 가격을 통제했다. 땅이 없는 사람에게는 땅을 주었는데 그것 때문에 스티글리츠 교수가 세계빈곤의 중심이라고 했던 지주제도의 공격을 받았다. 만일 챠베스가 케네디 시대에 대통령이 되었다면 공산주의에 대한 케네디의 친절하고 유연한 대답인, "진보를 위한 연합" 발달 모델에 아주 잘 맞아 떨어졌을 것이다. 오늘날 챠베스의 재분배적 개혁은 IMF의 회사에 친절한 자유시장 묘책에 기능적이고 신뢰할 만한 대안책을 제공하고 있는 것이다.

불행하게도 챠베스의 경제계획은 잘 작용했다. 유럽과 미국 미디어는 챠베스가 베네주엘라의 경제를 어떻게 망쳤는가에 대해 보여주고 있음에도 불구하고, 베네주엘라의 국민총생산은 2001년 2.8%가 늘어났다. 그리고 그것은 석유가격이 올라서가 아니었다. "망쳐진" 베네주엘라 경제와 세계은행이 시장이론의 귀여운 학생으로 전시하고 있는 아르헨티나 경제를 비교해 보자. 그 시장이론은 이제, 재정적인 범법자이다.

21세기의 쿠데타는 아르헨티나 모델을 따를 것이다. 그것은 국제은행이 국가의 재정적인 근원을 잡고 공식적인 대통령을 하찮게 여기는 것이다. 이 말은 챠베스의 장관이 베네주엘라는 성공하는 것이 허락되지 않은 위협적인 모델을 대표한다고 말하는 것이 무엇인가를 의미하고 있다. 새로운 세계질서에 이의를 다는 것은 벌을 받는 것이다. 이미 아옌데의 칠레에서 보았고 닉슨 대통령은 CIA 국장에게 "칠레의 경제가 비명을 지르게 하라"고 명령했다. 그것은 베네주엘라에서 머지 않아 일어날 것으로 회사 자본의 배척, 사보타지, 공포와 재정의 폭락을 가져올 그릇된 정보들이다. 그리고 마지막으로 민주적으로 선출된 대통령을 납치하고 거꾸러뜨리고 집무실에서 괴롭히고 하는 것을 미국인들은 전혀 모르는 채 침묵해야 한다는 것을 확실히 하기 위해 미국 시민들을 상대로 중요한 선전전쟁을 하게 되는 것이다.

236

두 명의 프리드먼, 한 명의 피노체트 그리고
칠레의 기적이라는 동화 – 세계화 창조설화에 대한 신화

나는 토마스 프리드먼 같은 세계화 숭배주의자보다 유리한 점을 지니고 있다. 나는 처음부터 그곳에 있었다. 즉 밀턴 프리드먼의 기괴한 경제이론이라는 정자가 당시 캘리포니아 주지사였던 로널드 레이건의 마음이라는 비옥한 난자 속으로 파고들어 임신이 이루어진 순간에 거기 있었던 것이다. 또 나는 대처보다도 이전에 대처주의의 탄생을 목격하였다. 1970년대 초 시카고 대학에서 만났던 유일한 미국의 엘리트 집단, 후에 "시카고 아이들(Chicago Boys)"이란 이름으로 알려진 집단을 목격한 것이었다.

밀턴 프리드먼 교수는(토마스하고는 관련이 없다) 우리 사이로 걸어 들어온 경제학의 신이었고, 곧 그는 극단적인 자유방임주의 이론으로 노벨상을 수상했다. 다른 학자들은 프리드먼이 흥미를 자아내는 것은 알았지만 그의 광적인 자유시장이론은 제정신이 아닌 것이라고 생각했다. 그러나 시카고 아이들은 믿었다. 그리고 다른 학생들하고는 아주 다르게, 모든 국가에 실험을 하라고 내놓았고 칠레에서는 쿠데타를 일으킨 장군에 의해 시행되었다.

그들 대부분은 라틴아메리카 사람들로 하얀 터틀넥 스웨터에 어두운 얼굴빛을 한 이상한 집단으로 마치 〈미싱(Missing)〉*이라는 영화에서 튀어나온 듯했는데 그들이 후일 칠레를 자유시장이라는 고통스러운 실험의 장으로 바꾸어 놓은 사람들이었다.

신데렐라를 보살펴주는 요정과 팅커벨과 아우구스트 피노체트 장군

* 1886년 뉴멕시코를 배경으로 펼쳐지는 웨스턴 스타일의 영화.

은 많은 공통점을 지니고 있다. 이들은 모두 마법으로 좋은 일들을 많이 행했다. 피노체트의 경우, 그는 보통 칠레의 기적에 큰 공이 있는 것으로 여겨지고 있다. 칠레의 기적이란 자유시장의 성공적 실험, 민영화, 규제완화, 그리고 노조 없는 경제 성장 등으로 이런 자유방임주의의 씨앗은 산티아고에서 서리 주*까지, 발파라이소**에서 버지니아까지 널리 퍼져나갔다.

그의 전차에 묻은 피를 두고 약간의 역겨움을 느낄 수는 있겠지만 그러나 모든 신자유주의 "개혁자"들은 세계화의 자유시장 혁명이 그의 총부리에서부터 탄생하였다는 사실에 대해 모두 동의해야 할 것이다. 그들은 피노체트의 단점이 어떠하든 간에 그는 칠레 경제의 구세주이며 세계 경제의 앞날을 환하게 비춰준 사람이라고 말했다.

그러나 자유시장의 기적이라는 잘못된 인식이 계속되고 있는 것은 이것이 준 종교적 기능에 봉사하기 때문이다. 레이건 교도와 대처 교도의 믿음 안에서 칠레는 필요한 창세기적 설화와 에덴동산 대용품을 제공해주고 있기 때문이다. 그리고 이 설화의 에덴동산으로부터 자유방임이라는 빛나는 교리가 나온다.

그러나 만일 신데렐라의 호박이 마차로 탈바꿈하지 않았다면 어떻게 됐을까? 만일 칠레의 기적이라는 동화도 역시 전혀 다른 동화일 뿐이라면? 키토(Quito)***에서 키르지즈스탄의 기아사태까지, 자유시장 경제의 중요한 실패는 시장경제로 "전이"하면서 가지게 되는 고통으로 간단히 처리되었다. 피노체트 장군이 경제 발전의 동력을 배태시켰다는 주장도 "도덕 외교"란 말처럼 공허한 것이다.

---

* 영국 잉글랜드 남부에 있는 주.
** 칠레에 있는 도시.
*** 에콰도르의 수도.

칠레는 어느 정도 경제적으로 성공하였다고 주장할 수도 있다. 그러나 칠레를 구한 것은 살바도르 아옌데*의 역할 때문이었다. 피노체트가 죽인 그는 사망 후 10년이 지나고 나서 기적적으로 자신의 나라를 구했던 것이다.

1973년 피노체트 장군이 정권을 장악하던 해에는 실업률이 4.3%였다. 자유시장 현대화를 추진하고 10년이 지난 1983년 실업률은 22%에 달했다. 실질임금은 군사정권 하에서 40% 감소하였다. 1970년에는 전 국민의 20%가 빈민이었다. 1990년 피노체트 "대통령"이 하야하던 해에는 빈민이 2배로 늘어 40%가 되었다. 정말 기적이었다.

피노체트 혼자서 칠레의 경제를 망쳐놓은 것은 아니었다. 가장 훌륭한 학식을 지닌 사람들, 즉 시카고에서 공부한 밀턴 프리드먼의 제자들로 이루어진 무리들이 9년간 혼신의 힘을 기울여 이루어 놓은 업적이었다. 그들의 이론에 경도된 피노체트 장군은 최저임금제를 없앴으며 노동조합의 교섭권을 금지하였고, 연금제도를 민영화하였다. 부자와 기업 이윤에 대한 모든 세금을 없앴으며 공공 고용을 대폭 줄였고 또 212개의 국영기업과 66개의 은행을 민영화하였다. 이렇게 해서 재정 흑자를 내게 되었다. 피노체트는 자신의 나라를 이렇게 "신자유주의"(다시 말해 자유 시장)의 길로 몰고 갔고 곧 대처, 레이건, 클린턴, 블레어, IMF, 그리고 전 세계 모든 사람들이 그 뒤를 따르게 되었다.

그러나 진정 칠레에서는 무슨 일이 벌어졌는가? 관료의 압박감과 세금 그리고 노동조합으로부터 자유로워진 이 나라는 거대한 도약을 이루어냈다. 그런데 그 도약은 파산과 불황을 향한 거대한 도약이었다. **시카고 경제학을 9년 동안 추종해온 결과 칠레의 산업은 파탄을 맞아 완전히 회복 불가능의 상태에 빠지고 말았고, 1982년과 1983년에는 국내 총생산이**

* 사회주의자로 1970년부터 피노체트의 군사 쿠데타가 있던 1973년까지 집권하였다.

19%나 감소하였다. 경제파탄이었다. 자유시장 실험은 끝장나고 실험용 튜브는 산산이 흩어져버렸다. 피와 유리파편이 실험실 바닥에 여기저기 흩어져 있었다.

그러나 너무나 뻔뻔스럽게도 시카고 출신의 경제학자들은 성공이라고 선언했다.

미국 로널드 레이건 집권 하의 국무부는 다음과 같은 결론의 보고서를 발표하였다. "칠레는 건전한 경제 운용에 있어서 보고 배울 만한 모범이다." 밀턴 프리드먼 자신도 "칠레의 기적(The Miracle of Chile)"이라는 말을 만들어냈다. 프리드먼의 동료 경제학자인 아트 라퍼는 피노체트 통치하의 칠레는 "공급측면의 경제학이 어떤 것을 이루어낼 수 있는가를 보여주는 좋은 사례"라고 칭찬을 아끼지 않았다.

분명히 좋은 사례는 맞는 말이었다. 좀더 정확하게 말하자면 칠레는 규제 철폐가 갈 데까지 간 좋은 사례였다. 시카고 경제학자들은 국가소유의 은행에 대한 규제를 없앤다면 자유로워진 은행들은 산업성장에 필요한 외국 자본을 끌어들일 수 있게 될 것이라고 군사정권을 설득하였다. (10년 뒤에 이러한 자본시장 자유화는 세계화로 가기 위한 필수불가결한 것이 되었다.) 그들의 조언을 받아들여 피노체트는 국가소유의 은행을 장부상 가격보다도 40%나 싼 가격으로 팔아치웠고 팔린 은행들은 곧바로 자비어 비알과 마누엘 크루자트라는 투기꾼이 지배하는 재벌기업들의 수중으로 떨어졌다. **이렇게 획득한 은행들로부터 비알과 크루자트는 현금을 빼내 제조회사들을 사들였고 이를 담보로 칠레 정부에서 헐값에 나온 기업에 눈독을 들이고 있던 외국 투자자들의 자금을 끌어들여 투기에 사용하였다.**

은행의 준비금은 대부분 부실한 회사의 유가증권이었다.

피노체트는 투기꾼들에게 더할 나위 없는 좋은 환경을 마련해 주었

다. 20년 뒤 토니 블레어도 "정부는 시장의 논리에 방해를 주어서는 안
된다."라는 주장을 따랐던 것이다.

1982년이 되자 칠레의 피라미드식 금융 놀이는 끝장을 보게 되었다.
비알과 크루자트의 재벌그룹은 부도를 냈다. 산업 활동은 정지되었고
민간 연금은 소용이 없게 되었으며 통화는 그 기능을 상실했다. 배고픔
과 절망으로 더 이상 총탄을 두려워하지 않게 된 국민들은 폭동과 파업
을 벌여나갔고 이로 인해 피노체트는 불가피하게 정책을 바꾸어야 했
다. 그는 그토록 사랑하는 시카고 경제학 실험자들을 차 내버렸다.

어쩔 수 없이 피노체트는 최저임금제와 노조의 단체교섭권을 인정하
였다. 예전에는 정부의 역할을 극도로 축소했었으나 이제는 50만 개의
일자리를 만들어 내기 위한 프로그램도 승인하였다. 미국으로 치면 정
부가 2천만 개의 일자리를 마련해 주는 셈이었다. 다시 말해 예전의 케
인즈식 처방을 따르게 된 것이다. 마가렛 대처의 방식은 완전히 버리고
프랭클린 루스벨트를 따르기로 한 것이었다. 또한 군사정권은 외국자본
의 출입을 규제하는 법률도 마련하였다. 오늘날 이 법률은 남미에서 유
일하게 외국자본을 규제하는 법률로 남아있다.

뉴딜 정책을 통해 칠레는 1983년 위기로부터 탈출할 수 있었다. 그러
나 그 이후의 장기적인 회복과 성장은 – 자, 어린이는 귀를 막아 주세
요. – 사회주의적 요소를 광범위하게 사용한 덕분이었다. 연금제도를
구하기 위해 피노체트는 은행과 산업을 국유화하였는데 그 범위와 강도
는 사회주의자 아옌데도 감히 상상하지 못할 정도의 것이었다. 피노체
트는 극히 적은 보상이나 혹은 완전 무상으로 재산을 몰수하였다. 대부
분의 산업은 결국 다시 민영화되었지만 한 가지 산업만은 국가가 계속
소유하였다. 그것은 구리 산업이었다.

거의 1세기 동안 구리는 칠레를 의미했고 칠레는 구리를 의미할 정도

였다. 몬태나 대학교 금속 전문가인 자넷 핀 박사는 다음과 같이 말하고 있다. "**그 나라의 경제 엔진을 정부가 쥐고 있음에도 그 나라를 자유 경제의 기적으로 묘사하는 것은 말도 되지 않는 일이다.**"(그리고 그냥 단순한 정부가 아니다. 피노체트의 법률은 여전히 유효한데 이 법률에 따라 군부가 구리로 인한 수입을 10% 취하도록 하고 있다.)

구리는 칠레가 수출을 통해 벌어들이는 금액의 30~70%를 차지해 왔다. 바로 이 돈이 오늘의 칠레를 건설하는 데 쓰인 자금이다. 1973년 아나콘다 회사와 케노코트 회사로부터 몰수한 광산에서 나오는 것으로 아옌데가 죽기 직전 칠레에 유산으로 남겨준 것이다.

농업관련 산업은 칠레 경제의 두 번째 성장 엔진이다. 이것 역시 아옌데 집권시기의 유산이다. 워싱턴 D.C. 소재 조지타운 대학교의 아르투로 바스케즈 교수에 따르면 아옌데의 토지 개혁은 봉건적 토지 제도를 혁파한 것으로, 생산성 높은 자작농 계급을 생성해 내었고 그와 더불어 기업과 상호 협동적 경제 주체들이 나타나 구리 외에도 수출을 통한 부를 국내로 유입시키게 되었다. 바스케즈 박사는 다음과 같이 말하고 있다. "경제 기적을 일으키기 위해서는 우선 토지개혁을 행하는 사회주의 정권이 필요한 것 같다."

따라서 칠레를 구원한 것은 밀턴 프리드먼이 아니라 케인즈와 마르크스이다.

한편 지구 반대편에서는 대안적 경제 실험이 조용히 그리고 아무런 희생 없이 성공을 거둬나가고 있었다. 남부 인도의 한 주(州)인 케랄라는 1998년 노벨경제학상을 수상한 아마르티아 센의 고상한 발전이론을 실험하는 실험실이었다. 수입 재분배와 모든 이들의 사회복지 혜택에 중심을 둔 케랄라는 공공교육에 집중적 투자를 통해 경제 건설을 해나갔다. 세계에서 가장 교육수준이 높은 이 주는 중동국가에 기술적 지원을 함으로써 돈을 벌어들이고 있다. 독자 여러분들이 센과 케랄라에 대해 들어본 바가 없다면 그것은 자유시장이라는 세계적 합의에 이들이 눈엣가시 같은 존재가 되었기 때문일 것이다.

센이 노벨상을 수상하던 해에 국제 금융의 4대 기관, 즉 세계은행, IMF, 인터아메리카 개발은행, 국제결제은행(International Bank for Settlements) 등은 빚더미에 허덕이는 브라질에게 415억 달러 지원을 제안하였다. 그러나 **구제금융을 주기 전에 바로 칠레를 거의 죽음으로 몰고 갔던 그 경제 치료제의 복용을 강요하였다.** 치료제가 어떤 것들로 이루어졌는지는 이제 여러분들도 잘 알 것이다. 헐값 처분을 통한 민영화, 노동시장 유연화(즉 다시 말해 노동조합 분쇄) 그리고 정부사업과 사회보장에 있어서의 무분별한 삭감을 통한 재정 적자의 축소 등이 그것이다.

상파울로에서는 이러한 가혹한 조치들이 종국에는 브라질의 국민 모두에게 혜택을 줄 것이라고 믿고 있다. 금융 식민주의라 할 수 있는 것이 칠레에서 기적적 효과를 낸 만병통치약으로 팔리고 있는 것이다.

그러나 그 기적이란 바로 거짓이었고 사기였으며 어느 누구도 행복하게 오래오래 살지 못한 동화였다.

매드 하우스(정신병원)

밀터 프리드먼과 "시카고 아이들"이 새로운 세계를 계획할 때부터 나는 그들과 25년을 같이했다.

그들 집단의 공식 명칭은 "라틴아메리카 재무 워크숍"으로 아놀드 하버거 교수의 지도를 받고 있었다. 프리드먼 학생들 집단의 명칭은 "통화와 금융 워크숍"이었다. 나는 이 둘 사이에 끼어 공부를 했다. 그때에도 나는 비밀 활동을 하고 있었다. 전기철강 노동조합의 지도자인 프랭크 로젠과 에디 새들로우스키를 위해 활동하고 있었던 것이다. 프랭크 로젠은 내게 이렇게 말했다. "조용히 입 닥치고 또 그 유치한 모택동 배지도 없애버려. 점잖게 양복 입고 그 애들이 무슨 속셈을 지니고 있는지 알아보라고."

나는 밀턴 프리드먼을 별 볼일 없는 자라고 하지는 않겠다. 그러나 그는 상아탑 안에 앉아서 제대로 현실을 보지 못하고 있다는 것이 내 생각이다.

로디지아(Rhodesia, 지금의 짐바브웨)는 당시 큰 논란의 대상이었다. 전체 인구의 5%인 백인이 나머지 95%의 흑인을 다스리고 있었으며 이들 대다수 흑인들은 희망도 없었고 또 투표권도 없었다. 프리드먼 교수는 상아탑에 들어앉아 이렇게 말했다. "사람들이 왜 로디지아를 두고 야단이지? 아프리카에서 유일한 민주국가인데 말이야." 프리드먼 교수는 흑인 운전사가 모는 검은색 리무진을 타고 다녔던 것이 기억난다.

그래서 다른 학생들, 즉 앞으로 은행가가 될 친구들과 독재자 수업을 받는 친구들이 입에 침이 마르게 칭찬을 하고 있었지만 나는 이런 보고서를 작성해서 보냈다. "프리드먼이란 자는 별 볼일 없는 애송이에 불과하다. 이런 엉터리 극우파 "자유방임" 자유시장 이론은 어느 누구의 주목도 얻지 못할 것이다."

20년 후, 부시 또 클린턴, 푸틴 그리고 울휀손이 입을 열자 그 입으로부터 밀턴 프리드먼이 튀어나왔다. 쳐다보는 곳마다 쇼를 벌이는 사람들은 그들의 골든 스트레이트재킷을 입고 입이 찢어져라 웃고 있으며 서로들 더듬으며 죽이 맞아 잘 놀아나고 있다. 그리고 내 머리에 떠오른 것은 나의 은사인 알렌 긴스버그 교수의 말씀이다. "영혼은 철창으로 둘러싸인 정신병원에서 비참하게 죽어서는 안 된다."

제 5 장
미국 재계의 내부

쇼핑 중독의 대가
금빛으로 빛나는 감옥– 인간의 비참함이 가득한 와켄허트의 자유시장
환경오염 사업이 친환경적 모습으로 바뀐 내력
비확산 트러스트는 러시아에 천 달러 지폐를 떨어뜨리다
형벌을 가할 육체도 저주를 퍼부을 영혼도 지니지 않고 있다:
정부 대 신규회사 프로메테우스
미국 자본의 두 상징: 2001년 9월 11일
가슴 아프게 하는 것: 비아그라 제조업자는 변호사와 같이
나의 로맨스를 구원해 주었는가?

전직 CBS 뉴스 리포터인 버나드 골드버그같이 짐짓 점잔을 **빼는** 사람이 미디어가 "편견을 가지고 있다"라고 말할 때는 신문기자들이 공화당보다는 민주당에 더 많이 등록하고 있다는 것을 의미한다. 그러나 그건 아무 의미도 없다. 그들이 민주당이나 공화당 중 하나에 투표를 할지는 몰라도 그들이 진짜 연합하고 있는 것은 돈당(The Party of Money)인 헤즈브 쉐켈(Hezb' Shekel) 이다.

20년 이상, 미국이라는 기업을 다루어 오면서 우리 신문의 푸들강아지들은 그들의 업무 시간을 GE의 잭 웰치나 엔론의 켄 레이 같은 "기업가"의 발 앞에서 몸을 뒤틀면서 보냈다. 그 억만장자 최고경영자들이 '할 수 있을 때 가져라' 라는 새로운 종류의 기적적인 성과에 대해 얘기할 때, 기자들은 사랑으로 갈망하고, 군침을 흘리고 그들의 말을 낙서하면서 보냈던 것이다. 골드버그 씨, 그냥 회사의 세력을 쥐려고 애써보시오, 그리고 얼마나 오래 당신이 네트워크의 지위를 쥐게 되는지 보시오.

로날드 레이건을 신격화한 이후로, 미국 미디어들은 이런 혁신적이고 진보적인 회사의 사장들과 그들의 적 사이에서 벌어지는 거대한 투쟁의 이야기를 우리들에게 제공하고 있었다. 그리고 우리 모두가 알고 있듯이 그 적은 책상 아래로 배가 늘어져 있고 두꺼운 법령책을 가진, 올챙이배를 한 기관원과 관료들을 말한다.

정부조차도 우리에게 말한다. 그 적은 정부라고. 민주당 지지자이건 공화당 지지자이건 정치인들은 태형기둥에서 정부를 채찍질하기 위해 겨룬다. 우리를 구원해줄 이는 오직 창조적인 기업가 정신으로 무장한 민간 영역의 사무라이 기사단뿐이다. 와켄허트 회사, 몬산토, 엔론, 릴라이언트, 월마트, 노바티스. 이들은 새로운 질서를 수호하는 기사들 가운데 일부이다. 그러나 〈내일을 향해 쏴라〉의 부치가 선댄스에게 말했듯 "이 작자들은 도대체 누구"란 말인가?

1998년 나는 『옵서버』 측으로부터 "미국 재계의 내부"라는 제목의 취재 및 분석 기사를 연재해 달라는 요청을 받았다. 내 임무는 미국에 거점을 둔 다국적 기업을 철저히 파헤치는 것이었다. 당신의 건강을 위협하고 당신의 문화 그리고 자유까지도 제약하게 될 이들 기업에 대해 여러분 상당수는 지금까지 별반 들은 바가 없었을 것이다. 정부보다 우리를 더 다스리게 될 이 작자들은 누구란 말인가?

죽어서까지도 살아 있을 때보다 그 생명력이 긴 기업의 영웅 이야기부터 시작하겠다.

쇼핑 중독의 대가

월마트의 1992년 총회에서 월마트의 창립자인 샘 월턴은 주주들에게 일어나서 "신이여 미국을 축복하소서"를 부르라고 하였다. 15,000명의 월마트 주주들은 그 요청을 감동적으로 받아들였다. 월턴은 이미 두 달 전에 죽었는데도 말이다.

한적한 아칸소에서 열린 주주모임에서 월턴의 요구 사항을 전한 것은 어느 중역으로, 조명을 받으며 무릎을 꿇고 고인이 된 소매업계의 신적 존재에게 헌사를 하고 있었다. 그러한 요청을 월턴이 한 것은 놀라운 일이 아니었다. 월마트는 미국에서 가장 애국적이며 또 애국심을 가장 소리 높여 외치는 기업이기 때문이다.

그러나 소리 높여 애국을 외치는 이들의 이면을 보게 되면 이야기는 달라진다. 상점들은 마치 군대가 행진하는 광장처럼 천장에 걸어놓은 성조기와 마분지로 만든 독수리로 가득하다. '미국 제품을 사십시오!(BUY AMERICA!)' 그러나 어느 조사기관이 105,000가지의 상품 샘 플로 조사해 본 결과 겨우 17%만이 미국 제품이며 그중 많은 것들이 "미국 제품"이라는 이름이 붙어 온두라스나 인도네시아로부터 와서 떨이로 팔리고 있었다.

월마트의 연간 매출액은 예전의 바르샤바 조약기구 국가들의 GDP를 훨씬 넘어서고 있다. 이 모든 상품은 다 어디로부터 온 것일까? 월마트의 열성 구매자 우 홍다의 이야기를 들어보자.

"해리" 우는 미국에서 유명한 사람이다. 그는 "반혁명적" 사상으로 19년간 감옥에 있다가 중국에서 탈출했지만 라오가이(laogai), 즉 강제 노역의 실상에 대한 증거를 수집하기 위하여 다시 감옥으로 잠입해 들어갔다. 1995년 그는 발각되어 다시 수감되었다가 국제적으로 벌어진 캠페인 덕분에 풀려났다.

우는 내게 어떤 미국 TV 방송국에서 보도하지 않았던 다른 이야기를 해주었다. 발각되어 체포되기 전에 그는 가짜 회사를 차려놓고 한 공모자를 의복소매상으로 속여 광동 지역으로 보내 샨토우 의류 회사와 접촉하도록 했다. 그 의류회사는 샨토우 시(市)와 인근 지아양 교도소에 공장을 운영하고 있었다. 샨토우 회사는 우의 직원들에게 다른 고객에 대해 언급했는데 그 다른 고객은 다름 아닌 월마트였다.

나는 광동의 죄수들을 동원하여 티셔츠를 제조하였는지의 여부를 월마트에 직접 문의하였다. 만일 그렇다면 그것은 미국 실정법을 위반하는 것이었다. 그러나 이해할 수 없게도 월마트 측은 자신들이 맺은 계약에는 노예나 죄수 또는 어린아이들의 제품제조를 금하고 있다는 답을 해주었다.

그렇다면 어떻게 월마트는 계약을 체결한 회사가 죄수들의 노동력을 동원하고 있다는 것을 알고 있었을까? 그들은 그것을 알 도리가 없다. 우의 동료가 듣기로는 중국 당국은 교도소 내의 생산 활동에 대해서 어느 누구도 감시나 조사를 하지 못하도록 하고 있다는 것이었다.

물론 셔츠를 죄수가 만들었는가 아니면 일반 사람이 만들었는가를 월마트에 질문하는 것은 단지 중국의 사정을 고려하지 않고 던지는 질문이라고 할 수 있다. **노동자에게는 철조망 안에 있든 밖에 있든 간에 중국은 교도소 경제이다.** 교도소 공장이 임금으로 아무 것도 지불하지 않는 상황에서, 또 제도에 대한 불평이 어떤 결과를 가져올 것이라는 것을 확연히 알고 있는 상황에서 일반 노동자는 얼마만큼의 임금을 기대할 수 있을까?

우는 지금 미국으로 되돌아와 월마트에서 쇼핑을 계속하고 있다. 상표를 확인하기 위한 것이다.

그는 자전거, 콘돔 및 다른 여러 필수품들이 중국의 인민해방군대에 의해 제조되었다는 것을 알게 되었다. 이들 제품들의 상호는 적절하게도 "새 질서(New Order)"란 이름을 갖고 있다.

중국 밖에서는 누가 월마트의 값싼 의복을 만들고 있을까? 대답은 "어린이"를 어떻게 정의하느냐에 달려있다. 기자들이 방글라데시의 한 공장에 감금되어 있는 14살짜리 어린이의 사진을 월마트의 CEO 데이비드 글래스에게 보여주며 질문하자 그는 "여러분이 어린이로 정의하는 것과 내가 정의하는 것은 서로 다를 수 있습니다."라고 답했다. 하지만 그것은 1992년 때의 일로 월마트가 "행동 지침서"를 발간하기 이전이다. 행동 지첨서 발간과 함께 계약자의 아동학대는 끝이 나게 되었다.

그것이 사실이 아닐 수도 있다. 권위 있는 기관인 뉴욕의 전국노동위원회(National Labor Committee)에 따르면 월마트의 계약자인 벡심코(Beximco)는 방글라데시의 10대 재봉사들에게 시간당 18센트, 보조원에게는 시간당 14센트씩을 지급하고 있으며 휴일 없이 일주일에 80시간을 일하게 한다고 한다. 이는 법정 최저임금의 절반밖에 되지 않으며

주당 60시간의 법정 노동시간을 훨씬 초과하는 것이다.

월마트는 그런 일은 있을 수 없다고 내게 말했다. 그러나 월마트는 기자들을 기만하려는 것이 상습화되어 있는 회사이다. 월스트리트저널 전직 기자이자 『우리가 믿는 샘(*In Sam We Trust*)』이란 폭로물의 저자인 밥 오르테가는 1994년 월마트의 과테말라 계약 공장에 갔었다. 미소 띤 성인노동자로 가득했으나 이 모든 것은 눈속임이었다. 사실 오르테가는 두 시간 전에 미리 몰래 와서 공식 방문 때에는 뒤로 숨겨놓은 어린이 봉제사들을 만나보았던 것이다. 후에 인권운동가들이 과테말라인 웬디 디아즈를 미국으로 오게 하였고 그 소녀는 스웨터 제조공장에서의 생활을 증언하였다. 13살의 소녀인 디아즈에 의하면 시간당 30센트를 받고 월마트 상표가 붙은 옷을 만들었다는 것이다.

아동을 노동자로 혹독하게 부려먹는 것에 대해 월마트의 전 변호사이자 현재 이사로 재직 중인 힐러리 로드햄과 얘기하고 싶었지만 실패했다. 우리는 지금 그녀를 힐러리 클린턴 상원의원이라고 부르지만, 샘이 그녀에게 백악관의 이력에 걸맞는 충분한 봉급을 주기로 하고 그녀를 월마트의 이사회에 데려오기로 하며 전화를 걸 때, 그녀를 "나의 귀여운 숙녀(my little lady)"라고 불렀다.

과테말라에서 온 말라깽이 소녀의 증언에도 불구하고 월마트는 샘 월턴의 서민적 이미지를 계속 유지하려 하고 있다. 월마트 측이 이야기하기를 기쁨에 넘친 직원들은 고객을 위해 봉사하겠다며 맹세를 외친다고 한다. 그 맹세는 "이런 우리 맹세를 위해 샘, 당신은 우리를 도와주소서!"로 끝을 맺고 있다. 억만장자 샘 월턴은 천천히 그의 상점이나 창고에 들어가 이름표를 달고 도넛을 먹으면서 직원들과 잡담을 한다. 한 직원이 이런 서민적인 잡담에 대해 내게 이야기해 주었다. 1982년 미국의 가장 부유한 사람의 한 사람으로 우뚝 서기 시작하던 그때, 샘 월턴은 아칸소의 한 유통센터에 들러 짐을 부리고 있던 직원들 하나하나에게 말하기를, 만일 다가오는 투표에서 노동조합을 결성하는 쪽으로 표를 던진다면 그들 모두를 해고하고 그 유통센터를 완전 폐쇄하겠다고 했다는 것이다.

여덟 명의 증인이 확인해 주고 있는 월턴의 그러한 협박은 미국 노동법을 위반하는 것이지만 그 효과는 매우 컸다. 직원들은 노조결성을 부결했고 그 결과 샘 월턴의 완벽한 기록은 유지되었다. 현재 미국에는 2,450개의 월마트 매장이 있지만 노동조합이 있는 곳은 한 곳도 없다.

도대체 어느 누가 노동조합이 필요하겠는가? 아칸소의 본사는 사무원들의 봉급에 대한 『옵서버』의 질의에 대해 답변을 해주지 않았다. 그래서 지원자들을 동원해 전국의 여러 월마트에 계산원으로 일하고 싶다는 전화를 걸게 하였다. 평균 임금은 시간당 6달러 10센트였다. (영국의 최저임금보다 아주 조금 높은 수준이다.) 또 미국의 오랜 전통에 따라 인디언 보호 구역 근처에서는 4달러 50센트를 주고 있었다.

그러나 이런 임금도 건강보험금을 공제하기 전 금액이다. 이렇게 공제했을 때 받는 것이 거의 없기 때문에 대부분의 계산원들은 건강보험을 포기해 버리고 만다.

연금계획이나 이익분배제가 있기는 하지만 샘 월턴이 이익을 분배했더라면 억만장자가 될 수 없었을 것이다. 최초로 노동자를 일회용처럼 쓰고 버릴 수 있도록 한 것도 월마트였다. 직원 가운데 1/3이 임시직이며 근무시간도 마음대로 늘이거나 줄이며 또 근무시간대도 들쭉날쭉 멋대로 조정하고 있다.

노동자들을 마치 부속품처럼 갈아 치우며 따라서 연금이나 그 밖의 복지 혜택을 받는 경우도 드물다.

그러나 월마트는 공짜 식사를 제공한다. 실은 제공한다고 볼 수도 없다. 직원들 대부분의 봉급은 미국이 공식적으로 빈곤이라고 정한 상한선에 걸쳐 있거나 혹은 그 아래이기 때문에 부업을 하지 않는 이상 정부의 푸드스탬프*를 탈 자격요건이 된다. 130만 명의 직원을 거느린 월마트는 미국에서 가장 많은 직원을 자랑하는 기업이다. 월마트 직원들을 미국 정부가 보살피고 먹이는 일은 엄청난 정부 복지 프로그램이다. 그나마 다행인 것은 월마트가 최저임금제에서 자신들만은 제외해 달라는 청원에 대해 법원이 인정하지 않은 것이다.

월마트는 죽이라도 한 그릇 더 달라는 직원에 대해 신속히 대응하고 있다. 캐슬린 베이커라는 직원이 80명 직원을 대표하여 매장 지배인에게 약간의 월급 인상을 요청하는 진정서를 건네주었다. 그러나 그가 진정서를 쓸 때 허가 없이 회사의 타이프라이터를 사용한 것은 절도행위라며 그 자리에서 해고되고 말았다. 절도행위라는 꼬리표가 달린 그녀는 다른 일자리조차 얻을 수 없는 형편이 되었다.

1994년 린다 리갈라도는 만일 주위 사람들에게 노동조합에 가입할 권리가 있다고 계속 떠들어댄다면 직장에서 쫓겨나게 될 것이라는 협박을 받았다. 하지만 그녀는 꿋꿋하게 버텼고 월마트는 불법적 협박을 실행으로 옮겼다. 그 후 얼마 되지 않아 같은 매장에서 일하던 남편 길버트가 크게 다치는 일이 발생했지만 회사 측은 수술비 지급을 거부하였다. 정부는 회사를 고소했지만 린다의 편을 들어주던 식료품 관련 노동자 연맹(United Food and Commercial Workers)은 결국 포기하고 말았다. 연맹의 간부는 다음과 같은 말을 내게 해주었다. "두려움 때문에 어쩔 수 없었습니다. 월턴 관련 사업에 취업하기를 포기하지 않는 이상 계속해 나갈 수가 없었습니다."

---

* food stamp, 미 연방정부가 저소득층에게 지급하는 식량표.

뉴욕 시에서 96km 떨어진 곳에 있는 우리 동네에 월마트는 "샘즈 클럽(Sam's Club)"을 지어 놓았다. 바로 우리 집 앞의 거리에 위치해 있다. 처음 그곳에 들어가면 형광조명 아래 번쩍이는 상품들이 고객들을 유혹하는 모습에 얼이 빠지고 만다. 더욱 싼 것, 그러면서도 더욱 많은 것을 원하는 사람의 욕망을 충족시켜 주고 있다.

그러나 쇼핑 욕구의 충족에는 대가가 따른다. 거대한 월마트 매장에서 나와 파인바렌으로 들어섰다. 파인바렌은 롱아일랜드의 황량한 교외 지역에 마지막으로 남아있는 손바닥만한 숲이다. 그런데 수많은 대안이 있음에도 불구하고 월마트는 주차장 건설을 위해 파인바렌의 숲을 모두 밀어버리려 하고 있다.

작은 농촌마을인 우리 동네에서 동쪽으로 48km 떨어진 곳에는 상점 네 곳 중 한 곳의 쇼윈도에 "세 놓습니다"란 글자가 내걸려 있다. 아마 우리들도 한때 "미국의 고향"이라고 불렸던 허드슨 폴과 같은 신세가 될는지 모른다. 도시계획 전문가인 제임스 하워드 컨스틀러는 내게 다음과 같이 말해주었다. "허드슨 폴의 번화가는 이제 19세기 건물들이 꼴사나운 모습의 폐허로 변해가고 있습니다." 샘 월턴의 매장이 허드슨 폴 외곽에 세워지고 나자, 허드슨 폴은 종말을 맞게 되었던 것이다.

나는 더 이상 싸구려 광고에 흥분하지 않는다. 나는 월마트 매장에 더 이상 가지 않는다. 그러나 샘이여, 앞으로도 계속 가지 않게 나를 도와주소서.

금빛으로 빛나는 감옥 –
인간의 비참함이 가득한 와켄허트의 자유시장

1990년대 증권시장에서 가장 인기있는 부분은 문고리가 없는 호텔에 대한 투자였다. 바로 사기업이 운영하는 교도소들이다. 그중 가장 인기를 끈 것은 플로리다에 본부가 있는 와켄허트 회사로, 가난에 찌들고 사회에서 버림받아 폭력적이 된 미국 사람들로 가득하다. 그들은 사실 교도관들이다. 그에 대한 경고의 메시지를 나는 비밀 문서와 그리고 이름을 결코 밝히지 않는다는 조건으로 불안스럽게 취재에 응해준 교도관들로부터 알아내게 되었다.

1999년, 뉴멕시코의 목장주 랄프 가르시아는 지독한 가뭄 때문에 사업이 실패하자 호구지책으로 플로리다 주 와켄허트 회사가 운영하는 산타 로사의 주 교도소에서 교도관으로 일하게 되었다. 시간당 7불 95센트를 받고 가르시아는 와켄허트 교도소에 있는 중급 경비(Medium-security) 대상인 죄수들을 감시하였다. "중급 경비" 죄수 가운데는 전과가 여러 번인 살인범, 사람도 살해하는 신나치주의 신봉 집단의 단원 그리고 멕시코 마피아 단원 등도 끼어 있었다. 아직 훈련과정을 거치지 않았음에도 불구하고 가르시아는 자물쇠를 채우지 않은 60명의 죄수들과 한 감방 구획에 함께 남겨지게 되었다. 1999년 8월 31일, 죄수들은 이 기회를 이용해 난동을 부렸고 그 과정에서 죄수 한 명이 칼에 찔렸고 그 다음에는 가르시아가 수차례 찔렸다.

왜 가르시아는 홀로 죄수들 틈에 남겨져 있었을까? 먼저 와켄허트의 비용 삭감 방법부터 살펴보도록 하자. 와켄허트는 두 명의 죄수를 한 감방에 넣도록 했고 여러 감방으로 이루어진 한 구획에 교도관 한 명을 배치하도록 하였다. 이것은 정부의 교도소와 정반대이다. 정부 교도소에서는 각 방마다 죄수가 한 명씩 들어가며 한 구획은 두 사람의 교도관이 감시하도록 하고 있다. 물론 정부가 운영하는 감옥은 사기업의 그것보다 더 "효율적"("비용이 적게 먹힘"이란 뜻이다)이지 못하다. 그러나 주정부는 지난 17년 동안 교도관의 목숨을 상하게 한 적은 없었다. 그에 반해 와켄허트는 겨우 17개월도 채 운영하지 않은 상태였다.

취재원에 따르면 가르시아가 칼에 찔리기 2주 전에 높은 지위에 있던 한 사람이 교도관 한 사람만을 배정하는 것은 사형선고를 그 상으로 주는 복권이나 마찬가지라고 교도소 간부들에게 경고했다고 한다. 이 건의에 대해 경영자는 다음과 같이 말했다. **"교도관 둘을 잃는 것보다는 한 사람을 잃는 게 낫지."**

어떻게 와켄허트는 이런 식으로 교도소를 운영해 나가면서도 아무런 제재도 받지 않을 수 있는 것일까? 주 의회 민주당 지도자인 매니 아라곤을 로비스트로 고용하고 있고 또 교도소 건물을 짓는 데 있어 아라곤 회사의 콘크리트를 사용한 것이 그것과 무관하지 않을 것이다.

그것은 불법이 아닌가? 나는 주 상원의원인 시스코 맥솔리에게 물어보았다. 법률가이자 의회의 법사위원회 의장이기도 한 그 상원의원은 "물론 불법이지요." 그리고는 다음과 같은 말을 덧붙였다. "하지만 지금 뉴멕시코에 오셨다는 걸 아셔야죠."

와켄허트는 죄수 일인당 하루 43달러에 잠자리와 음식을 제공하고 이들을 감시하며 교육도 시키겠다고 약속했다.

그러나 그들은 그렇게 할 수가 없었다. 뉴멕시코처럼 정치적으로 부패한 정권조차도 와켄허트가 그들을 기만했다는 사실을 깨달았다. 뉴멕시코 주 당국은 비용이 많이 드는 경험 많은 경찰관들을 항시 대기시켜 놓아야 했다. 경험 없는 "신출내기" 교도관이 제대로 통제를 못하는 경우가 발생할 때마다 감옥으로 들어가 죄수들을 제압해야 했기 때문이었다. 1999년 4월에 일어난 폭동에는 100명의 주 경찰관이 동원되어 200명의 죄수들을 최루탄으로 제압했으며 폭력을 행사한 한 명의 교도관을 체포하였다. 민영화를 통해 비용절감을 할 수 있다는 꿈은 문자 그대로 연기 속으로 사라져 버렸다.

주정부는 만일 다시 사기업 교도소 폭동을 진압해야 할 경우가 발생한다면 앞으로는 그 비용을 물리겠다고 위협했다. 시장 경제의 관점에서 볼 때 그런 위협은 사기업의 도움요청 의지를 완전히 꺾는 반(反) 인센티브로 판명되었다. 운명의 8월 31일, 주 경찰은 교도소에 별일이 없는지 전화 확인을 하는 도중에 소란스러운 소리를 들었다. 그러나 와켄허트는 아무 문제가 없다고 확인해 주었다. 두 시간 후 회사 측에서 도움을 요청했을 때에는 이미 가르시아 교도관이 출혈로 사망한 후였다.

왜 와켄허트 교도소에 수많은 죽음과 수많은 폭동이 일어나는 것일까? 와켄허트 회사의 대변인은 내게 다음과 같이 말했다. "뉴멕시코의 죄수들은 난폭합니다." 농담이 아니다.

『옵서버』지의 우리 팀은 회사의 내부 기록 사본을 입수하였다. 이 기록에는 일선에서 일하는 교도관이 긴급 버튼이 달린 라디오 같은 구명도구를 간곡하게 요청하는 가슴 아픈 내용이 적혀 있었다. 또 교도관들은 좀더 많은 교도관을 배치시켜 달라고 간청하고 있었다. 그 기록들은 가르시아가 죽기 몇 주 전에 쓰여진 것이었다.

폭동이 있기 전에 정치인들과 감독관들이 그곳을 살펴보았을 때 교도관 인원은 충분한 듯 보였다. 그러나 교도관들의 주장에 따르면 그것은 속임수였다는 것이다. 감독관들에게 보여주기 위해 16시간에서 20시간씩 교대근무를 하라고 명령을 받았다는 것이었다.

어느 법원 관리가 내게 말해준 바에 따르면 위험한 일에 비해 임금이 낮기 때문에 와켄허트는 일손을 채우기 위해서 어떤 경우에는 십대 청소년을 고용하기도 하고 또 때로는 운전면허증을 따지 못할 정도의 어린 아이들도 쓴다는 것이다. 그리고 신원을 제대로 조사하지 않기 때문에 전과자들이 고용되기도 한다는 것이다.

어린 교도관과 경험 없는 교도관들은 몇몇 경우 그들의 경험부족을 죄수를 가혹하게 다루는 것으로 보충하려고 한다. "정말 넌덜머리가 납니다." 어느 목격자는 나에게 그렇게 말했다. 감옥의 문이 열리자마자 일단의 교도관들이 족쇄를 채운 죄수의 머리를 계속 발로 찼다. 우리는 그들 교도관의 감독자가 가까이 있어야 할 것이라고 생각했다. 그리고 실제로 감독자가 가까이에 있었다. 교도소 부소장이 팔짱을 낀 채 옆에서 있었던 것이다. 이 폭행을 목격한 한 증인은 부소장이 교도관들에게 이렇게 말했다고 한다. "때릴 땐 머리에서 퍽 소리가 나도록 때리란 말이야." 와켄허트 회사 측은 이들 교도관과 부소장을 해고했다. 그러나 해고한 후 다른 와켄허트 교도소에 근무하도록 했다.

양심적인 교도관들은 더 이상 참을 수가 없었다. 4명의 교도관들이 교도소 앞에서 시위를 벌였다. 이들은 라디오와 노동조합을 요구했다. 행운이 있기를. AFL-CIO*는 와켄허트를 노동조합 분쇄에 있어서 가장 악명 높은 기업으로 뽑고 있다. 시위를 했던 교도관은 해고되고 말았다.

맥솔리 상원의원은 교도소 민영화에 대해 달가워하지 않았다. 그는 뉴멕시코가 몇 달간의 와켄허트 교도소 운영으로 인해 얼마만한 재정적 손실이 있었는지 아직 평가해보지 않았다고 했다. 폭동이 있고 난 후, 문제가 있는 109명의 죄수를 다시 주 정부로 보내고, 주 정부 교도소는

---

* America's Union Movement, 미국 연합운동.

다시 다른 주 정부 교도소로 보내는 데에 수백만 달러의 비용이 들었다고 한다.

더구나 강하게 나가야 한다고 믿는 정치인들은 와켄허트의 강경한 자세를 칭찬하고 있다. 와켄허트는 라디오를 꽂을 콘센트도 없이 금속으로 된 매우 비좁은 감방에 상당시간을 감방에 가둬놓고 있다. (인력을 대폭 줄일 수 있기 때문이다.) 그리고 주 정부 교도소와는 달리 교육활동도 거의 없고 직업훈련도, 도서관에 책도 거의 없다. 주 정부에서는 비용을 와켄허트에 지불하였는데도 말이다. 와켄허트는 죄수들에게 컴퓨터 교육을 시킬 수 있는 시설을 자랑하지만 그러나 일부만이 컴퓨터 교육 대신에 한 시간에 30센트를 받으며 죄수복을 만들고 있었다. 그리고 대부분의 죄수들은 그냥 감방에 갇혀 있는 것이다. 잔혹한 처우에는 비용이 싸게 들지만 인간적인 대우를 해주는 데는 상당한 비용이 든다. 주 교도소 교도관 노동조합 위원장은 와켄허트에 대해 경고하기를 그렇게 죄수를 개처럼 다루다가는 반드시 죄수들이 늑대처럼 달려들 것이라고 했다.

와켄허트 회사는 교도소 사업으로만 자신들을 판단하지는 말아달라고 한다. 정당한 요구이다. 알래스카에서 엑손 발데즈 사고가 나자, 엑손-영국정유회사 콘소시엄은 미 의회에서 일하는 조사관의 집을 도청하고 또 몰래 침입해 뒤지기도 했다. 이런 일을 맡아 수행한 것은 바로 와켄허트였다.

1999년 여름, 와켄허트에게 좋지 않은 일이 있었다. 텍사스 주는 교도소 운영 계약을 종료했으며 게다가 직원 여러 명은 죄수들을 성추행했다는 이유로 기소당할 운명이었다. 그리고 자신의 본거지인 플로리다에서도 교도소 운영을 맡기지 않기로 했다. 호주에서는 죄수들이 6월과

7월에 집단으로 탈출하여 계약파기의 위험에 직면해 있었다. 뉴멕시코에 있는 두 곳의 와켄허트 교도소는 생긴 지 일 년이 채 안 되었지만 여러 차례의 폭동과 9건의 칼부림 그리고 산타 로사에서의 가르시아 살인 사건을 포함해 5건의 살인이 있었다. 와켄허트의 주식은 급전직하로 떨어졌다.

그러나 그 회사에도 한 가닥 희망의 빛이 비추었다. 힘들었던 여름이 끝나갈 무렵, 그러니까 뉴멕시코에서 네 번째 살인 사건이 일어난 직후, 영국의 내무부는 와켄허트와 재계약을 할 것이라고 발표하였다. 또한 내무부는 더햄 카운티에 소년원을 새로이 개원하는 비용으로 와켄허트 측에 돈을 지불하였다. 소년원이 개원한 것은 미국 사법당국이 텍사스 소년원의 와켄허트 고위 간부들과 교도관을 "성추행" 혐의로 기소하고 난 지 한 달 후였다. 미국 사법당국에 따르면 "비정상적 성행위와 강간이 횡행하고 있었으며 수감자들은 뼈가 부러져 입원하는 등 신체적 상해를 입었다"는 것이다. 와켄허트는 미국에서의 이런 훌륭한 경험을 바탕으로 하여 **교도소 민영화의 세계화를 이끄는 선도적 기업이 된 것이다.**

어느 근무자는 내게 이렇게 말했다. "그 교도소에서 보낸 15개월은 그야말로 지옥과 같았습니다. 절대 다시는 와켄허트로 가지 않겠습니다." 자유시장에 넋이 빠진 정부가 이런 인권침해에 대해 별다른 반응을 보이지 않는 한 와켄허트는 누가 무슨 소리를 해도 별 염려를 하지 않을 것이다.

환경오염 사업이 친환경적 모습으로 바뀐 내력

영국 석유회사는 미국에 있는 자신들의 모든 정유소를 초록색으로 다시 페인트했는데, 만일 이것을 보고도 미국의 거대 석유업계(Big Oil)가 환경의 가장 좋은 친구라는 확신이 서지 않는다면, 지구를 구하기 위한 시장 메커니즘을 가져다 주는 가장 큰 환경 그룹으로 둘러싸인 미국의 계획을 고려해 보면 알 수 있다.

그것은 테네시에서 시작되었다. 저 테네시의 언덕 위에는 공기오염을 너무너무 좋아하는 자들이 있다. 공기오염이 아무리 심해도 이들에게는 충분하지 못하다. 실은 수많은 돈을 들여가며 공기오염을 취하고자 한다.

1992년 5월, 테네시 유역 개발공사(TVA)는 위스콘신의 어느 전기회사에 돈을 지불하고 수천 톤의 이산화황을 대기로 배출시킬 수 있는 "권리"를 획득하였다. 이로써 TVA는 법률에 의해 정해진 오염 제한을 초과해도 무방하게 되었다. 이것은 최초로 이루어진 오염물질 배출권 거래로 시장 기능을 통해 전국적인 오염물질의 배출을 줄이려는 실험적 제도 하에서 이루어진 것이었다.

그런데 테네시가 돈을 들여가며 오염물질을 내뿜는 것에 대해 왈가왈부하는 이유는 무엇일까? 그 이유는 오염권을 사고파는 것(테네시에서 처음으로 실행되었다)이 교토의정서(Kyoto Protocol)의 실행에 중심적 역할을 하기 때문이다. 교토의정서는 지구온난화에 대한 협정으로 향후 30년간 전 세계 산업 생산에 적용될 규정을 마련해 주고 있다.

교토의정서는 "온실가스" 배출을 줄이는 데 목적을 두고 있다. 온실가스의 배출을 줄이지 않는다면 지구의 온도가 크게 올라가게 될 것이

고 남극과 북극의 빙하가 녹아 로스앤젤레스가 바닷물 속으로 잠기게
된다. (이것은 또한 부정적 효과도 있다.)

여러분도 짐작하겠지만 수많은 거물급 산업 로비스트들이 교토의정
서를 두고 갖가지 로비를 벌여왔다. 교토의정서 반대에 앞장을 서고 있
는 극우단체인 CSE(건전한 경제를 위한 시민의 모임)는 기업 로비스트인
보이든 그레이가 대표직을 맡고 있다.

CSE에 맞서고 있는 단체는 워싱턴 DC의 영향력 있는 환경단체
EDF(환경보호기금)이다. EDF의 환경보호론자들은 교토의정서의 취지
에 크게 공감하기 때문에 그 성공적 시행을 돕기 위한 특별 산하기구까
지 설립하였다. 그 기구의 이름은 환경자원트러스트(Environmental
Resource Trust)이며 의장은 보이든 그레이가 맡고 있다.

아니, 그런데 의장이 보이든 그레이라니 어찌된 일인가?

어떻게 교토의정서 반대에 선봉을 서고 있는 사람이 존경받는 환경
단체의 장이 될 수 있었을까? 죽음을 앞두고 회개라도 한 것일까? 건
강이 매우 좋으니 그럴 리는 없다. 나보다 훨씬 냉소적인 사람은 다음
과 같이 말할 것이다. 즉 클린턴이 집권하고 있는 상황에서 그레이와
그를 앞장세우고 있는 환경파괴자들은 더 이상 친환경적 조약에 제동
을 거는 일이 여의치 않게 되자 환경운동을 오도하기 위한 고차원의
방책을 내놓은 것이라고. 어쩔 수 없는 상황이라면 그것에 순응하는
척해야 하기 때문이니까. 환경파괴자들이 환경단체라는 양의 탈을 쓰
면 그들의 환경파괴 행태를 바꿀 필요가 없도록 조약 논의 과정에 영
향력을 행사할 수 있을 것이다.

바로 이런 상황에서 테네시 모델(Tennessee model)이 나온 것이다.
배출가스 배당량을 다 채우지 않은 지역으로부터 배출 권리를 구입할
수 있도록 하는 조항을 의정서에 삽입시킴으로써 미국의 산업은 이 조

약을 내부로부터 무력화시킬 수 있다. 이런 추악한 계획을 가려주고 있는 것이 환경보호기금이다. **오염권이란 발상을 내놓은 것은 기업 로비스트들로 이루어진 원탁회의에서였다.** 우리가 그것을 알게 된 것은 이들이 남겨놓은 기록이 있기 때문이었다. 부에노스아이레스에서 열린 교토회의 후속모임에서 이 기록의 복사본이 흘러나왔다.

오염권을 판매한다는 것에 대해 좀 기괴한 생각이 드는 점은 있지만 만일 전체적인 가스배출을 줄인다면 이러한 거래가 문제될 것이 있을까? 그런데 우리는 "줄인다면"이라는 말에 유의해야 한다. 나는 지금까지 이러한 거래를 통해 눈곱만큼의 오염이라도 줄여준 경우를 보지 못했다. 자유시장이 정해놓은 오염량은 애초의 협상에서부터 잘못된 것이었다.

1992년 위스콘신이 이산화황 배출권을 테네시에 판매한 경우를 살펴보면 애초에 위스콘신 회사가 그러한 권리를 지니고 있었던 것은 앞으로 발전소를 짓지 않겠다는 약속에 따른 것이었다. 그러나 어찌되었든 위스콘신 주 당국자들은 새로운 발전소의 건설을 결코 허용하지 않았을 것이다. 따라서 판매자가 줄이게 될 오염물질은 존재하지 않는 허상에 불과하다. 그러나 테네시 산맥에서 뿜어져 나온 독성물질은 실재하는 것이고 또 치명적인 것이다.

이런 바람직스럽지 못한 선례를 두고도 부시 행정부의 미국 협상자들은 미국이 지구온난화 조약에 참여하는 조건으로 배출량 거래 제도를 고집하였다. 배출량 거래는 소위 "시장 기능"을 통해 환경문제를 해결하려는 것으로 '제3의 길' 추종자들이 자랑스럽게 내세우는 방식이다. 이것은 예전의 억압적 규율, 즉 "그대는 환경을 오염시키지 말아야 하느니라(THOU SHALT NOT POLLUTE)" 같은 고리타분한 것은 배제하고 좀더 효율적이며 또 소매거래처럼 간편한 방식을 채택한 것이다. **(미**

국은 이미 매년 이산화황 1,500만 톤을 내다팔 수 있는 "재고"를 갖고 있다.)

미국의 조약 제안에 따르면 배당량보다 많은 가스를 배출하고자 하는 미국이나 유럽의 생산업자는 배출량을 줄인 친환경적 기업으로부터 배출권을 구입해야만 하도록 했다. **그렇다면 도대체 오염시킬 권리를 기꺼이 파는 환경친화적 산업은 어디에서 찾을 수 있을 것인가? 당신은 추측도 못할 것이다. 바로 러시아이다.**

러시아가 환경 친화적인 낙원이 되어 여러분이 그곳에서 휴가를 보내게 되는 경우는 절대 생기지 않을 것이다. 교토조약에 의해 할당된 배출량은 1990년도의 배출량을 기준으로 하고 있다. 그때까지 공산주의 치하에 있었던 러시아 사람들은 오염물질이 가득한 공장에서 일해야만 했다. 하지만 이제는 일하지 않아도 되게 되었다. 공산주의가 물러간 러시아의 산업에 불경기가 닥쳤고 이에 따라 오염물질 배출량의 30%가 감소하였다. 그런데 이 런 절망적인 단계에서도 긍정적 측면이 있게 되었으니 그것은 미국이 줄여야 할 배출량의 90%를 그들이 소화해 낼 수 있다는 점이다.

이런 속임수에 넘어간 사람이 있는가? 친환경론자라는 앨 고어는 이런 계획을 보고 흥분해 "사기야"라고 외쳤었던가? 전혀 그렇지 않았다. 기업들의 갈채를 받으며 부통령 앨 고어는 오염배출량을 사고파는 이런 사기극에 지지를 보냈던 것이다. 더욱이 고어는 이런 사기극을 이용해 신망 높은 환경단체인 환경보호기금의 회원들을 주위에 세워놓음으로써 친환경론자의 이미지를 부각시켰다. 그리고 일은 더욱 심각해져 가고 있다. 클린턴과 고어 행정부는 조약이 발효되기 이전에 배출량을 줄이는 미국 기업에 대해서는 허가 배출량을 늘려주겠다고 발표한 것이다. 따라서 예를 들면 노동조합을 분쇄하기 위해 화공약품 회사가 공장을 폐쇄하게 되면 허가 배출량을 더 받을 수 있게 된다. 10여 개의 이름

있는 환경단체들이 이런 눈 가리고 아웅하는 식의 공해물질 삭감 계획에 대해 연대하여 반대하고 있지만 EDF는 그렇지 못하다. 오히려 조약안의 세부규정을 자신들이 마련했다며 자랑스러워하고 있다.

어떻게 EDF는 이런 이상스러운 아이디어를 내게 되었을까? EDF 산하기관인 환경자원트러스트의 내부인사(그의 이름을 밝힐 수 없음은 여러분들도 이해하실 것이다)가 팩스로 우리 신문사에 보내온 내부문서만을 보더라도 분명 미국의 악명 높은 환경파괴자들의 후견인의 영향 아래 나오게 된 아이디어일 것이다. 그 후견인이란 바로 환경자원트러스트의 의장을 맞고 있는 보이든 그레이이다.

1997년 10월 21일자 기록에는 다음과 같이 기록되어 있다. "현재, 대부분의 주요 전력회사들이 EDF 직원들과 정기적으로 모임을 갖고 그 아이디어에 대한 의견을 나누고 있다." 또 다른 기록에 적힌 것은 EDF는 배출권을 현금화할 수 있도록 한다는 것이었다. 그렇게 해서 환경단체가 공해물질 배출을 늘릴 수 있는 권리를 판매하여 수익금을 얻을 수 있게 되는 것이었다. EDF의 한 직원은 이러한 계획안이 서던 회사와 미국 전력회사에 의해 마련되었다는 사실을 인정하였다. 이들은 악명 높은 환경오염 회사로 EDF의 눈치를 살피는 기업들이다.

왜 일부 환경론자들이 예전에 비난을 퍼붓던 보이든 그레이와 기업들을 상대로 이런 일을 벌이는 것일까? 그것은 단순히 돈 때문이 아니다. 오히려 산업계하고 친근한 관계를 맺는 것은 고어나 부시 산업계의 거물들과의 연결고리를 얻는 열쇠로, 그것이야말로 협상에서 영향력을 증대시킬 수 있는 것으로 생각했기 때문이다. 그들이 내부를 공략하여 정책의 변화를 이끌어낼 수 있다고 믿고 있는 것이다. 그들은 분명 자신들이 중요한 역할을 하고 있는 것으로 생각하고 있다. 하지만 불행하게도 이러한 협력을 하게 된 것은 친근함과 영향력을 혼동하고 있는 데에서 비롯된 것이다.

오염물질 배출권의 매매 제도는 규제를 "시장"의 해법이라는 것으로 대치하려는 어이없는 발상의 산물이다. 하지만 어느 당이냐에 상관없이 모든 정치인들에게는 매력적인 해법이라는 것을 우리는 잘 안다. 왜냐하면 대중들에게는 환경보존을 위해 무언가를 하고 있는 것처럼 보이게 하면서 한편으로 산업계에는 현 상태에서 별다른 변화가 없을 것임을 확인해 주는 것이기 때문이다.

공해물질 배출권 매매 제도는 미국의 반(反) 공해법률들을 무력화시키고 있으며 앞으로도 새로운 지구온난화방지 협정이 나오게 되면 그 효율적 시행을 방해하게 될 것이다.

정부의 규제를 없애고 시장기능에 맡긴다는 철학이 마치 테네시의 칡덩굴처럼 퍼져나가고 있다. 그리고 그것은 공해물질 배출권 매매에만 한정된 것은 아니다. 피노체트 장군이 폴포트(Pol Pot)*로부터 아직 미처 사용하지 않은 인간살육권을 사들인 것이라고 주장하는 모습을 볼런지도 모르는 일이다.

비확산 트러스트(Non Proliferation Trust)는
러시아에 천 달러 지폐를 떨어뜨리다

만일 공해 이론가가 지구를 구하지 못한다면 이 생각은 어떨까? 1만 톤의 우라늄 폐기물을 러시아로 보내는 것 말이다. 별로 마음에 안 든다고? 납으로 된 보호복을 사기 전까지는 안 된다고?

그렇다면 1만 톤의 방사능 폐기물을 러시아로 보내면서 150억 달러

---

* 캄보디아의 정치가로 그가 이끄는 크메르루즈군에 의해 자행된 대학살극이 '킬링필드' 이다.

를 블라드미르 푸틴에게 찔러주는 것은 어떨까? 이런 현금을 앞에 두고 푸틴은 분명 핵무기 원료로 쓰일 수 있는 이 물질이 이란이나 IRA의 손으로 흘러들어가지 않도록 안전하게 보관하겠다는 약속을 할 것이다.

부시 행정부가 지구를 파괴시키는 어처구니없는 생각을 내놓는구나 생각하는 순간 그들은 또 다른 계획을 들고 나온다. 우라늄을 러시아로 보낸다는 계획은 '비확산 트러스트(NPT Inc)'라는 이름의 단체가 내놓은 것이다. NPT Inc.는 워싱턴의 한 단체로 "무기 제한에 힘쓰는 진영과 환경보호에 힘쓰는 진영 사이의 광범위한 협의를 통해 만들어진" 단체라고 한다.

"무기 제한에 힘쓰는 진영"이라는 소리를 듣고 그린피스(Green-peace)를 떠올린다면 여러분은 크게 잘못 생각한 것이다. NPT Inc.의 의장은 다니엘 머피 제독으로 CIA 부국장을 지냈으며 부시의 참모를 지냈던 인물이다. 이사 및 간부 경영인으로 이름이 올라간 7명에는 전 CIA 국장인 윌리엄 웹스터, 두 명의 핵 관련 산업의 경영간부, 닉슨 행정부에서 요직을 맡았던 사람, 미 해병 사령관을 지냈던 사람, 그리고 공인된 환경보호론자들이 있다.

여러분들이 생각하는 환경보호단체의 면모는 아니지만 그들의 주장은 들어볼 만한 가치가 있다. 러시아는 엄청난 양의 방사능 물질을 갖고 있다. 폭탄제조에 사용된 시설 및 오래된 핵발전소 연료봉 등이 시베리아의 오염된 도시들에 흩어져 있다. 도시 가운데 칠랴빈스크-14(Chelyabinsk -14)와 같은 도시는 이름에서조차도 방사능 냄새를 풍긴다. NPT Inc.의 생각은 만일 **러시아에 방사능 물질과 함께 현금을 보낸다면 러시아는 자신들의 방사능 물질뿐만 아니라 우리 것도 안전하게 보관할 수 있는 시설을 갖추게 될 것**이라는 것이었다.

2001년 7월에 그 계획은 큰 추진력을 얻게 되었다. 푸틴의 압력을 받은 러시아 의회가 외국의 방사능 폐기물 수입을 금지하는 법률을 폐기했던 것이다.

NPT Inc.의 전직 정보부관리와 군사전문가들(그리고 홀로 외롭게 자리를 차지하고 있는 환경론자)은 세 개의 비영리 트러스트를 통해 그 활동을 지배하고 있다. 그러나 비영리라고 해서 아무도 이익을 얻지 못한다는 것을 의미하는 것은 아니다.

내 동료인 올리버 샤이클리스의 심층취재와 예리한 질문들에 굴복해 NPT Inc.는 영국 및 미국에서 활동하는 브로커인 알렉스 콥슨에게 계약의 일정한 비율을 지급할 것이라고 밝혔다. 하지만 그 비율이 얼마만큼인지는 말하지 않고 있다. NPT는 NPT의 계획이 성공할 경우 콥슨이 얻게 될 것이 정확히 어느 정도인지 밝히기를 꺼리고 있다. 그 이유는 콥슨이 이런 섬세한 일을 수행하기에는 세련된 외교적 능력이 부족하기 때문일 것이다. 핵폐기물을 마샬 아일랜드*로 보내는 계획이 좌절되었을 때 그는 마샬 아일랜드의 원주민을 두고 "뚱뚱하고 게으른 개새끼"들이라고 말했던 적이 있었다.

계약자들은 이 계획으로부터 모두 합해 수십억 달러를 받게 된다. 그 중 하나가 독일의 전력회사 콘소시엄인 GNB이다. 그런데 GNB의 클라우스 얀베르히는 "비영리단체"인 국제 NPT의 의장이다.

그러나 NPT가 성공하게 되면 진정한 승자는 오랫동안 죽어있던 핵 산업이 될 것이다. 핵 산업은 조지 부시가 다시 살려내기를 희망하고 있던 것이다. 이러한 부시의 꿈에 한 가지 커다란 장애가 있다. 즉 핵폐기물 처리이다. 폐기물 처리를 생각하지 않고는 핵발전소를 지을 수 없는 것이다.

150억 달러에 폐기물을 러시아에 버리는 것은 괜찮은 장사이다. 이미 러

* 북태평양 하와이와 파푸아 뉴기니 사이에 있는 나라.

시아는 핵폐기 물질로 오염이 되어 있으니 조금 더 버린다고 누가 알아차릴 수나 있을까?

러시아 내에 있는 환경단체들이 물론 이것을 알아챘지만 그들의 반대 소리는 미국의 부유한 환경단체 가운데 하나인 자연자원보존회(NRDC, Natural Resources Defense Council)가 이상이 없다고 주장하는 소리에 묻혀버리고 말았다. NRDC의 토마스 코크랜 박사는 NPT Inc.의 민아톰 트러스트(MinAtom Trust) 이사로 일하고 있으면서 이 핵폐기물 처리 계획을 친환경적인 것인 양 호도하고 있다.

도대체 NRDC에 소속된 사람이 왜 NPT를 위해 앞장서게 되었을까? 워싱턴에 본부를 둔 비영리책임 프로젝트(Non-Profit Accountability Project)의 책임자인 베르나도 이셀은 NPT Inc.의 "장기 핵폐기물 안전 장치 및 안전 계획"이라는 초고문서를 내게 보내왔다. 그 문서의 18쪽을 보면 NRDC가 2억 달러의 러시아 "환경 매립 자금"을 관리하고 그 중 10%인 2천만 달러의 거액을 NRDC 측이 갖는 것으로 하고 있다.

NRDC의 코크랜은 그런 역할을 NRDC가 결코 맡지 않을 것이라고 하였다. NPT 대변인은 새로 마련한 계약 초본에는 그 구절을 뺐다고 말하고 있다. 그러나 그들은 그 문서를 보게 해달라는 우리의 요청을 거부하고 있다.

이번 사건도 환경단체가 자신의 임무를 내팽개친 그런 경우인가? 그렇게 간단하지만은 않다.

NRDC의 코크랜 박사는 매우 정직한 인물이다. 문제는 돈 때문이 아니라 철학의 차이 때문이다. 환경단체 가운데는 시장의 역할을 이용하여 환경문제를 해결하려는 새로운 조류가 있는데 NRDC는 그러한 환경단체를 대표하고 있다. 오염물질 배출권 매매와 같은 괴상한 생각을 내놓았던 환경보호기금처럼 이들 단체들은 엄청난 자본을 갖고 있는 열성적 기업가들에 넋이 빠져 그들의 이윤추구행위를 공공의 이익이 되도록 할 수 있다는 순진한 생각에 빠져있다.

NRDC를 비롯한 친 시장 경향의 환경단체들은 항상 그들의 위대한 스승 아모리 로빈스가 말하는 "윈윈(win-win)"을 추구해 왔다. 윈윈이란 기업들이 많은 돈을 벌면서 환경에도 도움을 주는 것을 말한다. 소비자의 보호를 위해 일하는 많은 사람들을 경악하게 한 일이지만 NRDC는 기업 로비스트 편에 서서 "오염 배출권" 매매 제도를 추진하였고 또 캘리포니아의 전력사업에 대한 규제철폐를 주장하였다. 그러나 그 계획이 실패하자 입장을 바꾸어 버렸다.

NPT의 우라늄 계획은 공공 영역과 사기업 영역 사이의 본질적 협력인 바, 시장경제에 경도된 환경론자에게는 매우 매력적인 것이다. 코크랜 박사가 우라늄 처리 계획에 솔깃한 이유는 NPT Inc.가 한 약속 때문이다. NPT Inc.는 러시아의 핵 오염지대를 깨끗이 처리하는 데 수십억 달러를 제공할 것이며 게다가 러시아 고아들을 위한 기금으로 2억 5천만 달러를 내겠다고 약속하고 있는 것이다.

환경도 정화하고 핵 확산도 방지하며 고아들도 돌볼 수 있다는 것이다. 그런데도 왜 러시아의 환경론자들은 이런 명백한 윈윈 게임에 등을 돌리는 것일까? 그 답은 한마디로 "민아톰" 때문이다. 러시아 핵 산업을 관장하는 민아톰이 애초에 핵폐기물을 만들어냈던 것이다. 고아 문제는 차치하고라도 과연 민아톰이 안전하게 핵폐기 물질을 처리하고 또 수십억 달러를 환경정화에 성실하게 쓸 것인지, 과연 신뢰할 수 있을까?

"민아톰"이란 말을 듣자마자 나는 전 세계은행 수석경제학자이자 빌 클린턴 경제 수석자문위원을 지낸 조셉 스티글리츠와의 인터뷰 기록을 살펴보았다. 그는 지금까지도 민아톰에 대한 회의를 벗어나지 못하게 하는 한 사건을 말해주었다.

1998년 7월, 클린턴 행정부는 미농축회사(USEC, United States Enrichment Corporation)를 민영화하였다. **스티글리츠에 따르면 민영화된 USEC는 우라늄 농축에는 전혀 효율성을 보이지 못했고 다만 클린턴의 몇몇 주변 인물들의 부를 농축하는 데는 매우 효율성을 보였다고 한다.**

힐러리의 친구 수잔 토마시스는 USEC의 로비스트였다. 클린턴이 여자문제로 고소당했을 때 그를 변호했던 로펌은 USEC의 채권발행을 돕는 일로 1,500만 달러를 지급받았다. USEC가 숨기려고 애썼던 문서를 어느 연방판사가 살펴본 후 내린 결론은 USEC의 민영화 결정은 "편견과 이기심 그리고 사적인 금융거래"에 의해 영향을 받았다는 것이었다.

민영화를 조장하기 위해 USEC의 클린턴 친구들은 민아톰으로부터 러시아의 오래된 우라늄 탄두를 사들이겠다고 약속하였다. NPT와 마찬가지로 이러한 매매 제안은 정부의 농축 작업을 사기업이 떠맡게 함으로써 미국 재무부의 돈을 들이지 않고도 러시아 핵폭탄 안의 방사능 물질 양을 줄이도록 하는 것이었다.

그러나 완고한 경제학자였던 스티글리츠는 이윤을 추구하는 이런 새로운 기업이 시중보다 높은 러시아의 우라늄가격을 어떻게 지불할 수 있을런지 알지 못하고 있었다.

그에 대한 답은 USEC는 결코 지불할 수 없었다는 것이다. 1996년 어느 이름을 밝히지 않은 인사가 백안관에 있던 스티글리츠에게 문서 하나를 제공하였다. 그 문제의 문서는 민아톰 측이 애초에 예상했던 양의 두 배에 달하는 우라늄을 구입하라고 USEC 측에 요구하고 있다는 내용을 적어 놓은 기록이었다. USEC는 비용이 많이 드는 그 일 대신 민아톰 측에 5천만 달러를 제공해 주기로 했다. 스티글리츠는 그것을 "입막음용 자금"이라고 불렀다. 이것은 위험한 핵물질 처리 계약에 대한 합법적 계약금이라고 말하고 있다.

그러나 그러한 가격에 민아톰 측은 쾌재를 불렀다고 한다.

그럼에도 NPT Inc.는 민아톰과 미국의 사기업은 핵폐기물을 향후 수천 년간 안전하게 보관하는 일에 서로 신뢰할 만한 협력을 이루고 있다고 말하고 있다. 처음에 나는 이상하게 생각했다. NPT Inc.의 이사회는 스타워즈 계획*을 추진했던 CIA 간부와 군 관련자들에 의해 좌우되고 있다. 그들은 러시아가 핵물질을 "불량국가"에 넘길 가능성이 크다는 것을 **스타워즈 계획 추진의 빌미**로 삼았던 것이다.

그러나 나는 이 수수께끼를 해결했다. 그것은 결정적이고 새로운 재활용 프로그램으로, 즉 NPT는 미국의 우라늄을 러시아로 넘긴다… 그럼 이 우라늄은 불량국가의 손으로 들어가고… 불량국가는 대륙간 탄도 미사일 탄두에 장착해 미국으로 다시 보내면… 미국은 1조 달러를 들인 스타워즈 방위 시스템으로 이를 요격하는 것이다. **이렇게 모두에게 윈윈 게임이 되는 것이다.**

형벌을 가할 육체도 저주를 퍼부울 영혼도 지니지 않고 있다: 정부 대 신규회사 프로메테우스

로널드 레이건은 우리에게 경고했다.

"우리는 도움을 주기 위해 여기 있습니다"라고 말하는 공무원을 주의하라고. 도움을 주기 위한 정부의 아이디어 중, 예를 들면 미국에는 정부의 녹을 먹는 사람 가운데 이층침대의 매트리스와 난간 사이의 치수를 재는 것이 업무인 관료가 150명 있다.

---

* 미국이 지칭하는 불량국가들의 잠재적인 미사일, 핵무기의 위협으로부터 대비하기 위한 미사일방어망 구축 계획.

미국 사람들 모두가 유용하게 사용할 물건을 만드는 일로 바쁘게 보내고 있는데, 줄자를 무기로 삼은 공격병들이 최근 사회에 위협이 되는 것을 제거하기 위해 쇼핑몰과 가구상점을 기습하고 있다. 이들이 찾아나선 것은 어린이 침대다. 만일 난간이 그들이 들고 있는 규정집의 규정에 단 1㎝만 차이가 나도 그 침대는 압수되어 폐기처분된다. 지금까지 이들 관료들은 513,000개의 침대를 압수하여 침대 생산업자들에게 1억 달러의 손실을 입혔다. 줄자를 가지고 있는 키 작은 사람들의 도움 없이 침대 회사들이 자발적으로 자체의 엄격한 안전기준을 마련해 발표해 놓고 있지만 이들은 그것을 무시할 뿐이다.

위의 이야기는 한쪽의 이야기다. 다른 쪽의 이야기를 들어보자.

1994년 5월의 어느 날 저녁, 셰리 메이어닉은 놀러온 어린 조카 니콜라스를 새로 산 이층침대의 위쪽 칸에 올려놓았다. 10분쯤 지나 아들의 비명 소리에 침실로 가보니 조카 니콜라스가 매달려 있었다. 아이는 빠져나오려고 애를 쓰고 있었고 아이의 머리는 난간과 매트리스 사이에 끼어 있었다. 난간과 매트리스 사이가 규정보다 1인치 더 넓었고 그 사이로 아이의 몸통이 빠져 나갔지만 머리는 끼고 말았던 것이다. 니콜라스는 그만 숨이 막혀 질식할 정도였다. 이로써 정부가 단속을 나서기 전까지 총 54명의 어린이가 침대 난간에 끼어 사망하게 되었다.

어떤 이야기가 당신의 관심을 더 끄는가? 첫 번째 이야기만으로 세상을 보는 사람에게 미국은 공연한 두려움에 사로잡힌 나라로 비친다. 이곳에는 위험요소가 거의 없거나 전무함에도 불구하고 이기적인 변호사와 저널리스트들이 위험이 도사리고 있다고 유언비어를 퍼트리고 다닌다. 첫 번째 이야기만을 듣는 사람들은 바로 규제 철폐론자들로 이들의 주장에 따르면 미국의 이러한 근거 없는 히스테리가 규제를 일삼는 거대한 관료체제를 낳는다는 것이다. 바로 이 관료체제가 하는 일은 오직 갖가지 규제로 기업 활동의 발목을 잡는 것이라는 주장이다.

미국은 자유롭게 기업 활동을 할 수 있는 나라, 존 웨인식의 개인주의 그리고 제약이 없는 자본주의 나라라고 자화자찬하고 있다. **하지만 미국은 지구상에서 가장 정교하고 가장 강력한 민간 산업 규제 시스템을 지니고 있다.** 소비자제품안전위원회(Consumer Product Safety Commiss-ion)와 같은 정부기관들은 유럽에서는 상상하지 못할 정도로 그 규모가 커졌다.

예를 들면 1999년 영국의 경우에는 256명의 원자력발전소 감시요원이 있었지만 미국의 경우에는 영국에 비해 가동되고 있는 원자로가 그렇게 많지 않음에도 불구하고 감시요원은 4천 명이나 되었다.

거기에는 충분한 이유가 있다. 미국은 이미 정반대의 길을 시도해 보았기 때문이다. 정반대의 길을 시도하면서 시장이 건전한 생산자에게는 이익을 주고 악덕업자는 도태시킬 것이라고 희망했었던 것이다. 그러나 전혀 그렇지 못했다. 메이어닉의 조카를 질식사시킨 침대는 테네시 주의 러츠에 위치한 엘랜초 가구회사가 제조한 것으로 이 침대가 생산되기 훨씬 이전에 침대업체들이 이미 침대 디자인에 대한 "자발적인 기준"을 마련해 놓았었다.

어떻게 미국은 기업 자본주의의 중심이면서 동시에 민간산업에 대한 가장 강력한 규제를 마련해 놓고 있는 사회가 되었을까? 그 모든 이유는 앤드류 잭슨이 대통령에 출마했던 19세기 초로 거슬러 올라간다. 당시 잭슨은 새로운 형태의 위험스러운 법률적 조합, 즉 "주식회사"를 불법화하겠다는 공약을 내걸고 있었다.

잭슨과 그의 동지 토머스 제퍼슨은 주식으로 만들어진 얼굴 없고 가슴 없는 존재에 대해 두려움을 지니고 있었다. 주식회사가 등장하기 이전에는 사업체 소유자는 이름과 얼굴을 지니고 있었다. 사업체의 소유자들이 모든 법적, 도덕적 책임을 지고 있었다. "그러나 주식회사는 형벌을 가할 신체도 저주를 퍼부울 영혼도 지니지 않고 있다"라고 잭슨은 선언하였다. 잭슨 대통령은 기업의 대두를 막아내지 못했다. 대신 역사학자 아서 슐레진저가 밝히고 있듯이 잭슨은 정부 규제를 마련하였고 이를 통해 민주주의 사회가 그러한 탈도덕적 존재에게 도덕적 요소를 갖추도록 하였다. 규제개혁을 외치는 자들은 21세기에는 수많은 규정과 조사요원이 더 이상 필요없다고 주장하고 있다. 개명한 기업들은 스스로 공익을 생각하는 것이 장기적으로 자신들에게 이롭다는 것을 이제는 잘 이해하고 있다는 것이다. 정말 그럴까? 캘리포니아의 카탈리나 가구회사는 메이어닉의 조카처럼 세 살짜리 아이가 그 회사침대의 매트리스와 난간 사이에 끼었다는 보도가 나갔음에도 불구하고 5,000개의 이층침대를 리콜하라는 정부의 명령을 따르지 않았다. 리콜을 거부하는 근거로 내세운 것은 침대에 끼인 첫번째 아이가 죽지 않고 살았다는 것이었다.

최근 나는 모빌 정유회사(얼마 후 엑손모빌 회사가 되었다)가 낸 전면광고를 보고 역겨움을 금할 수 없었다. 광고의 상단에는 다음과 같은 글이 크게 박혀 있었다. "지금까지 지어진 배 가운데 가장 안전한 두 척의 배"란 제목이었다. 모빌은 이중선체 유조선을 지었다고 하면서 다음과 같이 자랑을 했다. "이 이중선체 유조선은 지금까지 있었던 충돌에 의한 기름유출을 방지해 줄 것입니다."

정녕 이중선체 유조선을 사용했다면 그런 사고는 방지되었을 것이다. 그러나 엑손모빌의 홍보담당자들은 1970년대 거대 정유회사들이 정부를 상대로 소송을 제기하여 발데즈 항에서 원유를 수송할 때 이중선체 유조선을 사용토록 한 법률을 무효화한 일에 대해서는 아무런 언급이 없었다. 법률을 무효화한 직접적인 결과로 한 겹 선체로 된 엑손발데즈

호가 알래스카 1,200마일 해안을 파괴하게 되었다. 엑손모빌은 이제 잘 못을 깨달은 모양이다. 그러나 실은 이들이 이중선체 유조선 법을 수용 하게 된 것은 사고 이후 국회와 시민의 압력에 의한 것이었다.

현재에도 잭슨 대통령의 원칙은 공격을 받고 있다. 공격을 하는 것은 기업의 이익을 대변하는 공화당만이 아니다. 실은 사이비 민주당원 앨 고어도 공격을 퍼부었다. 부통령으로서 그는 "정부 재조직(再造職)"이라 는 이름의 프로그램을 추진하였다. 이것은 잭슨적인 요소를 깡그리 없 애버리는 프로그램이다.

고어의 "정부 재조직" 프로그램은 정부의 역할을 부정하는 공화당의 헛소리에 민주당이라는 양의 탈을 씌워 놓은 것이다. 고어는 지나친 규 제와 이치에 닿지 않는 규정을 예로 들지만 이것은 새로 도입되는 규정 에 대해 기업들이 검열을 하려는 의도를 가리기 위한 것이다. 이 프로그 램은 새로운 수준의 관료주의와 처리지연 및 불필요한 규제를 낳게 될 것이다. 그러나 이것은 제너럴모터스와 기업로비 단체인 USA동맹 (Alliance USA)의 목표를 실현시켜 주게 될 것이다. 그들은 고어로 하여 금 좀더 강력한 안전 규정이나 환경 규정을 무력화시키도록 획책하였던 것이다.

나는 줄자를 가진 관료 한 사람과 이야기를 나누었다. 그녀는 소비자 제품안전위원회 검사요원인 로빈 로스이다. "침대 난간을 재는 일은 제 가 하는 업무 가운데 가장 좋아하는 일입니다." 그녀는 이렇게 말했다. 자질구레한 주업무에서 벗어나 다친 아이들의 가족들에게서 증거를 수 집하는 일은 좋은 기분전환이 될 수 있다고 한다. "하루일과를 마치고 나면 때때로 저는 차 안에 앉아서 울기도 합니다."

나는 그녀에게 『상식의 죽음 – 어떻게 법률이 미국의 숨통을 조이고 있는가(*The Death of Common Sense: How Law Is Suffocating America*)』

란 베스트셀러에 대해 물어보았다. 저자 필립 K. 하워드는 규제철폐에 관한한 앨 고어를 자신의 스승으로 삼고 있는 사람으로 "난간 주위의 길이나 재고 있는" 공무원을 즐겨 조롱하는 인물이다. 로빈은 규정을 만드는 일에는 신중을 기할 필요가 있음을 인정하고 있다. 그러나 니콜라스 메이어닉을 질식시킨 것은 규정이나 법률이 아니었음을 지적하고 있다.

미국 자본의 두 상징: 2001년 9월 11일

우리의 세금을 빨아들이고 미국인의 사업에 대한 자유를 속박하는 작은 정부의 직원이라는 주제에 대해 얘기할 때, 여러분들이 알아야 할 사람이 둘 있다. 그레그 오닐(Greg O' Neill)과 클린턴 데이비스(Clinton Davis)이다.

세계무역센터가 무너져 내릴 때, 미국 TV의 유명한 앵커인 톰 브로커는 그 건물들이 공격을 받은 것은 바로 미국의 상징이기 때문이라고 했다. 우리가 불타고 있는 건물의 유리창에서 죽을 줄 알면서도 뛰어 내리는 사람들을 보고 있을 때, 톰은 그들을 이미 상승하고 있는 증권시장과 광고주들의 모험적인 정신에 의한 희생물로 받아들이고 있었다.

톰 브로커 혼자만 그런 것은 아니었다. 많은 유럽의 좌익들이 그에게 동의했다. 이런 대량학살은 "미국 헤게모니의 두 상징"을 목표로 하고 있었다고 라나 카바니*는 『가디안』지에 기사를 썼다.

그럼 미국 자본주의의 두 상징에 대해 얘기해 보자.

---

* Rana Kabbani: 현대 아랍극의 창시자인 아부 카릴 카바니의 후손으로 작가이며 방송인이다. *Imperial Fiction* 등을 썼으며, BBC 라디오의 방송에서 그녀를 만날 수 있다.

나는 아첨이 심한 작은 테러주의자인 카바나 거대기업 지지자인 톰 브로커가 무역센터의 두 가지 탑에 대해 말하고 있다는 것을 알아챘다. 그것은 생명력이 다해버린 건축학적 기념물이 아닌 오닐과 데이비스를 말하고 있었다.

데이비스는 무역센터 지하에서 일했다. 오닐은 남쪽 빌딩 52층에서 일했다. (그리고 나도 런던에서 오랜 시간을 보내기 얼마 전까지는 북쪽 빌딩 50층에서 일했다.)

오닐은 정부를 위해 일한 변호사였다. 전력회사가 핵발전소의 안전보고서를 거짓으로 작성했다는 사실을 알았을 때 법률가인 그는 소송을 걸어 잘못한 이들이 다시는 그 분야에서 일하지 못하도록 하였다. 그렇다. 그의 일은 사업을 방해하는 것이었다. 그가 성공한 것은 우리한테도 행운이다. 데이비스는 항만관리위원회의 경찰업무부서에서 일했다.

다른 말로 하면, **이 마천루에는 부시가 싫어하는 관료들이 가득했다. 은행가들은 그 건물에서 앞다퉈 나오는 데 비해 관료들, 정부직원들, 소방수들은 그 안으로 달려 들어갔다.**

차라리 무역센터는 미국 사회주의의 상징이라고 할 수 있다. 이 두 개의 빌딩은 1970년대 뉴욕 주에 의해 건설되었다. 당시 "정부 소유"라는 말은 대처주의에 물든 영국에서는 경원시되는 말이었다. 세계무역센터의 소유주인 뉴욕항만관리위원회는 무역센터로부터 얻은 수입으로 지하철, 터널, 다리 등 뉴욕의 인프라를 사기업의 손으로부터 지켜내고 있다. 기업을 공공소유로 하는 것은 제너럴모터스에 투자하는 것만큼 좋은 것이라고 자본가들을 설득하는 일은 공채기업 칸토 피츠제랄드가 맡았다. (100층에 입주해 있었으며 658명의 직원을 거느리고 있었다. 그중에 생존자는 지금까지 알려지지 않고 있다.)

무역센터를 공공기관이 소유하는 것은 이상한 일이 아니다. 미국 연방 정부가 소유한 기업들의 현 시가는 총 2조 8천 5백만 달러를 넘어서고 있다고 한다. 상수도와 같은 주 단위 또 지역단위 기업들이 있고, 공공사업에 투자한 자금은 주식시장의 상당한 지분을 차지하고 있다. 이로써 미국은 지구상에서 가장 사회주의다운 국가 가운데 하나이다. 여러분이 미국인이 아니라면 이 사실을 미처 알지 못하고 있었을 것이다. 그리고 당신이 미국인이라 해도 그 사실을 모르고 있었을 것이다. 미국에는 여러분이 미처 알지 못하는 놀랄 만한 것들로 가득하다.

끔찍했던 그 화요일 저녁, 나는 오닐 집에 전화를 했다. 오닐이 전화를 받았다. "오 하나님, 무사하군요."

오닐은 이렇게 답변했다. "꼭 그런 건 아닙니다."

데이비스도 역시 무사했었다. 그는 당시 무역센터 건물의 지하에 있었다. 그러나 다른 이들을 구하기 위해 위로 올라갔다. 현재 미국 자본주의 헤게모니의 상징인 데이비스는 실종된 상태이다.

가슴 아프게 하는 것 : 어떻게 비아그라 제조업자는 변호사와 같이 나의 로맨스를 구원해 주었는가?

그렇지 않다. 미국에는 법률가가 백만 명이 되지 않는다. 단지 925,671명뿐이다. 그러나 엘레인 레벤슨에 따르면 그 숫자는 턱도 없이 부족하다.

신시내티에 사는 가정주부 레벤슨은 그녀의 심장이 폭발할 때를 기다려왔다. 1981년 수술을 할 때 심장에 비오크실리(Bjork-Shiley)란 이름의 기계 밸브를 이식해 놓았다. 그녀의 주치의 말에 따르면 "밸브에 있어서

롤스로이스"라는 것이었다. 그러나 레벤슨도 또 그녀의 의사도 그녀가 이식 받기 전 검사과정 중에 여러 개의 비오크실리 밸브가 파손되었다는 사실을 알지 못했다. 이 밸브를 만드는 회사는 뉴욕에 본사를 두고 있는 거대 제약회사 파이저(Pfizer)의 자회사로 이 사실을 정부에 알리지 않았다.

카리브 해에 있는 파이저의 공장에서 검사원들은 불량품을 만들어내는 기계설비가 있음을 알게 되었다. 불량 밸브를 폐기처분하는 대신에 파이저 경영진은 눈에 띄는 부분을 다듬게 하여 겉보기에 이상이 없어 보이도록 하였다. 그 결과 밸브는 더욱 약해졌다. 그리고 파이저는 이 밸브들을 전 세계에 판매하였다.

밸브 버팀대가 부러지고 심장이 수축하게 되면 밸브는 폭발한다. 그럴 경우 3명 중 2명은 보통 몇 분 내에 사망한다. 1980년 닥터 바이킹 비오크는 파이저에 편지를 보내 이를 시정하도록 요구했다. 닥터 비오크는 존경받는 자신의 이름을 제품에 사용하게 함으로써 제품 판매에 도움을 주고 있는 사람이었다. 닥터 비오크는 밸브 버팀대가 이상을 일으킨 경우를 발표하겠다며 강하게 항의했다.

당황한 파이저의 경영간부는 다음과 같은 텔렉스를 보내왔다. "비오크 교수님, 밸브 버팀대 이상에 관한 자료를 발표하지 마시길 바랍니다." 그 경영간부는 치명적인 밸브에 대해 발표하지 말아야 할 이유를 다음과 같이 들었다. "앞으로도 이런 사건이 더 일어날 것으로 예상되기 때문입니다." 그의 예상은 적중했다. 밸브가 이상을 일으킨 것은 지금까지 총 800건이며 그 중 500명이 사망하였다. 닥터 비오크는 이를 살인이라고 불렀다. 그러나 그것에 대해 발표는 하지 않았다.

발표하지 말라는 편지가 있고 8개월 뒤에 레벤슨 부인은 밸브를 이식 받았다.

1994년 미 법무부는 파이저에 대한 수사를 개시하였다. 범죄혐의로 기소되는 것을 피하기 위해 파이저는 민사상의 손해배상을 해주었다. 피해자 보상으로 약 2억 달러를 지불하였다. 파이저 측의 변호사들이 내놓은 증거를 뒤집지 않는 이상 법무부는 기소할 수 없게 되었다.

파이저는 지금도 여러 변호사들이 보상을 더 요구하며 귀찮게 한다고 말하고 있다. 그러나 그것은 파이저 측이 사용되지 않은 밸브만을 리콜한 것에 부분적 이유를 찾을 수 있다. 그 회사는 수술 받고 두려움에 떨고 있는 사람들의 밸브 교체 비용 부담은 거부하고 있다.

드라마 〈LA 법률(LA Law)〉에서 보았다시피, 미국 법정에서 부자들은 살인을 저지르고도 무사히 빠져나간다. 피해자인 다윗이 거대한 기업 골리앗에 맞설 때 민주주의의 이상은 이상으로 머무는 경우가 많다.

우리는 분노를 토해낼 수도 있다. 히틀러가 폭스바겐으로부터 받은 요청서를 보면 집단수용소에서 더 많은 노동자를 보내달라는 요청에 그가 동의하고 있는 것을 볼 수 있다. 이 사실은 착 달라붙어서 고혈을 빠는 변호사들의 소송이 아니었다면 그대로 묻혀 있었을 것이다. 만일 히틀러가 죽지 않고 붙잡혔더라면 아마 다음과 같이 변명을 했을 것이다. "나는 그저 폭스바겐의 명령만을 따랐을 뿐이요."라고.

민사법 변호사들은 민사적 불법행위를 단속하는 경찰이라고 할 수 있다. 강도행위가 증가하면 그에 따라 더 많은 경찰이 필요하게 되는 것과 마찬가지로 소송이 급증하는 이유는 단 한 가지이다. 즉 기업들의 위법행위가 크게 늘었기 때문인 것이다.

6년 전, 시카고에서는 18개의 건물이 폭발하고 4명이 숨지는 사고가 있었다. 나는 생존자의 요청에 의해 그 지역 가스 회사에 대한 기록을 수집하고 있었다. 내가 찾아낸 것을 본다면 여러분들은 역겨움을 느낄 것이다. 나는 수년 전에 만들어진 엔지니어의 보고서를 발견했는데 폭

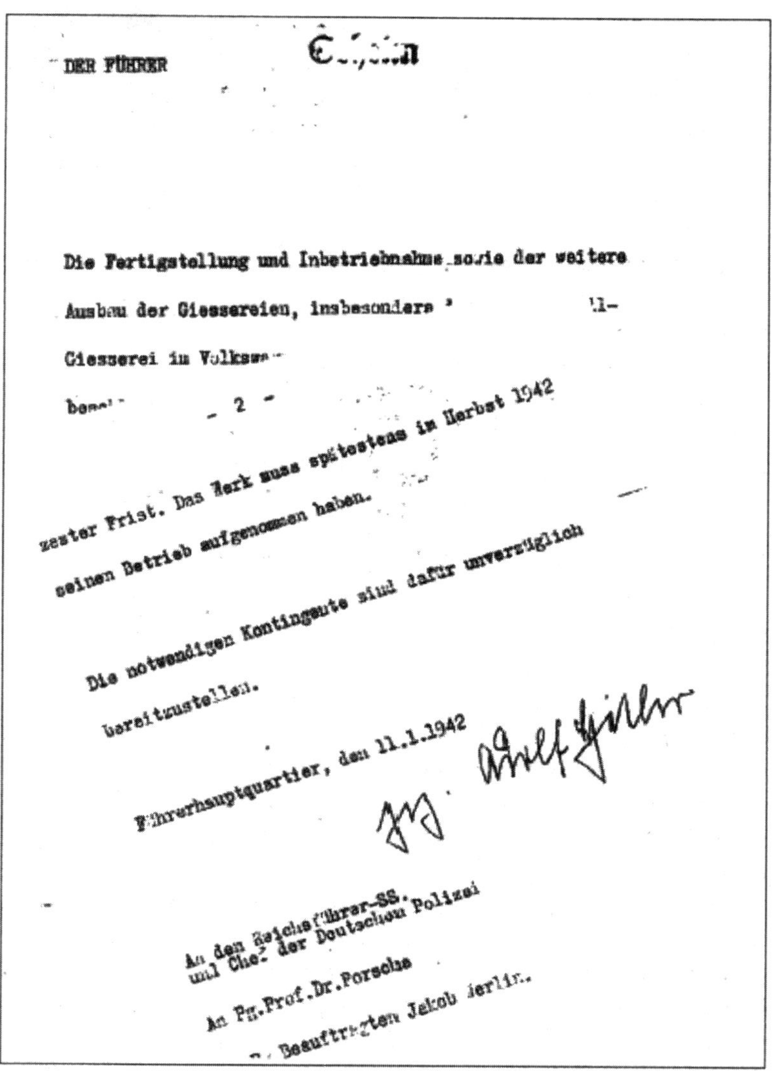

그림. 5.1 폭스바겐이 히틀러에게 보낸 요청서.

발이 일어날 가능성이 높은 곳을 표시해둔 지도가 붙어져 있었다. 그 회사의 이름은 피플스가스(People' s Gas)이다. 그 회사는 미리 그런 사고가 일어날 것을 알고 있었다.

회사는 "중요 계획"에 포함되어 있지 않다며 비용이 많이 들어가는 수리를 하지 않았다. 나쁜 일들은 계획하여 의도적으로 일으키는 것이 아니다. 하지만 기업구조라는 거대한 구조 하에서 경제적 활동이 인간에게 미치는 결과는 상상을 불허한다.

백만에 가까운 미국의 변호사들에 대해 여러분들이 좋지 않은 감정을 갖고 있다는 것을 나는 잘 알고 있다. 그러나 레벤슨 부인이 말했지만 일정한 퍼센티지를 정해놓고 일을 해준 변호사가 아니었다면 단 한 푼의 보상도 받지 못했을 것이다.

민사법 법률 개혁을 주장하는 사람들은 탐욕스러운 변호사들이 쓸데없는 두려움을 조장하고 있으며 선량한 기업들에 대한 신뢰에 금이 가게 할 뿐더러 서로를 더 이상 믿지 못하는 사회로 만들어가고 있다고 주장한다. 그러나 그것은 누구의 잘못 때문일까? 변호사들의 잘못일까? 엘레인 레벤슨은 파이저 제약회사를 신뢰했었다. 그러나 파이저는 그녀에게 고통만을 안겨주었다.

제 6 장

패트 로버트슨, 피노체트 장군, 펩시콜라 그리고 적그리스도

─ 특별취재보도

파일 캐비닛에서 끄집어낸 서류들이 내 책상 위에 널려 있었다. 기업과 정부 그리고 심지어 교회 내부자들의 전화번호를 속삭이는 목소리가 들려왔다. 사람들은 이야기를 하고 있는데 마침 내 녹음기가 돌아가고 있다. 나는 운이 좋은 놈 같다.

나는 정부를 위해 정보를 수집하면서 사용하던 심층조사 기법을 저널리즘에 활용해 보려고 노력해 왔다. 첩보물에서 볼 수 있는 그런 스릴 넘치는 부분도 있지만 (로비게이트 때에는 『옵서버』를 위해 취재하면서 이름뿐인 허위 기관을 만들어내기도 했다.) 대부분은 전문적인 서류와 회계 서류를 여러 시간, 여러 날, 여러 주씩 살펴보아야 하는 일이다. 멋진 일과는 거리가 멀다. 비용과 시간이 많이 드는 일로 "빠르게 그리고 싸게"를 원칙으로 삼는 편집장들에게는, 직업상 그리고 개인적으로도 별 구미가 당기지 못하는 것이다. 저널리스트로서의 나의 일탈 행위를 너그럽게 보아준 편집장들에게 축복이 있기를.

이 책에 있는 대부분의 내용은 "심층조사"를 통해 얻어낸 것이다. 심층조사란 본 이야기의 주인공들이 매우 잘 숨겼다고 생각하고 또 그렇게 희망했던 정보를 폭로하는 것을 의미한다.

본 보도들을 수행하는 데 있어 특히 어려웠던 것은 이 보도 가운데 한 보도의 주인공이 소위 영적 계시를 통해 내가 루시퍼의 대리인이 세운 『옵서버』의 기자인 것을 알게 되었을 때였다. 그러나 『옵서버』를 루시퍼의 대리인이 세웠다는 건 이미 나도 알고 있었다.

은행가에 대한 연민:
적그리스도 회사와 패트 로버트슨의 마지막 유혹

> 이제 누군가가 진실을 말해주어야 할 때이다. 링컨 대통령의 암살을 명령했던 유럽의 은행들로부터 독일 광명파(German Illuminati)와 칼 마르크스와의 직접적 연결고리인 "공산주의자 랍비", 삼축위원회*, 모건 가문 소련 KGB를 창립한 영국의 은행가들에 이르기까지에는 보이지 않는 끈(Invisible Cord)이 있음을 쉽게 알아낼 수 있다. 이것은 "견고하게 짜여진 비밀결사로 그들의 목적은 루시퍼의 지배 하에 인류의 새로운 질서를 세우는 것을 목표로 하는" 것이다.

만일 여러분이 "보이지 않는 끈"에 대해 아는 바가 없다면 스코틀랜드 은행이 새로이 만든 미국 소비자 은행 소유 회사의 최고 책임자인 마리온 패트 로버트슨이 쓴 『새로운 세계질서(*New World Order*)』란 책을 읽어보지 못한 것이다.

1999년 5월, 영어권 국가에서 가장 오래된 금융기관인 스코틀랜드 은행은 최대규모의 전화 및 인터넷 은행 업무를 할 수 있는 시스템을 사이버 미래에 대비하여 구축하기로 결정하였다. 근거지는 미국으로 하기로 했다. 그런데 이 사업의 파트너이며 동시에 책임자로 선정된 사람이 미국 텔레비전 전도사인 패트 로버트슨이었고 이에 대해 몇몇 영국 사람들은 아연실색하였다.

그러나 영국의 기업가들은 반대의견을 무마할 수 있었다. 그들에게 있어서 로버트슨은 남부의 인습에 젖은 엘머 겐트리** 타입의 광신자

---

* 1973년 데이비드 록펠러를 중심으로 조직된 일본, 북미, 유럽 등 선진국들의 엘리트 그룹 모임.

** 말솜씨를 무기 삼아 유능한 전도사가 되는 사기꾼 세일즈맨 이야기를 다룬 영화의 주인공 이름.

로 예수를 이용해 수백만의 미국 사람들을 최면상태로 몰고 가서 자신들의 은행구좌를 스코틀랜드 쪽으로 넘겨주게끔 할 수 있다고 여겼다.

나는 로버트슨 목사에 대해 다른 견해를 갖고 있었다. 여러 해 동안 나는 이 억만장자 방송계 거물을 주시해 오고 있었다. 그는 미국 대통령을 그 자신이 선택했었고 (부시라는 이름의) 또 다른 대통령을 선택했다. (같은 이름의)

잘 알려지지는 않았으나 중국에서 콩고에 이르기까지 수많은 곳에 투자를 해 놓았고 투자한 곳에는 지옥 유황의 냄새를 풍기고 있었다. 이미 연방정부가 수사에 착수하고 있었지만 나는 거듭남을 경험한 기독교도 공동체의 내부인사들과 이야기를 나눌 수 있었다. 그 내부인사들은 종교 제국이자 동시에 상업적 제국이며 또 정치적 제국인 로버트슨 목사의 수십억 달러짜리 단체에서 한때 높은 자리에 있었던 사람들로 정부 관리들과는 어떤 대화도 하려 하지 않았다. 그들이 내놓은 증거를 보면 로버트슨 목사는 최고권력을 가진 국세청에서 지시한 명령을 어기고 있었음을 보여주고 있다.

흥미롭게도 로버트슨의 경력에 관한 한 스코틀랜드 은행의 눈에는 『새로운 세계질서』란 책은 보이지 않는다. 1991년 베스트셀러로 월스트리트저널에 실린 이 책의 서평을 보면 "민주주의를 매우 불신하는 편집광적 멍청이"가 쓴 것이라고 신랄하게 비판하고 있다.

로버트슨 박사의 여러 경력에 대해 스코틀랜드 은행이 잊고 포함시키지 않은 것들이 많기 때문에 이 사람의 재산과 또 취향을 사람들에게 소개하는 일을 『옵서버』가 떠맡게 되었다. 예를 들면 스코틀랜드 은행은 로버트슨 박사가 120만 명의 회원을 거느린 미국의 극우 정치단체 기독교연합(Christian Coalition)의 지도자로 미국인들에게 잘 알려져 있다는 사실은 모른 체했다. 그러나 스코틀랜드 은행 측은 로버트슨 박사의 종교적 신념에 대해서는 상관하지 않는다고 말하고 있다. 로버트슨 박사도 스코틀랜드 은행 측의 종교적 신념에 대해 상관하지 않는 듯하다. 로버트슨은 스코틀랜드 공인교회의 성원인 장로교도들을 "적그리스도의 영(靈)"이라고 불러왔던 것이다.

왜 스코틀랜드 은행은 어느 시민 단체가 "미국에서 가장 위험한 인물"로 지목한 사람과 제휴하게 되었을까? 나보다 더 냉소적인 사람은 2백만의 충성스러운 추종자를 거느리고 있는 로버트슨이 부러웠기 때문이 아니겠냐고 생각할 수도 있을 것이다. 로버트슨과 사업 파트너를 했던 사람은 로버트슨 목사의 강력한 최면에 걸려든 것이라고 설명한다. "그 사람들은 로버트슨 목사가 하느님과 직접적으로 소통하고 있다고 믿습니다. 그들은 자신들의 모든 것을 목사에게 내줄 것입니다." 로버트슨은 신도들을 자신의 수익사업에 끌여 들였다. "사람들은 자신들의 집을 담보로 대출을 받아 그의 사업에 투자했습니다."라고 내부인사가 내게 말해주었다. 로버트슨이 전도사업을 자신의 수익사업을 증진시키기 위해 활용한 것이라면 그것은 여러 법률적 테두리를 벗어난 것이 된다.

드디어 우리가 만났을 때 로버트슨 박사는 내 앞에서 그의 은행 사업과 기독교 사상 그리고 기독교연합의 철저한 분리를 유지하겠다고 맹세하였다. **그러나 그와 사업을 함께 벌였거나 벌이고 있는 사람들 하고의 인터뷰를 포함하여 로버트슨의 제국을 살펴보면 하나님과 이윤과 공화당 선거가 함께 뒤섞여 있는 숨은 역사를 보게 된다.** 이 모든 것들은 제대로 은폐되지 못했다. 세무당국과 단속 기관들은 수십 년 동안 그의 비당파적이라는 활동과 얽혀져 있다. 그러나 정부의 형사들은 아직도 회사 공금을 사적으로 이용하고 있는 가장 결정적인 몇 가지 증거를 놓치고 있다.

기독교와 돈의 결합은 로버트슨을 2억 달러에서 10억 달러 사이의 재산가로 만들어 놓았다. 그는 자신의 이런 부에 대해 직접적으로 확인해 주지는 않았지만 스코틀랜드 은행에 5천만 달러 상당의 초기 투자를 통해 지분을 얻게 되었다는 것에 대해 너무 적은 금액이라 그 액수에 별 신경을 쓰지 않았다는 말을 내게 해주었다.

로버트슨의 금융사업의 사장이자 은행 벤처사업의 CEO를 맡게 될 닐 볼더는 로버트슨이 국제 가족 엔터테인먼트 회장으로 받는 봉급의 67~75%를 교회에 기부하고 있다고 강조해 말하고 있다. 그러나 그 금액은 일 년에 겨우 수십만 달러로 로버트슨 같은 재산가에게는 푼돈에 지나지 않는다. 또 르완다 민족말살을 피해서 나온 난민들의 고통을 덜어주기 위해 "은총의 사업(Operation Blessing)"에 7백만 달러를 내놓았다고 볼더는 말한다. 그러나 로버트슨 소유의 신문에는 단지 120만 달러로 기록되어 있다. 그리고 그 액수도 확인할 길이 없었다.

더욱 흥미로운 것은 "은총의 사업" 기금이 아프리카에서 어떻게 사용되었는가 하는 문제이다.

TV 방송에서 사람들의 눈물샘을 자극해 세금이 전혀 붙지 않는 기부금 수백만 달러를 모금한 "은총의 사업"은 콩고의 고마(그때는 자이레)에 있는 난민촌에 의료 기구를 날라다주기 위해 비행기를 구매하였다. 그렇지만 『버지니아 파일럿』의 취재기자 빌 사이즈모어는 단 한 번만 제외하고는 아프리카 개발 회사(African Development Corporation)라는 회사가 사용할 중장비를 실어 나르는 데 비행기가 사용되었음을 알아내었다. 아프리카 개발 회사는 다이아몬드 광산 사업체로 고마로부터는 상당히 떨어져 있는데, 그 소유주는 패트 로버트슨이다.

구호 비행기의 이러한 전용을 로버트슨은 알고 있었는가? 조종사의 기록에 따르면 광산으로 장비를 실어 나르는 비행기에 그가 직접 타고 간 적도 있었다고 한다.

예전 사업 파트너 가운데 한 사람은 이름을 밝히지 않는 조건으로 내게 말해주었는데, 로버트슨 목사와 자주 비행기를 같이 탔었지만 한 번도 성서를 펼쳐 읽거나 조용히 기도하는 것은 보지 못했다고 한다. "그는 항시 『월스트리트 저널』과 『인베스터스 데일리』를 펴들고 있었습니다. 그러나 콩고로 가는 비행기에서는 기도를 했습니다. 조종사의 일지에는 '다이아몬드를 위해 기도하다' 라고 기록되어 있습니다."

로버트슨이 다이아몬드 광산 일로 비행기를 전용한 것은 실제 하나님의 일을 수행하는 것이었다고 볼더는 내게 말했다. 그의 주장에 의하면 비행기가 약품을 수송하기에 적합하지 못했고 그래서 로버트슨은 다이아몬드 광산 사업 쪽으로 활용하였으며 그 광산 사업이 성공하게 되면 "기아와 가난에 고통 받는 콩고 사람들을 구원해 줄 수 있게 된다"는 것이었다. 그런데 마침, 버지니아 주 법무장관은 "은총의 사업"에 대한 수사를 시작했다.

로버트슨은 "이윤을 얻기 위해서가 아니라 사람들을 돕기 위해 애를 쓰고 있다"라고 볼더는 주장한다. 그러나 로버트슨은 이윤을 얻는 일에도 실패했고 또 남을 돕는 일도 하지 않은 것으로 밝혀졌다. 다이아몬드 광산은 실패로 돌아갔다. 또 비타민 판매와 다단계 판매회사도 마찬가지였다. 이런 투자 실패와 더불어 정유사업에서도 손해를 보았고, 파운더스인 호텔에는 밑 빠진 독에 물 붓듯 자금을 투입했으며 제트기 대여업도 대실패로 막을 내렸고 로라 애쉴리 지주회사에 참여한 것도 (그는 이사가 되었다) 큰 손실을 입었다. 준 억만장자를 가난한 사업가라고 부를 수는 없겠지만 비영리 단체인 방송을 제외하면 사업가로서의 로버트슨은 아무 것도 제대로 해내지 못했던 것으로 보인다. 방송을 빼고 나면 성공한 사업으로 내세울 수 있는 것은 아무 것도 없다.

그러나 로버트슨이 뛰어난 세일즈맨이라는 것은 부인하지 못할 사실

이다. 버지니아 비치에서 매일 방영되는 그의 프로그램인 〈700 클럽〉
의 방청객으로 참가했을 때 나는 그 사실을 확인할 수 있었다.

내가 도착했던 그 날, 그는 기적을 팔고 있었다. 조금 이상한 복음 부
분을 읽어가던 로버트슨 박사는 눈을 감고는 깊은 황홀경에 빠져들었
다. 비전을 하나님께 구하는 기도를 한 후 그는 다음과 같이 선언했다.
"지금 장쪽에 암을 앓고 있는 사람이 있습니다. 하나님께서 당신을 치
유하고 계십니다. 그는 살 것입니다! …… 마이클이란 이름을 지닌 사람
이 심한 기침을 하고 있습니다…… 하나님이 당신을 지금 치유하고 계
십니다!"

왜 하나님이 마이클에게 다가가기 위해서는 값비싼 케이블 TV 장치
를 사용해야 하는지 그 이유는 분명하지 않다. 그러나 기적을 자신의 조
직에 내놓는 헌금과 연결짓는 로버트슨 목사는 좀더 흥미로운 신학적
문제를 제기하고 있다. 어느 녹화 방송분에서 한 여인의 동생이 〈700
클럽〉에 가입하고 나서 그 여인의 얼굴에 난 상흔이 말끔히 없어졌다고
했다. (필수 헌금은 한 달에 20달러이다.) "동생의 헌금이 금방 기적을 일
으키리라는 건 상상조차 하지 못했던 것입니다." 그 방송은 이런 말로
끝나고 있다. "캐롤은 하나님이 자신의 언니를 치유해 주신 것에 너무
감사하여 〈700 클럽〉 대신 〈1000 클럽〉에 헌금하기로 약정하였습니
다." 이 말은 로버트슨에게 다달이 84달러를 낸다는 것을 의미한다.

기적들은 쌓여 간다. 1997년, 로버트슨의 "성직"인 기독교방송(Chris-
tian Broadcast Network)은 1억 6천 4백만 달러의 헌금과 여타의 수입
으로 3천 4백만 달러를 거두어 들였다.

성스러움과 적개심을 매일매일 팔면서 얻은 세금 면제의 엄청난 돈은
케이블 TV 측에 지불되었다. 이 케이블 TV는 1990년 비종교시간에 방
영되는 시트콤과 함께 18억 2천만 달러로 루퍼트 머독에게 매각되었다.

이 황금알을 낳는 거위를 팔아치우기 전까지 7년 동안 이익금은 한 영리단체에게로 넘어갔고 이 영리단체의 지배권은 로버트슨 박사가 쥐고 있었다. 로버트슨은 행운아였다.

로버트슨은 머독이 지불한 대금에서 수억 달러를 기독교 방송(CBN)과 CBN 대학교(현 리전트 대학교)에 기증하였다. 그렇지만 여전히 로버트슨에게는 바늘구멍을 뚫고 나가기에 너무 많은 현금이 수중에 남아 있었다.

기독교 십자군을 위한 화장품

젊은 시절, 로버트슨은 세상의 부를 모두 버리고 뉴욕의 흑인 빈민가에서 일했다. 그러나 "로버트슨은 변했습니다." 전직 기독교연합의 간부직원이 말했다. 그녀는 로버트슨이 1988년 침례교 목사로 안수 받는 것을 포기했다고 말했다. (그런데도 그는 방송에서 "목사"로 잘못 불리고 있다.) 그의 이러한 변화가 더욱 가속화된 것은 1988년 "하나님이 미국 대통령 선거에 출마하라고 계시하였다는 생각에 사로잡힌 때"였다고 공동으로 TV 사회를 보았던 다누타 소더만 파이퍼가 말했다.

1988년 대선 출마는 전능자의 권능에 의해 보증되었다는 선언과 함께 시작되었다. 나는 볼더에게 만일 하나님이 그의 캠페인의 매니저였다면 어떻게 공화당 예비선거에서 패할 수 있느냐고 물어 보았다. 그러나 신은 로버트슨에게 출마하라고는 했지만 이기라고는 말씀하지 않으셨다는 것이다. 패하긴 했지만 선거운동을 통해 현실에 불만을 지닌 300만 명의 미국인들의 명부를 얻게 되었고 또 선거에서 패하자 기독교연합이란 단체를 구성하게 되었다.

로버트슨이 기독교연합이란 단체를 구성하게 되자 이들은 자신들의 분노의 목소리를 낼 수 있는 출구를 찾게 되었다. 어떤 사람들은 로버트슨이 출마한 이유가 순전히 이 명부를 얻기 위한 것이었다고 말한다. 그리고 볼더도 이것은 아마도 주의 계획이 아니었겠느냐고 말하고 있다. 이 명부는 CBN 명부와 마찬가지로 그 가치가 엄청난 것이다. 로버트슨은 은행 사업에 이 명부가 사용되지 않을 것이라고 맹세하였다. 그리고 신의 의도가 무엇이든지 새로운 은행을 선전하기 위해 이러한 기독교 명부를 사용하는 것은 위법이 된다.

그러나 이러한 명부를 오용해 왔다는 것이 나와 이야기를 나누었던 전 파트너들의 주된 주장이다. 영리 활동 영역에서 고위 실무자를 지낸 적이 있는 두 사람의 주장에 따르면 – 그런데 이 둘은 이전에는 방송이나 신문과 인터뷰를 한 적이 없다고 한다 – 로버트슨은 비타민을 비롯한 여러 물품을 판매하는 칼로비타(Kalo-Vita)라는 피라미드식 판매회사를 만들기 위해 종교 단체 명부와 "교육 목적"의 기독교연합 명부를 개인적 목적으로 사용하였다는 것이다.

칼로비타는 1992년 사기로 고소된 와중에 경영부실까지 겹쳐 망하고 말았다.

칼로비타의 전(前) 직원은 기업 활동 가운데 상당부분, 예컨대 사무실 임대료나 전화료 또 비서에게 들어가는 비용 등이 아무런 대가 없이 교회사업에서 나온 돈으로 충당되었다고 말하고 있다. 시청자들의 헌금을 로버트슨이 개인사업에 유용하고 있느냐의 여부에 대해 내부인사들이 알아보려 하자, 로버트슨은 이사회를 만들었다. 이사회는 칼로비타 회사를 같이 시작했던 사람들로 구성되었고, 회의록에는 CBN 쪽에서 가져온 창업자금을 "차입금"이라고 해 놓았다. 내부인사들에 따르면 모든 이사회 구성원들이 이러한 회의가 있었던 사실을 알고 있지 못했고 회의가 있었다는 날짜로부터 수개월이 지난 후에 알게 되었다. 로버트슨 박사의 대변인은 그들이 주장하는 내용에 대해 처음 들어본 소리라는 반응을 보였다.

또 이들을 놀라게 한 것은 "자신의 정치적 계획과 파당적 야심을 실현"하기 위한 조직으로 20만에 이르는 칼로비타 회원들을 활용하려 한 것이었다. 미연방 수사당국은 이 내용에 대해서는 아무런 낌새도 알아차리지 못했다. (미국법은 회사가 정치적 후보자에게 직접적인 도움을 주는 것을 금하고 있다.)

"왜 나를 쏴 버리지 않는가?" – 없어진 부시 서류

칼로비타 명단 외에, 로버트슨이 기독교연합 명부를 부시라고 하는 정치인 후보자를 돕기 위해 사용한 증거가 있다. 1992년 9월 15일자 당시 기독교연합 의장인 랄프 리드가 작성한 메모를 보면, 리드가 조지 W. 부시의 재선 선거운동을 담당하던 사람에게 보낸 것으로 『옵서버』는 그 사본을 입수하였다. 그 기록에는 다음과 같이 적혀 있었다. "패트 로버트슨은 기꺼이 도와줄 용의가 있습니다…… 4천만 유권자 지침서를 배포하겠습니다…… 이런 정도까지 기독교 교계 지도자가 발 벗고 나선 것은 실제로 그 유래가 없습니다." 유래가 없는 것일 뿐더러 법에 저촉되는 것이기도 하다고 미연방선거관리위원회는 말하고 있다.

미연방선거관리위원회는 기독교연합이 면세혜택을 받는 교육법인임에도 공화당 후보 측에 수천만 달러 상당을 지원하였다며 기독교연합을 고발하였다. 이 조치는 이례적인 것이다. 왜냐하면 양당이 참여하는 위원회에서 만장일치로 그 결정이 이루어졌기 때문이다. 위원회가 들고 있는 여러 사례 가운데는 기독교연합이 상원에 출마한 올리에 노스 대령에게 자신들의 명부를 제공했던 일도 들어 있다.

기독교연합으로부터 제출을 요구한 기록 중에는 1992년 〈700 클럽〉에서 방영한 부시와의 "인터뷰"를 위해 기독교연합과 공화당이 작성한 질문과 답변이 들어 있었다. 이 기록이 내 주목을 끈 것은 첫째로 법으로 금지된 선거광고처럼 보였다는 것과 두 번째로 로버트슨은 수개월 전 부시가 "루시퍼의 일을 부지불식간에 수행하고 있다"라고 주장했었던 이유 때문이었다. 부시가 빌 클린턴에게 밀리자 로버트슨은 자신이 잘 알고 있는 악마와 손을 잡기로 했던 모양이다.

그러나 정부는 가장 심각한 범법행위를 담은 기록은 결코 보지 못할 것이다. 기독교연합 수석 재무 담당관을 지낸 주디 리버트가 내게 말해 주기를 기독교연합 의장인 리드가 정부로부터 제출 요구를 받은 서류를 그녀가 있는 자리에서 직접 불태워 버렸다는 것이다. 또한 리버트가 기독교연합에서 공화당 선거운동 책자를 인쇄했다는 것을 알게 되었을 때 (만일 사실이라면 범법행위가 된다.) 그녀의 컴퓨터 하드드라이브에 있는 증거자료가 사라져 버린 것을 발견했다. 실은 하드드라이브를 쥐도 새도 모르게 누군가 통째로 빼내어 버렸지만 그 전에 리버트는 파일을 복사해 놓았었다.

리버트는 기독교연합에서 벌어진 불법행위에 대해 로버트슨에게 불평했다. "그런데 로버트슨은 날 보고 '세상물정을 모른다.' 라고 하더군요. 그리스도인이 입에 담기에는 좀 이상한 말이지요."

기독교연합은 리버트가 해고당한 것에 불만을 품고 있는 것이라고 공격하고 있다. 리버트는 그녀가 정부 당국에 이 사실을 알리고 난 후에, 그리고 기독교연합과 로버트슨에 대해 입을 다문다는 조건으로 그들이 그녀에게 제시한 8만 달러를 거절하고 난 후에 해고되었다고 반박했다. 기독교연합 측이 증거를 인멸하였다는 리버트의 주장에 대해 연방정부는 아무런 조치도 취하지 않았다.

이에 대한 것은 거의 신문에 보도되지 않았다. 왜일까? 내가 버지니아 비치의 CBN 본부에서 방청했던 3시간짜리 허접 쓰레기 쇼의 최고 압권은 CEO인 볼더가 나온 한 시간짜리 비난 발언으로 여기서 그는 "균형 잡힌" 시각을 보여주지 않는 매체에 대해 로버트슨이 단호하게 법적 대응을 할 것이라고 했다. 그는 영국의 엄격한 명예훼손에 관한 법률과 로버트슨의 막대한 부를 활용하겠다고 위협하며 그들의 변호사가 어느 영국 신문에 로버트슨의 이력에 대한 찬양의 글을 썼다고 자랑하였다. 종교재판 시절에 고집을 꺾지 않는 사람에게 고문도구를 보여주며 위협했던 것과 같이, 만일 내 신문이 그들이 원하는 바대로 기사를 싣지 않는다면 파멸이 기다리고 있으리라고 내게 상세하게 일러주었던 것이다.

볼더는 모든 이들이 로버트슨을 찬양할 때와 마찬가지로 이 이야기를 부드럽고 매끄러운 버지니아 억양으로 읊어댔다.

로버트슨은 자신의 종교적 추종자들을 이용하여 스코틀랜드 은행 벤처 사업을 도모하려고 했던 것일까? 로버트슨은 그렇지 않다고 했지만, 은행 업무의 책임자 볼더는 〈700 클럽〉의 회원을 은행고객으로 유치하고 자신들의 명부에 등재된 사람들에게 우편으로 홍보물을 보내며 또 종교방송 직후에 "정보 광고"를 방송하는 등 신도들을 활용하려는 계획을 내놓았다. 종교단체를 다른 용도로 이용하는 이런 식의 작태에 대해 선거관리위원회와 IRS는 1998년 기독교방송의 면세혜택을 1986년부터 1987년까지 박탈하는 소급적용을 하였다.

나의 라이터는 무엇을 도청했는가

가장 어려웠던 것은 버지니아에 있는 목사의 거처에서 "박사님"과 직접 (그들은 로버트슨을 그렇게 부르고 있다.) 대화할 수 있도록 해달라고 목사를 지키고 있는 사람들을 설득하는 일이었다. 그리고 그곳에 도착해서 가장 어려웠던 것은 금속 탐지기를 뚫고 녹음기를 가지고 들어가는 일이었다. ("경관님, 제 라이터 좀 들어주실 수 있으세요?")

나는 탈의실에서 하나님과의 언어적 소통을 마친 로버트슨을 만나보았다. 그는 세 시간 동안 스포트라이트를 받았지만 땀 한 방울 흘리지 않고 있었고 국제금융에 대해 서로 이야기를 나누면서 화장을 지우고 있었다. 이제는 시골뜨기 선동가가 아니라 부와 멋을 지닌 세속적인 사람이었다.

그리고 볼더의 불만스러운 얼굴과 투덜거림에도 불구하고 로버트슨 박사는 자신의 중국 인터넷 회사(그는 "중국 야후"라고 부른다.)를 은행 업무용으로 바꾸어 놓는 것에 대해 생각하고 있다고 말했다. 볼더가 눈치를 주는 것을 알아차린 그는 다음과 같이 덧붙였다. "물론 인터넷 은행에 대해서는 나 같은 사람이 이야기해서는 안 되겠지만요……."

그리고 중국에 대해서도 이야기하면 안 되는 것이었다. 그가 주룽지와 함께 어울리는 것에 대해 달가워할 선교사는 없을 것이기 때문이다. 공산주의 독재자인 주룽지는 기독교 선교사들을 신이 난 듯 감옥에 잡아 가두었다.

볼더는 로버트슨이 주룽지(그리고 지금은 쫓겨났지만, 콩고의 독재자 모부투)와 친분을 맺고 있는 것에 대해 다음과 같이 로버트슨을 옹호하고 있다. "로버트슨 목사는 만일 고통 받는 사람들을 돕는 길이 그것밖에 없다면 악마와도 만날 것입니다." **이러한 정치적 접촉이 다이아몬드 광산 면허(콩고의 경우)와 인터넷 면허(중국의 경우)를 얻는데 도움이 된 것은 그런 부수적인 성과로 봐야 할 것이다.**

스코틀랜드 은행 사업은 로버트슨 박사가 익히 알고 있는 루트를 통해, 즉 전화와 우편을 이용한 선전을 통해 이루어져 나갈 것이다. 그러나 성공하든 못하든 상관없이 일단 중국까지 인터넷에 발을 들여놓게 되면 그는 월드와이드웹에서 가장 큰 금융업자가 될 것이다. 그러나 로버트슨이 스코틀랜드 은행을 사업 파트너로 삼은 것은 놀랄 만한 것이다. 왜냐하면 『새로운 세계질서』에서 그는 특별히 한 기관을 지목하여 말하길 사탄이 세계를 지배할 계획으로 내세운 것이라고 했는데 그 기관이 다름 아닌 스코틀랜드 은행이기 때문이다.

『새로운 세계질서』의 열정적인 소용돌이에서 로버트슨은 스코틀랜드 은행가 윌리함 패터슨이 처음으로 사탄적인 "중앙은행"-특히 영국 은행과 스코틀랜드 은행-의 창설을 제안했다고 설명했다.

로버트슨은 로스차일드 家의 검은 손이 패터슨 계획을 실행하였으며 아프리카의 다이아몬드 광산에 자금을 투입했고 다시 광산에서 나온 자금은 사탄의 비밀 조직인 영국의 원탁(Round Table) 조직에 흘러 들어 갔으며 원탁 조직을 지휘한 것은 100년 전 『옵서버』의 편집자였던 밀너 경이라는 것이다. (아, 그렇구면.)

그런데 스코틀랜드 은행가의 이러한 방식을 미국의 연방준비제도이사회도 그대로 답습하고 있는데 연방준비제도이사회는 미 상원 재무위원회가 만들고 육성한 기구이며 재무위원회는 악마와도 같은 금전신탁과 절친한 친구 관계를 맺고 있던 A. 윌리스 로버트슨 상원의원이 의장으로 있었다. **A. 윌리스 로버트슨은 패트 로버트슨의 아버지이다.**

그렇다. 패트 로버트슨은 새로운 세계질서의 후손이다. 그럼에도 그는 세계질서와 맞서기 위해 엄청난 특권을 포기하였던 것이다.

그런데 진짜 포기했던 것 맞나?

나는 적그리스도에 대해 전에 조사를 해 보았던 적이 있었다. 어떻게 우리는 적그리스도를 알아볼 수 있을까? 어떤 방법으로 그런 허위의 존재가 하나님을 두려워하는 그리스도인들을 기만하여 자기 편으로 끌어들일 것인가? 어떤 이름을 사용할 것인가? TV 스튜디오이며 동시에 대학이고 또 전도관이며 은행 업무를 추진하는 곳인 그곳에서 차를 몰고 나오다가 나는 핵심적인 질문을 하지 않았다는 것을 깨달았다. 왜 전직 목사인 사람이 세례명 마리온을 놔두고 대신 "패트"란 이름을 사용할까 하는 의문이었다. "패트 로버트슨"이란 이름은 악마의 하수인인 스코틀랜드 은행가 패터슨의 철자를 뒤바꿔 놓은 것이라는 생각이 퍼뜩 들었다. 이런 바보 같은 생각은 더욱 강해져 갔고 밤을 새며 로버트슨의 책 『새로운 세계질서』를 읽어가면서 더욱 그러했다. 갑자기 로버트슨과 마찬가지로 나도 환상을 보았다. 보이지 않는 끈이 루시퍼로부터 뻗어 나와 광명파와 스코틀랜드 은행가들, 아프리카의 다이아몬드 그리고 상원 재무위원회를 거쳐 공산주의 독재자를 지나 월드와이드웹에…… 말도 안 되는 소리라는 것은 나도 잘 안다. 하지만 이상하게도 라디오를 껐다고 생각했는데 터무니없는 롤링스톤즈의 노래가 계속 흘러나왔다.

> 만나서 반갑군요!
> 내 이름이 무언지 알아맞추시면 좋겠군요…

전능자는 신비스럽고도 신속하게 역사하신다

『옵서버』의 기사가 나가고 일주일 만에 로버트슨은 스코틀랜드의 "어두운 땅"을 포기하였다. 그리고 거대한 은행가의 꿈도 일장춘몽으로 끝나고 말았다! 로버트슨은 어둡고 어두운 땅 스코틀랜드를 버렸다. 그는 또 영국 패션 상회인 로라 애쉴리의 이사회 이사직도 사임하였다.

그러나 로버트슨이 "교육" 목적의 기독교연합 회원명부를 정치적 목적뿐만 아니라 (이는 미국 정부가 기소한 내용이다.) 실패한 칼로비타 피라미드 판매 활동을 촉진하기 위해 사용한 것에 대한 증거를 우리가 폭로하자 로버트슨 목사가 그의 양떼를 잘못된 곳으로 인도했는가에 대한 수사에 있어서 새로운 가능성이 열리게 되었다. 거기에 리드가 소환장 서류를 폐기했다는 주장도 더해졌고, 공공의 이익을 위해 일하는 People for the American Way 변호사들은 우리가 찾아낸 증거를 미 연방 선거관리 위원회와 국세청에 제출할 것이라고 발표하였다.

또 다른 여러 문제들이 수면으로 떠올랐다. 나는 스코틀랜드 은행이 로버트슨을 은행 벤처 사업의 책임자로 지명했다는 것을 알아냈다. 얼마나 이상한가. 보통 그런 발표는 요란한 축하의 분위기 속에서 이루어진다. 자산을 오용한 혐의로 조사를 받고 있는 사람에게 연방 당국이 허가를 내주는 것에는 많은 문제가 있을 것이다. 스코틀랜드 은행은 "목사님"을 그 지주회사의 최고 책임자로 해놓고도 은행업무 허가 요청서에는 자회사 이사명단에도 기재되어 있지 않았다. 그 벤처그룹은 이 이상한 회사구조를 통해 은행의 조종자로서의 로버트슨의 역할을 숨기려고 했던 것일까? 그러나 로버트슨의 이름을 등재하지 않은 것이 허가를 얻는 데에 별반 도움을 주지는 못했다.

그러나 날쌘 로버트슨은 그의 재정적이고 법적인 구제를 위한 계획을 신속하게 찾아냈다. 희한한 일이지만 기독교연합은 유례 없이 10년 동안이나 면세 혜택이 인정되지 않고 있었다. 미국 정부가 적극적으로 그것을 허용하지 않으려 했던 것도 아니고 그렇다고 해서 그런 혜택을 법적으로 승인할 수 있는 것도 아니었다. 우리의 보도가 나가고 난 후, 로버트슨은 면세 혜택 신청을 철회해 버리고 말았다. 이것으로 눈에 보이는 금전적 손실은 없었지만 기독교연합 자산의 사용 및 오용에 대한 여러 수사가 봇물을 이루게 되었다.

로버트슨은 며칠 만에 기독교연합의 간판을 내리겠다고 발표하였다 (1999년 6월 10일). 『뉴욕타임스』와 내셔널퍼블릭 라디오와 CBS의 인포테인먼트 선도 프로그램인 '60분'(60 Minutes) 등은 로버트슨과 그의 기독교연합이 종말을 고했고 또 그의 정치적 인생도 막을 내리게 되었다고 보도했다. 이것은 로버트슨이 다시 일어서리라는 것, 그리고 더욱 더 강해지리라는 것을 알리는 분명한 신호였다. 이 교활한 조직 변모술사가 (버지니아 주의 한 단체인) 기독교연합을 해체한 것은 "전미 기독교연합"을(텍사스에 본부를 둔) 새롭게 결성하기 위한 것이었다.

로버트슨의 조직적인 영민함을 영원히 과소평가하게 할 미디어 조직의 발표 후 1년도 안 돼, 그는 다시 미국 대통령 만들기에 나섰다. 그의 어린 시절 친구였던 조지 H.W. 부시는 다시 그의 도움을 필요로 하게 되었다. 부시 가와 로버트슨 가의 인연은, 패트의 아버지인 윌리스 로버트슨 상원의원이 부시 대통령의 할아버지인 프레스코트 부시 상원의원의 조언자 역할을 했을 때로 거슬러 올라간다. 1960년, 부시 상원의원은 부유한 은행가로 은행규제를 감독하는 상원위원회에 속해 있었는데, 로버트슨이 의장이었다. 이번에는 손자인 조지 W. 부시가 어려움을 겪고 있었다. 2000년 1월, 존 맥케인 상원의원이 뉴햄프셔 공화당 대통령 후보 예비선거에서 둔자바리 아들(Dim Son)에게 패배를 안겨 주었던 것이다. 맥케인은 진정한 미국의 영웅으로 칭송받고 있었으며 기업의 소프트머니 선거자금 기부를 더 이상 하지 못하도록 하겠다고 했다. 경선에서 그의 쾌속질주는 멈출 수 없는 것처럼 보였다. 버지니아와 사우스캐롤라이나 예비선거 전까지는 말이다.

그곳은 기독교연합이 터줏대감으로 자리잡고 있는 곳이다. 신도들 사이에 은밀하게 선거운동이 이루어지고 있었다. 이들의 선거운동을 통해 자유, 평등 그리고 박애를 대의로 전쟁에 참전했던 참전용사 맥케인에게는 '사탄의 대리인'이라는 꼬리표가 붙었다. 맥케인은 이 두 개의 주에서 열린 예비선거에서 모두 패했으며 이것이 바로 패트 로버트슨이 (플로리다 친구들로부터 약간의 도움을 받아) 우리의 대통령을 선택하게 된 과정이었다.

콜라 쿠데타 – 피노체트, 닉슨 그리고 펩시

"아옌데 정권을 쿠데타로 전복시키는 것이 우리들의 확고하고 일관된 정책입니다. 당신들이 현재 할 수 있는 활동 그리고 앞으로 행할 수 있을 활동이 무엇인가를 면밀히 살펴보시오. 선전활동과 정보를 빼내고 그릇된 정보를 제공하는 등의 일이나 여러 사람들과의 접촉 등 생각할 수 있는 모든 방법을 동원하시오."

"보기만 할 것" "관계자 외 취급엄금" "비밀"

1970년 10월 16일 CIA 본부가 산티아고 주재 최고 책임자에게 보낸 메시지이다.

자동소총과 탄약을 10월 19일 07시에 워싱턴에서 산티아고로 정식 안내인을 통해 보낼 것임.

— 1970년 10월 18일 CIA 메시지

이런 폭력적 계획이 자유세계와 공산세계 사이의 냉전과 관계된 것이라고 생각한다면 잘못된 것이다. 훨씬 더 중요한 것이 위험에 직면해 있었던 것이다. 그것은 펩시콜라의 시장점유율이라는 문제와 미국이라는 기업에 중차대한 다른 문제들이었다.

6시간이 넘는 동안, 테이프에 녹음된 보고를 듣는 긴박한 상황에서,

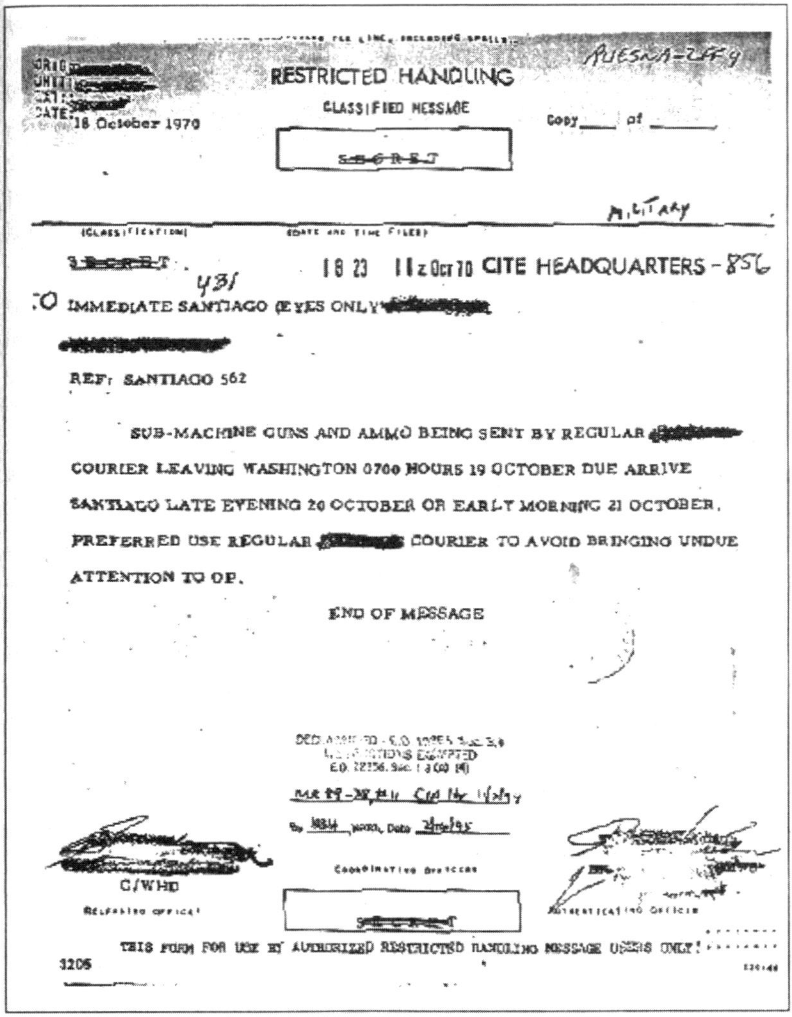

ORIG: [redacted]
UNIT: [redacted]
EXT: [redacted]
DATE: 18 October 1970

RESTRICTED HANDLING

CLASSIFIED MESSAGE

Copy ____ of ____

~~SECRET~~

MILITARY

(CLASSIFICATION) (DATE AND TIME FILED)

~~SECRET~~ 431 1823 11z Oct 70 CITE HEADQUARTERS - 856

TO IMMEDIATE SANTIAGO (EYES ONLY [redacted]

REF: SANTIAGO 562

SUB-MACHINE GUNS AND AMMO BEING SENT BY REGULAR [redacted] COURIER LEAVING WASHINGTON 0700 HOURS 19 OCTOBER DUE ARRIVE SANTIAGO LATE EVENING 20 OCTOBER OR EARLY MORNING 21 OCTOBER. PREFERRED USE REGULAR [redacted] COURIER TO AVOID BRINGING UNDUE ATTENTION TO OP.

END OF MESSAGE

[redacted]
C/WHD
RELEASING OFFICER

COORDINATING OFFICERS

~~SECRET~~

AUTHENTICATING OFFICER

THIS FORM FOR USE BY AUTHORIZED RESTRICTED HANDLING MESSAGE USERS ONLY!

3205

그림. 6.1 1970년 가을, CIA는 아옌데를 암살해서 그가 대통령이 되는 것을 막으려고 계획했다. 이 서류는 그 사실을 보여주고 있다.

당시 칠레 주재 미국대사를 지낸 에드워드 말콤 코리는 국가 안보 문서 보관소에서 얻어낸 이러한 무시무시한 CIA, 국무부 그리고 백악관의 비밀 전신문 등의 의미를 해석해 주었다. 그는 보충설명도 해주었으며 또 여전히 비밀문서로 분류된 것에 대해 그 내용을 말해주기도 했고 또 정보공개법에 의해 입수했으나 검은 잉크로 삭제된 부분에 대해서도 정보를 제공해 주었다. 코리는 이 CIA의 비밀스런 역사를 펼쳐 보였는데, 처음에 그럴 의도는 없었다.

이 기사를 내가 발표하였을 때 그는 잔혹한 살인자라고 외쳤다. 그러나 피노체트를 두고 한 말이 아니라 나를 두고 한 말이었다. 에드워드 코리는 편집자에게 불평하기를 그는 나에게 속아서 인터뷰에 응했다는 것이었다. 6시간에 걸쳐 녹음한 인터뷰였다. 이 연로한 대사는 "시카고 아이들"을 매우 높게 평가하는 열성적인 반공주의자이다. **"시카고 아이들"은 시카고 대학 경제학과 출신의 자유시장 옹호자들로 칠레를 약탈하여 가난 속으로 내몬 장본인들(이상은 나의 견해), 혹은 남미를 구원한 사람들(이건 코리의 견해)을 말한다.**

그는 나도 "아이들" 중 한 명, 즉 밀턴 프리드먼을 따르는 제자라고 믿었던 것이다. 그래서 그 심술 맞은 사람은 – 저널리스트에 대한 그의 증오심과 공격성은 악명이 높다 – 경계심을 버리고 나를 만났던 것이다. 그렇지만 나는 그에게 거짓말을 하지는 않았다. 실은 나도 시카고 아이들의 폐쇄적인 스터디그룹 가운데 한 부분을 차지했던 것이다. 내가 자유시장을 옹호하는 동지라고 그 스스로가 확신했었기 때문에 나는 그것에 대해 아무 것도 할 수 없었다.

1998년 칠레의 독재자 피노체트는 런던으로 쇼핑여행을 갔다가 살인 혐의로 체포되었고 스페인으로 인도되어 기소될 처지가 되었다. 나는 그의 공범들을 찾아보는 것이 좋을 듯했다. 이 과정에서 나는 여러 당혹스러운 역사적 인물이나 단체를 만나게 되었으니, 키신저(놀라지 마시라.), 그리고 그 뒤로는 거대한 조직들이 있었으니 즉 ITT 회사, 아나콘다 구리회사, 시티뱅크 그리고 펩시콜라 등이 그들이다.

케네디와 존슨 그리고 닉슨 행정부 하에서 대사를 지냈던 코리는 콜라회사에서 구리회사에 이르기까지 미국 기업의 한 면을 보여주었다. **그들은 CIA를 일종의 자금회수를 위한 해결사나 투자의 안전을 담보해 주는 도구로 활용하였다는 것이다.**

실제로 1970년 10월에 있었던 칠레 대통령 당선자 아옌데에 대한 음모에는 CIA가 제공한 자동소총과 탄약이 사용되었는데, 그 사건이 있기 한 달 전 펩시콜라 대표이사인 도날드 M. 켄달의 요청에 따라 이루어진 음모였다. 켄달은 펩시콜라의 법률고문이었던 사람, 즉 리차드 닉슨 대통령에게 두 차례 전화를 걸어 이를 요청했던 것이다. 칠레의 펩시콜라 회사의 소유주가 국가안보 보좌관 헨리 키신저를 9월 15일 만났는데 바로 켄달이 주선하였다. 그로부터 몇 시간 후, 닉슨은 CIA 국장인 리차드 헬름스를 불러들였다. 헬름스가 기록한 것에 따르면 닉슨은 아옌데의 취임을 막으라고 CIA에게 명령하였다는 것이다.

하지만 코리에 따르면 이것은 전체 이야기 중에 절반에 불과하다. 그는 아옌데의 취임을 막으려는 미국의 음모는 닉슨이 시작한 것이 아니고 – 지금부터 그가 훌륭한 사람이었다는 신화를 소중히 간직하고자 한다면 더 이상 읽어내려 가지 마시라 – **실은 존 케네디부터 시작되었다는 사실을 밝혔다.**

1963년 아옌데는 칠레 대통령 선거에서 승리를 향해 나아가고 있었다.

케네디는 자신이 직접 만들어 놓은 정치적 피조물 에두와르도 프라이(칠레 현재 대통령의 아버지이다)가 돈을 뿌리면 선거에서 승리할 수 있을 것이라고 판단했다. 케네디 대통령은 이 계획을 실행하는 일을 동생 보비 케네디에게 맡겼다.

케네디 형제는 미국의 다국적 기업들을 설득하여 겨우 8백만을 인구로 갖고 있는 칠레에 20억 달러를 쏟아붓게 하였다. 그것은 인도주의적인 투자가 아니라 코리의 말을 빌리면 "누이 좋고 매부 좋은" 부패한 거래로 거기에 따르는 위험부담은 미국 정부가 대신 감당해 주었던 것이다. 그 대가로 미국에 본부를 둔 기업들은 수백만 달러를 프라이의 선거자금으로 내주었다. 이렇게 유입된 자금은 프라이의 선거자금 전체에서 절반 이상을 차지했으며 결국 그는 대통령 선거에서 승리하였다.

이런 과정이 끝날 무렵, 미국은 칠레의 산업 가운데 85%를 장악하게 되었다. 이런 투자를 보증하기로 한 미국은 자금과 정보활동과 정치적 자원 등을 유례없을 정도로 사용하여 그들을 보호해 주었다. 친 기업 성향의 미국 정부 인물 및 활동 기관 등이 칠레로 파견되었다. 그 가운데는 자유노동개발을 위한 미국 연구소(American Institute for Free Labor Development)와 같이 투쟁적인 노동조합의 파괴활동으로 악명을 얻고 있는 기관도 포함되어 있다.

그리고 1970년 미국의 경제적 투자와 정치적 투자는 모두 예상치 못했던 위험에 직면하게 되었다. 칠레의 중도파 정당과 우파 정당의 분열로 인해 살바도르 아옌데가 이끄는 공산주의 · 사회주의 · 급진주의 연합이 대통령 선거에서 과반수를 획득하게 된 것이다.

그해 10월, 골수 반공주의자인 코리는 아옌데의 취임을 저지하고 프라이를 권좌에 다시 앉도록 하는 스스로도 비상식적이라고 자인하고 있는 계획을 수립하였다. 인명피해 없이 자신의 계획을 실행하기 위하여, 비공식 루트를 통해 군사적 행동은 "또 다른 피그만 사태*를 낳는

---

* 1961년 4월 미국은 쿠바의 카스트로 정권을 무너뜨리기 위해 과테말라와 플로리다에서 훈련받은 쿠바 망명군을 피그만에 상륙시켰으나 처절한 실패로 끝나고 말았다.

결과를 빚게 될 것"이라는 메시지가 워싱턴에 닿도록 하였다고 코리는 말하고 있다. 코리는 아직도 비밀문서로 분류된 이 문서의 사본을 지니고 있다.

그러나 앞날을 내다보는 코리의 메시지는 키신저의 분노만 일으켰다. **키신저는 이미 그 다음 주에 감행될 쿠데타를 승인해 놓은 상태였던 것이다.**

키신저는 코리를 엄하게 꾸짖기 위해 그 주 주말에 워싱턴으로 비밀리에 들어오라는 명령을 내렸다. 코리는 11,000마일을 날아와 백악관에 도착했다. 여전히 CIA의 계획에 대해 알지 못하고 있던 코리는 백악관 복도에서 키신저에게 "정신나간 놈들"이나 칠레의 극우파 장군들과 음모를 벌일 것이라는 말을 했다. 마치 큐 사인을 받은 듯, 키신저는 대통령 집무실로 들어가는 문을 열어 닉슨에게로 인도했다.

닉슨은 코리에 대해 한때 "너무 나약한 생각을 한다."고 했지만 쿠데타는 성공하지 못할 것이라는 코리의 결론에는 동의하였다. 마지막 순간 산티아고의 CIA에 계획을 연기하라는 연락을 보냈지만 이미 시간은 늦고 말았다. 음모 가담자들은 칠레의 친 민주주의 군 사령관 르네 슈나이더를 납치해 살해하였다. 칠레의 대중들은 닉슨의 지시 하에 CIA가 장군 살해자들에게 무기를 대준 사실을 알지 못했다. 그럼에도 불구하고 그 범죄에 대한 모든 국민들의 강한 반감으로 인해 칠레 의회는 아옌데를 대통령으로 공식 승인하게 되었다.

현실정치에 대한 닉슨의 인식이 (프라이와의 거래가 실패할 경우 코리가 제시한) 아옌데와의 타협 쪽으로 마음이 기울어지긴 했다고 해도 닉슨은 기업의 정치적 후원자들로부터의 압력에 직면했었던 것이다. 이들 기업들은 아옌데가 자신들의 기업 활동을 국유화하겠다는 계획에 크게 당황하고 있었다.

특히 대통령은 칠레 전화회사를 소유하고 있는 ITT 회사가 -불법적으로 – 공화당에 자금을 제공하고 있다는 사실을 알고 있었다. 닉슨은 ITT의 요구사항을 무시할 수 없었는데 ITT가 원하는 것은 바로 피였다. ITT의 이사인 존 맥콘은 아옌데의 취임을 저지하는 CIA의 공작 자금으로 100만 달러를 지원하겠다고 키신저에게 약속하였다. 맥콘은 메신저로는 더할 나위 없는 사람이었다. 그는 케네디와 존슨 정권 시절 CIA 국장을 지낸 사람이었다.

한편, 아나콘다 구리회사와 여타의 다국적 기업들은 라틴 아메리카 데이비드 록펠러 사업 모임(David Rockefeller' s Business Group for Latin America)의 비호 아래 아옌데의 선거 승리를 승인해 주지 말도록 칠레 국회위원들에게 50만 달러를 제공하였다. 그러나 코리 대사는 이런 비리에 동조하지 않았다. ITT가 CIA 측에게 요구한 것에 대해 전혀 알지 못했지만 그는 아나콘다 측으로부터 뇌물이 들어온다는 낌새를 알아채고 이에 대한 금지조처를 취했다.

여러 날에 걸쳐 노스캐롤라이나 샬롯에 있는 코리의 집에 전화를 걸어 이루어진 인터뷰에서 코리는 아옌데 암살을 계획한 소령을 칠레 당국에 신고하기까지 했다는 사실을 말해주었다. 그 소령이 CIA와 연계되어 있었는데 당시에는 그 사실을 알지 못했다는 것이다.

아옌데가 취임하자, 코리는 전화회사 및 구리 채굴권의 몰수는 (몰수 추진은 실은 프라이 정권 하에서 시작되었다) 수십 년에 걸친 부패의 고리를 끊기 위해 필요한 것이라는 사실을 승인하는 등 새 정부와의 타협적 관계를 모색하였다. 그러나 미국의 기업은 그런 시각으로 보지 않았다. 그들의 사업을 칠레 정부에 넘기는 것에 대해 겉으로는 성실한 자세로 협상에 임하는 것처럼 해놓고 실제로는 칠레에 비밀 경제 제재조치를 취하도록 백악관에 압력을 넣었다.

그러나 모든 책략이 실패할 경우를 대비해 ITT는 "뚱보"라는 사람에게 50만 달러를 지불하였다고 코리는 주장하고 있다. 코리가 밝힌 바에 의하면 뚱보라는 사람은 야코보 샤울손으로 보상 위원회에 있는 아옌데의 동지라고 했다.

그러나 뇌물은 소용이 없게 되었다. 1971년 아옌데는 자신의 정부에 대한 미국 기업들의 책동을 파악하게 되자 몰수한 재산에 대한 보상을 거부하게 되었다. 아옌데의 몰락을 가져오게 한 것은 러시아와의 밀착 때문이 아니라 바로 아옌데의 보상 거부때문이었다.

1971년 10월 국무부는 코리에게 산티아고로부터 철수하라고 명령했다. 그러나 칠레에 관해 해야 할 일이 하나 남아 있었다. 미국으로 돌아온 코리는 아옌데가 몰수한 자산에 대한 보상을 아나콘다 구리회사와 ITT 측에 해주지 말라는 조언을 정부의 OPIC(해외 민간 투자 회사) 측에 해 주었다.

코리는 자신의 집에 스스로 불을 지른 사람과 마찬가지로 ITT는 스스로 칠레 법률을 위반해 몰수당한 것에 대해 보험금 청구를 할 수 없다고 주장했다. 은밀하게 그는 이름을 거론하지는 않았지만 그 회사의 CEO인 해롤드 지닌을 포함하여 ITT의 간부 직원들에 대해 보험금 허위 청구 및 국회 위증 등의 혐의로 미 법무부가 기소할 것을 권고하였다.

여러 강력한 증거를 접한 OPIC는 처음에는 이들 회사에 대해 보상을 거부하였다. 그리고 법무부도 두 명의 ITT 중견 간부를 위증혐의로 기소하였다. 그러나 결국 회사들은 보상금을 받아냈고 두 명의 간부는 CIA 및 그 윗선에 협력한 것이라는 주장을 펴 풀려나게 되었다.

코리 대사가 비록 그의 말을 보도한 것에 대해 나를 공격했고, 그가 가지고 있는 정치적인 견해는 나를 떨게 했지만, 나는 그를 영웅으로 존경한다. 그는 아옌데 정부를 증오했고, 뇌물이나 학살, 심지어는 펩시까지도 묵인하지 않았다. 그리고 이 노 외교관이 77세의 나이에 키신저하고 약속했던 그 비밀을 깨뜨린 것에 감사하고 있다.

1970년 9월, 미 국무부 장관에게 보낸 비밀 전신문에서 **코리 대사는 장 지네(Jean Genet)의 말을 인용하고 있다. "내 손 안에 진리가 가득하다고 해도 나는 다른 이들을 위해 손을 펴지 않겠다."**

화학천박상* 수상자는… — 몬산토가 수상하다

15세 이상의 미국인 가운데 37%는 성행위가 고통스럽거나 또 힘들게 느껴지며 아니면 아예 별로 하고 싶은 생각이 없다고 한다. 누가 그렇게 말하는 것일까? 닥터 에드워드 로만과 닥터 레이몬드 로센이 바로 그들이다. 그리고 그들은 이 내용을 저명한 JAMA, 즉 미국 의료 연합 정기 간행물**에 발표하였기 때문에 충분한 공신력을 지니게 되었고, 더 이상 모니카 르윈스키 같은 기사가 없어 애를 태우고 있던 미국의 모든 신문들에까지 크게 실리게 되었다.

그런데 이 연구를 수행한 사람들이 파이저에서 일한 적이 있다는 것을 내가 깜박하고 말하지 않았던가? 파이저는 비아그라를 만드는 제약회사이다. JAMA도 그 사실을 언급하는 것을 깜박했다.

아마 여러분들은 미국 사람들이 성적 욕망이 강하든 그렇지 못하든 별 관심이 없을지도 모른다. 그러나 돈에 의한 오염은 다른 신체기관에 대한 연구에 영향을 미치고 있다. 칼슘 전달을 막아주는 약은 심장병의 위험을 줄여준다. **그러나 심각한 부작용이 있을 수 있다.** 그 약은 심장마

---

* Ignoble Prize(천박상)은 Nobel Prize(노벨상)과 발음이 비슷하다.
** Journal of the American Medical Association.

비를 일으킬 수도 있다. 그러나 걱정하지 않아도 좋을 이유가 있다. 의학 정기 간행물에 실린 수많은 연구논문이 그런 약들의 안정성과 효과를 보장해 주고 있기 때문이다.

이제 걱정해야 할 것이 있다. 뉴잉글랜드 의학 정기간행물이 조사한 바에 따르면 의약품의 사용을 권하는 70편의 논문 가운데 겨우 두 편만을 제외한 나머지 논문의 연구자들이 그 약들을 생산하는 제약회사로부터 재정적 지원을 받았다고 한다.

상당수의 과학 연구자들에게 은밀하게 재정 지원을 해줌으로써 제약업자는 사람이나 동물에게 사용되는 의약품의 정부승인을 얻어내는 데 도움을 받을 수 있다. 그러나 미국의 한 제약회사인 몬산토 회사는 뇌물로 이해관계의 상충을 해결하는 것이 여의치 못한 때에는 감시 위원들에게 좀더 적극적인 방법을 써서 영향력을 행사한다.

1999년 5월, 저공비행을 하던 비행기로부터 문서더미가 떨어져 나와 『옵서버』 사 내 책상 위로 내려앉았다. 결국 내 손아귀에 안착하였지만 분명 이 문서들은 매우 흥미로운 루트를 통해 나오게 된 것이었다. WTO 식품 안전 감시 위원들의 파일에서 미국 관리들이 훔쳐내다가 몬산토 회사에 넘긴 것이었다. 이것은 새로운 치명적 유행병이 나돌고 있다는 증거였다. **그 유행병은 기업의 돈에 과학이 감염되는 병이었다.**

그 서류뭉치에는 몬산토가 그 위원회의 중대한 기밀문서를 얻어냈다는 사실을 보여주는 편지 및 메모 그리고 회의기록 등이 들어 있었다. 거기에는 어느 중요한 국제 감시 위원회가 논란이 되고 있는 몬산토의 BST라는 이름의 소(牛) 성장 호르몬에 대해 조사를 벌이고 있다는 것이었다. BEAST에서 온 것 같은 BST 주사는 젖소의 우유 생산량을 크게 늘려준다.

그러나 유럽과 미국의 전문가들이 말하길 **BST는 우유 안의 고름의 양**

을 증가시키고 젖소의 젖에 감염이 일어날 확률을 높여주며 또 BST를 주사한 젖소의 우유를 마신 사람은 유방암과 전립선암의 발생 위험성이 높아지는 등의 부작용이 있다고 한다.

캐나다 보건부의 1997년 11월자 내부 기록에 따르면 유엔 세계보건기구 산하 음식첨가제에 대한 합동전문가위원회(Joint Experts Commi-ttee on Food Additives)의 비공개회의에서 검토할 3권짜리 정책 방침서를 몬산토에서 입수하였다고 한다. 이것은 중요한 문서들이다. 유전자 조작 호르몬에 대해 내린 유럽공동체의 금지 조치는 1999년 시효가 만료되도록 되어 있었다. 전문가 위원회는 몬산토 BST를 코덱스 알리멘타리우스, 즉 식품첨가제 허용명단에 넣을 것인가의 여부를 투표로 결정하는 국제 위원회에 자문을 해주고 있었다. 코덱스 명단에 실리게 되면 BST에 의해 생산된 식품의 수입규제가 어려워지게 되는 것이었다.

몬산토가 입수한 문서 중에는 전문가 위원회가 제출한 비밀보고서뿐만 아니라 영국 약리학자 존 베랄의 분석결과도 포함되어 있었다.

자신의 분석결과가 몬산토 측으로 흘러들어갔다는 것을 베랄이 알게 된 직후 나는 그와 이야기를 나누었다. 베랄을 어안이 벙벙하게 만든 이유는 기밀보고서라고 생각했던 것이 선택적으로 공개되고 있다는 사실 때문이 아니라 ― 실험 참가자들은 그 실험과정에 대해 외부로 누출하지 않겠다는 서약서에 서명을 한다. ― **그 유출 경위 때문이었다.** 몬산토가 입수한 경로는 FDA(미 식품의약국) 닥터 닉 웨버라고 기록에서 밝히고 있었다. 닥터 웨버는 마가레트 밀러의 지휘 아래 FDA에서 일하고 있음이 밝혀졌다. 닥터 밀러는 FDA로 옮겨오기 이전에 BST에 대해 연구하고 또 그것의 사용을 장려하는 몬산토 연구소의 책임자를 지냈었다.

훔쳐낸 전문가 위원회의 문서를 깨끗이 없애버린 다음, 몬산토는 정부 안에 있는 후원자들에게 팩스로 다음과 같은 경고의 메시지를 보냈다. 즉 전문가 위원회의 참가자 중 한 명인 닥터 마이클 한센은 "완전한 위원회 일원이 아니다."라는 것이었다. 실제로 그는 완전한 일원이 아니었다. 한센은 몹시 화가 났다. 워싱턴 소재 소비자 정책 연구소의 BST 전문가인 한센은 그 기록이 미국 및 캐나다 전문가들 중 상당수가 객관적이고 또 어떤 기업에도 소속되지 않은 과학자인 양 하지만 실제로는 몬산토 제품의 옹호자 역할을 수행하고 있다는 것을 보여주는 것이라고 보았다.

다른 기록들은 몬산토에 대해 동정적인 미국 및 캐나다 관리들의 "커뮤니케이션 전략을 산업과 공유하는" 계획에 대해 기록해 놓고 있다. 그 계획은 전문가 위원회의 회원들에게 로비를 벌이는 것이었다. 몬산토는 1998년 2월로 날짜가 정해진 전문가 패널의 투표에 앞서 BST를 비판하는 사람들에게 해줄 답변을 준비하는 데 비밀리에 도움을 주었다. 내부 정보를 이용한 이런 계획이 결과에 영향을 주었는가의 여부에 대해 우리는 알지 못한다. 우리가 아는 것은 그 투표에서 몬산토가 이겼다는 것이다.

결정과정은 비공개였기 때문에 반대자로 알려진 사람들의 반대의견을 어떻게 무마했는지는 알 수 없다. 그러나 BST 옹호자인 닥터 렌 리터를 뒤늦게 검토에 참여시킨 것이 몬산토에 해가 되지 않았다는 것만은 우리도 쉽게 추측할 수 있다. 캐나다 가축 의약품 담당국으로부터 입수한 내부 기록에는 몬산토의 의약품 감시 분야에 있어서 거물인 데이빗 코왈치크 박사가 1997년 8월에 닥터 리터를 담당국 국장에게 천거하는 전화를 했다고 기록되어 있다.

물론 사람들이 BST로 생산한 우유를 먹지 않는다면 정부의 승인을 얻어 봐야 별 소용이 없다. 몬산토 측에는 다행스럽게도 미국 FDA는 호르몬을 사용한 제품이라는 표시를 의무화하는 것을 거부했을 뿐만 아니라 1994년에는 우유제품에 **"BST 사용하지 않았음"**이란 글귀를 넣는 것을 효과적으로 금하는 규정까지 마련하였다. 미국의 권리장전에 배치되는 이런 이상한 규정은 FDA 사무국장보인 마이클 테일러의 작품이다. 마이클 테일러는 FDA로 옮겨오기 전에 킹 앤 스폴딩이라는 법률사무소에 있었는데 이곳에서 몬산토의 변호사 일을 맡아보았다. 테일러는 더 이상 FDA에서 일하고 있지 않다. 그가 일하는 사무실에- 그는 워싱턴에 있는 몬산토에서 일하고 있다 - 전화를 걸어 메시지를 남겨 놓았으나 우리 쪽에 전화를 주지 않았다.

몬산토는 정부기관에 친구들을 심어 놓기만 한 것이 아니라 정부 내에 친구를 만들어 놓는 것도 좋아한다.

캐나다 보건부 연구원인 닥터 마가레트 헤이든이 내게 말하길 몬산토가 1994년에 열린 한 학회에서 BST의 판매를 승인해 주는 대가로 자신의 담당국에 100만 달러를 제공하겠다고 했다는 것이다. 몬산토 측은 금전적 어려움을 겪는 그 기관의 연구 활동을 지원하기 위해 내놓았을 뿐이라고 반박하고 있다. 헤이든의 지도주임은 그 제안을 일소에 붙이고 말았다고 하면서도 그 지원 제안을 "뇌물"로 보느냐는 질문에 대해서는 "당연히 그렇지요!"라고 답변했다.

그러나 지금은 어느 누구도 웃을 상황이 아니다. 헤이든을 비롯하여 다섯 명의 정부 소속 과학자들은 자신들의 신분을 보장해 달라는 탄원서를 캐나다 산업 심판국에 제출하였다. 오랫동안 숨겨져 온 BST의 매우 치명적 효과를 발표한 것에 대해 이들은 보복을 두려워하고 있다.

미국은 BST를 1993년 성급하게 승인하였는데 그 승인은 FDA의 연구원들이 『사이언스』란 간행물에 실은 연구결과를 토대로 하여 이루어진 것이다. 이 연구의 결론은 BST를 주입한 쥐에서 "주목할 만한 변화"

가 없었다는 것이었다. 그러나 실상은 그렇지 않았다. 해부해 본 결과 갑상선 포낭과 전립선에 문제가 있었고 혈액에도 BST가 문제를 일으켰다는 징후가 보였다. **몬산토가 지원한 미국의 연구자들은 이러한 사실을 발표하지 못했고 FDA는 이 연구결과를 발표하게 되면 몬산토에게 "돌이킬 수 없는 해"를 입히게 될 것이라며 총체적 연구결과에 대해 입을 다물었다.**

캐나다 과학자들은 마침내 그 연구결과 전체에 대해 알게 되었고 곧 쥐 실험에서 은폐가 있었다는 것을 발표하였다. 이것이 발표된 것은 노동위원회 활동을 통해서였고 잘못된 최초의 보고서가 나온 지 10년 만의 일이었다. 그때에는 이미 미국 FDA는 BST의 안전성을 승인하고 난 후였다.

'화학 천박상'을 탈 만한 다른 기업체 연구원들에 대해 언급할 지면이 남아 있지 않은 것을 생각하니 몬산토만을 특별히 선택한 게 후회된다. 영국 식품 윤리 자문위원회의 위원인 BST 전문가 존 베렐은 몬산토 사건은 **"다국적 기업이 윤리를 점점 외면하는"** 추세를 보여주는 하나의 실례에 불과하다고 말했다. 그는 모니카 르윈스키 사건을 익살맞게 상기시키는 투로 **"과학자의 흰 가운에는 얼룩이 묻었습니다."**라고 결론내렸다.

치밀하게 계획된 재앙:
엑손 발데즈의 알려지지 않은 이야기

1989년 3월 24일, 엑손 발데즈가 난파하여 1,760km의 알래스카 해안을 기름으로 뒤덮어 버렸다. 공식적인 보도는 "술 취한 선장이 암초를 들이받았다"로 되어 있다. 그러나 믿지 말라.

실은, 배가 암초에 부딪혔을 때 선장인 조 헤이즐우드는 조타실 근처에도 있지 않았고 갑판 아래에서 술에 취해 잠을 자고 있었다. 조타실에 남아있던 3등 항해사가 레이카스(Raycas) 레이더를 보고만 있었더라도 암초와는 결코 충돌하지 않았을 것이다. 그러나 그는 그렇게 할 수 없었다. 왜냐하면 레이더가 켜져 있지 않았기 때문이었다. 복잡한 레이카스 레이더는 비용이 상당하게 들었고 따라서 자린고비 같은 엑손은 난파되기까지 1년 동안 고장난 것을 그대로 두고 사용하지 않았던 것이다.

엑손이 훼손한 땅은 프린스 윌리엄 사운드의 추가치(Chugach) 원주민들의 소유로 이들 부족은 미국에서 수렵과 낚시로 삶을 영위하는 마지막 부족이다. 기름유출이 있고 며칠 만에, 이들 부족은 나에게 엑손과 별로 알려지지 않은 "알리에스카(Alyeska)" 콘소시엄의 비리에 대해 조사해줄 것을 요청하였다. 우리는 3년에 걸친 조사에서 위조된 안전 기록, 정유회사 경영자 사이에 이루어진 불법 거래와 증인들에 대한 조직적 협박 등 20년 동안 쌓아온 기록들을 추적하게 되었다. 그리고 우리는 정유회사들이 미국의 전통놀이에서 뛰어난 성공을 거두고 있다는 것을 문서를 통해 입증해 내었다. **미국의 전통놀이란 바로 원주민 속여먹기이다.** 증거자료에 대한 요약집만 4권에 이른다. 그러나 미디어는 아무것도 발표하지 않았다. 여기에 여러분이 한 번도 들어본 적이 없는 이야기의 일부이다.

● 우리는 기름유출이 있기 10개월 전, 애리조나에서 이들 회사의 최고 책임자들이 비밀리에 회동하였다는 내부 기록을 입수하게 되었다. "알리에스카"는 6개 정유사가 참여한 콘소시엄으로 송수관을 소유하고 있으며 유조선을 운용하고 있다. 그 회의에서 발데즈 사업의 최고 책임자인 테오 폴라섹은 참가한 최고 책임자들에게 프린스 윌리엄 사운드의 중심부에서 기름유출이 일어날 경우 유출기름을 봉쇄하는 것은 "불가능하

다"라고 경고하였다. 바로 그 장소가 엑손 발데즈가 좌초한 지역이다. 폴라섹은 기름유출 처리 설비에 수백만 달러가 필요했다. 법률에 따라 반드시 그런 설비를 갖추어야 했고 또 정유회사들도 단속 기관에 그렇게 하겠다고 약속했지만 그 모임에서는 설비에 돈을 들이는 것을 투표로 부결시켰다. 그 정유회사 연합은 어떤 유출이든지 견제할 계획을 갖고 있었다. 걱정이 전혀 없었다. 내부 회의록에 따르면, 그저 분산제만 뿌리면 되는 것이었다. 실제로 일어났던 상황과 똑같았다. 피닉스에서 있었던 사장들 모임에서, 알리에스카는 발데즈 암과 발데즈 내로우 지역의 기름유출에 대해서는 즉각적인 보상을 할 것이라고 했다. 그러나 프린스 윌리암 사운드에눈 보상할 생각이 없었다.

● 엑손 사고 전에 있었던 작은 규모의 기름유출은 감시임무를 맡은 공무원들에게 발데즈 항구의 기름유출 방지 처리 설비가 제대로 작동하지 않고 있다는 경고의 메시지가 될 수도 있었을 것이다. 그러나 정유회사 실험실에서 일하는 얼린 블레이크는 평시에도 경영책임자들이 "해수 안의 기름량" 수치를 없애기 위해 검사 결과를 바꾸라고 명령했다고 했다. 그 과정은 간단하다는 게 블레이크의 말이다. 기름이 들어간 물을 버리고 대신 깨끗한 해수가 담긴 물통에서 물을 떠 실험용 튜브에 채우도록 했다는 것이다. 그들은 그 물통을 "기적의 통"이라고 불렀다고 한다.

● 유출사고가 있기 4년 전인 1984년 4월에, 당시 정유 콘소시엄이 소유하고 있는 발데즈 항구의 책임관인 캡틴 제임스 우들이 쓴 비밀편지가 있는데 여기에서 그는 경영책임자들에게 다음과 같이 경고하고 있다. "인원 감축과 장비의 노후 그리고 훈련부족, 일손부족 등의 이유로 인해 중간 크기의 사고나 대형사고의 경우 제대로 기름을 봉쇄하고 또 깨끗이 처리해 낼 수 있는가라는 질문에 심각한 회의가 제기되고 있다." 우들은 엑손 사고 이전에도 그처럼 크지는 않았지만 유출사고가 있었다고 내게 말했다. 그가 정부당국에 이 사고를 보고하려고 하자 그의 상사는 조지 오웰의 『1984년』에서나 볼 수 있는 다음과 같은 명령과 함께 그렇게 하지 말도록 강요했다. "당신이 실수한 거요. 그건 기름유출이 아니었소."

치사한 영국인

선장이 알코올에 빠져 있었다는 허위유포는 엑손 발데즈가 야기한 환경파괴에 있어서 영국 정유회사(British Petroleum)의 유죄부분을 효과적으로 감출 수 있게 해 주었다. 알래스카의 기름은 영국 정유회사의 것이다. 영국 정유회사는 알래스카의 송수관 대부분을 소유하고 또 통제하고 있다. 엑손은 적은 지분을 갖고 참가한 파트너이고 다른 4개의 회사들은 소극적으로 참여하고 있다. 캡틴 우들과 기술자 블레이크 그리고 부사장 폴라섹 등은 모두 영국 정유회사 소유의 알리에스카를 위해 일했던 것이다.

당연한 것이겠지만 영국 정유회사는 알리에스카의 그런 파괴적 실수와 관련하여 회사 이름을 급히 밝힐 이유는 없었다. 그러나 나는, 영국 정유회사의 런던 본사가 유출사고가 있기 9년 전에 미 정부에 대한 보고서가 변조된 것에 대해 이미 알고 있었음을 발견하게 되었다.

1984년 9월 워싱턴 DC의 독립 원유 수송업자인 찰스 하멜은 알리에스카 직원으로부터 전해받은 증거에 충격을 받고 자신의 비용을 들여가며 발데즈에서 일어나고 있는 스캔들을 영국 정유회사 경영간부에게 알려주기 위해 첫 번째 콩코드 비행기를 잡아타고 런던으로 갔다고 내게 말해주었다. 더욱이 캡틴 우들은 서류에는 있으나 실제로는 없는 설비 시설과 직원들의 명단을 영국 정유회사 알래스카 책임자인 조지 넬슨에게 직접 전해주었다고 맹세했다.

영국 정유회사는 우들의 편지나 하멜이 영국까지 와서 알려준 것, 그리고 봉쇄 장치가 노후화 되고 있다는 경고의 메시지에 대해 시큰둥한 반응을 보여왔다. 우들의 불평을 접한 알리에스카는 우들에게 결혼생활에 충실치 못했던 여러 자료를 보여주며(모두 가짜였다) 알래스카를 수일 내에 떠날 것과 다시는 돌아오지 않는다는 조건으로 돈을 지불하겠다고 제안했다.

정유선박 브로커인 하멜에게 런던의 영국 정유회사는 감사의 뜻을 표했다. 그러나 뒤로는 원유사업으로부터 손을 떼게 하기 위한 비밀공작이 진행되었다. CIA 전문가를 동원하여 하멜의 전화를 도청하였다. 그들은 마이크를 그의 집안에 몰래 설치해 놓았고 편지를 중간에서 가로채기도 했고 젊은 여인을 이용해 함정에 빠트리려 하기도 했다. 이러한 산업 스파이 활동을 알리에스카 사장이자 영국정유사 간부인 제임스 허밀러가 개인적으로 지휘하였다. 이런 불법 활동은 발각되고 말았다. 미연방 판사는 이러한 활동을 두고 알리에스카에게 "나치 독일을 연상시키는 것"이라고 말하였다.

맨하튼보다 싸다

알래스카 원유사업에서 영국 정유회사가 수치스러운 일을 하기 시작한 것은 1969년이었다. 이때 여러 정유회사들은 알래스카에서 가장 값진 땅, 즉 발데즈 원유 채굴지역을 추가치 원주민들로부터 사들였다. **영국 정유회사와 알리에스카 콘소시엄은 원주민들에게 단 1달러만을 지불하였다.**

한때 미연방 최고법원 판사를 지낸 적이 있는 아서 골드버그는 땅을 되찾으려는 원주민들에게 도움을 주고자 했다. 그러나 원주민의 변호사이자 또 알래스카 주에서 가장 힘 있는 국회의원이기도 한 그는 원주민들에게 보상요구를 압박하지 말라고 조언하였다. 후에 그는 알리에스카의 변호사가 되었다.

수렵과 낚시로 살아가는 원주민들은 프린스 윌리엄 사운드를 기름유출로부터 안전하게 지킬 것이라는 서면 약속을 정유 콘소시엄에게서 받아냈다. 물개 사냥꾼이자 낚시꾼인 이들 원주민은 북극 바다에 대해 잘 알고 있었다. 아그네스 니콜라스, 타티트렉(Tatitlek) 원주민 지도자인 조지 조댜오프 그리고 체네가(Chenega) 어부인 폴 콤프코프는 유조선들이 최신 레이더 장비를 갖출 것과 비상용 선박이 유조선을 호위할 것 등을 요구하였다. 정유사들은 이 모두를 1973년 그들의 정부가 승인한 원유 유출 대비 계획에 담았다.

원유가 유출되면, 그 게임의 명칭은 "봉쇄정책"이다. 왜냐하면, 레이더의 유무에 상관없이, 어떤 유조선은 어디에선가 암초에 부딪힐 것이기 때문에 원유 유출 재앙을 멈출 길은 없었다.

유조선 레이더는 두고라도, 만일 배가 암초에 부딪히면, 그 배를 둘러싼 큰 고무 커튼("붐: Boom"이라고 한다)으로 유출되고 있는 원유를 걷어내는 것이 전부였다.

주정부와 해안 경비대 영국 정유회사, 엑손모빌과 그 동업자들은 장비가 유조선 항로에 갖추어져 있고 원유 흡입선이 가까이에 있어 준비가 되어 있지 않는 한, 한 방울의 원유도 수송하지 않을 것이라는 서류에 서명했다.

주요 정유회사는 가장 싼 방법으로 그들의 약속을 지켰다. 그들은 거짓말을 한 것이다. 엑손 발데즈가 블라이 리프에 부딪혔을 때 원유유출 대비용 장비는 없었다. 장비가 있었다면 대재앙을 막을 수 있었을 것이다. 약속한 호위 선박은 유출사고가 난 후까지도 유조선에 배당되지 않았다. 엑손 발데즈가 좌초한 그날 밤, 기름 봉쇄 장치와 펌프를 실은 비상 유출 대비용 운반 선박은 발데즈 항의 꽁꽁 얼은 얼음에 갇혀 있었다.

송유관이 1974년에 개통되었을 때 알리에스카는 기름 유출을 살피고 또 처리하는 비상대책반을 24시간 가동하도록 법률로 정해 놓았다. 추가치의 발데즈 지역을 손아귀에 넣기 위한 미끼의 하나로 알리에스카는 이러한 비상 업무에 원주민들을 고용하였다. **원주민들은 헬리콥터에서 차가운 바다로 뛰어드는 훈련을 했으며 고무 방책으로 기름이 새는 배를 둘러싸는 것도 배웠다. 그러나 곧 원주민들은 기름을 깨끗이 제거하는 일이 아니라 기름유출을 은폐하는 일에 자신들이 동원되고 있다는 것을 알게 되었다.** 십장인 데이빗 데커는 2,000갤런이 유출될 경우에는 2갤런이 유출된 것으로 보고하라는 압력을 받았다고 한다.

알리에스카는 원주민들을 2년간 고용하였다. 이 기간은 부두 노동조합의 노동쟁의를 분쇄하는 데 큰 도움을 줄 만한 기간이었다. 그리고는 곧바로 모두를 해고하고 말았다. 유출 대비 비상대책반의 운용을 살피는 검사관의 눈을 속이기 위해 알리에스카는 가짜 작업팀을 만들었다. 거기에 이름이 등재된 사람들은 원유채굴 노동자들로 유출 장비를 어떻게 쓰는지 전혀 모르는 사람들이었다. 그리고 기록되어 있는 장비도 소실되고 고장난 것이거나 서류상으로만 존재하는 것들이었다. 엑손 발데즈가 좌초했을 때 원주민으로 이루어진 비상대책반은 없었고 오직 지옥같은 혼란만이 있었다.

술 취한 선장 때문이었다는 허위주장은 정유산업에 크게 유리한 방향으로 작용했다. 이 주장으로 역사상 가장 끔찍한 기름 유출 사고를 인간의 실수가 빚은 일회적 사고로 바꾸어 놓았던 것이다. 그러나 고장난 레이더, 비치되지 않은 장비, 유령 비상대책반, 조작된 실험결과 등 – 이 모두는 비용을 줄이기 위한 것이었다. –을 볼 때 이것은 사고가 아니라 필연적으로 일어날 수밖에 없었던 인재였다.

유출사고 10주년 기념일이 되기 직전에 나는 다시 사운드를 방문하였다. 체네가에서 사람들은 여름 동안 바위에 끼인 기름찌꺼기를 청소하려고 준비하고 있었다. 유출사고가 있고 십 년이 지났지만 사람들은 여름 동안 해변에서 20톤에 달하는 기름찌꺼기를 끄집어냈다. 낸왈렉 마을에서는 탄화수소에 오염되어 있기 때문에 조개를 먹을 수 없다고 한다. 연어는 여전히 종기와 혹을 달고 있으며 청어는 다시는 돌아오지 않고 있으며 몬테규 섬의 바다사자 군서지는 적막만이 가득하다.

그러나 내 눈으로 직접 목격하고 있음에도 나는 잘못 파악하고 있는 것이 틀림없다. 왜냐하면 엑손의 선전지를 보면 다음과 같이 적혀 있기 때문이다. "물은 깨끗하며 식물과 동물 그리고 바다생물들은 건강하게 온 천지를 가득 채우고 있다." 사운드로 오늘 당장 가서 추가치의 땅을 밟고 돌을 발로 차보면 마치 주유소에 온 듯한 냄새가 날 것이다.

엑손이 50억 달러를 손해배상으로 보상해야 한다는 판결에 대해서는 누구든지 다 들어 보았을 것이다. **우리가 듣지 못한 것은 엑손이 그 중 10센트도 지불하지 않았다는 것이다.** 그 재판이 있고 나서 10년도 더 지났다. 영국 정유회사는 자신들의 이미지를 초록색으로 바꾸고 엑손모빌은 백악관도 초록으로 칠하기로 결정했었다. 부시 대통령에게는 두 번째로 돈을 많이 내는 후원자이다.(엔론이 첫 번째)

정유 산업의 합법적인 전술인, "불법행위 수정" 캠페인과 광범위한 투자는 2001년 11월, 대법원의 지시에 따른, 9차 순회 상고심에서 50억 달러 배상 판결이 불쌍하고 약한 엑손모빌에게 너무 벅차고 심각하다라는 근거로 판사의 평결을 번복했다.

영국 정유회사가 이끄는 알리에스카 콘소시엄은 공인된 피해액 가운데 단 2%만 지급하기로 합의를 보았고 이 금액은 전액 보험으로 처리되었다.

원주민에 대해 사기를 친 것에 대한 증거가 수록된 네 권 분량의 요약집에 대해 언급해야겠다. 1991년 청어가 다시 돌아오지 않고 또한 사운드에서의 어업이 타격을 입자, 원주민이 세운 회사는 파산을 했고 내 요약집은 쓸모없는 것이 되고 말았다.

결말 – 난왈렉의 돌맹이

알래스카 케나이 표르드 빙하의 한쪽 끝에서는 중무장하고 음악적으로 색다른 로큰롤 밴드가 추가치 원주민 마을 가운데의 하나인 난월렉의 정치와 경제를 휘어잡고 있었다.

별로 오래되지 않은 전설에 따르면 록 음악이 프린스 윌리엄 사운드의 아래쪽인 이곳까지 오게 된 것은 1950년대 빈센트 크바스니코프 추장이 해변으로 떠밀려온 전기 기타를 발견했던 때라는 것이다. 그 다음 날 아침 추장은 악기를 충분히 마스터하여 엘비스의 곡들을 연주할 수 있었다고 한다. 1989년 내가 그곳에서 일하기 시작한 후로 원주민들이 여러 해에 걸쳐 말해주었던 거짓말 가운데서 추장이 말해준 이 거짓말이 가장 약한 것이었다.

처음 그곳에 갔을 때 나는 부엌에 앉아 정성들여 치장된 정교회 제단을 바라보고 있었다. 벽에는 온통 러시아식 성상이 놓여 있었다. 연어철이 끝나는 늦은 여름으로 황금과 같은 날이었다. 그러나 추장의 18살 난 조카는 방갈로에 죽치고 앉아 여러 차례 방영된 〈프레드 아스테어(Fred Astaire)〉 영화를 위성방송으로 보고 있었다.

고기 잡는 일은 너무도 멋진 것이라고 추장은 나에게 확실히 말했다. 그 해에 그는 12마리의 물개를 잡았다는 것이다. 나는 한쪽 다리를 잃고 휠체어에 앉아 있는 이 노인에게 다른 소리를 하지 않았다. 은행이 그의 어업 허가권을 회복시켜 주었을 때는 이미 배를 잃고 난 후였다는 것을 모두가 알고 있었다.

한때 이 마을에는 8척의 영리목적 선박이 있었지만 이제는 3척밖에 없다. 또 게다가 8년 전인 1989년 엑손의 기름유출로 모든 물개들은 몰살을 당하고 말았다.

엑손 발데즈에서 나온 기름이 난왈렉에 당도하기까지는 꼬박 한 달이 걸렸다. 기름이 몰려오고 있다는 것을 알고 있으면서도 엑손은 다섯 개의 호수로 통하는 입구를 막기 위한 간단한 고무 방책도 제공해 주지 않았다. 이 호수는 연어의 알이 부화하고 맛조개, 바다사자, 비다키 달팽이, 물개 그리고 얼음 위 외딴 마을에 사는 사람들에게 먹을 것을 제공해 주는 곳이었다. 그러나 기름 찌꺼기가 당도하자 텔레비전 기자들이 쫓아왔고 엑손은 그곳의 전 인구 270명을 고용했다.

"그곳은 난리가 터진 듯했습니다." 리사 무난이 내게 말했다. "그들은 우리에게 걸레와 양동이를 주고는 시간당 16달러를 주어 아이들은 아이 보는 사람에게 맡기게 하고 바위를 닦게 했습니다." 길도 제대로 나지 않은 이 마을은 현금을 사용할 일도 없고 가게에서 식료품을 사는 일도 없는 곳이었다. 추장의 누이는 내게 이렇게 말했다. "그들은 냉동 보관한 피자와 위성수신접시 안테나 등을 몰고 들어왔습니다. 술을 입에 대보지도 않던 남자들이 밤을 새며 술을 마시기 시작했고 술에 취해 아내를 두들겨 패기도 했습니다. 모두 돈 때문이죠. 돈이 들어오자 사람들은 미쳐 날뛰기 시작했습니다."

이들이 파산하자 은행들은 몇 척 안 되는 선박들도 가져가 버렸고 빈센트 추장의 누이 샐리 크바스니코프 애쉬는 마을 전체가 알콜 중독과 마약 중독의 깊은 수렁으로 빠져드는 것을 지켜보아야 했다. 샐리는 다음과 같이 말했다. "마치 제 살갗이 벗겨지는 것 같았습니다." 난왈렉 원주민들은 자신들을 수제스툰(Sugestoon)이라고 부른다. 수제스툰은 참된 사람이란 뜻이다. "기름 사고가 있고 나서 이렇게 된 것입니다. 우리는 끝장이 났습니다. 무언가가 일어나지 않는 한 수제스툰은 끝장입니다."

1995년 8월, 샐리를 선두로 한 마을 여성들은 남성들로만 이루어진 부족회의를 선거 쿠데타를 통해 공식적으로 몰아냈다. 선거 쿠데타에서는 남자들이 잊어버리고 있던 고유 언어를 부분적으로 사용하는 계획을 세우는 식으로 했던 것이다. 샐리의 수제스툰 이름은 아크니아크나크로 "맏언니"란 뜻을 갖고 있다. 그녀는 빈센트가 표 두 장을 훔치지만 않았더라면 자신이 추장이 되었을 것이라고 말한다. 빈센트의 아들들의 록 뮤직은 자취를 감췄다. 새로운 여성 이사회의 문화혁명적 강제명령에 따라 술도 금지되었으며 패스트푸드도 없어졌고 밴드를 불러놓고 밤새 노는 것도 사라졌다. 여성들은 고유 언어를 학교에서 다시 사용하도록 했고 술자리로 변했던 크바스니코프의 밤샘 잔치 중 최소한 일부는 전통적인 물개춤이나 돌고래춤을 공연하는 것으로 바꾸었다.

여성들은 건강한 식습관을 갖는 마을로 탈바꿈시키고자 했다. "우리는 모두 비만합니다." 맏언니의 말이다. 그녀는 기름유출 사고 이후 도시 슈퍼마켓에서 일주일에 두 번씩 들여와야 하는 인스턴트 식품 때문이라고 말하고 있다. 금주령 실행에 대한 단호한 의지를 보여주기 위해 샐리의 장애인 삼촌 맥을 체포하여 감옥에 가두었다. 맥은 병원에서 돌아오는 길에 6개짜리 맥주를 마을로 갖고 들어왔던 것이다.

1964년 성금요일, 몬테규 섬의 눈 덮인 산이 7.8m 공중으로 솟았다가 다시 3.6m 아래로 떨어지며 프린스 윌리엄스 사운드에 거대한 파도를 발생시켰다. 체네가 마을의 추가치 물개 사냥꾼인 니콜라스 콤프코

프는 지진으로 뒤틀려버린 자신의 집에서 네 딸을 데리고 밖으로 뛰어
나와 눈 덮인 언덕을 내달렸다. 거대한 파도가 몰려오기 전에 그는 두
팔로 두 딸을 단단히 끌어안고 달려갔다. 그러나 다른 두 딸은 파도에
밀려 그대로 사운드 바다로 휩쓸려 가는 것을 목격해야 했다.

체네가는 사라져 버렸다. 집 한 채 남아있지 않았고 튼튼하게 지은 교
회도 사라졌다. 원주민 가운데 3분의 1이 익사했다. 생존자들도 우편비
행사가 그 먼 마을에 대한 생각을 떠올릴 때까지 이틀을 기다렸다.

그 후 20년 동안 체네가 사람들은 사운드 바다 여기저기로 흩어져 갔
다. 어떤 이들은 다른 추가치 마을에 임시 움막을 짓고 살았고 다른 사
람들은 앵커리지로 가서 도시생활을 하였다. 그러나 성주간이 되면 이
들은 예전의 마을로 돌아와 폐허 위에 십자가를 올려놓았다. 그리고 콤
프코프는 또 다른 재건 계획을 발표하곤 했다. 세월이 지남에 따라 새로
운 체네 가의 건설이 실현되기 어렵다는 생각이 들자 정교회 신부가 되
었던 니콜라스는 악명 높은 알코올 중독자의 신세가 되었다가 자살을
시도하였으나 실패로 끝나게 되었다. 자살기도로 인해 그는 성직을 박
탈당했다.

1982년 니콜라스는 조카 래리 에바노프에게 그의 노후 대비자금으로
사운드 바다를 항해할 수 있는 배를 만들자고 설득하였다.

에바노프는 몸에 커다란 네 개의 상흔을 지니고 있다. 이 상처는 베트
남 전쟁에서 얻은 것으로 그 덕에 앵커리지 항공교통통제원의 공무원
자리를 얻을 수 있었다. 그러나 노동조합의 파업이 있자 그는 해고되고
말았고, 지진 때 부모 모두를 잃었다.

북극권에 접한(亞北極) 지대에 겨울이 닥쳐올 때까지도 래리의 배는
완성되지 못했다. 그래도 그는 아내와 9살, 14살짜리 아이를 데리고 저
멀리 에반스 아일랜드로 항해해 갔다. 그들은 통나무집을 짓고 2년 동

안 전화도 단파 라디오도 없이 도로에서 160km 떨어진 그곳에서, 물개와 곰 그리고 연어를 사냥하며 생활했다. 새로운 체네가 건설의 길을 닦고 있었던 것이다. 7년 만에 체네가 스물여섯 가족이 에바노프의 가족이 있는 곳으로 이주해 와 집을 지었고 버려진 청어염장 시설에서 가져온 나무로 파란 지붕을 얹은 자그마한 교회를 니콜라스를 위해 지어주었다. 그들은 여전히 니콜라스를 "신부님"으로 부르고 있었다.

1989년 3월 24일, 마을 사람들은 해일 발생 25주년을 기념하고 있었다. 그날 밤, 엑손 발데즈가 좌초하여 물고기를 죽이고 조개들이 사는 갯벌을 질식시켰으며 체네가 사람들이 주식으로 하고 있는 물개들을 몰살시키고 말았다.

1950년대 쯤, 추가치 원주민들의 평균수명은 38세였다. 그들은 거의 현금을 지니지 않았고 갖고 있던 돈마저도 주정부가 빼앗아가고 말았다. 1970년대에는 새로운 "통제 입어" 법률로 이들은 예로부터 생활터전으로 삼던 어장에서 잡은 고기를 내다팔 수 없게 되었다. 내다팔기 위해서는 면허를 사야 했는데 그런 여력을 가진 사람은 아무도 없었다. 하지만 원주민들은 대자연과 여러 마을 그리고 야영지 등을 소유하고 있었다.

1969년 미국에서 가장 큰 석유매장지가 알래스카 북쪽 사면(斜面)에서 발견되었다. 발데즈의 추가치 야영지가 알래스카 해안 가운데 유일하게 유조선 터미널로 사용될 수 있는 지질학적 조건을 갖추고 있었다. 그 땅의 가치는 수천만 아니 수억 달러로 치솟았다. 난왈렉을 대표하는 빈센트 추장의 부친 사르지우스와 이제는 사라진 체네가를 대표하는 니콜라스 신부는 발데즈를 영국 정유회사와 험블 정유회사(후에 "엑손"으로 이름이 바뀜)에 판매하기로 하였다. 대금은 1달러였다.

1달러에 파는 것은 추가치의 변호사인 클리포드 그로의 공작이었다.

가장 큰 정유회사로 옮겨가기 전에, 그는 추가치를 완전히 그리고 영원히 변화시켰다. 이제 추가치는 더 이상 하나의 부족이 아니었다. 그로는 그들을 기업으로 만들어 버렸던 것이다.

이들 부족들은 추가치 회사(Chugach Corporation)가 되었다. 마을들은 체네가 회사와 잉글리쉬베이(낸왈렉) 회사로 바뀌었다. 추장의 권한은 기업 사장과 CEO들에게로 넘어갔고 부족회의는 이사 회의로 대체되었다. 사운드 해(海)의 부족들은 최소한 몇 년 동안이나마 주주가 되었지만, 곧 주식은 매각되고 양도되어 여러 손으로 흩어져 버렸다. 현재에는 체네가의 주식소유자 69명 가운데 단지 11명만이 그 섬에 살고 있는데, 대부분의 주민들은 기업의 세입자이다. 그런데 최근에 열린 그 기업의 연례회의는 그 섬에서 3,200km 떨어진 시애틀에서 개최되었다.

기름유출 사고가 있고 얼마 안 되어 나는 체네가 회사의 사장 찰스 척 토테모프를 처음으로 만나게 되었다. 그 전에 만나기로 했는데 엑손과의 협상 때문에 이루어지지 못했던 것이다. 나는 더러운 청바지를 입은 20대의 젊은이들이 잔뜩 술에 취해 마을의 지저분한 길거리를 배회하고 있는 것을 보았다. 그러면서 이들은 낚시 부두 근처의 오래된 통나무 집에는 가까이 가려고 하지 않았다. 그 집이 바로 회사의 "사무실"이었다.

몇 년이 지나고 나는 앵커리지 시내에 있는 체네가 회사 사무실, 지금은 유리와 강철로 지어진 사무실에서 척을 만났다. 오랜 동안 술을 끊은 단호한 모습의 회사간부가 마호가니 책상과 사용하지도 않는 랩톱 컴퓨터를 앞에 두고 앉아 있었다. 마을 사진 대신에 체네가의 자산을 표시해 주는 거대한 지도가 벽을 덮고 있었다. 갖가지 색깔로 벌목지, 여러 부동산 그리고 개발 중인 휴양지 등을 표시해 둔 지도였다.

그는 엑손-영국 정유회사 송유관 콘소시엄과 수백만 달러짜리 터미널 서비스 계약을 체결하였다. 체네가 섬에는 46개의 객실을 갖춘 호텔이 지어지고 있었다.

1997년, 나는 체네가를 다시 방문하였다. 그런데 가장 좋지 않은 때 방문하게 되었다. 래리는 원주민 대원을 이끌고 "순찰"을 나가고 없었던 것이다. 엑손 발데즈 난파가 있은 지 8년이 지났지만 슬리피 만에서는 엄청난 양의 유해성 원유가 흘러나오고 있었는데 그것을 치우기 위해 나간 것이었다. 그들은 그 주에 있었던 프랭키 거스키의 장례식 관계로 하루를 일하지 못했다. 거스키는 18살짜리 청소년으로 술을 마시고 할머니와 다툰 후 총으로 자살했다.

래리와 그의 대원들은 해변에서 기름을 계속해서 제거하였다. 해변은 그의 가족들이 예전에 고기를 잡던 곳이었지만 이제는 더 이상 그들의 것이 아니었다. 바로 전날, 체네가 회사는 체네가 땅의 90%와 함께 그 해변을 엑손-영국 정유회사 측에 2,300백만 달러를 받고 팔았던 것이다.

"회사는 그걸 팔 수가 없습니다." 내가 수표 양도에 대해 래리에게 이야기해 주었을 때 그는 그렇게 말했다. "사람들이 땅을 소유할 수는 없는 겁니다." 그는 수력 주입기를 자갈 해변 밑에 박아 넣고는 분사제를 밀어넣었다. "땅은 항상 여기 있었습니다. 우리는 이 땅을 이용할 뿐이고 그 다음에 다시 후손들에게 넘겨주는 것이지요."

난왈렉도 팔렸다. 록 밴드의 리더이자 회사 이사회의 대표인 빈센트의 아들은 에이즈로 죽기 직전 마을 땅 50%를 엑손 측에 팔기로 계약을 맺었다.

엑손이 2,300백만 달러를 부쳐주던 날, 나는 회사 사장 토테모프의 사무실에 있었다. 토테모프는 마을에서 이사를 나오면서 "다시는 이곳을 보는 일이 없기를 바란다."라고 소리쳤었다. 이제 그의 바람은 이루어졌다. 나는 척에게 도시에 사는 원주민들처럼 친척들로 하여금 전통 음식을 싣고 오게 할 것인지 물어보았다. "물개 고기 말입니까?" 그는 씩 웃으며 말했다. "그런 역겨운 냄새를 다시 맡으라고요? 빅맥이나 먹겠어요."

토니 블레어와 영국의 매각

1998년 7월의 첫 번째 수요일, 하원 의원석에서 영국 총리가 자신을 변호하기 위해 자리에서 일어났다. 뉴스 보도에 따르면 총리로 당선되고 나서 처음으로 토니 블레어의 손이 떨리고 있었다고 한다. 블레어 총리는 자신의 내각에 대규모의 부정이 있다고 폭로한 미국 기자를 향해 "어떤 증거도 없다"며 비난하였다. 한편, 전직 춘화(春畵) 작가였던 블레어의 대변인 앨러스테어 캠벨은 복도에서 만나는 기자마다 "모자를 쓴 사람"을 믿어서는 안 된다는 말을 속삭이며 다녔고, 또 총리의 막후에서 권력을 행사하며 어둠의 왕자라는 별칭을 얻고 있는 피터 맨델슨은 "저의를 갖고 있는 사람"에 대해 경고를 하고 다녔다.

불행히도 나는 이것을 즐기고 있을 수가 없었다. 런던의 노동자들의 이웃 동네인 크라우치엔드의 "안전 가옥"에서 70시간을 한숨도 자지 않았으므로 두 눈을 뜨고 있을 수가 없을 만큼 파김치가 되어 있었다. 내가 머물던 호텔에 폭파 위협이 있었고 또 카메라맨들을 피하기 위해 나는 내 처지를 동조하는 친구들과 함께 한밤중에 그곳으로 옮겨갔던 것이다.

그러나 잠을 못 잔 것은 그것 때문이 아니었다. 내 신문 『옵서버』는 내각 구성원을 비롯한 총리의 측근들이 뇌물을 받고 정책변경을 하였다는 보도를 1면에 실었던 것이다. 『옵서버』는 로비스트들이 다우닝 10번가의 총애를 잃은 장관들에게 특별하고 은밀하게 접근한 내용을 상세하게 묘사하였다.

"어떤 증거도 없다"고? 『옵서버』는 미국의 전력회사, 은행 그리고 클린턴의 친구 및 부시의 친구들 또 블레어의 친구들 그리고 루퍼트 머독을 위해 어떻게 그리고 언제 또 누구에게 뇌물을 찔러 주었는가를 상세하게 일러주는 로비스트들의 육성 녹음 테이프를 내가 가지고 있다고 1면에 보도하였다.

블레어 측과 라디오 TV 등은 그 테이프를 공개하라고 요구했다. 그들은 그런 테이프가 있다는 것은 거짓이라고 주장했다. 테이프는 존재하지 않으며 팔라스트는 거짓말쟁이라는 것이었다. 그리고 『옵서버』의 경제담당 편집자인 벤 로렌스는 크라우치엔드의 안가 문 앞에서 내 친구에게 소리를 치며 당장 내가 침대에서 나와 테이프를 가지고 BBC 스튜디오로 가서 생방송 뉴스나이트에 출연해 신노동당의 기수 데릭 드레이퍼와 대면해야 한다고 했다.

그러나 사실 내게는 테이프가 없었다.

그 전날 나는 한 살짜리 쌍둥이와 아내가 있는 미국 집에 전화를 걸어 아내에게 속달로 "드레이퍼"라고 쓰인 테이프를 보내라고 일렀다. 테이프는 내 책상 안에 있었다. 내 아내 린다는 "테이프가 보이지 않네요. 테이프는 없어요."라고 답했다.

그 다음날 『미러(Mirror)』의 1면에는 벗겨진 머리에 비웃음을 짓고 있는 괴상한 모습의 사나이, 즉 나의 사진이 대문짝만하게 실렸고 그 위에는 10cm 크기의 글자로 "거짓말쟁이"라고 쓰여 있었다.

"로비게이트(Lobbygate)"로 알려진 이야기는 아주 단순하게 시작되었다. 영국의 가장 뛰어난 취재기자인 안토니 바네트가 다음과 같은 첩보를 입수하였다. 블레어의 신노동당과 가까운 관계를 맺고 있는 회사들이 로비를 통해 정부의 내부정보를 고객들에게 빼돌리고 있다는 것이었다. 안토니와 편집자 윌 허튼은 『옵서버』에 기사를 써 보라고 내게 요청하였다. 그들은 내가 이들 회사 가운데 한두 군데 전화를 걸어 필요한 정보가 있다고 넌지시 얘기해 보는 것이 어떨까 하고 생각했던 것이다.

처음에 나는 거절했다. 힘든 취재 과정이 예상되었기 때문이었다. 시간과 자금이 꽤 소요될 것이라고 생각했다. 상당한 시일이 걸릴 뿐 아니라 수천 파운드의 비용이 들 것이었다.

일을 제대로 수행하기 위해 이름뿐인 허위 기관을 만들 필요가 있었다. 나는 전에 부즈 알렌 해밀턴*에서 일을 했던 미국 기업 간부 마크 스웨들런드를 끼워 넣었다. 또 전(前) 모간 스탠리 간부(이름을 밝힐 수 없음을 양해바람)도 포함시켰다. 그리고 엘리자베스 여왕에게도 잘 알려진 미국의 어느 로펌과도 관계를 맺어 합법성에 의혹을 가질 만한 여지를 두지 않았다.

만일 블레어의 내각이 팔린다면 미국이라는 기업이 살 것이다. 나는 그 회사의 세력 조직 안으로 들어가 그 거래가 어떻게 이루어지는가를 볼 기회를 가지게 된다. 미국의 편집자들은 감히 생각치도 못한 일이다.

위장을 하는데 가장 어려웠던 것은 바로 나 자신이었다. 로비스트 모두가 나를 알고 있었기 때문이었다. 로비스트라면 그 정도는 당연히 알아야 하는 것이었다. 그들은 내가 『가디언』에 기고하고 있다는 것을 알고 있었다. 그러나 더욱 중요한 것은 선거 전에 나는 블레어의 미국인 정책 고문들 가운데 한 명이었기 때문에 블레어 정권의 통상부와 산업부 또 동력자원부 장관과 가까운 사이이다. 그래서 어느 거물급 영국 기

---

* Booz Allen Hamilton, 세계적인 컨설팅 회사임.

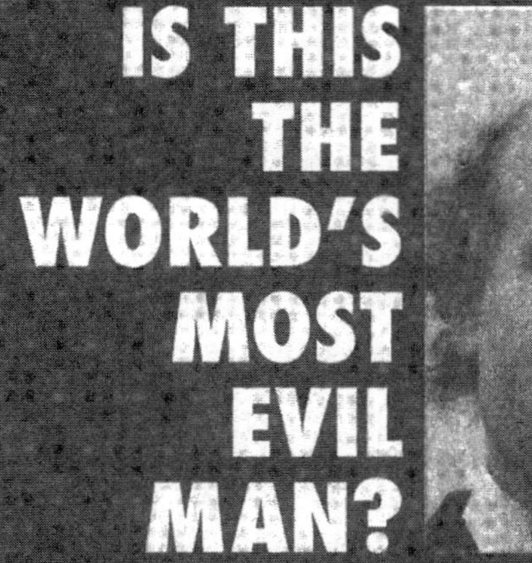

THIS IS Greg Palast, better known to his friends (if he had any) as Lying Bastard!

He is the man who sought to bring down the greatest prime minister who has ever lived, i.e. Tony Blair.

It was his lies, spread all over down-market tabloids like the Observer, which tried to link Tony Blair with a bunch of seedy Soho bigmouths who call themselves lobbyists.

We have only one message for Greg (a convicted serial killer in his home state of New Dworkin, according to reports we've just made up):

Go back home to your own sleazy country, where the electric chair is waiting for you!

Hasn't Tony got enough on his plate trying to make this country the greatest in the world, without scumbags like you coming over there and making up a pack of lies?

If we want lies about prime minister, we'll make them up ourselves, thank you very much!

Leave the journalism to us, Greg.

Or should that be 'Dreg'?

그림. 6.2 "거짓말쟁이"라는 헤드라인을 썼던 「미러」지가 성에 차지 않았던 「Prirate Eye」잡지에 실린 저자 사진.

업가는 나를 가리켜 "영향력 있는 바로 그 미국인"이라고 했던 것이다. 물론 그것은 말도 안 되는 소리였으나 이제는 그런 평이 내게 도움을 줄 수 있는 것이었다.

나는 가짜 수염을 붙일 수도 없었고 목소리 변조기를 달고 다닐 수도 없었다. 그래서 나는 기자 그레그 팔라스트가 아니라 그들처럼 호시탐탐 뇌물만을 노리는 "자문위원" 그레그 팔라스트라고 나를 소개했다. 나는 『가디언』에 정부에 대한 조언을 해주고 해변의 별장이나 말들이 가득한 마굿간을 얻은 것이 아니라고 그들에게 말했다. 내가 소속된 회사는 『가디언』이 아니라 매우 성공적으로 협상을 하는 자문 회사로 탈바꿈했다.

영향력 행사나 접촉 주선 또는 이권청탁의 대가로 우리는 돈을 제공하지 않았다. (물론 우리에게 뇌물이 제공된 적은 있지만) 나는 다른 무엇인가를 찾고 있었다. 내가 찾고 있었던 것은 이들 로비스트들이 다른 사람들을 위해 행한 일의 내막이었다. 내가 했던 대사는 다음과 같았다. "제가 일하는 텍사스 사람들은 과장된 말을 싫어합니다. 정확하게 여러분들이 어떤 일을 하셨는지, 누구를 위해 일하셨는지에 관한 증거를 원하고 있습니다. 만일 저희와 같이 일하고 싶으시다면 이름과 날짜, 그동안의 경력과 거기에 대한 결정적인 증거가 필요합니다."

그리고 그들은 그 모든 것을 런던 타워호텔에 있는 우리 스위트룸으로 보내왔다.

1998년 6월 8일 증거의 마개가 처음으로 열렸다.

언론을 위한 팩스

그날 아침, 나는 놀랄 만한 문서를 팩스로 받았다. 영국의 에너지 정책에 대한 통상 및 산업 보고서였다. 놀라운 것은 이 보고서가 아직 일반인들에게 발표된 것이 아니라는 점 때문이었다.

GJW 정부협력기구의 로비스트인 칼 밀너가 손으로 직접 쓴 짧은 글이 팩스에 덧붙여져 있었다. 1997년 총선 동안 밀너는 지금은 재무부 장관으로 블레어 다음 두 번째로 힘 있는 고든 브라운 진영에서 대내적 커뮤니케이션을 주관하고 있었다. 밀너는 다음과 같이 썼다. "아마 흥미롭게 여길 것이라 생각했습니다."

나는 밀너에게 전화를 걸었다. 그 문서는 아마도 그가 정부로부터 훔쳐낸 것이 아니고 미리 기자들에게 배포한 문서를 보낸 것이리라. 그러나 밀너의 말은 달랐다. 고객을 위해 정책관련 문서에 그가 특별히 접근하는 것은 보통 관례적으로 이루어지는 것이라고 했다. "정부에는 많은 친구들이 있습니다. 그들은 미리 우리의 견해를 알고 싶어하고 또 그들과 관련된 것이 있는지 알고 싶어합니다. 그리고 자신들과 관련된 것이 있으면 그것을 수정하려고 이런저런 의견을 내놓습니다." 그의 기구는 영국 전력산업의 거의 전부를 사들인 오레곤의 패시피코프 같은 미국 전기회사를 대표했다. 그 서류에 있는 내용은 특히 텍사스에 있는 휴스턴의 엔론 같은 고객에게 도움이 되는 것이었다.

무슨 우연인지 나의 텍사스 사람에게도 역시 도움이 되었다. 나는 거짓말을 했지만, 엔론을 언급하는 것은 헛소리나 마찬가지이다. 실력자의 문은 환하게 열려 있었다.

"나는 몹시 흥분된 상태입니다"

6월 11일이었다. 재무부 장관 고든 브라운은 새로운 추가 정부 지출액을 발표하였다. 나는 GPC 마켓 억세스와 일하는 거물급 로비스트 데렉 드레이퍼와 세 번째 통화를 끝내려 하고 있었다. 드레이퍼는 피터 맨델손 무임소 장관의 보좌관을 지낸 적이 있었다. 드레이퍼는 이렇게 말했다. "난 몹시 흥분된 상태입니다. 몹시 흥분되어 있다고요."

무엇이 드레이퍼를 그렇게 흥분시킨 것이었을까?

"고든 브라운은 추가 지출액이 사람들이 예상하고 있던 2.5%가 아니라 2.75%라고 했습니다. 우리도 그렇게 얘기했었죠. 지난주에 그렇게 얘기했었습니다."

0.25% 차이가 대수냐 싶겠지만 기밀을 사고파는 장사꾼들의 손에서는 엄청난 가치의 물건으로 바뀔 수 있는 것이었다. 실은 일주일 전에 드레이퍼는 미국의 거대 투자은행인 살로몬브라더즈에 정확한 수치를 전해주었던 것이다. 나는 뛰어난 예측을 한 그의 회사에 대해 칭찬을 해주었다. 그러나 그는 "아닙니다. 그건 내부정보를 빼돌린 것입니다."라고 반응했다. 드레이퍼는 어린아이처럼 낄낄거리며 다음과 같이 덧붙였다. "만일 살로몬 측이 그 수치에 근거해서 일을 했다면 아마 엄청난 수익을 올렸을 것입니다."

실제로 그들은 엄청난 수익을 올렸다. 미국 법률의 적용을 받는다면 그들은 감옥에 가야 하는 위험을 감수한 것이다.

『옵서버』는 로비스트들에게 비밀 정부서류나 정보를 내놓으라고 요청하지 않았다. 그럴 필요가 없었다. 밀너와 드레이퍼를 비롯한 사람들이 요청하지도 않은 증거를 제공해 주었던 것이다. 밀너, 드레이퍼 그리고 다른 사람들은 자신들이 토니 블레어의 신노동당 정부로부터 원하는 것을 가져다 줄 수 있음을 확인시켜 주고 싶었던 것이다.

뉴욕과 런던 간의 첫 번째 통화에서 이 얘기 저 얘기 하며 떠벌이던 드레이퍼는 참지 못하고 그가 재무부와 10번지*에 선이 닿아 있음을 드

---

* No. 10 Downing Street, 영국 수상관저를 일컬음.

러냈다.

만일 우리가 그의 회사에 일을 맡기면 어떤 것을 가져다 줄 수 있는 것일까? 정부의 특별위원회 위원과도 선이 닿을 수 있을까? "문제없습니다. 영국 가스의 최고 책임자와 공고한 관계를 마련해 놓았지요." 이런 자리를 확보한 것은 한때 노동당 쪽에서 "돼지 세드릭이 이끄는 뚱보 고양이"(돼지 세드릭은 전 영국 가스 회장 세드릭 브라운을 일컫는다.)로 알려져 있던 회사로는 대단한 업적이라며 드레이퍼는 강조했다.

만일 내 고객이 영국 가스보다 더욱 평판이 좋지 않은 경우에는 어찌할 것인가? 문제가 될 게 없다는 것이다.

실은 드레이퍼는 복권사업을 하는 미국의 G테크(부시 가문과 수지맞는 연결을 맺고 있는 회사로 역시 내가 조사하고 있었다.)와 같은 "만만치 않은" 고객과도 계약을 하려 한다는 것이었다. G테크는 어려움을 겪고 있었다. 그들은 영국의 거물 정치인 리차드 브랜슨에게 뇌물을 제공하려고 했음이 법원에서 밝혀졌다. (G테크가 원했던 것은 브랜슨이 영국 복권사업에서 경쟁 입찰을 취소하도록 하는 것이었다.) 블레어는 카멜롯 콘소시엄으로부터 G테크를 제명시키겠다고 공언하였다. 카멜롯 콘소시엄은 영국 복권사업에서 독점적 권리를 지니고 있었다. 드레이퍼는 G테크가 공식적인 감시를 수월하게 통과하고 블레어의 내각을 그의 새로운 고객과 까다로운 계약을 하게끔 끌어들이려는 자신의 계획을 설명했다.

"정부는 제 예전 상관이 짓고 있는 우스꽝스러운 밀레니엄 돔* 행사의 참가 티켓을 판매할 누군가가 필요했습니다. G테크는 복권판매 시스템을 활용해 그렇게 하겠다고 제안하였습니다. G테크가 정부발행 티켓을 판매할 자격이 있다고 정부가 생각한다면 복권판매 자격도 충분히 있는 기업이라는 것은 당연한 것이 되겠지요. 무슨 말인지 아시겠습니

---
* 2000년 새해 잔치를 위해 마련한 돔.

까? 저희들의 강점은 바로 뛰어난 상상력을 갖고 있다는 것이지요.”

그의 “예전 상관”이란 무임소 장관 피터 맨델손을 말한다. 그는 바로 신노동당의 우경화를 계획했던 사람이다. 드레이퍼와 맨델손을 그저 친한 사이라고 말한다면 매우 섭섭한 말이 될 것이다. 맨델손은 그의 책 『블레어 혁명(*The Blair Revolution*)』을 드레이퍼에게 헌정했었다.

최근 『비즈니스온선데이』와의 인터뷰에서 드레이퍼는 노동당 고위인사들과의 친분 때문에 오히려 자신의 로비활동이 “지장”을 받고 있다고 하였다. 왜냐하면 그들의 전 동료들은 “매우 도덕적인 인물들”이기 때문이라는 것이다. **어쨌든 드레이퍼는 만일 우리가 원하는 대로 법률을 바꾸고 싶을 경우에는 문제없이 그렇게 할 수 있음을 다음과 같이 확언해 주었다.** “나는 제프리 로빈슨과 차 한 잔 같이 마실 수 있는 사이입니다. 에드 볼스와도 접촉을 가질 수 있고요!” 드레이퍼가 재무부 국고국장 로빈슨과 재무장관의 수석보좌관 볼스와의 친분을 이야기할 때 그의 목소리 가득히 자긍심이 배어 있음을 알아챌 수 있을 것이다. 그리고 그는 다음 말을 덧붙였다. **“돈을 내기만 하면 곧바로 그렇게 하지요.”**

공허의 정치학

드레이퍼와 밀너의 전화통화 및 팩스를 바탕으로 일을 처리해 나가면서 우리는 로슨 루카스 멘델슨(LLM, Lawson Lucas Mendelsohn)과 접촉하게 되었다. 로슨 루카스 멘델슨은 채 일 년이 안 된 회사지만 한 해 동안 2백만 파운드(3백만 달러)를 벌어들이는 등 이미 상당한 로비단체로 성장하였다. LLM이 내세우는 영향력 있는 20명의 고객 명단에는 RSPCA와 루퍼트 머독의 뉴스인터내셔널이 포함되어 있다. 세 사람의 설립자 이름을 딴 LLM은 바로 “내부인사”가 누구인가를 보여

주고 있다.

닐 로슨은 토니 블레어에게 선거전략에 관한 조언을 해주었었고, 벤 루카스는 블레어에게 정치 브리핑을 해주었으며 존 멘델슨은 블레어와 재계인사와의 모임을 주선하였었다.

그러나 LLM은 아무나 대금을 지불하면 곧바로 로비에 나서는 그런 기업이 아니다. 서비스를 받기 위해서 고객은 11쪽짜리 책자를 면밀히 검토해야 한다. 여기에는 여러 원칙과 방법이 기술되어 있는데 그것은 피터 맨델슨과 니체를 뒤섞어 만든 듯한, 좀 으스스한 것이다. 3쪽의 도표에는 두 개의 항목에 굵은 글씨로 "사라지는 세상과 도래하는 세상"이라고 적혀 있다. 사라지는 세상에 속하는 것은 "이데올로기", "신념" 그리고 "국민을 이끌려는 지도자" 등이다. 위의 것들은 도래하는 세상에서 "실용주의", "소비" 그리고 "국민의 소리를 듣는 정치가들"로 대체될 것이다.

이 책자는 또 좌파와 우파란 말은 이제 "쓸모없는 것"이 되었다고 선언하고 있다. LLM은 고객들한테 "새로운 노동당의 이해뿐만 아니라 더욱 중요한 새로운 세계의 이해"를 도모해 줄 것이라고 약속하고 있다.

파트너인 벤 루카스는 정부가 무엇을 할 것인가를 알고 있다. "왜냐하면 그건 우리가 그들의 사고방식을 알고 있기 때문입니다." 그러나 텔레파시적 예언처럼 보였던 것은 실은 대가를 받은 내부인사의 정보유출에 의한 것이었다. 예컨대 루카스는 6월 11일 고든 브라운이 새로운 주택 검사 기관의 창설 발표를 하리라는 것을 알고 있었다. "내가 미리 그것을 알고 있었던 것은 장관의 연설문을 작성하는 사람들과 이야기를 나누었기 때문입니다." 그는 이 정보를 어느 LLM 고객에게 전하였다. 그리고 그 고객에게 이 정보에 대해 미리 대비하여 이익을 얻을 수 있는 방법도 조언해 주었다.

또한 그의 경쟁자 드레이퍼와 마찬가지로 루카스도 재무부 장관의 지출액을 발표하기 며칠 전에 상세히 알고 있었다. 그 외에도 루카스는 "시장의 관점에서 볼 때 엄청난 가치를 지니는 정보"의 예를 여럿 들어 주었다.

내부 결정에 대한 정보를 빼내는 것과 결정내용에 영향력을 미치는 것은 별개의 것이다. 영향력을 미치게 하기 위해서는 접근이 필요하다. 수임료를 지불하고 우리는 무엇을 얻을 수 있을까? LLM의 로슨은 제프리 로빈슨과 차를 마시는 GPC의 방식을 배제하고 대신 돈을 제공함으로써 필요하다면 "어느 누구와도 접촉"할 수 있도록 했다. "만일 고든 브라운과 만나야 할 필요가 있다면 우리는 그렇게 할 수 있습니다." 그의 사업 파트너 루카스는 다음과 같이 말했다. "우리는 인간관계를 매우 섬세한 방식으로 활용하고 있습니다."

그렇다면 그들의 인간관계가 어떻게 섬세하게 활용되는 것일까? 할인점 체인 회사인 테스코를 위해 LLM은 주차장에 대한 세금 징수계획을 무산시키려고 하였다. LLM은 그 주에 블레어의 정책위 자문위원들과 비밀리에 회동하여 협상을 벌였다. 그들 자문위원들은 이 문제를 총괄하는 존 프레스콧 부총리에게 언제 또 얼마만한 폭으로 인상할 것인지를 조언해 주고 있었던 것이다. 지나친 자동차 사용을 억제하기 위해 환경론자들이 추진한 이 세금은 대형슈퍼마켓에게는 연간 3천만 달러(약 360억 원) 이상의 비용을 부담하게 했다.

미국 복권회사인 G테크와 같이 평이 별로 좋지 않은 기업을 고객으로 삼지 않은 것에 대해 내가 경의를 표하자 로슨은 실은 그 회사를 위해 로비를 했었다고 대꾸했다. LLM은 자신들에 대한 블레어 내각의 신뢰를 활용하여 "G테크 측이 어떻게 행동할 것인가를 정부에 확인시켜 주었다"는 것이다.

로슨과 루카스는 로비활동이 재무부에 직접적으로 요청하는 것만이 전부는 아니라는 점을 재빨리 지적했다. 때때로 LLM은 간접적인 방식을 추천하기도 한다. 예컨대 "장관이 읽을 수 있도록 칼럼니스트의 기사를 책상 위에 올려놓는 일" 등이다. 그들은 이런 방식을 "분위기 조성"이라고 불렀다. 또한 LLM은 넥서스(Nexus)라는 싱크탱크를 운영하고 있다. 이것은 자신들의 견해에 (그리고 고객들의 견해에) 학문적 정당성을 확보하기 위한 것이었다. 때때로 그들은 사회주의자 환경연구재단(Socialist Environmental Research Foundation)을 활용하기도 한다. 루카스의 말에 의하면 이 단체는 소매상인들의 이익을 대변하는 단체라고 한다.

루카스는 소위 리더쉽이 없는 정치를 어떻게 이용하는지 설명해 주었다. 신념의 결여가 장점으로 치부되는 환경에서, 또 원칙을 지닌 지도자가 없는 상황에서 정책은 칵테일파티에서 던진 몇 마디에도 쉽게 바뀔 수 있다. "노동당 정부는 항상 두 가지 분열된 마음을 가지고 있습니다. 일종의 정신분열적 증세를 보이지요. 특히 중요한 사안에 있어서 그들은 자신들이 무엇을 생각하는지 알지 못합니다. 블레어 자신도 스스로 무엇을 생각하고 있는지 때로는 알지 못하지요."

이상과 신뢰가 의심스런 가운데, 이런 공허의 정치를 블레어의 "신"노동당의 독특한 영국식 발상으로 보는 것은 실수일 것이다. 블레어와 그의 친구 클린턴은 이것을 "제3의 길"이라고 한다. 블레어, 브라질의 카르도소, 칠레의 프레이 등은 세계의 "진보적"이고 "사회주의" 당의 지도자들인데 모두 빌 클린턴이 세운 공장의 생산품들로 멘델손의 말에 의하면, 모두들 생체공학 선거기계로 "이데올로기적으로 속박되지 않은" 자들이라는 것이다.

LLM의 성명서는 **"지도력이 있는 지도자"**를 사라지는 세상의 골동품으

로 간단히 처리해 버린다. 오늘날은 시장이 리드하고, 산업체의 경영자가 리드한다. 도래하는 세상에서, 수상과 대통령은 그냥 "경청"만 한다. 신념이 제지당하는 일이 없이, 그들은 대중이 원하는 대로 그들의 미디어 이미지를 바꾸면서 힘있는 자들의 요청에 쉽게 응하고 있다.

넘버 10에서의 점심식사

드레이퍼는 우리 일을 맡겠다는 다른 경쟁자가 있음을 알게 되었다. 그래서 그는 권력과 쉽게 선이 닿을 수 있다는 것을 보여주기로 작정했다. "나는 주택건설연합의 경영자와 함께 제프 노리스(블레어의 정책 보좌관)를 만난 적이 있습니다. 그 만남은 다우닝 거리*의 식당에서 이루어졌습니다! 그런 분들과 만나게 해드리는 것은 어렵지 않은 일이지요."

장관과의 식사 정도에 별 반응을 보이지 않자 그는 강한 인상을 남겨줄 만한 이야기를 꺼냈다. 드레이퍼의 고객인 파워젠(PowerGen) PLC는 오랫 동안 어느 지역 전력회사를 매입하고 싶어했다. 그리고 파워젠 배후에는 비밀스런 미스터 빅(Mr. Big)이 있는데, 바로 통합적인 새로운 슈퍼 공익기업을 합병하기 원하는 휴스턴의 거인 릴라이언트였다. 결정을 내려야 할 영국 통상부 장관인 마가렛 베케트는 파워젠이 에너지를 독점하게 되는 것, 특히 텍사스 사람이라는 것 때문에 그 제안을 반대했다. 그녀는 공적으로도 영국 전력회사를 미국이 지배하는 것을 비난했다. 법적으로 베케트만이 최종 결정을 할 수 있었다. 수상조차도 막을 수가 없었다.

파워젠의 희망은 사라지는 듯 보였다. 드레이퍼는 파워젠의 회장 에드 월리스를 베케트의 주변 인사들과 접촉할 수 있도록 했고 또 재무부

---

* 영국 총리실이 위치한 거리.

장관의 고위급 고문과 비밀리에 직접 만날 수 있도록 해주었다고 했다. 파워젠의 합병 협상은 현재 그 내용이 확정된 상태이다. 정부의 반대는 "더 이상 없을 것"이라고 한다. 드레이퍼가 영향력을 발휘했기 때문일까? 아니면 허튼소리에 불과한 것인가?

나는 드레이퍼에게 내 고객들은 미국 석유수송과 발전소 건설 회사들을 대표하고 있으며 따라서 환경규제로부터의 효과적인 면제, 즉 영국에 환경오염을 일으켜도 무방할 허가가 필요하다고 했다. 드레이퍼는 우리를 열정적으로 초대하고 싶어했다.

2주 후, 런던 타워호텔 내 방에서 칵테일을 마시면서, 나는 드레이퍼의 경쟁자인 로리 치숌에게 파워젠과 죠프 로빈슨 사이의 합병에 대해 말할 수 있도록 드레이퍼와의 미팅을 주선할 수 있는가를 물었다. "잠깐만요!" GJW의 감독이며 로비스트인 치숌이 그의 잔을 내려 놓았다. "조금은 불법적이 되는 거네요. 그건 재판 과정이고, 판사한테 접근하는 거지요." 그러나 치숌의 파트너인 밀너는, **힐러리 클린턴을 위해 일하는 동안 미국식 스타일로 로비하는 것을 배웠고**, 드레이퍼의 제안에 맞출 준비를 했다.

17명의 중요한 사람이 있습니다

6월 23일 월요일이었다. 취재는 웨스트민스터 사원의 성당으로 옮겨졌다. 넘버 7에 있는 이 역사적 장소 안으로 GPC의 데렉 드레이퍼는 영국 민주주의의 특권을 뚫고 우리를 안내해 갔다.

드레이퍼는 우리에게 이렇게 말했다. "중요한 사람이 17명 있습니다. 그 모두와 내가 단순히 친밀하다고만 말한다면 매우 섭섭한 말이 될 것입니다." 이러한 친분은 이권과 돈으로 맺어진 것이다. 고든 브라운의 은밀한 요청에 따라 그는 장관의 최저 임금제 제안을 지지하도록 한 독립신문에 영향력을 발휘하였다. 또 그는 『선데이텔레그래프』에 브라운의 보좌관인 에드 볼스의 2,000단어짜리 프로필을 썼다. 그는 볼스에게 편집진에 영향력을 행사할 수 있도록 해주었고 『선데이텔레그래프』도 두말하지 않았다.

총리의 비서이자 넘버 10의 수문장인 조나단 파웰에 대해서도 그는 이렇게 말했다. "내가 그 사람에게 자리를 마련해 준 것입니다." 내 "사업 파트너" 마크 스웨드런드는 드레이퍼에게 이렇게 대꾸했다. 우리 미국인들은 선을 대기 위해 온 것이지 노동당 선전을 듣기 위해 온 것이 아니라고. 우리는 드레이퍼가 내부인사와 긴밀한 관계를 맺고 있는지의 여부를 증명해 줄 것이 필요하다고 했다.

이에 드레이퍼는 자리에서 일어나 허리띠에서 호출기를 꺼내 들었다. 그리고 눈으로 가까이 가져가더니 차례로 메시지를 읽기 시작했다. 유력 인사들로부터 온 20여 개의 메시지였다. "에드 밀레반드 – 전화 부탁, 데이브 밀레반드 – 전화 좀 해주세요, 앤드류 해켓…… 이것은 부총리실에서 온 것이고." 계속 드레이퍼는 그렇게 읊어 내려갔다. 총리실 정책연구실의 리즈 로이드와 재무부의 볼스를 비롯한 사람들로부터 여러 메시지가 왔는데 같이 차를 나누자거나 조언을 구하고 무언가를 부탁하는 내용들이었다.

드레이퍼는 매우 기분이 좋았다. 그 전 주에 주택건설연합의 CEO를 총리실로 데리고 간 일로 인해 이미 대금을 챙기고 있었다. 블레어의 고문 제프 노리스는 그린벨트 지역에 집을 지으려는 주택건설연합의 계획을 승인해 주기로 했던 것이다. "그곳은 진흙만 가득한 변두리지역일 뿐입니다." 드레이퍼는 그 지역을 그렇게 묘사했다.

그런 호의에 대해서는 반대급부를 반드시 주어야 한다. "토니 블레어는 기자회견 자리에서 발표할 10가지의 환경보존 계획을 필요로 했습니다. 환경보존에 정부가 앞장서고 있다는 인상을 심어주기 위한 것이었죠." 드레이퍼는 재빨리 그 계획들을 나열했다. "전기 자동차와 같은 웃기지도 않는 것도 있었습니다만 모두들 굉장히 좋아했지요."

머독에게 주는 메시지

그 다음으로 들른 곳은 소호(Soho)였다. LLM 로비스트인 벤 루카스와 존 멘델손의 최첨단 유행의 고상한 사무실에서 우리는 두 시간에 걸쳐 제3의 길에 대한 장광설을 견뎌내야 했다. "증거에 입각한 예리한 분석을 통해 정책결정을 해나가는 것"이 제3의 길이라는 것이었다.(그림 6.3)

처음에는 아무 목적 없는 싱크탱크의 세미나로 보였으나 거기에는 목적이 있었다.

루카스와 멘델손의 의도는 메시지가 그 내용보다 더 중요한 세계에 우리를 소개시키기 위한 것이었다. 한 달에 9백만 달러에서 3,600만 달러의 수업료를 받고 이들 두 교수님들은 토니 블레어에게 도래하는 세상의 모습을 가르쳐 주고 있는 것이다.

우리의 커버스토리는 환경규제를 없애는데 LLM의 도움이 필요하다는 것이었다. 멘델손은 소음이 많이 나고 또 환경오염을 일으키는 발전소 계획을 좀더 친환경적 냄새가 나는 것으로 잘 포장해야 한다고 조언해 주었다. "토니*는 환경보호를 옹호하는 것으로 비춰지기를 원하고 있습니다. 모든 걸 환경친화적인 말로 위장해 놓아야 합니다. 조지 오웰의 『1984년』식으로 조금 황당하게 들릴지라도 말입니다."

---

* 토니 블레어를 말함.

"US Businessman" - You have a philosophy, you have
tremendous resumes and you know bios, but a little
bit about how you've been able to operate or what
you've been able to accomplish would be real
helpful.

Lucas - It's ... there are some examples which we
can give you, some of which are still quite
sensitive because the government is still
relatively new. There's a lot which is still as it
were, in negotiation. An example of this is, to
pick an example, the biggest food retailer in
Britain is called Tesco, they're a client of ours.
They have a concern about the government
potentially introducing a tax on all car parking
spaces in supermarkets in Britain which would cost
them about 20-30 million pounds. We've been
developing a strategy for them to head the
government off basically and push them in a
different direction in the plans which they're
about to announce next month and to get th   o
effectively do a deal whereby   to
community transport   his
company is seen   g to
pay this tax and
represented in th
announced in July
KPMG a major acco
problem that they
the big six accoun
inadvertently iden
particularly anti-I
organised some tax
Labour government we
taxation. So six mon
Gordon Brown who was
press conference spe
black mark had been p
on to work for them a
refashioned the whole
to government and as a
that the morning of th
since the election his   us and said
that he would like to do a special meeting with

그림. 6.3 "미국인 사업가"인 나와 로비스트인 벤 루카스와의 전화내용을 복
사했다. 사진은 1998. 6. 23일에 사업가가 루카스를 만나려고 출발하고 있다
(사진: 마크 스웨드런드).

그러나 LLM은 그들의 고객들에게 새로운 PR 해석을 채택하는 것 이상의 것을 요구하고 있다. LLM의 고객들은 "그들의 기업문화 핵심을 재구성해야" 하며 신노동당의 비전과 발맞추어야 한다는 것이다. 그들의 고객인 테스코는 그러한 조언을 따른 결과 주차장 과세계획을 무산시킬 수 있었다는 것이었다. 테스코는 기업문화 재구성을 위해 멘델손의 밀레니엄 돔 계획에 1,600만 달러를 쏟아 부어야 했다.

우리의 기업문화를 바꾸고 나면 그 다음에는 어떻게 LLM이 우리를 도와 법률을 바꾸도록 할 수 있느냐고 물었다. 루카스는 이렇게 대답했다. "현 정부는 협상하는 것을 좋아합니다."

그는 하나의 예를 들었다. 노동당의 반독점 경쟁법안은 LLM의 고객인 루퍼트 머독의 미디어 제국에 위협이 되었다. 머독은 미국 미디어 제왕으로 FOX TV, 중국 위성방송 그리고 여성의 가슴이 드러나 보이는 외설스런 영국 타블로이드판 신문을 소유하고 있다. 영국에서는 그의 힘을 두려워하고 있었지만 그에게는 사소한 법적인 문제가 있었다. 독점금지기관은 머독의 사업이 남을 희생시키는 가격책정을 한다고 조사하고 있었던 것이다. LLM은 다음과 같은 총리실의 말을 머독의 뉴스인터내셔널에 전했다. 즉 머독의 신문들이 그 법안에 대한 비판의 강도를 낮춘다면 정부도 그에 대한 답례로 법안의 내용을 수정할 수 있다는 것이었다. 한편 머독의 신문들이 강하게 비판하게 되면 그 법안 통과 과정에서 많은 논란이 일어날 소지가 있었던 것이다. "언론의 입을 다물게 하려는 메시지는 우리나라 언론계를 향해서 쉽게 꺼낼 수 있는 것이 아닙니다." 그러나 결과는 양측 모두를 만족시키는 것이었다.

수완가 타입의 루카스와는 달리 존 멘델손은 조용히 한편에 물러서 있는 듯한 인상이며 또 지적인 분위기를 풍기고 있었다. 그는 영향력을 행사할 수 있는 인물은 아니었다. 그는 현실을 파악해내는 능력의 소유자였다. 그래서 블레어가 기업과 언론과의 관계에 깊은 관심을 기울이고 있다는 것을 이해하고 있었다. "의회에 노동당이 다수를 차지하고 있다는 것은 유일한 견제세력이 미디어와 기업뿐이라는 것을 의미합니다. 따라서 경제가 약해질 때, 자연적으로 미디어도 그렇게 되고 그들은 우리와 함께 해야 한다는 것을 알게 될 것입니다. 우리가 경제와 미디어를 쥐고 있는 이상, 사람들은 우리를 따라올 것입니다."

소호는 러시아워를 맞고 있었다. 우리는 걸어서 그라우초 클럽으로 갔다. 그곳에서 또 다른 로비 회사의 로비스트를 만나기로 했던 것이다. 그에게 어떤 미국 사람들이 정치적 도움을 찾고 있다고 말해 두었었다. 값비싼 클라레*를 시켜놓고 우리는 젊은 블레어주의자가 떠들어대는 소리를 다시 한번 들었다.

그리고 우리는 다른 경쟁 로비스트들이 제안한 것을 그에게 상세히 말해주었다. 밀너는 보고서를 훔쳐오겠다고 했고, 드레이퍼는 에드 볼스와 협상을 하겠다고 했고, 또 LLM은 재무부에서 내부 정보를 빼오겠다고 했던 것 등을 말해 주었다.

나는 그가 이 모든 것보다 더한 것을 약속할 것이라고 생각하고 가만히 기다렸다. 그는 두 손을 눈으로 가져가더니 이렇게 말했다. "끔찍한 일이군요. 정말 안 될 일입니다." 그리고 우리가 원하는 것이 그런 것이라면 더 이상 할말이 없다고 하였다.

미스터 리들의 제안

그 다음날 저녁 GPC는 화이트홀 팰리스의 만찬회장에서 연례 파티

---

* 프랑스 보르도 산의 적포도주.

를 열었다. 둥근 천정에는 아홉 점의 루벤스 그림이 끼워져 있었고 200명의 손님들은 웨이터들이 따라주는 최고급 샴페인을 마시고 가느다란 카나페를 먹고 있었다. 귀족들과 하원의원 그리고 10여 명의 총리실 사람들이 영국의 거물급 기업가들과 어울리고 있었다. 데렉 드레이퍼의 호출기에 담겨 있던 내용이 현실로 나타난 것이었다.

이 파티의 중심에 자리잡은 드레이퍼는 파티를 주관하고 있었다. 우리에게 자신의 영향력 있는 인물들을 공짜 샘플로 선보이고 있었다. 우리 프로젝트에 도움을 줄 정부 인사들을 소개시켜 주었는데 그 가운데에는 총리실의 정책연구실 사람들이 절반 이상 포함되어 있었다. 통상산업전문위원회 의장으로부터는 의회의 에너지 법안처리의 전개과정에 대한 장광설을 참고 들어야 했다. (그로부터 우리는 GJW의 밀너가 자신의 위원회로부터 보고서를 어떻게 미리 빼냈는가를 알게 되었다.)

나의 동료인 스웨드런드는 드레이퍼에게 정부에 영향력을 행사할 수 있는 사람이 누구인지 알려달라고 했다. 그는 마치 주위 사람들 가운데 아무나 골라내려는 듯 팔을 내밀었다. 그가 붙잡은 사람은 작은 키에 머리가 벗겨진 사람이었다. 그의 이마에는 땀이 맺혀 있었다. 드레이퍼는 그 사람에게 우리가 GPC의 고객이 될 수 있는 사람들이라고 일러주고는 다른 곳으로 걸어가 버렸다.

로저 리들은 정부 요직에 있는 중요인물 중 하나로 블레어의 정책 연구실에서 유럽 분야를 맡고 있었으며 사무실은 다우닝 가 10번지 가까이에 있었다. 전력회사 쪽 이야기를 가볍게 나눈 후 우리는 드레이퍼가 자신이 주장하고 있는 대로 영향력이 있는 인물이냐고 물었다. 리들은 몸을 우리 쪽으로 기울이더니 이렇게 속삭였다. "막강한 조직이 있습니다. 데렉은 그 조직의 한 부분을 담당하고 있지요. 그걸 부인하는 사람은 곧 조직의 적입니다. 데렉은 영향력 있는 사람들을 모두 알고 있지요."

드레이퍼는 우리를 중요 정책결정자들에게 소개시켜 줄 수 있을 것인가? 이 질문에 대한 답으로 리들은 그의 사무실 전화번호와 집 전화번호가 적혀 있는 명함을 내주면서 인상적인 제안을 하였다. "준비가 되시면 말씀만 하십시오. 누구와 만나고 싶으신지 말씀만 하시면 데렉과 저는 그쪽에 연락을 취하겠습니다."

데렉과 나라고? 그건 이상한 표현이었다. 스웨드런드는 이렇게 말했다. "그 친구는 정부 관료라기보다는 데렉이 데리고 있는 사람처럼 보이는군 그래." 그 다음날 아침 스웨드런드의 말이 그다지 틀리지 않은 것임을 알게 되었다. 총선 전까지 그는 드레이퍼 회사의 실무담당 책임자로 있었던 것이다.

공식적으로는 그가 총리실에 공직을 갖고 난 후 GPC의 25% 지분을 블라인드 트러스트*에 예치해 놓은 상태이다. 드레이퍼를 위해 리들이 일을 성사시키면 그 수임료는 바로 총리실에 있는 이 "눈먼" 돼지저금통** 속으로 들어가는 것이다.

감옥

그 다음날 아침, 나는 지난 번 그라우초 클럽에서 만났던 로비스트의 전화를 받았다. 그는 여전히 불법적 제안의 수용을 거부하였다. "만일 드레이퍼와 로슨이 자신들이 약속한 것의 절반만이라도 내주게 되면 그들은 감옥으로 가게 될 것입니다. 총리실에 있는 사람들 절반이 감옥에 가게 될 거라고요!"

---

* blind trust, 공직자가 재임기간 동안 재산을 공직과 관계없는 대리인에게 맡기고 투자자 본인이 거래 내역을 알 수 없도록 한 펀드.
** blind trust와 대비하여 그를 "blind" piggy bank라고 한 것임.

토니로부터의 전화

그 다음날 데렉 드레이퍼는 이렇게 말했다. "진정 저라는 사람은 이견을 조정하는 사람이라고 할 수 있습니다. 당신의 데일리 시장도 나보다 나을 것이 없습니다." 우리는 폴 몰 거리에 있는 고급 리폼클럽에 앉아 있었다. 드레이퍼는 최고급 샴페인을 들이키며 붉은색 가죽 소파에 몸을 파묻었다. 그 뒤 벽에는 옛날 귀족의 그림이 걸려 있었다.

그는 『프로그레스』 잡지를 고풍스런 책상 위에 올려놓았다. "내가 이 잡지사를 소유하고 있습니다." 그는 블레어주의를 전파하는 그 잡지에 대해 말했다. "100%죠. 모든 주식을 내가 갖고 있습니다." 이 잡지를 시작하는 데 자금을 대준 사람은 이름을 밝힐 수 없는 어느 "노동당 억만장자"라고 했다. "토니 그 친구가 전화 한 통화 해 주어서" 모든 재정적 문제가 해결되었다는 것이다. 로비스트들의 세계에서 성은 전혀 쓰이지 않는다.

드레이퍼는 『익스프레스』에 그의 주간 칼럼을 막 발표하였다. 그의 글은 이상한 방식으로 편집되었다. "나는 피터 맨델슨의 교정 없이 칼럼을 쓰지 않습니다. 그들은 말하지요. 이런, 고든이 데렉에게 화를 내겠는 걸. 하지만 그럴 일은 없습니다. 왜냐하면 그의 언론담당 보좌관이 교정을 본 것이니까요."

그때가 6월 25일이었다. 드레이퍼에게 이 날은 바로 그가 예언을 했던 기적의 날이었다. 바로 두 시간 전에 정부는 에너지 정책안을 내놓았다. 만일 파워젠 측이 몇 개의 발전소를 판다면 석탄 산업은 위기를 벗어날 수 있다는 것이었다. 동시에 여러 신문들은 만일 정부가 승인한다면 파워젠은 미들랜드 전력회사를 30억 달러에 매입할 것이라는 기사를 실었다. 두 개의 발표가 동시에 이루어졌다는 것이 의심스러웠지만 통상부 장관 베케트는 어떤 비밀협상도 없었다고 강하게 부인하였다. "서로 간에 어떤 협약이나 암묵적 거래도 없었습니다." 그러나 어떻게 그것을 알 수 있다는 말인가? 재무부에서 가진 월리스의 회동은 아무도 모르게 조용히 이루어진 것이고 또 거기에 대한 기록도 없기 때문이다. 닐 로슨이 내게 말한 대로 베케트는 "연결 고리에서 제외된 사람"인 것이다.

드레이퍼는 자신의 성공에 대해 기뻐해야 마땅할 것이었다. 그러나 그의 마음은 매우 담담했다.

"나는 컨설턴트가 되고 싶지 않습니다. 단지 내 은행구좌에 한 시간당 375달러씩을 챙겨 넣고 싶을 뿐입니다."

크라우치 엔드에서의 맥주 한잔

리폼 클럽에서 또다른 로비스트라고 할 수 있는 윌 베이커와 만나기 위해 스웨드런드와 나는 택시를 집어탔다. 우리는 크라우치 엔드의 어느 친구집 아파트에서 베이커를 만났다. 베이커는 리버풀에 본부를 둔 어느 거대 단체에 소속되어 빈곤 퇴치를 위해 일하고 있는 사람이었다. 이 단체는 단전이나 난방용 가스공급 중단 등을 하지 못하도록 노동당에 요구하고 있었다. 그러다보니 이 단체는 드레이퍼와 밀너의 중요 고객인 전력 및 가스회사와 대립하고 있었다. 이 빈곤퇴치를 위한 단체는 한 달에 1,200달러를 들여가며 LLM이나 다른 직업적 컨설턴트를 고용할 능력이 없었으므로 베이커와 그의 동료들은 수입이 적은 이 단체의 회원들을 위해 로비스트로 나선 것이다.

부엌 식탁에 앉아 버드와이저를 마시면서 베이커가 말하기를 자신의 단체는 정부의 전력, 가스 등 공공서비스에 대한 결정이 이루어지고 있는 동안에 장관을 만날 수도 없었을 뿐만 아니라 하급 관리와도 접촉할 수 없었다고 했다. "문 안으로 들어갈 수조차 없었습니다. 서면으로 우리 뜻을 적어 제출하라는 것이었죠. 우리들은 철저히 배제되었습니다." 그가 전문위원회에 초청되어 의사결정 과정에 참여한다는 건 상상조차 할 수 없었다.

결국, 정부는 캠페인 공약에도 불구하고, 요금을 연체하고 있는 가난한 고객들의 전기, 가스, 수도를 끊는 제도를 계속 유지하기로 결정했다. 이것은 드레이퍼와 GJW에 일을 맡긴 의뢰인들이 베이커가 변호하고 있는 성직자들과 가난한 사람들에 대해 결정적으로 승리했다는 것을 의미한다. 특별한 수단을 이용한 접근법은 매춘이나 도박같은 희생자가 있는 범죄가 아니다.

막이 내려가다

드레이퍼나 밀너 그리고 로슨은 사람들에게 매우 호감을 주는 인물들로 그들을 좋아하지 않고는 못 배길 것이다. 그들은 바트 심슨*의 매력을 지니고 있다. 장난꾸러기 같고 조금 어린애 같은 행동을 하면서도 사람의 마음을 사로잡는다. 그리고 그들에게서는 신노동당의 새로운 영국을 향한 열정이 흘러넘친다. 젊은이들 가운데 누가 그들이 하는 일에 대해 걱정할 것인가? 그들은 변명할 필요성을 느끼지 않는다. 어차피 그것은 그들이 만들어 놓은 세상이다. 그들이 신노동당의 밑그림을 그려 놓았고 이제 GPC와 GJW 그리고 LLM을 통하여 그들은 단지 자신들이 연출한 쇼를 보러오는 사람들에게 입장료를 받고 있는 것뿐이다.

그러나 그 바닥에서 가장 뛰어난 사람도 미래에 대한 두려움은 갖고

* 만화영화 〈심슨 가족〉의 큰 아들.

있다. 드레이퍼는 "공공영역 및 민간영역 협력"이라는 이름 하에 이루어지고 있는 정부 내부 인사하고의 접촉에 대해 잠시 걱정을 하였다.

"결국 언젠가는 스캔들이 터질 것입니다. 그리고 막은 내려가겠지요. 분명 그렇게 될 것입니다." 그리고 그는 다시 수임료 문제와 점심을 무엇으로 할 것인지의 문제를 말하기 시작했다.

그리고 편집실에서는…

이 이야기가 기사화되기 직전에 『옵서버』는 확인을 위해 로저 리들과 접촉했다.

리들은 다우닝 거리에서 만나고 싶은 사람이 있으면 누구라도 만나게 해주겠다고 한 땅딸막한 그 사람이이다. 이것은 그물안에 걸려든 작은 고기가 아니다. 리들과 피터 맨델슨은 공저로 『블레어 혁명』이란 책을 저술했다. 블레어를 포함한 이들 세 사람이 바로 반혁명의 밑그림을 그렸던 것이다. 즉 노동당을 장악하여 우익으로 돌린 다음 "신노동당"이라는 새 이름을 부여하는 것이었다. 그것이 제1단계이다. 제2단계는 신노동당을 자유주의적 민주주의들과 합치도록 하는 것이다. 리들의 정치적 성향이 바로 자유주의적 민주주의자이다. 거대 기업들은 거기에 들어가는 자금을 댈 것이다. 리들과 드레이퍼 또 GPC 등이 세운 로비 회사가 그 자금의 유입을 담당할 것이다.

블레어는 리들을 곧바로 다우닝 가 10번지로 옮겨오게 했고 유럽 문제를 총괄하는 실세로 만들어 주었다. 리들이 가지고 있었던 드레이퍼 모빌 회사의 지분은 블라인드 트러스트에 넣어 두었다. 리들의 부인은 우리 신문의 편집자 윌 허튼의 아내와 절친한 친구였다. 기사가 곧 나갈 것이라는 이야기를 들은 리들은 허튼의 집으로 전화를 걸었다. 윌 허튼이 펜대 한번 돌리는 것으로 리들의 신세는 완전히 망쳐지게 될 것이라는 것을 그는 잘 알고 있었다. 리들은 자신이 취한 상태였다고 애원 했다. 그가 취하면 멍청이가 됨을 모두 알고 있었다. 리들은 두서없이 주절거렸다. 자신이 무슨 말을 하는지도 알지 못한 채 계속 떠들어댔다.

허튼은 그 이야기를 일요일 아침 벨사이즈 공원의 작은 음식점에서 크로와상을 먹으며 내게 말해주었다. "로비게이트"가 대서특필 되었지만 우리는 주로 산업규제와 브라질의 정치경제 상황에 대해 이야기했다. 그날 오후 그는 상파울로로 가서 카르도소 대통령을 만나기로 예정되어 있었지만, 별로 가고 싶어하지 않았다. 왜냐하면 우리가 낸 기사 때문이었다. 나는 말했다. "가보게. 브라질은 미래라네. 영국은 역사 속의 한 장이고 말이야."

허튼이 보기에는 리들이 불쌍했고 또 진심으로 후회하는 것으로 여겨졌다. 그래서 허튼은 리들에게 혐의가 있다는 정도에서 기사를 그치도록 했고 그의 사임까지는 요구하지 않았다. 게다가 리들이 그에게 말한 바에 따르면 그는 드레이퍼와 일을 벌였어도 이득을 얻을 수는 없었다고 했다. 블라인드 트러스트가 드레이퍼 로비 회사의 지분을 팔아버렸다는 것이었다.

허튼은 영국을 이끄는 지식인이라는 평판답게 매우 똑똑한 사람이다. 아마도 평판 이상으로 똑똑할지도 모른다. 따라서 나는 그가 스스로 판단하도록 놓아두었다. 리들이 그의 지분이 팔렸다는 것을 알았다? "그렇다면 윌, 블라인드 트러스트가 그렇게 블라인드(blind)한 것은 아니란 말이로군." 몸집이 거대한 허튼은 크게 웃어댔다. 너무나 웃어제꼈기 때문에 금속 테이블이 거의 쓰러질 뻔했다. 그는 리들에게 속았던 것이다. 리들은 교활한 자이고 거짓말쟁이였다. 그러나 그렇게 능란한 거짓말쟁이는 못 되었다.

다음날 편집실에서 나는 부편집장을 만났다. 허튼이 멀리 출장을 가자, 이제 모든 권한을 쥐게 된 창백한 얼굴의 이 젊은이는 변호사들을 비롯한 여러 사람들에 둘러싸인 채 나와 만나기를 원했다. 월요일 오후가 되자 신노동당과 그 주구 신문들이 우리를 공격해 왔다. 그러자 부편집장은 그들이 원없이 공격할 수 있는 무언가를 던져주려 했다. 그 무언가가 바로 나였다.

한편 그는 우리 테이프를 정부에 건네주기로 했다. "말도 안 되는 멍청한 짓이야. 정말 말도 안 되는 우라질 같은 짓이란 말야." 그러나 그는 책임자로서 결정을 내렸다. "그러니 그 테이프를 우리에게 주십시오."

나는 내 아내의 말을 설명해 주며 테이프가 없다고 말했다. 그는 그 자리에서 꺼꾸러져 죽을 듯했다. 그는 해고당할 것이라고 생각했다. (결국 해고당했다.)

그 사이에 그에게 다른 좋은 생각이 떠올랐다. 그것은 블레어의 대변인 앨러스테어 캠벨에게 우리 테이프에 비리 내용이 들어있는지 그리고 어떤 것들이 "단지" 증인이나 속기로 기록한 것에 근거를 두고 있는지도 말해 주는 것이었다. 얼마나 뛰어난 생각인가!

나는 내 의견을 말했다. "그 교활한 작자들은 우리 테이프 안에 있는 내용에 대해 온갖 핑계로 피해갈 것이고 노트에 적힌 것에 대해서는 부인으로 일관할 것이네. 그리고는 모든 것을 우리가 조작해 낸 것이라고 할 거란 말야." 그러나 그를 막을 수는 없었다.

런던 시간으로 새벽 4시에 나는 리오에 있는 허튼에게 전화를 걸었다. "내일 상파울로를 떠나는 콩코드 비행기가 있어. 제발, 그걸 빨리 타고 오게나."

그러나 너무 늦었다. 『옵서버』는 우리의 패를 캠벨에게 내보였다. 그

러자 곧바로 정부 관계자들은 테이프의 내용을 교묘한 말솜씨로 피해나
갔으며 기록과 증언에 의한 것들은 완강한 부인으로 일관했다. 스웨드
런드가 위증의 죄를 받기로 하고 이 모든 것이 사실이라는 진술서를 우
리에게 주었음에도 불구하고 말이다.

리들은 더 이상 자신의 부정을 반성하는 불쌍한 술주정뱅이가 아니었
다. 처음에 그는 나와의 만남을 기억하지 못하며 그래서 당연히 어떤 이
야기를 나누었는지 기억할 수 없다고 하였다. 우리가 "단지" 진술서만
을 갖고 있음을 안 그는 더욱 대담해져 갔다. 그래서 세 번째로 자신의
입장을 발표할 때에는 갑자기 모든 것을 확실하게 기억했다. 그가 기억
하는 것은 내가 거짓말쟁이라는 것이었다. 그가 한 말이라고 내가 주장
하는 것은 모두 내가 만들어낸 것이라고 했다.

그리고 그 다음날 아침 나는 손으로 휘갈겨 쓴 기록을 『옵서버』 사무
실의 팩스로 받았다. 보내는 이의 이름은 없었다. "테이프 찾았어요. 중
요하다고 한 것이 그것인가요?" 내 아내 린다는 자신이 바보 같다고 생
각했다.

로비스트 벤 루카스는 내가 테이프를 갖고 있지 않은 것으로 생각하
고 BBC '뉴스나이트' 카메라 앞에서 자신이 재무부의 정보를 미리 빼
내 그의 고객에게 넘겨준 상세한 내용을 내게 말한 적이 없다고 단호히
부인하였다. **그 프로그램의 프로듀서 메이리온 존스는 그를 파멸로 몰고 갈
그 말을 그대로 하도록 놔두었다.** 그리고 그가 부인한 내용의 말이 담긴
테이프를 방송하였다.

이제는 드레이퍼 차례였다. 우리 대화 내용을 담은 테이프를 내가 갖
고 있지 않다고 확신한 그는 자신이 말했다고 내가 주장한 것을 모두 부
인하였다. 그러나 바로 그날 린다는 전화로 테이프를 틀어주었고 이것
을 우리는 『가디언』의 홈페이지에 올려 누구나가 총리실 친구에 대해

이야기하는 드레이퍼의 목소리를 들을 수 있었다. 드레이퍼는 해고되었다. 그러나 퇴직금을 받았기 때문에 앞으로 10년 동안은 최고급 샴페인을 여전히 즐길 수 있을 것이다. 2주 동안 영국의 모든 신문은 1면에 로비게이트 이야기만을 실었다.

나는 거짓말쟁이가 되어 있었고 블레어의 손이 떨리고 있던 그 첫째 주에 나는 리들을 잡을 수 있을 것이라고 확신했다. 거짓말 잘하는 악당은 술주정뱅이지 않은가? 나를 기억하지 못하겠다고? 다우닝 가로 오라고 한 적이 없다고? 전화번호를 준 적이 없다고? 실은 나에게 제안을 하고 난 다음날 리들은 만날 날짜를 정해 계약을 마무리하기 위해 다우닝 가 10번지에서 전화를 걸었다. 그러나 그는 이를 부인하였고 나는 당혹스러웠다. 그러나 이제 그를 잡았다! 이제 나는 다우닝 가 전화 기록을 살펴보기만 하면 그만이었다. 거기에서 내 휴대전화에 건 기록만을 찾아내면 되는 것이었다. 그러나 영국에서는 공무원의 공용 전화 내역은 일반인들에게 공개할 수 없는 일종의 기밀로 해둔다는 것을 알았을 때 나는 망연자실했다. 리들은 유유하게 아무 탈 없이 걸어 나갔다. 그리고 블레어는 리들에게 여태까지 유래가 없는 가장 큰 폭의 월급인상을 해주었다.

제 7 장

작은 마을, 작은 마음

내 어머니는 맥도널드 최면치료사였다
그런일은 여기에서는 일어나지 않습니다
망명에 대한 비상식적인 생각

내 어머니는 맥도널드 최면치료사였다

나는 뉴욕에서 160km 떨어진 외딴시골에 살고 있다. 숲속 작은 우리 마을인 사우스홀드에 맥도널드를 오픈한다고 발표했을 때, 나는 가족사에 뿌리 깊은 개인적 연유 때문에 그들이 들어오지 않기를 바랐다 — 내 어머니는 맥도널드의 최면치료사였다. 진짜이다.

1970년, 캘리포니아 주 할리우드에서 수백만 개의 햄버거를 파는 가장 큰 맥도널드 가맹점은 매점 지배인들 때문에 걱정이었다. 시간당 3달러를 받고 밤낮에 걸쳐 교대로 15시간을 일하는 이들 소위 지배인들은 수면부족 때문에 유령 같은 얼굴을 하고 있었다. 그래서 내 어머니는 그들에게 자기 최면을 가르쳐 주었다. "20분의 명상이 4시간 잠을 자는 효과가 있지!" 내가 어릿광대*들이 파는 고기를 더 이상 먹지 않는 이유는 아마도 그래서일 것이다. 눈도 깜박이지 않고 씩 웃으면서 "프렌치 프라이**도 원하세요?"라고 묻는 얼굴을 쳐다보는 것이 내게는 힘든 일이다. 파리와 런던에 있는 내 친구들에게 에펠탑과 빅벤 아래 새로운 맥도널드의 개점은 유럽의 미국화를 알리는 것이었다. 그것도 광대머리를 앞세운 싸구려 미국화였다. 그러나 나에게 있어서 맥도널드는 훨씬 더 사악한 이미지로 다가온다. 그것은 소름끼치는 미국화이다.

내가 무슨 말을 하는지 이해하려면 먼저 이것을 알아두어야 한다. 미국은 추하다는 점이다. 기행문 작가들의 음모로 미국의 이미지는 항상 아름다운 것으로 그려져 왔다. 조지아 오키피***의 그림에서 볼 수 있

---

* 맥도널드 선전에 광대모양의 로널드란 인물이 등장한다.
** fry는 프렌치프라이란 뜻도 있지만 올챙이를 뜻하기도 한다. 최면 걸린 사람이 올챙이를 줄지도 모른다는 농담.
*** Georgia O' Keeffe, 미국화가, 1887-1986.

는 뉴멕시코 고원의 낙조, 그랜드캐넌의 대장관 등이 그 예일 것이다. 그러나 그런 곳에 가기 위해서는 그랜드캐넌 암벽에까지 퍼져있는 피자 헛, 월마트, 케이마트, 갭, 지피 루브스, 켄터키프라이드치킨, 스타벅 스, 맥도널드 등의 소용돌이를 뚫고 운전해 나가야 한다.

모든 미국의 특별한 맛들, 예컨대 뉴올리언스의 잠발라야*, 할렘의 햄혹스, 뉴잉글랜드의 삶은 게와 같이 그 지역의 독특한 맛들은 이제 거의 사라져 일부 여행객을 위해서만 남아있게 되었다. 모든 것을 압도하여 획일적인 것으로 만드는 미국 문화는 특색 있는 개성을 집어삼켜 없애버리고 말았다. 맥도널드의 전(前) CEO 레이 크록이 "우리는 관습에 따르지 않는 사람들을 신뢰하지 않습니다."라고 한 말은 우리나라 국가(國歌)가 되었다.

그러나 모두는 아니고 극히 일부 예외는 있다. 사우스홀드라는 작은 농촌마을은 굴복하지 않았다. 사우스홀드는 옥수수 밭이 펼쳐져 있을 뿐 맥도널드의 금빛 아치모양 표시가 보이지 않는 뉴욕 주에서 마지막 지역이었다. 맥도널드 측에서 개장을 내도록 해달라는 요청에 대해 그 마을 주민들은 "우리 시골풍경과 어울리지 않는다."며 거절하였다. 일단의 영국 토지사용 전문가들이 우리 마을을 방문한 적이 있었는데 그들이 바로 소유권보다 더 존중해야하는 "토지관리"의 개념을 심어주었었기 때문이다.

영국에서 이러한 갈등은 자주 볼 수 있는 것이다. 1999년, 해로우의 세프츠베리에서 40명의 어머니와 아이들이 헝그리호스 식당을 맥도널드로 바꾸는 것에 대해 반대하며 시위 행진을 벌였다. 그러나 1990년 미국에서는 "한 조그만 마을이 반대시위를 하다!' 라는 제목으로 전국적인 뉴스가 되었다. 마을의 반대는 6년 동안 지속됐다. 그리고 맥도널드

---

* 쌀, 새우, 굴, 게 따위의 스튜.

는 발끈하며 씩씩거리다가 고소하겠다며 협박을 했고 결국 우리 마을 사우스홀드는 굴복하고 말았다.

오늘날 사우스홀드 학교는 스쿨버스에 학생들을 태워 야외학습이라며 맥도널드로 데리고 간다.

맥도널드와 관련된 내 어머니의 이야기는 거대거품이론논쟁(Great Bubble debate)을 두고 내가 신문에 기고한 것이다. 경제신문 지상에서 이 거품을 두고 여러 사람들이 시끄럽게 떠들어대고 있었다. 거품이론이란 주식 값이 더 이상 지탱할 수 없을 만큼 부풀어 올라 결국 터져버리게 되며 이로써 경제적 혼란을 낳게 될 것이라는 이야기이다.

맞다. 우리는 닷컴 기업들이 자동차 뒷좌석에서 했던 영원한 사랑의 맹세처럼 덧없이 사라지는 것을 목격해 왔다. 그러나 진정하라. 하늘은 무너져 내리지 않는다. 거품이론은 극소수에게 부가 몰리고 대다수는 가난에 허덕이는 현실에 분개한 따뜻한 마음을 지닌 좌파들이 지어낸 것이다. **세계에서 가장 부유한 300명의 재산이 가난한 30억 명의 재산을 합친 것보다 더 많다.** 파는 것은 아무 것도 없으면서 전 세계 부의 상당 부분을 요구하는 닷컴에 기대어서 주식시장은 무한정 커질 수만은 없다. 뛰어난 경제학자들로부터 로버트 쉴러 같은 완전 괴짜들까지 "응보의 날"의 도래에 대해 설교를 하였다. 그러나 2001-2002년의 주식시장 "붕괴"는 지난 10년간의 전체 가격 상승에 대해 별다른 타격을 주지 못했다.

대가는 지불되어야 한다는 주장은 종교적 믿음이지 경제학의 명제는 아니다. 그것은 마르크스의 옷을 입은 칼빈주의이다. 어리석은 사람들이 받아들이지 못한 것은 부시와 클린턴이 말하고 있듯이 계급투쟁은 진정 끝났다는 사실이다. 그러나 계급투쟁이 끝난 것은 우리가 행복한

사회적 상호우호의 관계를 이루어냈기 때문은 아니다. 현실을 직시하
자. 노동계급은 완전히, 두말할 나위없이, 철저하게 패배해 버린 것이
다.

뉴욕 소재 제롬 레비 연구소의 수입 연구 프로젝트의 책임자인 에드
워드 울프 박사는 1983년에서 1997년 사이에 이루어진 미국 부의 증가
분 가운데 85.5%가 1%의 부자들에게 돌아갔다고 내게 말해주었다. 그
시기에 미국의 수입은 엄청나게 증가하였으나 미국 가정의 80%는 증가
분이 0%였다. 시장은 활성화 되었는데 누가 시장이란 말인가? **울프에
따르면 전체 주식과 채권 3조 5천억 달러 가운데 1%의 부유층이 2조 9천억
달러를 소유하고 있다는 것이다.**

부자들의 부가 늘어난 것은 노동자들에게 돌아갈 몫이 줄어들었기 때
문이다. 미국 노동자들은 시간당 생산성은 늘어났으나 (1983년 이후
17%로 상승하였다.) 임금은 줄어들었다. (실질임금은 3.1% 하락하였다.)
이제 알겠다. 시장은 허구의 거품을 바탕으로 성장한 것이 아니라 계급
투쟁에 승리하여 얻어낸 약탈물이라는 반석 위에서 성장한 것이었다.

도대체 무슨 소리인가? 먼저 컴퓨터를 생각해 보자. 컴퓨터가 사람들
의 일을 좀더 의미있고 가치 있는 것으로 만들 것이라는 로버트 라이크
의 달콤한 말은 잊어버리자. 증기력을 이용한 방직기에서부터 조립 라
인에 이르기까지 모든 산업혁명의 목적은 기술자와 숙련공을 쓸모없게
만드는 것이다. 그래서 사람들을 아무나 써도 상관없게 하고 또 값싸게
고용할 수 있게 하는 것이다. 이제 컴퓨터화는 서비스 분야의 산업화 속
도를 더욱 빠르게 하고 있다.

다시 맥도널드로 돌아가자. 맥도널드의 전 CEO 레이 크록은 회사를
키운 것에 대한 모든 칭찬을 독차지하고 있다. 그러나 1948년 음식 조

리를 여러 단계로 분리하여 아무런 기술 없이 해낼 수 있도록 한 것은 리차드 맥도널드와 모리스 맥도널드 형제였다. 맥도널드는 노동자의 카페와 양복장이의 기술 그리고 공장 조립 라인에서의 방법 등을 음식 조리에 철저히 또 조직적으로 적용하였다. 더 이상 요리사는 필요없게 되었다. 어떤 사람도 맥도널드에서 햄버거를 만들 수 있게 되었던 것이다. 그들의 기계는 길거리에서 고용한 아무 기술 없는 사람도 몇 분 안에 최고의 속도로 음식을 만들어 낼 수 있도록 고안되었다. 현대기술에 매혹된 정치인들은 지식기반 경제의 기적을 우리에게 선전하고 있다. 그렇다. 맥도널드에 가서 일해 보라. 하루 종일 케첩이 일정분량 나오도록 조절된 기계를 사용해 햄버거 빵에 케첩을 뿌릴 수가 있다.

『옵서버』 기고를 위한 잠입 취재 중에 우리는 맥도널드가 뉴욕의 악명높은 노동조합 분쇄 회사인 잭슨 루이스 회사와 계약을 체결하였다는 사실을 알게 되었다. 왜 맥도널드가 그렇게 했을까? **직원 교체율이 일 년에 300%가 되는 데도 불구하고 회사는 직원들이 그 일을 좋아한다고 하고 있다.** 넉 달을 일하고 나가는 직원들은 연금도, 승진도, 연수도, 노동조합도 요구하지 않는다. 1996년 영국 민사법정은 맥도널드가 조직적으로 젊은 노동자를 착취하고 있다고 인정하였다. 그러나 그것은 일시적인 상황일 뿐이다. 나이가 몇 살이든 상관없이 17살짜리 애송이만큼의 경험 이상이 필요하지 않게 될 것이고 또 그런 애송이에 준하는 임금을 받게 될 것이다.

"거품"의 진짜 이야기는 이것이다! **인적 시장의 가격이 떨어졌기 때문에 주식 시장이 올라간 것이었다.** 지금 21세기에 블레이크의 어두운 사탄과 같은 공장은 밝은 악마 같은 해피밀*로 대체되었고 이 행복한 공장(해피밀)은 노동을 값싼 상품으로 전락시켰다.

---

* 밀(meal)과 발음이 같은 밀(mill)은 공장이란 뜻과 식사란 뜻이 있다.

8명의 미국 성인 가운데 1명은 맥도널드에서 일한 적이 있다. 이것은 노동계급에게 일종의 도덕적 가르침으로 작용하고 있다. 마치 감옥이 빈민 지역 사람들에게 그런 것처럼. 미국의 실업률이 낮은 이유가 여기에 있다. 밀턴 프리드먼이 내게 가르친 것처럼, 노동자가 좀더 높은 임금에 대한 희망을 포기하게 되면 실업률은 떨어지게 된다.

1999년 시애틀에서 화난 사람들이 맥도널드의 창문에 쓰레기를 던졌을 때 세계화에 대한 그린협약(Concord Green)이 얼마나 알맞게 시작되었던가. 질문은 그것이 황홀한 지경을 깰 것인가이다.

그런 일은 여기에서는 일어나지 않습니다

지난 가을, 내 이웃 중 한 사람인 케네스 페인이 술에 취한 상태에서 엽총에 장전을 하고 그의 절친한 친구 커티스 쿡이 사는 트레일러 집으로 갔다. 그리고 두 발의 총을 쿡의 배에다 쏘았다. 그의 친구가 피를 흘리며 죽어가는 와중에 케네스는 현관에 앉아 근처에 사는 어느 가정에 전화를 걸었다. "이제 어느 누구도 당신네 어린 딸을 더 이상 괴롭히지 않을 것입니다." 케네스는 그날 저녁 사건이 있기 전에, 커티스가 이웃에 사는 8살짜리 아이를 성추행했음을 자신에게 고백하였다고 주장했다.

그 다음날, 우리 마을 사람이 달려 나가 대도시에서 온 기자들에게 "그런 일은 여기에서는 일어나지 않습니다."라고 말해주었다. 정말인가요? 우리 마을 학교 교장의 딸이 임신한 사실을 부모에게 감추어 오다가 아기가 태어나자마자 물에 빠트려 죽였다는 이야기는 내 이웃 가운데 아무도 하지 않았다. 나는 보도를 할 만한 가치가 있다고 생각했고 그래서 『옵서버』와 『뉴욕타임스』에 기사를 실었다.

어떻든 "여기"는 오래된 미늘판 집들이 있는 농촌마을로 노스 폭으로 불리었다.

미국인들은 대부분 그 마을에 대해 듣지 못했지만 영국인들은 알리스테어 쿡이 진행하는 "미국에서 온 편지(Letter from America)"라는 라디오 프로그램을 통해 그곳을 조용한 시골 마을로 알고 있었다. 알리스테어 쿡은 총으로 무장하지 않은 얼마 안 되는 우리 마을 주민 가운데 한 명이다.

알리스테어와 마찬가지로 나도 때묻지 않은 조그만 미국 마을의 이미지를 부끄럼없이 사용해 왔다. 앞에서 나는 우리 마을에 맥도널드 매장이 생겨서 시골의 모습이 파괴되는 것에 대해 영웅적으로 반대했었다는 것을 이야기했다. 맥도널드는 변호사를 동원하여 환경을 보호하려는 우리의 이런 의지를 꺾으려 했고 결국 우리는 패하기는 했지만 부끄러움 없는 당당한 패배였음도 말하였다.

나는 거대 패스트푸드 업체에 대한 우리의 투쟁이 내부의 제5열*에 의해 파괴당했었다는 것에 대해서는 빼놓고 말하지 않았다. **제5열은 어느 마을에서나 찾아볼 수 있는 소규모 사업자들로 부동산중개업자, 상점주인과 농장주들을 말하는데 이들은 개발계획이 세워지면 곧 재산이 불어나게 될 사람들이었다.**

나는 미국 거대기업의 부도덕한 행태를 질타하는 수십 개의 칼럼을 써왔다. 그런 나의 관점이 약간 편향된 것이라는 점은 본인도 인정한다. 공정을 기하기 위해 우리는 근시안적이고 파괴적인 탐욕에 있어서는 어느 누구도 미국의 소규모 사업자를 따라가지 못한다는 점을 직시해야만 한다. 그런 탐욕적인 집단 중에서도 미국 전원 지역의 소규모 사업가가

---

* 적국과 내통하여 갖가지 편의를 제공하고 적국의 공격에 호응하는 사람들.

가장 자기중심적이며 구제불능인 자들이다.

대선 기간 중에 앨 고어는 이들의 표를 얻기 위해 "우리 농장과 사업을 살린다"는 명분으로 상속세를 대폭 줄이겠다고 약속했다. 부시가 대통령에 취임하기 전에는 260만 달러까지의 농장이나 사업체를 상속받을 시 한 푼의 세금도 내지 않았다. 그러나 알랑거리는 대통령 후보가 "지역 사업가"라고 추켜올린 사람들에게는 그것으로 충분하지 못했다.

고어는 면세액을 4백만 달러로 올리겠다고 약속했다. 그러나 상속세를 모두 없애겠다는 조지 W. 부시의 약속에 결국 밀리게 되었다. (공약 가운데 지킨 것이 별로 없는데 이 공약은 지켰다.)

당연하게 수백만 달러의 면세보호를 받았던, 바로 이들 소규모 상인 및 농장주들이 모든 사업체의 직원에게 최소한의 건강보험을 마련해 주도록 하는 1993년 빌 클린턴과 힐러리의 법안을 좌절시킨 사람들이다. 그 비용은 직원 한 명당 한 시간에 35센트밖에 되지 않았다. 이미 대부분의 대기업들은 직원들에게 건강보험 혜택을 제공해 주고 있었으므로 강제적인 건강보험 계획에 대해서 별다른 불만을 표시하지 않았다. 이들 소규모 사업가들이 벌떼처럼 일어나 전국 독립 사업 연합(NFIB: National Fe-deration of Independent Business)이라는 그들의 단체를 방패막이로 삼아 건강보험에서의 인종차별을 종식시키려는 클린턴의 노력을 저지시켰던 것이다.

산후 휴가, 최저임금제. 또 심지어 건강진단과 안전검사 또 고용에 있어서 인종차별을 금지하는 규정 등, 노동자들과 그 가족들의 삶을 보호해주는 최소한의 장치도 NFIB 소속의 소규모 자영업자들은 칼을 빼들어 쳐 죽이고 말았다.

그러나 우리는 그렇게 말해서는 안 된다. 앨 고어가 거대한 담배 사업체나 정유사업체들을 큰소리로 나무라고 또 부시가 교사와 노동조합 노동자들을 비난할 수는 있지만 어떤 정치가라도 전원지역의 사업가, 농장주 등 NFIB의 소규모 사업자들의 귀에 거슬리는 말을 하게 되면 그의 정치 인생은 막을 내리게 된다.

10년 전, 우리 마을은 우리 지역의 전원적 특성을 어떻게 보존할 것인가의 문제를 알아보기로 하고 돈 많은 자선단체를 설득하여 영국 출신의 전문가를 초빙하는 데 드는 비용을 부담해 주도록 하였다. 우리는 여러 모임과 투표, 선거 등을 행했다. 토크빌 같은, 외국 작가들을 감탄케 했던 활기 넘치는 작은 지역사회의 미국식 민주주의 바로 그것이었다. 마침내 우리 마을 사람들은 우리의 푸른 들판을 보호하고 흉측한 개발을 막기 위해서 압도적인 투표로 후일 "영국 관리 계획"이라고 이름 붙은 것을 채택하기로 결정하였다.

오늘날엔 "뜨거운 베이글 빵 있습니다!", "새 차와 다름없는 차에 계약금 없이 할부금만 받습니다!", "핫도그와 햄버거!"라고 쓰인 수많은 네온사인을 우리 마을에서 볼 수 있을 것이다. 예전에는 옥수수가 자라던 밭이었다. 분별 있는 영국식 계획과 환경보존 쪽에 마음을 두고 있는 유권자들은 자신의 땅을 맥도널드나 월마트 또 주택 투기꾼들에게 팔기 위해 안달이 난 소규모 사업가들의 이기심을 극복하지 못했다.

10월이 되면, 도시에서 온 사람들이 할로윈에 쓸 호박을 사려고 마을에 가득 찬다. 화려한 잡지 부록에는, 우리 마을 노스 폭은 노만 록웰*의 그림에나 나오는 마을로 묘사된다. 그러나 그림을 자세히 들여다보면, 뭔가 이상하다는 것을 알 수 있을 것이다. 우리 마을의 불자동차가 너무 깨끗하다는 사실이다. 우리 마을의 소방수는 불을 끄러 출동하는 일은 드문데도, 항상 바쁘다. 불난 집의 불을 끄러 가기보다는 지미가

---

* 1894년 뉴욕에서 태어난 록웰은 가장 미국적인 풍경을 아름답게 그려낸 일러스트레이터였다.

아내 머리를 또 때려서라든가, 현관 기둥에 매달려서 히죽거리고 있는 사람을 말린다든가 하는 일에 불려다닌다. 이런 것들은 관광안내 책자에서는 읽을 수가 없다.

몇 년 전, 그 소방수 중 한 명이 시의회에 나가, 시민회의에서 "우리의 독특한 삶의 방식을 보존하는 방법"에 대한 일반적인 연설을 하고 큰 박수를 받았다. 그는 박수를 받은 후 다음과 같은 말을 덧붙였다. "제가 생각하기에 우리는 다른 문제를 공적으로 발표해야 할 때 같습니다. 이 캠페인에서 저는 가정폭력을 주요 주제로 하기를 바랍니다." 청중들은 죽은 듯이 조용해졌다. 여기서 오래 살려면 알아야 할 것이 있는데, **이런 작은 마을에서는 마을의 겁쟁이라는 특별한 형태가 있는데, 그 강요된 침묵은 "이웃이 되기 위한 것"으로 불린다.**

나는 엽총살해나 어린이 성추행을 시골풍경을 망쳐놓으려는 작은 마을의 소규모 사업가들과 동일한 것으로 취급하지 않았다. 그러나 그들 모두 동일한 비겁의 침묵에 의해 덮어졌다. 지역 정치가이든 전국 정치가이든 어느 누구도 이런 악습을 뚫고 헤쳐 나갈 용기를 지니지 못했다. 자신의 이익을 위해 지역사회를 희생시키려 드는 지역 사업가들에 맞서 싸워 나갈 수 있는 그런 용기 말이다. 이발사 사중주단이나 트랙터에 앉아 있는 브라운 농부의 모습, 또 딸기 수확이 끝난 후 메인 거리에서 벌어지는 퍼레이드 등의 이미지를 지닌 작은 시골 마을 앞에서는 그런 것이 통하기 어렵다.

이러한 행복한 작은 마을의 신화가 이제는 맞서 싸워야 할 대상으로까지 가게 된 것은 미국의 어두운 모습을 이들 마을이 달콤한 말로 가리고 있기 때문이다. 정치가들이 "작은 마을이 갖고 있는 미국의 가치", "가족의 가치" 그리고 "소규모 사업가의 수고"를 언급할 때면 누구나

이들이 지칭하는 마을, 가족, 그리고 사업가들의 피부색이 무엇인가를 잘 안다. 그것은 백색이다. 살기 좋은 곳인 미국의 밑바닥에는 검은 피부를 가진 노상강도와 보조금에 의지해 살아가는 10대 미혼모들, 그리고 그 정점에는 헐리우드 포르노 산업에 돈을 대는 유태인들로 들끓는 도시의 정글이 있다. 만일 작은 마을에도 도심지에서 볼 수 있는 사람과 같이 창백한 안색의 사람이 있다는 것을 대중들이 알게 된다면 정치적으로 유용하게 활용되어 왔던 이미지가 위험스럽게도 손상될 수도 있었다.

또 만일 NFIB의 소규모 기업가들이 지역 사회를 지키기 위해 애쓰는 존재로 비춰지지 못하고 대신 맥도널드가 링컨 기념관에 드라이브 스루*를 만든다고 해도 전혀 상관하지 않는 돈독 오른 위선자로 비춰질 경우, 소규모 기업가와 농장주들을 겨냥해 만든 과세 법안에 대해 특별 면제 조치를 쟁취해 낼 수가 없었을 것이었다.

우리가 만드는 풍경은 우리 어머니 자궁 속을 우리가 다시 구현해 낸 것이라고 심리학자 노만 O. 브라운은 말했다. 우리가 눈을 들어 살폈을 때 번쩍이는 피자헛 네온사인이 보이지 않을 때면 심리적 불안감에 사로잡히게 되는 것을 볼 때 과연 그것은 우리 미국 사람들의 심리 상태가 어떻다는 것을 말해주는 것일까!

우리 작은 마을에 영국 토지관리 계획에 대해 반대하는 사업가들의 조직을 결성하고 나선 이가 있었는데, 목재소를 운영하는 조지라는 사람이었다. 눈앞의 달러를 보자 그는 맥도널드와 쇼핑몰의 진입을 환영했으며 곧 그의 수백 에이커의 딸기밭은 사라져 버렸다.

그러나 작은 마을 사람 조지가 잊은 것이 있는데 그것은 그들이 정부 규정을 없애버리고 나면 그 거대 사업체는 신이 나서 불법 행위로까지

---

* Drive through, 차를 탄 채 음식을 주문할 수 있도록 한 곳.

내닫게 된다는 것이다. 내가 마지막으로 조지를 보았을 때 그는 월마트의 공구매장인 홈 데포트(Home Pepot)가 근처의 옥수수밭을 사용할 것이라는 통보를 받고 어안이 벙벙해져 있었다. 그것은 바로 조지의 사업이 망했음을 의미하는 것이었다.

작은 마을의 이웃인 도리로 나는 조지를 위로해 주었다.

내가 좀 괜찮은 사람이었다면 진심에서 그렇게 했을 터인데.

『뉴욕타임스』에 이 이야기가 실렸을 때, 우리 동네 신문인 『페니세이버』지는 두 번의 사설에서 저자는 짐을 싸서 마을을 떠나라고 암시했다. 나는 그렇게 했다.

망명에 대한 비상식적 생각

그럼에도 불구하고, 이 보고서를 읽은 후 우리 마을에 대해 좀더 괜찮은 글을 쓰고 싶어하는 내 자신에게 놀랐다. 2000년 5월 12일 한밤중에, 12명의 멕시코인들이 뉴욕주의 파밍빌로 가기 위한 첫 관문으로 리오그란데 강을 건넜다. 그곳 파밍빌에서 우리 마을의 장사치들은 일꾼들을 구해오고 있다. 광대한 아리조나 사막에서 길을 잃은 이들 12명은 탈수증으로 사망하고 말았다.

기자로서 쓰는 가장 저급한 방식을 사용하여 런던의 택시운전사에게 그날 가장 크게 논란이 되고 있는 것, 즉 망명 신청자들에 대해 진솔한 의견을 구했다. 그러자 그는 기다렸다는 듯이 대답했다.

"저, 오늘 선생은 영국인이 되는 게 부끄러운 모양이군요! 그렇다면 영국사람 되지 마세요!"

택시 운전사는 보스니아 전쟁, 아프카니스탄 전쟁, 그리고 아프리카의 거의 바닥에 가까운 경제 때문에 "망명을 신청"하는 가장 불쾌한 문제에 대해 이야기했다. 이 질문을 던질 만한 충분한 이유가 있었다. 미국인인 나는 선거 때만 되면 망명자들 문제로 시끄러운 유럽의 모습에 어리둥절할 뿐이다. 영국, 프랑스, 독일, 심지어 관대한 네델란드까지, 각 당의 후보자들은 좌파이든 우파이든 "합법적" 망명자 가운데서 "가짜" 망명자를 가려내는 문제로 열을 올렸다.

미국에는 망명 신청자가 없다. 대신 이민자들이 있다. 그것도 아주 많이. 낮게 잡은 공식 집계로도 2천 9백만 명에 이르고 매년 120만 명이 새로 유입된다. 미국의 도시는 외국 자동차공장 유치를 위해 경쟁하듯이 이들 1등급짜리 외국노동자들을 얻기 위해 경쟁을 벌이고 있다.

분명 미국에는 반이민 정책을 옹호하는 정치가들이 있었고 현재도 있다. 19세기에는 그 이름에 걸맞는 불가지주의당(Know-Nothing Party)* 이 있었고 1992년에는 New- Nothing 후보자인 팻 부처난이 있었고 1988년에는 마이크 허핑턴이 있었다. 유명한 이야기지만, 허핑턴의 아내 아리안나는 엄청나게 부유한 남편에게 야비한 반이민 정책을 내걸고 상원의원 선거에 출마할 것을 설득하였다.

캘리포니아에 있어서 이 정치적 운동은 당혹스러운 것이었다. 이곳에서는 백인들이 소수민족이며 진정한 비이민자는 소수의 쇼소니 인디언들뿐이다. 악의에 차서 외국인 반대 연설을 하는 허밍턴 부인의 말투에는 강한 그리스 억양이 남아 있었다.

선거에서 완패한 후, 기가 꺾인 허핑턴은 더 이상 공화당원으로도 남아 있을 수 없었고, 또 더이상 부인을 사랑할 수도 없게 되었다고 발표

---

* 미국 태생이 아닌 사람의 관직취임에 반대한 비밀결사단체.

했다.

허핑턴의 패배로 인해 조지 W. 부시는 공화당으로 하여금 친 이민자 정책을 채택하도록 설득할 수 있었다. 부시는 이민자들에게 문호를 열어주었으나 "자유를 갈망하며 무리지어 떠도는 사람들"에 대한 동정심에서 그렇게 한 것은 아니었다. 그것은 단지 이민이 괜찮은 장사이기 때문이다.

싱크탱크인 카토 연구소의 스티븐 무어 박사에 따르면 **실은 이민이 굉장히 수지맞는 더할 나위 없는 장사라는 것이다.** 카토 연구소는 거물급 공화당 인사들이 세운 싱크탱크이다. "이건 역 외국원조라고 할 수 있습니다. 미국은 제3세계에 직접적인 원조로 200억 달러 미만을 내놓고 있는데 300억 달러의 자본재를 얻고 있습니다."

"자본재"라 함은 가난한 나라가 키우고 먹이고 치료해 주고 교육을 시켰으나 생산적인 일을 시작할 즈음이 되자 미국으로 이주해 오게 된 노동자를 의미한다.(이민자들의 평균연령은 28세이다.)

카토 연구소는 한 해 250억 달러 상당의 인적 "자원"을 미국이 들여오는 것으로 추정하고 있다. "그것은 우리 자본주의 경제에 있어서 윤활유입니다." 내가 영화 〈모던 타임스〉에서 찰리 채플린이 거대한 톱니바퀴에 끼어있는 장면을 떠올리고 있는 중에 무어가 한 말이었다. "유럽인 경쟁자에 비해 미국 기업들은 매우 유리한 입장에 서게 되는 것입니다."

언제든 고용하였다가 마음대로 해고할 수 있는 저숙련, 저임금의 외국 노동자들이 풍부하기 때문에 **미국 산업은 막대한 돈을 절약할 수 있다.** 또한 가난한 나라에서 키운 그 나라 최고의 똑똑하고 숙련된 사람들을 데려오고 있다.

다른 나라의 숙련 노동자를 쉽게 빼오는 것 때문에 미국의 자본가들은 비용이 많이 드는 노동자들의 교육을 외면하고 있다. 지금까지 이런 시스템은 잘 운용되고 있다. 텍사스의 문맹자가 조작할 수 있도록 패스트푸드 가게용의 숫자 없는 금전 등록기를 실리콘 밸리에서 방갈로르* 출신의 프로그래머가 디자인하고 있다.

카토 연구소의 연구 결과를 좀더 깊이 이해하기 위해, 나는 수입된 인적자원 한 명과 이야기를 나눴다. 그의 이름은 미노이다.(성은 밝힐 수 없다) 처음에 미노는 11년 전 과테말라에서 미국으로 들어가려고 했다.

그는 국경을 건너게 해주는 대가로 수천 달러를 구사노("벌레"라는 뜻이다)에게 지불했다. 수천 달러 덕분에 미노는 다른 100명의 사람들과 함께 단단히 밀봉된 탱크로리 속에 들어갈 수 있었다. 미노는 운이 좋았다. 죽지 않고 살았기 때문이었다. 그러나 라미그라(La Migra, 이민국)에 적발되어 3일을 감옥에서 보냈다.

과테말라로 되돌아간 미노는 뉴욕의 JFK공항으로 가는 비행기표를 샀다. 그리고 가짜 여권을 준비했다. 이번에는 문제없이 성공하였다. 수일 내에 미노는 뉴욕 주 동쪽 롱아일랜드노스 폭에 있는 우리 마을 카페에서 접시 닦는 일을 구했다.

나는 우리 지역 수석 개발 계획자인 리 코펠만 박사에게 우리 지역 경제에서 미노 같은 "불법" 노동자의 역할이 어떠한 것인지 물어보았다. 코펠만은 껄껄 웃으며 **불법 노동자 없이는 경제 자체도 없을 것입니다.** 라고 답해주었다. 그의 추산에 따르면 우리 카운티만 해도 10만 명 이상의 밀입국 노동자가 있다는 것이다. 전국적으로는 7백만에서 천백만 가량 된다고 한다.

우리 지역의 사업체들은 딸기밭에서 허리를 구부리고 일하는 노동자와 공사장을 청소하는 노동자의 신분에 대해 눈을 감아주고 있다고 코

---

* 인도 카르나타카 주의 주도.

374

펠만은 말한다. 어느 농장주는 엘살바도르로부터 일손을 조달하고 있다고 말했다. 그러나 내가 알기로는 그러한 노동자 초청 프로그램은 이미 20년도 전에 끝난 것이다.

우리 지역 사업체들의 "눈감아 줌"은 조작된 영주권을 모르는 체하는 것 이상의 것이다. 미노가 일하는 가게는 그에게 법정 최저임금을 지불했지만 노동시간은 법정 시간의 두 배에 달했다.

그리고 그것은 미국식 이민이 갖는 또 다른 이점이다. "노동이 유연합니다." 무어의 말이다. **"유연하다"**라는 의미는 수백만의 노동자가 이민국이 두려워서 불법 노동시간에 대해 항의하거나 또 노동조합에 가입해 목소리를 높일 수 없게 되며 수확기(또는 관광시즌이나 생산 러시)가 끝나면 곧 해고되어 버리는 것을 의미한다.

문호를 아주 조금만 열어 놓음으로써 모든 이민자들의 3분의 1이 추방의 두려움에 떨게 되고, 미국의 고용주들은 예전의 남아프리카공화국의 이민 노동자 시스템만큼 매우 효율적인 이 제도로부터 이윤을 얻어낸다. 코펠만은 이렇게 말한다. "노동자는 단지 물질화 될 뿐입니다." 그냥 나타났다가 사라져버리는 존재로 여겨진다. 일이 끝나면 사업가나 그 지역사회는 노동자들과 그 가족의 생존에 대해 아무런 책임을 지지 않는 것이다.

그렇다면 유럽 사람들은 가치있는 노동자를 수입하는 이런 멋지고 이로운 계획에 왜 두려움을 갖는 것일까? 이민자들이 정부의 자원을 소모한다는 정치인들의 주장은 웃음거리이다. 미국 상원의 이민국 소위원회는 이민정책에서 굉장한 이익을 얻었다고 내게 말했다. 이민자들로부터 세금을 효과적으로 거두었고, 그들이 일하게 되면 거의 두배로 거두었다는 것이다.

그러나 영국인의 정체성을 잃지나 않을까 하는 그 택시운전사의 두려

움은 어찌할 것인가? 영국사람들은 현실을 직시해야 한다. 셰익스피어
는 죽었다. 영국의 문화수출은 이제 축구 훌리건들의 모습, 다이애나 비
그리고 휴 그랜트에 국한되었다.

미국은 1년 체류요청을 250만 건 승인하였다. 영국의 경우는 12만 9
천 건에 불과하다.

자, 이제 미국식으로 해피 엔딩을 해야겠다. 미노는 조경 사업체를 운
영하고 있으며 멋진 픽업트럭을 몰고 다니고 집을 살 계획도 세워놓고
외국인 억양도 없앴으며 또 회계학 학위를 끝마쳤다.

여기서는 어느 누구도 미노의 성공을 배아파하지 않는다. 그의 이야
기는 모든 미국인들의 이야기이다. 내 이야기이기도 하다. 애너 팔라스
트는 1920년에 국경을 몰래 건너왔다. 운 좋게도 이민국은 그녀가 100
회째 생일을 며칠 앞둔 때까지 잡지를 못했다.

그리고 그것이 바로 대서양 양쪽에 있는 팻 부처난이나 아리안족들이
이해하지 못하는 것이다. 중요한 것은 당신이 어디에서 왔느냐가 아니
라 당신이 어디로 가고 있느냐 하는 것이다.

제 8 장

채찍에 입 맞추다

진실이 산 채로 매장되었다
세계 뱅켄스타인은 금을 위해 노력했다
반쪽의 만세를 부르다
골든 포도밭에 있는 리본을 자르다
채찍에 입 맞추다
D-통고 근위기병대
자기 검열을 낳다
곤란과 히친스
니 투야, 니 미야, 데 토도스
태평양에서의 승리
당신의 책은 우리를 우울하게 합니다- 결론

영국은 가게 주인들의 나라라고 나폴레옹은 말했었다. 그러나 이 키 작은 상병(나폴레옹의 별명)은 런던 아이링턴의 편의점에서 간단한 유제품을 구입해 보지도 않고 하는 소리이다.

나는 지배인에게 왜 물건이 또 떨어졌느냐고 물었다.

"금요일이니까요." 예상하지 못한 사태였다는 듯 대답했다. 마치 고약한 해일이 트라팔가 광장(Trafalgar Square)*을 덮쳐서 물건 배달이 되지 않았다는 듯이 말이다. 나는 당신이 말하는 "금요일"이야말로 "매주 반복되는 일"이 아니냐고 설명하기 시작했다. 그리고 아니 당신 영국인들은 컴퓨터에 대해 들어본 적도 없느냐? 타이프 라이터가 붙어 있는 TV같이 생긴 물건, 알고는 있죠?!?

그때 모든 사람이 고개를 돌려 불평을 해대는 미국인을 쳐다보았다.

나는 1999년 미국이 역겨워 미국을 떠나왔다. 그러나 놀랍게도 내가 별난 애국자라는 것을 깨닫게 되었다.

미 국방성의 서류를 공개했던 다니엘 엘즈버그도 같은 마음이었던 것 같다. 닉슨이 그를 반역죄로 고소하자, 그는 법원 계단에서 거의 죽을 정도로 두들겨 맞았다. "신이여, 미국을 축복하소서" 그가 내게 말했다. 엘즈버그는 정상이다. 영국에서 그는 미국이 아닌 다른 나라에서라면 자신은 감옥에 던져져서, 다시는 소식도 못 들었을 것이라고 얘기했다.

영국에는 국가기밀보호법과 민간차원에서 언론을 효과적으로 검열할 수 있는 명예훼손법률, 그리고 정치인을 보호하는 사생활보호법 등이 있는데 미국을 제외한 다른 모든 나라들도 이런 형태의 법들을 가지고 있다. 여러분은 이 민주주의의 근원이라는 영국에 신문의 법적인 자유가 없고, 언론, 신문, 종교의 자유를 보장한 헌법수정 제1장(Firtst Amend-ment)도 없고, 권리장전(Bill of Rights)도 없다는 것을 알고 나

---

* 런던에 있는 유명한 광장.

378

면 놀랄지도 모른다. (아마도 그들은 우리가 사용하지 않고 있는 우리 것을 빌려 쓸 수 있을 것이다. 우리는 국가기밀보호법이 없을지 몰라도 비공식적인 기업차원의 비밀 법령을 제정하려는 찰나이다.)

그리고 그것이 하원에서 우리의 대통령이 "안보"라는 이름 하에 우리로부터 강탈한 헌법수정 제1장을 위해 내가 왜 그렇게 고집스레 싸우는가 하는 이유이다. 신문의 자유권이 없고, 더 나쁘게는 그것을 위해 싸울 의지조차 없는 국가에서 일하려고 해 보자. 나는 그러고 있다. 몇 명의 지독한 영국 저널리스트들은 그들의 족쇄를 사랑하게 된 것같이 보인다.

진실이 산 채로 매장되었다

2000년 11월의 플로리다 선거 사기극을 터트린 후 『가디언』지에는 수천 통의 격려가 답지했는데, 편집자를 화나게 한 것은 단 하나이다. 그 기사를 취소하라고 요구하는 편지였다. 그것은 그들에 대한 신문기사에 대해 기분이 나빠진 외국의 백만장자들이 좋아하는, 영국의 명예훼손법의 피라니아*로 그 명성을 떨치고 있는 카터-루크(Carter-Ruck) 법률사무소로부터 온 것이다. 그들의 편지는 자신들이 배릭회사를 대표한다는 말로 시작하고 있었다. 2장에서 다루어졌던 배릭은 아버지 부시를 고용했던 캐나다-미국 금광회사이다.

배릭은 1999년 자회사인 수톤 리소스를 인수하기 전인 1996년 8월에 탄자니아에서 50명의 광부들을 산 채로 매장했다는 속이 뒤집히는 증거를 내가 언급한 것을 특히 좋아하지 않았다.

---

* piranha, 남아메리카 산의 담수어로 사람, 짐승을 떼지어 뜯어먹음.

나의 폭로에 대해 투덜거리고 불평을 하는 회사들과 배릭이 구별되는 것은 그들이 특별한 요구를 했기 때문이었다. 그들은 자신들의 부인사 실이 신문에 나는 것을 원하지 않았고 그렇다고 그 기사가 틀렸다는 증 거도 가지고 있지 않았다.(만일 그들이 그 증거를 제시한다면 나도 내 기사 를 철회하겠다) 그들은 우리 신문이 사과를 해야 하고 그 사실이 처음 국 제사면위원회에 보고된 것에 대해 어떤 식으로든 보상을 해야만 한다고 요구했다. 그리고 그것만으로는 충분치 않았던 배릭은 또한 탄자니아 지역에서 아무도 죽은 사람이 없다는 것을 확인해주는 기사를 우리 신 문이 실어야 한다고 요구했다. 내가 거기에 대한 증거를 가졌다면 그것 을 확인하는 것보다 행복한 일은 없을 것이다. 많은 말들 중에 그들의 증거는 "우리는 억만장자이지만 당신은 그렇지 않다"는 것뿐이다.

헌법수정 제1장이 없는, 영국은 세계에서 명예훼손소송의 수도가 되 고 있었다. 다른 곳에서 받아들여진 기사들도 런던에서는 과장된 판결 을 받고 있었다. 『가디언』 지는 하루에 세 번 정도씩 법적 조치에 대한 경고를 받았는데, 일 년이면 천 건의 명예훼손에 걸린다. 거기에는 톰 크루즈와 니콜 키드만의 결혼을 비난하지 말라는 법무부의 경고까지 포 함되어 있는데, 그들이 이혼하겠다고 발표한 후에 그 경고를 받았다.

이런 모든 행동에 일일이 방어할 여력을 가진 신문은 없다. 『가디언』 지는 비영리 재단에서 나오는 소규모의 예산으로 운영되고 있다. 말할 것도 없이 배릭은 변호비용만으로도 우리를 꺾을 수 있었다.

명예훼손법이 영국과 비슷한 캐나다에서, 『프랭크』(Frank) 지는 나의 기사를 입수했다. 『프랭크』 지는 아무도 그 광산 지역에서 "죽거나 다치 지 않았다"는 믿을 수 없는 철회기사를 실어 우리의 발목을 재빠르게 잡았다. 그 편집자는 내게 자신들은 억만장자와 싸울 힘이 없다는 식으로 사과를 했다. 누가 그들을 탓할 수 있겠는가?

탄자니아에서 죽음을 주장한 첫 번째 보고는 국제사면위원회에서 나왔고 나는 그것을 인용했다. 나는 그들의 본부가 있는 런던으로 전화를 했다. 용감하게도, 그들은 도움을 거절했다. 그 기관은 자신들의 모토가 "침묵이 공범이다"이긴 하지만, 변호사의 충고에 따라 입 다물기로 했다는 것이다.

배릭은 사면위원회의 자기-검열을 유리하게 이용했다. 그 회사는 사면위원회가 지휘한 조사에서 "광부들의 평화로운 이동 중에 아무도 죽지 않았다"는 결론을 내린 것에 대해 세계의 많은 뉴스 방송국들이 알고 있었다고 법정에서 말했다. 만일 이것이 사실이라면, 나는 그 기사를 즉시 철회할 것이다. 나도 절대적으로 확신하는 것은 아니니, 광부들이 아직 살아있다는 것을 발견하면 그보다 더 기쁜 일은 없다.

그러나 배릭은 사면위원회의 허가를 얻을 수 없었다. 그런 보고서는 있지도 않았다. 사면위원회는 탄자니아 정부가 위원회의 조사를 막았고 그래서 그 죽음에 대해서는 확인할 수도 부인할 수도 없는 채로 남아 있다고 발표했다. 요약하자면, 그들은 수톤 리소스 문제를 결코 해결하지 못했다. 그러나 그것은 발표되지 않았다. 노벨상 수상 기관인 사면위원회는 비앙카 재거로부터 여러 통의 분노에 찬 전화를 받았지만 공식적인 발표는 계속 미루었다.

올해의 영국 저널리스트로 뽑힌 뛰어난 기자 한 명이 내게 그 골치 아픈 일에서 벗어나기 위해서라면 무조건 그들의 요구에 사인하라고 말했다. "여기서는 그렇게들 합니다." 미국과 유럽에서 『뉴욕타임스』를 변호했던 플로이드 아브람스는 혼자만의 진실은 영국 법정에서 변호가 안 된다면서 놀라는 내게 설명했다. 탄자니아에서 죽은 사람들과 신체 일부의 사진들은 이 사건의 경우 별 의미가 없다는 것이다.

나도 모든 것에 준비가 되어 있는 전천후 인간이 아니다. 솔직히 말해서, 나는 배릭에게 사과 비슷한 것을 할 준비가 되어 있었다.

그러나 문제가 하나 있었다. 우리 신문은 인권과 환경에서 국제적으로 명망있는 전문가인 탄자니아 변호사 툰두 리쑤(Tundu Lissu)에게 힘을 실어주고 있었다. 그 주장에 정통한 그는 그 광산에 갔다. 만일 리쑤가 아무도 죽은 사람이 없다고 말한다면, 나는 배릭이 요구한 대로 그 주장을 철회했을 것이다. 그러나 조국에 대한 사명감에 넘쳐 있던 리쑤는 그 지역의 사람들을 쫓아내면서 경찰이 죽인 사람들의 사진과 죽은 사람의 목록, 뼈들과 죽은 시체를 꺼내기 위해 탄갱으로 들어가는 노동자를 찍은 비디오테이프를 가지고 한층 더 강력한 증인이 되어 돌아왔다. 테이프에서 그 노동자는 "캐나다인들이" 그랬다고 말했다. (배릭은 그 시체들은 자회사의 광산지역에서 나온 것이 아니고, 만일 그 지역에서 찍었다면 그 사람들을 쫓아낼 때 나온 것은 아니라고 말한다.) 2001년 4월, 배릭은 리쑤가 광산지역 안에서 질문하고 있는 것을 발견하자, 그와 그의 회사인, 워싱턴 DC에 있는 세계자원기구에 편지를 보내, 만일 그가 광부들의 철수에 관해 그 주장을 되풀이한다면 소송을 걸겠다고 했다.

그런데 일이 냉혹하게 변했다. 탄자니아의 수도인 다르에스살람에서 리쑤가 광산에서의 죽음에 대해 조사해야 한다고 공개적으로 말하고 있는 동안에 탄자니아 경찰은 그를 잡으려 하였다. 선동적인 성명은 거의 나올 수 없었음에도 탄자니아 정부는 그가 치안방해죄에 충분한 근거가 되는 죄가 있다고 결정했다.

내가 모든 이성을 잃은 것은 바로 이때이다. 나는 만일 『가디언』 지가 돈 몇 푼 절약하자고 이런 일들을 조작했다면 저널리스트의 명예를 더럽힌 것에 대해 내 신문에 조치를 취할 것이라고 암시했다. 나는 절대로 그러지 않았다. 그들의 위협이 어려운 문제였지만 나는 리쑤를 감옥에 가게 할 수는 없었다. 『가디언』의 선한 도덕적 감각은 소송에서 값이 덜 드는 쪽으로 천천히 돌진해 갔다. 그럼에도, 법적인 비용을 위한 돈시계는 똑딱이고 있어, 『가디언』 신문에서 나는 최고로 비싼 저널리스트가 되었다.

나쁜 소식이다. 2001년 7월에, 플로리다 도둑선거에서 벗어나려고 하는 중간에, 나는 실험대에 올라 있었다. 영국의 명예훼손법을 이용해서 미국에서 발표의 자유를 금지하려는 다국적기업에 의한 시도였다. 나는 내 칼럼을 따로 읽을 수 없거나 BBC-TV 기사를 볼 수 없는 미국인들을 위해 미국에 기반을 둔 웹사이트를 가지고 있었다. 그 배릭 금광회사는 미국에서 그 이야기가 출판되었기 때문에 더 손해가 막심해졌다고 『가디언』을 억압하고 있었다. 만일 내가 부시-배릭 기사를 미국의 웹사이트에서 지우지 않는다면 『가디언』은 파멸을 초래하는 투쟁에 직면할 것이라고 했다.

겁에 질려서, 『가디언』의 법률부는 나에게 영어판만 아니라 볼리비아에서 인쇄된 스페인판도 없애라고 애원했다.

그 금광회사는 거기에서 그치지 않았다. 배릭의 변호사들은 미국의 웹사이트에 내 기사가 올라간 것에 대해 영국에서 나를 개인적으로 고소할 것이라고 신문에다 얘기했다. 왜냐하면 웹은 영국에서도 들어가 볼 수 있기 때문이라는 것이다. 이 법적 전략의 성공은 미국 권리장전을 무효로 하는 데 효과적이었다. 미국에서는 자유롭게 말할 수 있지만, 만일 당신의 말이 미국 웹사이트에 올려진다면 당신은 영국에서 고소를 당할 수도 있다. 독립선언서는 아무 소용이 없는 무용지물이고, 적어도 명예훼손법에서는 더욱 그렇다. 인터넷이 신문의 자유를 퍼트리는 수단이 되어가는 대신에 갑자기 검열을 통해 무너뜨리는 수단이 되어서, 그것은 억압을 배달하는 전자고속도로가 되었다.

그리고 억압은 승리했다. 워싱턴 DC에 있는 IPS(InterPress Services)는 탄자니아에 리쑤와 같이 기자를 보냈다. 그들은 배릭으로부터 만일 그 주장이 되풀이된다면 회사는 소송에 걸릴 것이다는 경고를 받았다. IPS는 그 기사를 싣지 않았다.

나는 리쑤가 걱정이 되었다. 2001년 7월 19일, 탄자니아의 공익 변호사 그룹은 대통령에게 조사를 요구하는 편지를 보냈다. 그러나 다르에스살람에 있는 리쑤의 법률 파트너는 체포되었고, 경찰은 리쑤를 수배했다. 경찰은 리쑤의 집과 사무실로 쳐들어가서, 그의 행방과 그가 광산 지역 철거에서 모아 놓았던 증거를 찾느라 모든 것을 엉망진창으로 만들어 놓았다.

이것은 법적인 작은 논쟁을 넘어선 것이었다. 다음 몇 달 동안, 희생자의 가족들이 벌인 데모는 경찰들에 의해 해산되었다. 시위대에 합세했던 국회의원 한 명은 매를 맞고 병원에 실려갔다. 나는 리쑤와, 또 그 죽음에 대한 많은 증거가 담긴 경찰파일 복사본을 빼내기 위해 기금을 모아야만 했다. 나는 캐나다 위원회 회장인 "캐나다의 랄프 네이더" 모드 발로우에게 전화를 걸었다. 그녀는 조금도 주저함 없이, 네델란드에 있는 영국의 자연보호단체인 '대지의 벗(Friends of Earth)'을 소집했고 기금을 모으고 신문협의회를 준비했다. 그리고 8월에 그 기사를 캐나다의 국가신문인 『글로브&메일』에게 제공했다.

토론토에 본부가 있는 그 신문은 흥분했다. 그건 그 나라에서 가장 부자의 한 사람인 배릭의 최고 경영자 피터 뭉크에 관한 굉장한 뉴스였다. 거기다가 전직 총리인 브리안 멀로니, 조지 부시, 억압, 탐욕 그리고 피에 관한 이야기였다. **뉴스 비즈니스의 법칙은 '출혈이 있으면 선두에 선다' 는 것이다.** 그래서 그들은 발로우에게 만일 그녀가 공적인 성명을 미

룬다면 1면에 크게 다루어 주겠다고 약속했다.

『글로브&메일』지는 가장 능력있는 기자, 마크 맥키논을 그 사건에 투입했다. 그들은 그에게 될 수 있는 한 빨리, 일을 보고 캐나다로 돌아오라고 했다. 기사는 어느 면에고 실리지 않았다. 발로우는 편집자의 결정에 화가 났다. 발로우에 의하면, 그 편집자는 그의 뜻이 아니라고 변명하면서 방해는 "가장 높은 자리"에서 내려왔다고 했다는 것이다.

『글로브&메일』에서 그 주요 기사는 바닥에 떨어져 버린 반면에 규모는 작지만 용감한 잡지 『프랭크』지는 실제로 먼저 실었던 그 철회기사를 취소했다. 그들은 리쑤가 나라 밖으로 몰래 가지고 나온 시체들을 찍은 비디오 테이프를 본 후에는 침묵을 지키지 않았다. 배릭은 필름에 있는 시체들은 광산철거 때문이 아니라고 주장했지만, 『프랭크』는 받아들이지 않았다.

반면에, 소위 자유신문이라고 불리우는 마비된 기관들이 행동으로 나서기를 기다릴 수 없었던 나는 전 세계적인 인권그룹에 경계태세를 발표했다. 『가디언』의 변호사들도 화가 났다. 영국에서는 명예훼손으로 고소당했다고 불평할 수 없다. 왜냐하면 영국의 법 아래에서, 신문은 결백한 것이 증명될 때까지 불명예의 죄가 있는 것이다. 그러므로, 자신을 공적으로 방어하는 것은 명예훼손을 "반복"하는 것이고 신문과 기자들은 새로운 위험에 처하게 되고 법정의 제재를 받게 된다. 카프카(Kafka)도 영국의 법정 시스템에서는 아무 할 말이 없었을 것이다.

강압은 계속되었다. 나는 우리 편집자가 비열한 거짓 철회요구에 사인하기를 거절했다는 것을 알고 기뻤다. 법원이 정해놓은 데드라인 15분 전이었다. 그는 내게 힘을 실어주는 말을 했다. "우리는 자네가 하려고 하는 이 지랄같이 의미없는 일에 수만 달러를 쓸 예정이라네. 난 자네가 이 말에 기뻐하리라 믿네."

세계 뱅켄스타인은 금을 위해 노력하다

그런데 새로운 전환점이 왔다. 아프리카에서 금광사업은 힘이 드는 일이다. 누가 그런 모험에 돈을 대겠는가? 나는 이 지역을 개발하기 위해 세계은행이 배릭에게 역사상 가장 거금의 대출보증을 승인했음을 알게 되었다. 이것은 새로운 세계질서의 금융업자인 세계은행에게 조그만 문제를 야기했다. 세계은행 자체 규약은 그 나라의 거주민들이 지역에서 잔인하게 퇴거 당하는 프로젝트에 보조하는 것을 금하고 있다. 만일 그 사진들, 필름 그리고 목격자들의 주장이 받아들여진다면, 그 대출은 철회되어야만 하고 상상컨대 그 프로젝트가 무너져 버리게 되면, 세계은행이 재정적으로 책임을 덮어 쓰게 되는 것이다. 그 결과는? 당연히 다른 기관이 진실을 묻어 버리게 된다.

나는 탄자니아 광산에 대해 세계은행과 접촉했고, 금융업자 중의 하나는 내게 무뚝뚝한 옥스퍼드 어조로 흑인들이 그 광산지역에 불법으로 "들끓었다"고 말했다. (실제로, 그 흑인들은 법원에서 확인한 승인서를 가지고 있었다.) 그렇다고 해도, 죽음에 대한 보고서는 어떻게 된 일인가? 그것은 배릭의 보고서 안에 있을 것이다.

그러나 그렇지 않았다. 세계은행으로부터 대출이나 대출보증을 원하는 사람은 그 프로젝트의 "사회적인 영향"에 대한 보고서를 제출해야만 한다. 광산에 대한 세계은행 보고서가 있기는 했다. 배릭 계약자가 쓴 다섯권 분량이다. 탄자니아에서 안전하게 빠져나온 리쑤는 "사회개발" 과를 샅샅이 조사했는데, 거기에는 그 지역의 철거에 관한 모든 정보를 밝히고 있었던 것으로 추측된다. 그 진위가 의심스러운 살인이라고? 거기에 대해서는 단 한 마디도 없었다. 1996년 8월, 그 지역이나 인근의 40만 명에게 무슨 일이 일어났는가? 1999년 배릭의 보고서를 보자.

그냥 일어서서 떠났다는 것이다. 불도저나 경찰의 발포나, 경찰과 광부 사이에 벌어졌던 일방적인 싸움에 대한 그 당시의 새로운 보고서에 대해서는 한 마디의 언급도 없었다. 아마도 그 목격자들과 새로운 보고서들은 배릭이 지금 주장하고 있는 것과 같이 우아한 거짓말을 만들었나 보다. 그 공식적인 보고서에서 배릭은 설명이 필요한 시체의 사진들 때문에 세계은행과는 어떤 문제도 없었다.

반쪽의 만세를 부르다

영국신문들은 명예훼손법에 적응해서 평화롭게 잘 지내고 있다. 다만 기사가 나라에 굉장한 영향을 주는 경우는 예외지만, 그들은 상징적인 손해배상과 기사의 반은 철회하는 일을 감수해야 한다. 미국 태생의 내가 언론의 자유를 대하는 태도는 그들에게 외계인같이 보이고, 과장되고, 겁도 없고 순박하게 보일 뿐이다. 그들의 본능은 나를 희생시키고 싶은 것이었다. 책상 주위를 왔다갔다 하면서 나는 비영리 영국신문인 우리 신문이, 시체가 있든지 말든지, 탄자니아에서 있었던 캐나다 회사의 행동에 대해 변호비용으로 50만 불을 지불할 수가 없으리라는 것은 이해할 수 있었다.

진실은 괴롭힘을 당하고 있었다. 그러나 2001년 7월, 모드 발로우의 위원회와 세계적인 인권그룹은 배릭의 토론토 본부에 탄원을 퍼부었다. 그 탄원서에서 그들은 그 기사에 대한 검열을 그만두고 주장되고 있는 살인에 대한 공개적인 질문을 허용하라고 요구하고 있었다. 배릭은 신경이 날카로워져서 갑자기 우리 신문에 싼 위자료로 타협할 것을 제안했다.

『가디언』지는 아직도 아무 죽음도 없었다는 것을 확인해야만 하는가? 엄격한 영국의 제도 아래에서, 아무도 죽지 않았다는 진술을 공개법정에서 하게 되면, 어떤 신문이든지 그 기사에 대해 다른 식으로 보도하는 것이 금지되고 사실로써 받아들여야 하는 것이다. 이것을 막기 위해, 대지의 벗, 영국 인권단체인 코너 하우스(Corner House) 그리고 영국 저널리스트 국가연합은 그 판사에게 직접적으로 접근하는 독특한 단계를 취했다.

그 단계란 공공의 이익에 해를 줄 수 있는 소송의 법적인 결정에 반대하는 제3자를 허용하는 것이었는데 그것은 현재의 법률에서는 거의 사용되지 않는 것이었다. 그들은 판사에게 탄자니아 목격자의 성명서와 그 살인을 둘러싼 논쟁의 설명을 제시하면서 그 문제에 대해 공개조사를 하게 해달라고 탄원서도 냈다.

놀랍게도 판사는 우리 행동주의자들의 입장을 받아들여, 배릭과 『가디언』의 타협이 그 광산에서 아무도 죽지 않았다는 발견으로 해석될 수 없다는 것을 배릭이 받아들이라고 요구했다. 그 문제는 공개적인 조사를 하게 되었다. 그래서 그것은 그렇게 끝났다. 우리 신문으로부터의 사과와 현금해결 그리고 그 광산에서 아무도 죽지 않았다는 진술을 받아낼 수가 없었던 베릭은 실망했다. 만세.

뭐, 반만 만세이다. 나는 개인적인 손해에 직면했다. 신문하고 화해한 기자에 대한 소송의 위협은 영국의 법적인 전통에서도 공명정대하지 않았다. 배릭은 우리 신문사의 변호사에게 자신들은 내가 어떻게 행동을 하느냐에 따라 계속 나를 고소할 것이라고 했다. 그래서 나는 즉시 배릭의 본부가 있는 토론토의 라디오 방송국에 가서 그들의 탄자니아 광산과 검열에 대해 얘기했고, 그런 다음 캐나다 땅에서 그 점을 반복하려고 뱅쿠버로 날아갔다.

골든 포도밭에 있는 리본을 자르다

2001년 7월 18일, 배릭은 공식적으로 광산을 시작했는데, 조지 부시의 탄자니아 대사가 그 기념식에 왔고, 물론 전직 유엔 미 대사 앤드류 영도 왔다. 배릭은 교활하게 일을 해왔다. 그들의 회사가 흑인을 죽였다는 비난을 받자, 그들은 그전에 부시가 앉아 있던 자문위원회 자리에 앤드류 영을 내정했다. 여기에 빌과 힐러리의 아프리카계 미국 조신(朝臣)이고 광산을 시작한 후로 줄곧 배릭의 고문위원회 회원인 아틀란타 파워(Atlanta Power)의 브로커인 버논 조단도 합세했다.

2002년 3월, 독일과 캐나다 인권조사단은 탄자니아 정부 명령에 따르는 무장군인에 의해 광산지역에서 쫓겨났다. 그럼에도 불구하고, 그들은 목격자의 진술을 촬영했고, 그것 때문에 탄자니아에서 추방되었다.

탄자니아의 죽음의 의혹에 대해 한때는 아주 조용했던 배릭은 이제는 방어적인 반응으로 목소리가 커졌다. 그 회사는 탄자니아 경찰이 아무도 죽지 않았다고 결론을 내린 것을 인용했다. 물론 경찰 자신들도 그 죽음과 관련이 있었다. 배릭은 그 테이프들은 잘못 번역된 것이라며, 그 지방 거주민들이 그 일과 관계가 없는 사람을 죽인 시체와 그 철거에서 시간이나 장소가 동떨어진 희생자들을 보여 주었다.

그리고 세계은행은 배릭의 편에 서서 그들을 도왔다. 2002년 10월 세계은행은 전면조사가 필요하지 않다는 보고서를 발표했다. **은행으로서는 가장 큰 투자를 광산에 쏟아 부었으니 놀랄 일도 아니다.** 그러나 조사 소집을 은행에 공식적으로 요구했던 탄두 리쑤와 인권단체에 대해 악의적인 말을 해댄 것은 뜻밖이었다. 세계은행은 리쑤의 인권법률사무소, 국제사면위원회(이제는 그 목소리를 회복했다) 그리고 "그들은 진실이 아 님을 알고 있고 특히 살인에 대한 주장을 되풀이하는" 다른 사람들을 공격했다. 은행이 그렇게 공격할 수 있었던 것은 죽은 사람의 목록을 만 드는 것은 실패할 것이라고 추정했기 때문이다.

> 불평가들은 그들이 땅을 파고 탄갱을 메꿀 때나 그 지역 철거의 과정
> 에서 52명이 갱에 산 채로 묻혀서 죽었다고 주장한다. 이것은 미리 계
> 획된 죽음이라는 주장이고 그 은행은 죽은 52명의 리스트를 요구했다
> … 리쑤의 그룹인 LEAT나 다른 인권 그룹인 SSMC는 그 리스트를 제
> 공할 수가 없었다.

얼마나 이상한가. 사실 그 리스트는 그들의 고소장에 포함되어 있었 다. 나는 그 리스트가 있고 배릭도 가지고 있다.

비디오 테이프에 있는 구조대원들이 거짓말을 하고 있다는 것에 대한 증거가 필요함에도 세계은행은 그 테이프가 "새로운" 것도 아니며 다른 지역에서 온 것일 수도 있고 구체화된 것도 아니라고 공격한다. 그리고 그 은행은 인권변호사뿐만 아니라 많은 아프리카 사람들이 거짓말을 하 고 있다고 주장한다. 그 은행은 자신들의 조사팀이 광산에서 사람이 실 종되었다고 주장하는 사람들의 가족하고 애기를 해본 결과, 그들의 말 이 허위라고 했다. 왜냐하면 "그들의 이웃들은 조사팀에게 그들의 친척 들이 잘 살아 있다고 말하기가 고통스럽다"고 했고, 다른 경우에서도 죽었다고 주장되던 사람들이 탄자니아 신문에 의해 살아 있는 것이 발 견되었기 때문이라는 것이다.

세계은행은 광산에서의 살인에 대해 의심했던 그 "이웃들"의 증거나 이름을 제시하지는 않았다. 캐나다 방송국의 리포터이자 3월에는 인권

팀에 합류했던 스티븐 케르는 윌리엄 무사 같은 목격자의 진술을 녹음했다. 무사는 자신은 불도저 앞에 서서 사람들이 광산에 있다고 운전자한테 경고하려고 애썼고, 광산 입구를 틀어 막지 말라고 애원했다고 한다. 케르는 그 살인이 계획적인 것은 아니었지만 그런 목격자와 동시발생적인 증거자료는 그 죽음의 의혹을 뒷받침하는 것 같다고 보고했다. 그는 불도저가 작업하고 있는 것을 몰랐던, 광부들이 그들의 금과 연장들을 챙기기 위해 탄갱으로 들어가려고 보초들에게 뇌물을 주려고 했다는 것을 알아냈다.

가장 놀라운 것은 세계은행이 **"이 고발이 LEAT의 입장하고는 관련이 없다는 것이 우리의 입장이다"**라고 발표하면서 리쑤와 인권변호사들을 선동죄로 몰아붙이는 데 보조를 맞추고 있다는 것이다.

그들이 인권노동자들을 공격하고 있다 해도, 나는 세계은행의 주장을 믿지 않을 것이다. 아직도 나는 그 세계은행이 우리의 독립적인 조사와 합리적인 제안에 눈을 부라리며 거절하면서, 만일 다르에스살람에서 우리의 주장이 되풀이된다면 나를 체포하겠다고 한 것을 이해할 수가 없다.

전직 대통령인 조지 부시 Sr.(토론토 대학 방문 후, 부시 "박사"라고 해야만 하겠다) 가 배릭에서 받던 월급은 1999년 끝났다. 부시의 역할을 과장하지는 말자. 어떻든 배릭은 부시에게 무엇이었던가? 잡담과 수다, 권력을 쥐고 있는 친구들과 몇 번 같이 골프 친 것, 얼마만큼의 현금과 주식, 절대권력자들에게 보내는 아부편지, 잊어도 될 만한 명예박사학위, 그리고 금광업자의 여유있는 돈 등이 공화당 캠페인 금고에 아마도 예고없이 들어갔을지도 모른다. 바로 그것이 신사들의 방법이다.

그 살인은 일어났는가? 배릭이 보상을 월등하게 하고, 탄자니아 정부가 시위대를 침묵시키고 조사를 중단시키기 위해 잔인한 시도를 했다고 해서, 우리는 그들이 부인했다고 해서 그 사실이 틀렸다고 자동적으로 추측해서는 안 된다. 예를 들면, 배릭은 리쑤의 목록에서 죽은 사람으로 되어 있는 한 사람이 살아 있다고 했다. 여기서 문제점은 정치적인 영향과 살인과 은폐가 증거로 뒷받침되고 있는 진술을 보고하는 권리이다.

워싱턴에서, 단지 한 명의 하원의원만이 우리의 전직 대통령이 캐나다의 광산 회사를 위해 일하면서 불거진 대외정책과 인권에 대해 의문을 제기했다. 2001년, 하원의원 신시아 맥키니는 콩고 내전이 불붙은 데에는 배릭이 주역이었다는 주장을 조사하기 위해 청문회에 앉았다. 맥키니와 그녀의 위원회에 제시된 증거는 요령부득이었지만 확실히 하원의 관심을 얻기에 충분했다. 후에 맥키니는 리쑤의 생명을 보호하기 위한 캠페인을 벌였다. 그런 다음, 2002년 8월, 조지아의 민주당은 정치적인 조직을 이용해 그녀를 예비선거에서 패배시키려고 있는 힘을 다 쏟았다. 민주당 조직은 조지 부시하고 싸울 때보다 더 격렬하게 그녀를 몰아내기 위해 투쟁했다. 『뉴욕타임스』는 그 흑인 하원의원이 아틀란타의 "저명한 흑인 인물들"로부터 어떤 지지도 받지 못했다고 보도했다.

그리고 리쑤는? 국제자원기구는 그를 위해 아무런 일도 하지 않았다. 그 기구가 광산 문제에서 빠지라는 공식적인 요청을 거절하자 부시 행정부는 130만 달러의 기금을 빼앗았던 것이다. 2002년 4월 리쑤는 공개석상에서 치안방해죄로 기소되었다. 탄자니아 정부는 광산에서 있었던 살인에 대해 그의 공식적인 출석이 있어야 한다고 언급했다. 내가 이 글을 쓰는 동안에, 리쑤의 부인은 쌍둥이 출산을 앞두고 있고 그는 탄자니아로 가기 위해 짐을 싸고 있다. 나는 그에게 "가면 체포될 것이다"라면서 못 가게 했지만, 그는 말했다. "알고 있습니다. 그러나 그것도 운이 좋을 경우이지요." 우리 둘다 더 나쁜 일이 있으리란 것을 알고 있다.

채찍에 입 맞추다

1999년 3월 17일, 런던 메트로폴리탄 경찰로부터 소환장을 받아든 『옵서버』의 기자 마틴 브라이트와 편집자들 그리고 『가디언』의 변호사들이 재판정에 서 있었다. 영국 법정은 그들에게 전 MI5* 요원의 이야기와 관련된 모든 내부 기록을 인계하라고 명령하였다. 투옥과 엄청난 벌금형을 각오하고 브라이트 기자와 편집자 로저 알톤과 알랜 러스브리저는 법원의 명령이행을 거부하였다.

일주일 뒤, 힐턴 호텔에서의 멋진 저녁파티에서 나는 정부가 뉴스보도를 검열하고 제한할 수 있는 권리를 가져야 한다고 옹호하는 매우 논리 정연한 어느 신사와 샴페인 잔을 기울이며 논쟁을 벌이고 있었다. 정부 권리를 옹호하는 그 사람은 나의 직장 상사이자 『가디언』의 편집자이며 『옵서버』의 CEO인 알랜 러스브리저였다. 바로 투옥을 각오하고 법원명령을 거부했던 그 사람이었다.

나는 놀라지 않았다.

영국의 검열과 언론 탄압은 그 정교함에서 너무나도 뛰어나기 때문에 직접적 피해자인 신문편집자와 기자들도 그들의 자유가 제한을 받을 수 있다는 논리에 동의를 해주는 정도가 되어 있는 것이다. **자신을 매질하는 채찍에 입을 맞추는 영국 신문기자들의 이상한 관습이라고 할 수 있다.**

러스브리저는 나에게 이렇게 반문했다. "만일 기자들이 당신 집의 담을 넘겨다보며 당신 가족을 촬영한다고 해도 개의치 않으시겠습니까?" 물론 그렇지 않다. 지나친 언론 추적으로 다이애나 황태자비가 사망하

---

* 영국 첩보부. MI5는 국내방첩활동을, MI6은 해외활동을 담당하고 있다.

자 사람들은 사생활 보호 문제에 지나칠 정도로 민감하게 반응하게 되었다. 사생활 보호가 우선 사항이 되었고 이것은 언론인들이 정부의 검열을 받아들이게 되는 계기가 되었던 것이다.

사생활 보호라는 명분 아래, 토니 블레어 정부는 총리 자녀의 유모가 쓴 일기의 공개를 막는 법원 명령을 얻어냈다. 사생활 보호라는 편리한 무기는 또한 공직 장관들의 월급 내역을 밝히지 않는 구실이 되었다. 블레어의 보좌관 가운데 한 사람이 총리실에서 내게 전화를 걸어 정부 인사들과 선이 닿게 해주겠다는 제안을 한 적이 있었으나 그 통화기록도 사생활이라며 공개가 거부되었다.

러스브리저 편집장과 브라이트 기자 그리고 그들이 소속된 신문에 대한 영장과 관련하여 언론계의 반응은 매우 늦게 나왔다. 좌우를 재며 조심스럽게 공세와 방어를 펼치는 나라이므로 당사자인『옵서버』자체도 자신에 대한 처벌 내용 보도를 일주일이나 지체시키고 있었다. 독자들한테 충분히 뉴스감이 될 것인지 확신이 서지 않았던 것이다.

몇 주가 흘러갔다. 마침내, 톰 페인* 이후 최초로 "자유"라는 의미를 이해한 영국 사람 스튜어트 위어가 분연히 일어서서 언론계의 저명인사들이 서명한 탄원서를 제출하였다.

그러나 기소를 중단하라는 그들의 요구에 대해 당국은 이렇게 말했다. "우리는 국가 안전을 보호해야 할 필요가 있음을 인식하고 있습니다." 출판보도에 대한 정부의 궁극적 권위를 옹호하는 발언으로, 미국인들에게는 몹시도 거슬리는 말이었다. 언론인들은 또한 "국가기밀보호법은 공공의 이익을 보호할 수 있도록 개정되어야 한다"라고 요구하였다. 개정이라고? 국가기밀보호법은 MI6의 범죄행위로부터 교육통계

---

* Tom Paine, 미국의 작가이자 국제적 혁명이론가. 프랑스 대혁명과 미국 독립전쟁에서 활약.

자료에 이르기까지 정부가 숨기기를 원하는 대부분의 서류나 사실의 공표를 금지하고 있다. 이렇게 예의 바른 시위자들은 여왕의 언론인 체포권을 인정하지만 그들이 요구하는 것은 좀더 넓은 예외규정이었다. 탄원서를 준비한 위어는 곧바로 국가기밀보호법의 폐기를 요구한다면 다른 핵심인사들의 서명을 받아내기가 어렵다는 것을 알고 있었다.

『가디언』은 MI5의 전 요원이었던 데이빗 셰일러가 편집자에게 보낸 편지를 지면에 발표했을 뿐이다. 셰일러는 굉장한 사람으로 제임스 본드보다는 오히려 맥스웰 스마트에 가까왔다.

『옵서버』가 보도한 것은 미국의 어느 인터넷 사이트가 공개한 정보를 언급한 수준에 불과한 것이었다. 분명히 셰일러는 그 정보가 공개되어 있다는 사실을 『옵서버』에 일러주었던 모양이다. 전 정보부 요원과의 통신은 국가기밀보호법 위반에 해당되는 것이지만 경찰은 그들이 주장하듯 셰일러의 위법을 입증하는 유일한 증거물로 기자들의 편지 보관함이 필요한 것은 아니었다. 왜냐하면 셰일러 자신이 이미 정부에 보낸 것을 신문사에 보냈었기 때문이다.

그러나 이미 수중에 갖고 있는 증거물을 정부가 요구하는 것은 좀더 사악한 저의를 지니고 있다는 증거이다. 국가기밀보호법의 여하한 위반도 반드시 처벌하겠다는 의지를 보여줌으로써 정보부에 숨겨져 있는 더욱 위험스러운 진실에 기자들이 다가서지 못하도록 하기 위한 것이다. 더욱 바람직스럽지 못한 것은 언론인들이 작은 위반행위에 대해 스스로를 보호하느라 더욱 중대한 검열행위의 정당화라는 우를 범하는 것이다. 『옵서버』는 다음과 같이 썼다. "우리 신문은 필요한 경우 비밀은 법에 의해 보호되어야 한다는 원칙으로부터 한 치도 벗어난 바가 없습니다."

"합법적" 조사의 당위성을 인정함으로써 영국 언론들은 정부의 공권

력이 "비합법적인 것"을 편집실로부터 쓸어낼 수 있도록 문을 열어주게
되었다.

영국을 민주주의의 어머니로 생각하고 있는 대부분의 미국 독자들은
**1999년 10월 까지는 표현의 자유와 출판의 자유를 보장하는 헌법적 문서가
없는 지구상에서 유일한 나라가 영국이라는 사실을 알면 놀랄 것이다.**

그러나 10월에 유럽인권협약(European Convention on Human
Rights)의 제 10조가 영국의 법률이 되면서 모든 것이 바뀌었다. 이 협
약에 의해 영국은 처음으로 "당국자의 간섭 없이 정보와 사상을 서로
주고받을 수 있게" 되었다.

『크라운』 대 『옵서버』(*Crown versus Obserber*)의 판결에서 법원과 정
부는 새로운 인권법은 브라이트 기자와 신문의 현재 기소에 적용되었다
는 것이라고 신속하게 동의했다.

그것은 좋은 소식이 아니었다. 반면에 미국 헌법은 다음과 같이 선언
하고 있다. "의회는 출판의 자유와 언론의 자유를 제한해서는 안 된다."
아무런 조건이나 단서를 달고 있지 않다. 반면에 유럽협약은 "제2부"라
는 고약한 추가조항을 달아놓았다. 3월 17일의 심리에서 판사는 "정보
를 주고받을 수 있는 권리"는 – 즉 출판의 자유 – "국가안전보장을 위
해서 제한과 처벌"을 가할 수 있다는 추가조항의 적용을 받는다고 판시
하였다. 조지 오웰의 나라답지 않은가! 정부의 언론통제를 법률로 금지
하지만 정부가 필요하다고 판단할 때는 예외로 한다는 것이다.

D-통고 근위기병대*

4월 15일, 검열 및 자기검열이라는 코미디 극은 새로운 막을 올렸다.

---

* D-Notice(통고)는 정부의 국방기밀 보도 금지 통보를 말한다.

그날, 브라이트 기자는 4년이 된 MI5 문서를 보게 되었다. 이 문서는 실패로 돌아간 리비아 스파이의 포섭과 이로 인해 런던에 살고 있던 리비아 반체제인사의 피살이라는 결과를 낳게 된 과정이 상세하게 기술되어 있었다. "극비 영국 첩보문서*"라는 제목으로 되어 있는데 마우스와 시간만 있는 사람이라면 www.crytome.org에서 누구나 읽어 볼 수 있다. 『옵서버』의 기자 브라이트는 (안토니 바네트와 함께) 이 웹 사이트에 올라와 있는 정보에 대해 기사를 작성하였다.

인터넷에 올라온 것이었음에도 이 정보를 다시 신문에 싣는 것은 형사처벌과 민사상 책임이 수반될 수 있는 것이었다. (실은, 웹 사이트에 있는 이 정보를 읽는 것도 영국에서는 범법행위이다.) 만일 이 말이 농담이라고 생각한다면 블레어의 비밀경찰들이 대학생 줄리앤 데이비스가 셰일러 요원의 편지를 그의 프랑스 웹 사이트에서 읽었다는 이유로 체포되었음을 알아두어야 한다. 또 다른 영장을 피하기 위해 『옵서버』는 국방자문위원회, 즉 약칭 "D-통고" 위원회에 연락을 취했다. 언론인들은 아직 발표하지 않은 생각이나 정보를 이 위원회에 미리 이야기해 주고는 이렇게 묻는 것이다. "만일 이 내용을 지면에 싣게 되면 국가에 대해 범죄행위가 될 만한 것입니까?" D-통고 위원회는 만일 우리 기사가 새로운 정보를 전혀 담고 있지 않다고 한다면 – 신문사 입장에서는 매우 흥미로운 단서이다 – 처벌은 없을 것이라고 일러주었다.

그러나 기특하게도 『옵서버』는, 그 웹 사이트의 주소를 자발적으로 삭제했지만 어쨌든 그날 마지막 판에 기사를 실었다. 브라이트 기자는 이 모든 과정이 윤리적 뉴스보도에 매우 치명적인 것이라고 했다. "이건 말도 되지 않습니다. 그러나 법률은 언론 종사자들이 항상 일상적으로 행하는 것들을 금지하고 있습니다. 취재원을 확인한다든가, 중요한

---

* TOP SECRET DELICATE SOURCE UK EYES.

문서를 살펴보는 일 같은 것 말이죠. 뉴스보도를 하려면 법률을 어기게
되어 있습니다."

자기 검열을 낳다

D-통고 위원회, 기사발표를 노골적으로 막지 않는 것, 또 상대를 이
해하고 있다는 듯한 태도로 협상을 하는 것, 이 모든 것들은 자기검열의
습관을 낳게 하고 있다. 정부는 강제력을 발휘할 필요가 거의 없다. 왜
냐하면 영국의 언론 종사자들은 공공적 논의의 경계가 어디까지인지를
강하게 인식하도록 길러졌기 때문이다. 높은 계급에 대해 주눅들어 있
는 이 사회에서 엘리트 기자들과 편집자들은 장관들과 군 정보책임자와
같은 사람들과 어울리는 것에 대해 대단한 매력을 느끼고 있다. 그들과
어울리기 위해 치러야 할 대가는 신사다운 신중한 행동이다.

그들의 행동에서 쉽게 볼 수 있듯이 영국 사람들은 민주시민이라기
보다는 권위에 복종하는 신하들이다. 영국과 미국 양쪽에서 펜으로 예
봉을 휘두르는 영국 태생 언론인 크리스토퍼 히친스가 빌 클린턴 탄핵
당시 미 사법당국에 증언을 하겠다고 굴복했을 때 많은 미국인들은 어
안이 벙벙했다. 분명 그것은 뿌리 깊은 복종 습관 때문이었을 것이다.

국가는 명예훼손 법률을 통해 고분고분하지 않은 기자들을 처벌할 수
있는 영향력을 지니고 있다. 이것은 일종의 국가 검열기능의 민간화라
할 수 있다. 나도 써 놓은 채 발표하지 못한 기사가 하나 있는데 법원의
결정을 우려한 변호사들이 기사화를 반대하였던 것이다. 맥도날드에서
부터 블레어 총리에 이르기까지 부자들이 법원의 결정에 막강한 영향력
을 행사하고 있는 사정 때문이다.

명예훼손 법률들은 심층취재 기자에게 어려움을 안겨다 줄 뿐 (『가디

언」의 컴퓨터는 기자가 "변호사의 의견을 들었습니까?"라는 기계의 질문에 답하지 않으면 어떤 기사도 받아들이지 않는다) 일반 대중을 전혀 보호해 주지도 못한다. 『데일리 미러(Daily Mirror)』와 같은 영국의 황색잡지들은 중상모략, 헛소문, 또 의도적 조작 등이 난무하는 구정물통으로 악명 높다.

언론에 자유를 주지 말자는 주장이 모두 설득력을 얻지 못하게 될 경우, 검열을 포기하지 않으려는 관리들과 이에 동조하는 언론인들이 마지막으로 동의하는 것은 공개적으로 감시하는 정부는 "영국적인 것이 아니다"라는 주장이다. 자유에 대한 제한 가운데 어떤 것을 영국 사람들은 "문화"라는 이름으로 부르고 있지만 자세히 살펴보면 권력자 앞에 몸을 조아리는 오래된 습관에서 온 것 이상이 아니다.

곤란과 히친스

곤궁한 처지에 대한 이야기는 이것으로 끝이다. 나는 위의 이야기를 『인덱스 온 센서십』 잡지에 실었다. 그 잡지의 편집자이자 저널리즘이 필요로 하는 그런 말썽장이 타입의 프랭크 피셔는 그의 상사가 런던을 떠나 있는 동안 임시 책임자가 되었다. 프랭크는 누구나 MI5와 MI6 문서를 볼 수 있는 웹 사이트 주소를 기사에 슬쩍 써 넣었다. 독자들이 알아채지 못할 것을 우려하여 그는 극비라고 쓰여진 정보부 문서의 그림까지 그 기사에 넣었던 것이다.

편집장이 돌아왔을 때에는 이미 수천 부가 인쇄되어 있었다. 곧 회의가 소집되었다. 프랭크를 징계할 것인가 아니면 "뜻대로 하십시오"란 쪽지를 달아 당국에 인계할 것인가? 메트로폴리탄 경찰이 일전에 학생을 체포했을 때처럼 컴퓨터를 압수한다면 어떻게 컴퓨터 디스크를 보존

할 것이며 파산하지 않고 잡지사를 계속 운영해 나갈 것인가? 나는 또 어떻게 하면 여권을 빼앗기지 않을 수 있을 것인가?

결과가 어떠하든 잡지는 배포하기로 했다.

그러나 우리는 예기치 않은 공격이 홈페이지 게시판으로부터 나오리라고는 생각하지 못하고 있었다.

> 채찍에 입맞추다라는 제목으로 그레그 팔라스트가 성급하게 작성한 기사는… 도대체 왜 인덱스 측은 지면을 낭비했는지 그리고 이러한 무지와 비열함으로 그 명성에 먹칠을 했는지 의아할 따름이다.

영국 태생의 미국인 크리스토퍼 히친스의 글이었다. 멋진 억양과 세심하게 포장된 비열함으로 뉴욕 사교계에 이름을 떨치고 있는 그는 매우 화가 나 있었다. 그가 공화당 인사들과 협력하고 있다고 가벼운 비난 조로 언급한 것을 묵인하지 않았다.

> 기사에 쓰인 내용은 모두 거짓이거나 부적절한 것이다. 클린턴에 대해 탄핵을 준비했던 하원법사위원회는 미국 정부의 뜻에 따라 움직이는 도구가 아니다… 나는 어떤 법적 절차에 대해서도 굴복한 바가 없다. 다만 증언 요청을 내 뜻에 따라 기꺼이 수용한 것뿐이다… 만일 팔라스트 씨가 미 헌법이 명시한 탄핵 규정을 이해하지 못하고 있다면 그는 불쌍한 영국 사람들이 권리장전을 지니고 있지 못한 것에 대해 하등 비난할 일이 없을 것이다.

이런 엄한 꾸지람에 나는 겸손하게 다음과 같이 답했다.

크리스토퍼 히친스 귀하
워싱턴 DC

친애하는 히친스 씨에게.

저의 글이 선생의 자존심과 마땅히 가지고 계실 자긍심에 심대하게 상처를 입힌 일에 대해 깊은 사과의 말씀을 드립니다. 선생같이 뛰어난 언변과 능력을 지닌 중요 인사에게 불쾌감을 안겨줄 의도는 전혀 없었습니다. 저는 종종 우리들과 같이 타인을 검열하는 직업을 갖고 있는 사회 비평가들은 우아함과 유머를 가지고 다른 이들이 보도한 내용을 용인해 주어야 한다고 말해왔습니다. 그러나 선생과 같은 위치에 계신 저명인사에게는 예외를 두어야 한다고 우리는 모두 동의하며 따라서 여하한 비판으로부터 자유로울 수 있는 권리를 승인하는 바입니다. 선생의 작업이 권력 있는 자들에게 별다른 타격을 주지 못했지만 그래도 우리가 스스로의 편견을 평가할 필요가 있을 때, 그것은 좌파를 우쭐하게 합니다.

그 기사를 내가 작성하였을 뿐만 아니라 편집까지 했음을 인정합니다. 그러나 선생의 이야기를 언급하지 않고 결론을 내릴 수는 없었습니다… 워싱턴에서 벌인 선생의 어릿광대짓에 대해 선생이 믿는 것처럼 저는 그다지 주목하지 않고 있습니다.

우리들을 용서하여 주십시오. 출간 시간이 다가옴에 따라 우리 머리는 선생 말고 다른 생각으로 가득했었습니다. 『인덱스』는 영국의 사악한 검열 제도를 폭로했고 또 MI5와 MI6가 말하고 있는 국가기밀보호법의 금지영역에 가까이 다가갔습니다. 이 법률에 의해 기소된다면, 그리고 컴퓨터가 압수되고 편집자들과 제가 체포된다면 우리는 어떻게 할 것인가를 두고 오랜 동안 토의를 벌였습니다. 정부의 탄압에 맞서는 어려움에 생각이 빼앗겨 있었으므로 선생의 개인적 감정이 어떨 것이라는 점은 미처 생각하지 못했습니다.

케네스 스타가 클린턴 대통령을 처벌하려는 사건에서 제가 선생은 증언 요구에 "굴복했다"라는 표현을 쓴 것을 두고 "무지와 비열함"이라고 한 것에 대해 저는 경악하고 있습니다. 만일 선생이 그런 일을 했다면 선생은 미국 언론의 윤리규정을 위배한 것이 될 것입니다. 기자는 기소를 돕기 위해 정보출처를 결코 공개해서는 안 된다는 규정 말입니다. 저는 기꺼이 제 기록을 수정하겠습니다. 선생은 "굴복"한 것이 아니고 케네스 스타의 마녀사냥을 "기꺼이 수용"한 것이라고요.

그러므로 저는 다음과 같은 철회의 글을 싣도록 『인덱스』 측에 요청하겠습니다.

그레그 팔라스트는 크리스토퍼 히친스 씨에게 충심으로 사죄하고자 한다. 히친스의 행동은 훌륭한 것이고 칭찬을 받아 마땅한 것이므로 어떤 경우에도 예외 없이 팔라스트와 같은 취재기자들로부터의 비난은 가당치도 않은 것이다. 팔라스트는 자신의 행동에 대해 매우 부끄러워하고 있다.

그럼, 이만 줄이겠습니다…

결국, 영국 첩보부와 크리스토퍼 히친스는 뒤로 물러섰다. 영국 항소법원은 이미 세상에 알려진 정보를 발표한 문제를 두고 벌인 영국 관료들의 히스테리 반응에 대해 유럽 인권협약에 위배된다는 판결을 내렸다. 하지만 국가기밀보호법은 여전히 건재하게 남아 관료들의 부패 폭로에 선을 그어 놓고 그 선을 넘는 사람들에게 처벌을 내리고 있다.

그래서 나는 아무것도 검열 받을 수 없는, 그러나 검열 받을 가치가 있는 것은 인쇄되지 않는 미국으로 돌아가기로 결심했다.

니 투야, 니 미야, 데 토도스(Ni Tuya, Ni Mia, De Todos)

뉴욕 주의 뉴욕 시는 대단한 도시이다. 15년 전만 해도 로워 이스트사이드(Lower East Side)의 3번가를 걸어가면 23개의 빌딩은 나무판을 둘러놓은 채 버려져 있고 나머지 7개의 빌딩만을 사람들이 사용하고 있는 걸 볼 수 있었다. B 애브뉴의 귀퉁이에 있는 은행의 차양 아래에서는 마약상들이 모여 헤로인과 정제 코카인, 합성 헤로인 등 갖가지 마약을 팔고 있었다. 1984년 이들 마약상 가운데 한 사람이 (이 사람은 더 이상 마약 판매에 종사하고 있지 않다) 그 은행을 인수하였고 이것은 미국 금융 계에 혁명적 소식을 알리는 사건이었다.

매리 스팽크가 마약 판매조직을 운영한 죄로 복역을 하고 나왔을 때 매뉴팩처러스 하노버 트러스트(Manufacturers Hanover Trust) 지점이 문을 닫고 대신 번화한 미드타운 지역에 새 지점이 열릴 것이라는 소식 을 들었다. "매니 해니(Manny Hanny)"로 불리던 그 은행지점은 – 고리 대금업자를 제외하면 – 로워 이스트사이드 지역에 마지막으로 남아있 는 금융기관이었다. 그 은행이 폐쇄된다면 그 인근지역은 완전히 고사 될 처지였다. 스팽크는 그 지역교구 신부와 주택문제 활동가들과 연대 하여 맨하턴에 있는 매뉴팩처러스 하노버 은행 본점에서 시위를 벌였 다. 그들은 연방준비국의 주선에 따라 은행 경영간부들과 직접 대면할 수 있는 기회를 얻었다.

연방준비국의 우아하게 설비가 되어 있는 월스트리트의 회의실에서 로워 이스트사이드의 주민들은 지역 신용조합을 운영할 수 있도록 800억 달러 자산을 가진 그 은행의 지점이 있는 건물을 양도하라고 요 구하였다. 또 신용조합의 출범에 필요한 수십만 달러의 지원도 요구하 였다. 경영자 측은 주저하였지만 연방준비국은 '시장의 보이지 않는 손' *과 지역사회재투자법률(CRA - Community Reinvestment Act)의 존 재를 그들에게 상기시켜주었다. CRA는 그 당시 새로 생긴 법률로 이 법률에 의하면 은행은 자신의 영업지역에 대해 대출수요를 책임지도록 하고 있다. 매뉴팩처러스 하노버는 결국 굴복하였다. CRA 법률을 최초

---

* the Invisible Hand of the Marketplace, 즉 알랜 그린스펀(Alan Greenspan)의 쇠주 먹을 말한다.

로 적용하여 로워 이스트사이트에 국민연방신용협동조합이 세워지게 되었다. 이것은 이제 정치적 힘이 중역회의실로부터 시민들에게로 옮겨진 획기적인 사건이었다. 이 신용협동조합의 슬로건은 "니 투야, 니 미야, 데 토도스"였다. **"내 것도 아니고, 네 것도 아니고, 우리 모두의 것이다."**라는 의미이다.

오늘날 거대 금융기관, 예컨대 시티은행과 트래블러스 그룹의 합병은 코끼리의 짝짓기와 유사한 것이라고 할 수 있다. 그 장면은 너무도 볼 만해서 그 밑에 기어다니는 개미에 대해서는 까맣게 잊고 만다. 개미들이란 가난한 노동자 고객들로 이들에게 은행합병이란 보통 은행의 포기를 의미한다.

그러나 현재 미국에서는 개미들이 싸움에 나서고 있는데 그들이 사용하는 무기가 바로 지역사회재투자법률(CRA)이다. CRA로 무장한 빈곤퇴치 운동가들은 합병계획의 승인을 볼모로 하여 은행들이 수백만, 때로는 수십억 달러를 저소득층 주민들에게 대출해 주겠다는 약속을 받아낼 수 있었다.

1998년 3월, 130명의 분노한 필라델피아 시민들이 연방준비국 청문회에서 퍼스트 유니언 회사의 필라델피아 코아스테이츠(CoreStates) 인수에 대해 불리한 증언을 하였다. CRA를 두려워한 퍼스트 유니언은 향후 5년간 저소득층 및 서민들에게 50억 달러의 대출을 해주겠다는 약속으로 지역주민들과 타협을 보게 되었다. 50억 달러 대출은 종래 규모에서 엄청나게 증가한 것이었다. 그리고 아메리카 은행은 내이션스 뱅크를 인수하기 위해 무려 3,500억 달러의 대출을 약속하였다. 모두를 더하면 합병을 추진하고 있는 은행들이 360여 개의 합의안에 서명을 하였으며 이로써 금융혜택을 제대로 받아오지 못했던 지역에 총 1조 4

백억 달러에 달하는 금융지원을 하기로 하였다.

그러나 뉴욕지역사회시민운동의 의장으로 있는 매튜 리는 만족하지 못하고 있다. 가난한 지역의 저소득층과 소상인 등에게 십 년 간 1,150억 달러의 금융지원을 해주겠다며 시티은행과 트래블러스 은행이 합병 반대를 철회해 달라고 그에게 간청했지만 그는 거절해 버리고 말았다.

로워 이스트사이드의 국민연방신용협동조합 전 회원인 그는 가난한 사람들의 금융혜택 권리를 얻기 위한 일에서는 체 게바라라고 할 수 있다. 그는 체 게바라와 비슷하게 턱수염을 기르고 있다. 그러나 체 게바라와는 다르게 리는 미국 자본가들에게 공포를 불러일으키고 있다.

그의 유일한 무기는 은행들의 대출 패턴에 대한 확실하고도 자세한 분석이었다. 그에 따르면 은행들이 인종차별적으로 레드라이닝*을 그려 넣었다는 것이다. **레드라이닝이라 함은 슬럼화되는 지역에 대출을 끊는 것을 말하는데 이로 인해 그 지역은 더욱 슬럼화하는 것이다.** 그는 또 오하이오의 챠터은행의 경우에는 신용에 별다른 차이가 없음에도 불구하고 흑인과 히스패닉 고객에 대한 대출 거부가 백인들에 비해 3배나 높다는 것을 밝혀냈고 이에 따라 챠터은행은 가난한 사람들에게 10억 달러의 대출금을 내놓겠다고 약속하였다.

시티은행으로부터의 1,150억 달러 제안을 거절한 리는 강조하여 말하기를 CRA의 본질은 엄청난 규모의 대출금을 경쟁적으로 내놓도록 하는 것이 아니라 신용 분야에 있어서 가난한 사람들에게도 공정하게 대우해 주도록 하는 것이라고 말했다. 그러면서 그는 시티은행이 해리스라는 흑인에게 행한 파렴치한 짓을 예로 들고 있다. 해리스의 백인 이웃들은 연리 7%에 주택담보대출을 얻고 있었으나 그는 건실한 신용상

---

* redlining, 금융기관에 의한 특정 경계지구 지정. 슬럼화된 특정 지구를 금융기관이 지도에 붉은 선으로 표시한 데서 유래.

태였음에도 대출이자가 12%나 되었다. 또 해리스는 세계에서 가장 큰 은행의 정직성을 신뢰하여, 공란으로 되어 있는 대출양식에 서명을 했었던 것인데 그것이 실수였다. 시티은행의 합병계획 동의서에 서명하지 않았던 리 자신은 그러한 실수를 저지르지 않았지만, 해리스가 겪고 있는 이런 곤란함은 일부에게서만 볼 수 있는 것이 아니라고 리는 말하고 있다. 또 그는 시티은행은 조직적으로 가난한 사람들과 소수민족들로부터 부당한 이득을 챙겼다고 주장했다.

CRA는 여러 한계점을 지니고 있다. 예컨대 금융혜택이 공평하게 돌아가지 못하고 있다는 점이 여전히 숙제로 남아있다. 그러함에도 처음 4년간의 CRA 시행에서 흑인 가정의 주택담보대출 건수가 72% 상승하였다. 공화당 측은 대출의 목소리를 높이는 운동가들의 강요에 의한 것이라고 주장하고 있다. 그러나 공화당은 CRA의 존속에 반대의 목소리를 내는 은행을 찾아볼 수 없었다. 하등 이상할 것이 없는 일이었다. 은행들은 이 강제적인 저소득층 대출로부터 이윤을 얻고 있기 때문이다.

전직 마약상에서 은행업자로 변해서 다시 로워 이스트사이드로 돌아온 매리 스팽크는 (현재 그녀는 지역사회개발 신용협동조합 전국연합의 재무담당관으로 있다) 은행들이 "자발적으로" 변한 것에 대해 경고했다. 신용협동조합은 부시가 생각해 낸 수천 가지의 의미없는 일의 하나가 아니며 그것은 거대은행의 자비심에서 나온 것도 아니다. 미국 최고경영자들의 이미 부풀어 오를 대로 오른 이기심을 더 부풀게 했던 우리의 대통령은 정부가 그들에게 해야 할 바를 말하지 않아도 경영자들은 바른 일을 할 것이고 선하고 정직한 것을 알고 있다고 하면서 좋아했다.

쓴 웃음을 짓게 하는 광고는 우리에게 기업의 재정적인 조직은 바른 일을 할 것이기 때문에 자금을 국제적인 헤지 펀드에 퍼붓기보다는 저소득층에다 자진해서 넣을 것이라는 식으로 말하고 있다. 자유시장이

특효약이라고 하는 사람들은 가난한 노동자에게 대출해 주고 받는 이자라는 감언으로 은행연합회의 마음을 사로잡을 수 있다고 우리에게 말한다. 그러나 스팽크는 CRA가 미국에서 성공한 이유는 웨스트모어랜드 장군*의 금언, 즉 "상대의 불알을 잡고 있으면 그들의 생각과 마음도 따라온다"란 금언을 충실히 지켰기 때문이란 점을 지적했다.

태평양에서의 승리

가끔씩, 우리를 자유롭게 한 반대자들이 더 조용할 때도 있다.

1995년, 시카고 재향군인회 제 282분회의 회원들이 일본과의 전쟁승리 50주년을 기념하고 있었다. 사람들은 예전에 쓰던 군모를 쓰고 또 핀과 리본 그리고 훈장을 달고 음식을 차려놓은 홀 안을 행진하듯 왔다갔다 하고 있었다. 아버지는 아무 말 없이 테이블에 앉아 있었다. 아버지는 훈장을 달고 있지 않았다.

일찍이 30년 전에 아버지는 내게 훈장을 넘겨주셨던 것이다. 그 날짜를 나는 정확하게 기억하고 있다. 1965년 3월 8일이었다. 다른 날과 마찬가지로 아버지와 나는 싸구려 잡화상 근처에 있는 신문가판대로 걸어갔다. 아버지는 『엘에이타임스(*LA Times*)』 애독자였다. 『이그재미너(*Examiner*)』는 전혀 읽지 않았다. 아버지는 헤드라인을 보았다. "미 해병대, 베트남 다낭 해안에 상륙."

어린 시절, 나는 아버지의 훈장을 매우 좋아했었다. 그 중 하나는 리본이 위에 달려 있었는데 야자수가 새겨져 있었고 야자수 밑에는 독수

---

* General Westmoreland, 월남전 당시의 미군사령관.

리와 군인들이 새겨져 있었으며 "아시아 태평양 전쟁"이라고 적혀 있었다. 훈장에는 세 개의 청동별과 화살촉이 있었다.

아버지는 애국심을 외치는 자들을 항시 의혹의 눈으로 보았다. 하지만 아버지는 애국자였다. 깊은 애국심을 지녔지만 이성적인 애국심이었다. 아버지에게 미국이 의미하는 바는 프랭클린 D. 루스벨트와 그의 4대 자유였다.* 아버지의 군대는 히틀러의 강제수용소를 해방시켜 주었고 또 버밍햄으로 행진해 가는 마틴 루터 킹의 시위대를 보호해 주기도 했다. 아버지의 나라 미국은 세계를 보듬으며 보호자의 역할을 했다. 훈장 뒷면에는 "궁핍과 공포로부터의 자유"라는 문구가 적혀 있었다.

아버지가 거둔 일본에 대한 승리는 제국주의에 대한 공명정대함의 승리이자, 독재에 대한 자유의 승리이자, 일본의 야비한 군사력에 대한 정의의 승리였다. 전쟁초기부터 아버지는 내게 노래를 가르쳐 주셨다. 일본은 총을 갖고 있었지만 우리에게는 이상만이 있던 시절이었다. 가사의 내용은 다음과 같았다.

> 우리는 공격할 폭격기가 없다오…
> … 하지만 저 독수리, 미국의 독수리들은
> 우리가 귀히 여기는 정의를 위해 싸운다네.

"이제는 끝났어." 1965년 아버지는 이렇게 말씀하시며 신문을 덮었다. 정치인들이 아버지의 군대에게 명하였던 것이다. 잔혹한 전후의 첨단무기를 가지고 아시아의 불쌍한 사람들을 공격하라고. 아버지는 역사서를 많이 읽었고 또 전쟁경험도 풍부했기 때문에, 앞으로 일이 어떻게 될 것인가를 잘 알고 있었다. 다른 미국 사람들은 10년간의 베트남전을

---

* 1941년 루스벨트가 선언한 인류의 네 가지 기본적 자유. 언론의 자유, 신앙의 자유, 결핍으로부터의 자유, 공포로부터의 자유가 그것이다.

치루고 나서야 알게 된 것을 아버지는 이미 그때 꿰뚫어보고 계셨다. 그
것은 미국 폭격기가 초가집 위에 네이팜(napalm)탄을 떨어뜨려서 20년
전에 히로히또의 침략자들이 불태운 마을을 다시 불태우는 모습이었다.

린든 존슨을 비롯한 정치가들이 일본에 대한 아버지의 승리를 빼앗아
가 버렸다.

또 그들은 독재에 대한 승리도 아버지에게서 훔쳐갔다.

집으로 돌아가자, 아버지는 12살짜리 내 손에 훈장을 올려놓았다. 그
리고 아이들과 가지고 놀라고, 그리고 잃어버려도 좋다고 말씀하셨다.

몇 년 전에 내 아내 린다와 나는 베트남으로 갔다. 농부들이 돼지와
닭을 살 수 있도록 시골 지역협동조합에서 몇 달러씩 대출해 주는 일을
돕기 위해서였다.

1995년 3월 8일, 다낭에 있을 때였다. 나는 해변에서 사당까지 높다
란 계단을 오르고 있었다. 그 사당은 베트남 사람들이 자신의 부모와 조
상을 모시는 곳이었다.

절반쯤 올랐을 때, 내 나이쯤 돼 보이는 남자가 쉬기 위해 걸음을 멈
추었다. 목발을 짚고 한쪽 다리만으로 힘겹게 오르고 있었던 것이다. 나
는 그의 곁에 앉았다. 그러나 그는 고개를 한쪽으로 돌렸다. 헤진 옷이
창피했던 것이다. 그 옷은 낡고 더러운 군복이었다.

그와 나는 저 아래 배 위에서 고기잡이를 하는 어부들을 바라다보았
다. 나는 아버지의 훈장 가운데 하나를 그 사람에게 건네주었다. 이런
행동에 대해 그가 어떻게 생각했을지 나는 알지 못한다. 실은 나 자신도
왜 그랬는지 모르겠다.

1945년 미주리 함 선상에서 더글러스 맥아더는 일본제국의 항복을
받았다. 나는 맥아더 장군에 대해 많이 생각해 본 바가 없다. 그러나 그

그림. 8.1 전쟁이 영웅적으로 여겨지던 시절. 아버지 질 팔라스트와 어머니 글래디스 팔라스트. 1943년 아버지는 필리핀 제 716 전차부대에 소속되어 있었고 어머니는 SPARS, 해안경비대 여군부대에 있었다.

는 인상적인 말을 남겼다. "승전국이나 패전국 모두에게 있어, 전쟁의 종결만이 우리가 추구하는 보다 고귀한 인간의 존엄성을 획득할 수 있는 길이다."

410

"당신의 책은 우리를 우울하게 합니다" - 결론

나는 "당신의 책은 우리를 우울하게 합니다"라고 쓴 편지를 많이 받았다. 그것은 사실이다. 그러나 만일 당신이 침묵을 지키고 있고 방관자의 입장에만 있다고 해보자. 여기에 당신의 선택권이 있다. 당신은 책을 덮고 그 책으로 가려운 데를 긁거나 아니면 다른 일을 할 수 있다.

읽고, 배우고, 함께 하고 외치고, 행동하라, 고소해도 좋다. NAACP는 그랬다.

플로리다 시민의 권리를 모독한 캐서린 해리스, 불법적으로 선거를 할 수 없었던 흑인과 백인들. 만일 당신이 뉴욕 시내에 살고 있다면 씨티뱅크의 401(k) 양식에 서명하는 것은 취소하고 로워 이스트사이트 신용조합에 가입하라. 만일 그럴 것이 아니면, 나에게 소리치지도 말라. 나는 당신에게 전력회사의 대실업가와 투쟁하는 단체인, TURN에 대해 말했다. 당신이 캘리포니아에 살고 있다면 25달러짜리 수표를 그 단체에 보내라, 당장. 그들의 주소는 이 책 뒤에 있다. 당신에게 정보도 주고 행동하게 만드는 위대한 미국의 다른 말썽꾸러기들의 이름도 적혀있다.

우리에게 가장 두려운 것은 우리가 무력하다는 점이 아니다. 오히려 가장 두려운 것은 우리들이 통제할 수 없을 정도로 강력하다는 점이다.

서류를 버리지 마십시오

당신은 "기밀"이라고 표시되어 있는 서류를 가지고 있습니까? 그 서류를 폐기해라, 없애 버려라, 먹어 버려라라는 지시를 받았습니까? 그것을 버리지 말고 내게 보내십시오.

Greg Palast at www.GregPalast.com

홈페이지의 "내게 말하세요"라는 버튼을 클릭하십시오. 내부고발자를 환영합니다. 법을 지키십시오. (내 사이트에 있는 규칙을 체크해 보십시오.) 그리고 직업을 위험하게 하지는 마십시오. 그러나 불쌍한 사람들의 안전을 위해, 진실을 그들에게 말하십시오.

영어명 인덱스

라나 카바니(Rana Kabbani)
라넬 앤더슨(Lanell Anderson)
라스 호야스 데 미 아부엘라
(las joyas de mi abuela)
라파즈(La Paz)
랄프 네이더(Ralph NaDer)
랄프 리드(Ralph Reed)
래리 서머스(Larry Summers)
랜달 히긴보담(Randall Higginbotham)
레온 카운티(Leon County)
레이 크록(Ray Kroc)
레이몬드 로센(Raymond Rosen)
로돌포 테라그노(Rodolfo Terragno)
로라 애쉴리(Laura Ashley)
로렌스 리트윈(Lawrence Littwin)
로리 왈라치(Lori Wallach)
로리 치숌(Rory Chisholm)
로버트 라이크(Robert Reich)
로버트 샤피로(Robert Shapiro)
로버트 쉴러(Robert Schiller)
로버트 죌릭(Robert Zoellick)
로웬(Loewen)
로저 알톤(Roger Alton)
로저 윌리엄스(Roger Williams)
론 골드스타인(Ron Goldstein)
루디 줄리아니(Rudy Giulian)
루이스 브레도우(Luis Bredow)
루퍼트 머독(Rupert Murdoch)
리 코펠만(Lee Koppleman)
리버풀(Liverpool)
리사 무난(Lisa Moonan)
리아디(Riady)
리오 라이트(Rio Light)
리오그란데(Rio Grande)
리오데자네이로(Rio de Janeiro)
리즈 로이드(Liz Lioyd)
리차드 브랜슨(Richard Branson)
리차드 엘로이(Richard Elroy)
리차드 헬름스(Richard Helms)
리차드&모리스 맥도널드 형제
(Richard & Maurice McDonald)
리츠 칼튼(Ritz Carlton)
리치 킨더(Rich Kinder)
리폼클럽(Reform Club)

린다 하웰(Linda Howell)
릴라이언트(Reliant)

마가레트 밀러(Margaret Miller)
마누엘 크루자트(Manuel Cruzat)
마라카이(Maracay)
마리오 델 카브릴(Mario del Cavril)
마리오 쿠오모(Mario Cuomo)
마리온 패트 로버트슨
(Marion "Pat" Robertson)
마샬 매너스(Marshall Mathers)
마샬 아일랜드(Marshall Islands)
마이리온 존스(Meirion Jones)
마이애미데이드 카운티(Miami-Dade County)
마이애미헤럴드(Miami Herald)
마이크 드 구즈만(Make de Guzman)
마이크 이시코프(Mike Isikoff)
마이크 허핑턴(Mike Huffington)
마이클 스프링맨(Michael Springmann)
마이클 와일드(Michael Wildes)
마이클 케인(Michael Caine)
마이클 테일러(Michael Taylor)
마크 마우어(Mark Mauer)
마크 맥키논(Mark Mckimon)
마크 스웨드런드(Mark Swedlund)
마크 웨이스브롯(Mark Weisbrot)
마틴 브라이트(Martin Bright)
마틴 파간(Martin Fagan)
마하라쉬트라(Maharashtra)
매디슨 카운티(Madison County)
매리 스팽크(Mary Spaink)
매리 프랜시스 베리(Mary Frances Berry)
매튜 리(Matthcw Lee)
맥스웰 스마트(Maxwell Smart)
머피 브라운(Murphy Brown)
메이리온 존스(Meirion Jones)
메트로폴리탄(Metropolitan)
모간 스탠리(Morgan Stanley)
모니카 르윈스키(Monica Lewinsky)
모던 타임스(Modern Times)
모드 발로우(Maude Barlow)
모드 존스(Maude Jones)
모부투 세세 세코(Mobutu Sese Seko)
모톤 블랙웰(Morton Blackwell)

몬산토(Monsanto)
몬테규(Montague)
몽소(Monceau)
무역과 관련된 지적 소유권
(TRIPS:rade-Related Intellectual
Property Rights)
미구엘 부스타만테 마드리즈
(Miguel Bustamante Madriz)
미라지 카지노(Mirage Casino)
미라플로레스(Miraflores)
밀턴 콜린스(Milton Collins)
밀턴 프리드먼(Milton Freedman)

바트 심슨(Bart Simpson)
발데즈 내로우(Valdez Narrows)
발데즈 암(Valdez Arm)
발파라이소(Valparaiso)
밥 버터워스(Bob Butterworth)
밥 오르테가(Bob Ortega)
밥 커트너(Bob Kuttner)
배리 코츠(Barry Coates)
배릭 골드 스트라이크(Barrick Gold Strike)
버나드 골드버그(Bernard Goldberg)
버논 조단(Vernon Jordan)
버지니아 파일럿(Virginian-Pilot)
벗치 캐시디(Butch Cassidy)
베네지르 부토(Benazir Bhutto)
베스 에모리(Beth Emory)
베이욘(Bayonne)
베크텔(Bechtel)
벤 로렌스(Ben Laurance)
벤 루카스(Ben Lucas)
벤 반즈(Ben Barnes)
벨사이즈 공원(Belsize Park)
보스턴글로브(Boston Globe)
보이든 그레이(Boyden Gray)
볼루시아 카운티(Volusia County)
봅 토리첼리(Bob Torricelli)
부르스 기어(Bruce Gear)
부캐넌(Pat Buchanan)
불얀풀두(Bulyanhulu)
브라운 루트 자회사
(Brown and Root subsidiary)
브라운&루트(Brown and Root)

브루스 배비트(Bruce Babbitt)
브리스톨마이어 스퀴브
(Bristol-Myers Squibb)
브리안 멀로니(Brian Mulloroney)
브리안 멀로니(Brian Mulroney)
블라이 리프(Bligh Reef)
블룸버그 비즈니스 뉴스 와이어
(Bloomberg business news wire)
비버리 힐(Beverly Hill)
비앙카 재거(Bianca Jagger)
빅 브라운(Big Brown)
빅터 유고 다자(Victor Hugo Daza)
빈 마포즈(Khalid bin Mahfouz)
빈 웨버(Vin Weber)
빈센트 크바스니코프 추장
(Chief Vincent Kvasnikoff)

사무엘 브리턴(Samuel Brittan)
사무엘 소리아(Samuel Soria)
사무엘 인술(Samuel Insull)
사우스홀드(Southold)
산드라 모담(Sandra Mortham)
산탄데르 은행(Bank Santander)
살로몬 브라더즈(Salomon Brothers)
살타(Salta Province)
샌 페르난도 밸리(San Fernando Valley)
샌프란시스코 크로니클
(San Francisco Chronicle)
샐리 크바스니코프 애쉬(Sally Kvasnikoff Ash)
샘 와일리(Sam Wyly)
서던 캘리포니아 에디슨
(Southern California Edison)
서리(Surrey)
선데이 텔레그래프(Sunday Telegraph)
선센티넬(Sun-Sentinel)
세계무역기구(World Trade Organization)
세드릭 브라운(Cedric Brown)
세프츠베리(Shaftesbury)
셈프라(Sempra)
셰브론 정유회사(Chevron Oil Corporation)
소리아 박사(Dr. Soria)
쇼소니(Shoshone)
수톤 리소스(Sutton Resources)
스타렛 캐논(Starlet Cannon)

오스카 올리베라(Oscar Olivera)
올랜도(Orlando)
올리버 샤이클리스(Oliver Shykles)
올리에 노스(Ollie North)
옵서버(Observer)
와켄허트(Wackenhut)
우 홍다(Wu Hongde)
울브라이트(M. Albright)
워싱턴 카운티(Washington County)
워싱턴 포스트(Washington Post)
월드컴(WorldCom)
월러스 맥도날드(Wallace McDonald)
웨섹스 워터(Weasex Water)
웨이크햄 경(Lord Wakeham)
웨인 매드센(Wayne Madsen)
웨인 브링클리(Wayne Brinkley)
위노나(Winona)
윌 허튼(Will Hutton)
윌리 파이팅(Willie Whiting)
윌리암 캐시(William Casey)
윌리엄 목사(William Musa)
윌리엄 무사(William Musa)
윌리엄 웹스터(William Webster)
윌리함 패터슨(William Paterson)
유나이티드 유틸리티(United Utlities)
유진 코일 (Eugene Coyle)
이그나지오 살바티에(Ignazio Salvatierra)
이중 확인 시스템(two-pass system)
인덱스 온 센서십(Index on Censorship)
인베스터스 데일리(Investor's Daily)
인터내셔널 워터 리미티드
(International Water Limited)
인터내셔널 헤럴드 트리뷴
(International Herald Tribune)
인터-아메리칸 개발은행
(Inter-American Development Bank)

자넷 모드로우(Janet Mudrow)
자넷 킬(Janet Keel)
자넷 핀(Janet Finn)
자니 잭슨, Jr.(Johnny Jackson Jr.)
자모라(Jaime paz Zamora)
자비어 비알(Javier Vial)
잭 웰치(Jack Welch)

잭슨 루이스(Jackson Lewis)
전력노동자조합
(United Electrical Workers Union)
제다(Jeddah)
제롬 레비 연구소(Jerome Levy Institute)
제롬 호로위츠(Jerome Horowitz)
제브 부시(Jeb Bush)
제이미 러브(Jamie Love)
제이콥 "제이크" 호턴(Jacob "Jake" Horton)
제임스 로즈 준장(Gen. James Rose)
제임스 리(James Lee)
제임스 베이커 3세(James Baker Ⅲ)
제임스 우들(James Woodle)
제임스 허밀러(James Hermiller)
제프 노리스(Geoff Norris)
제프리 만자(Jeffrey Manza)
조 코나슨(Joe Conason)
조 트렌토(Joe Trento)
조 헤이즐우드(Joe Hazelwood)
조나단 파웰(Jonathan Powell)
조셉 스티글리츠(Joseph Stiglitz)
조지 넬슨(George Nelson)
조지 부시(George Bush)
조지 브루더(George Bruder)
조지 슐츠(George Shultz)
조지 오웰(George Orwell)
조지 왈라스(George Wallace)
조지 조댜오프(George Gordaoff)
존 렉스(John Rex)
존 맥케인(John McCain)
존 맥콘(John McCone)
존 맥콘(John McCone)
존 버치 소사이어티(John Birch Society)
존 베랄(John Verrall)
존 애쉬크로프트(John Ashcroft)
존 프레스콧 부총리
(Deputy Prime Minister John Prescott)
존스홉킨스 대학(Johns Hopkins University)
주디 리버트(Judy Liebert)
주룽지(Zhu Rongji)
주안 바레토(Juan Barreto)
쥰 콘드런(June Condrun)
쥴리앤 데이비스(Julian Davies)
지피 루브스(Jiffy Lubes)

페니세이버(Pennysaver)
페드로 카르모나(Pedro Carmona)
페드로 포우(Pedro Pou)
페르베즈 무사라프 장군
(General Pervez Musharraf)
페페 판줄(Pepe Fanjul)
폴 몰(Pall Mall)
폴 오닐(Paul O' Neill)
폴 콤프코프(Paul Kompkoff)
프랭크 로젠(Frank Rosen)
프랭크 칼루치(Frank Carlucci)
프랭크 피셔(Frank Fisher)
프랭키 거스키(Frankie Gursky)
프레드 아스테어(Fred Astaire)
프레드 코크(Fred Koch)
프레스코트 부시(Prescott Bush)
프레이(Frei)
프리포트-맥모란(Freeport-McMoRan)
프린스 윌리엄 사운드(Prince William Sound)
플로이드 아브람스(Floyd Abrams)
플리트은행(Fleet Bank)
피터 맨델슨(Peter Mandelson)
피터 뭉크(Peter Mmnk)
피터 윈저(Peter Windsor)
필리스 글레이저(Phyllis Glazer)
필립 우지엘리(Philip Uzielli)

하워드 사피르(Howard Safir)
하젤 오리어리(Hazel O' Leary)
하켄 오일(Harken Oil)
하퍼스(Harpers)
할리버튼 회사(Halliburton Corporation)
해롤드 지닌(Harold Geneen)
해리 레이드(Harry Reid)
해리 벨라폰테(Harry Belafonte)
행크 아셔(Hank Asher)
헌터 톰슨(Hunter Thompson)
험블 정유회사(Humble Oil)
헝그리 호스(Hungry Horse)
헨리 매니스티(Henry Manisty)
헨리 허브(Henry Hub)
호르스트 쾰러(Horst Ko..hler)
홈 데포트(Home Depot)
휴고 반제르(Hugo Banzer)
휴고 챠베스(Hugo Chavez)
휴스턴 수로(Houston Ship Channel)
휴스턴 파워&라이트(Houston Power & Light)
히로아키 미추야(Hiroaki Mitsuya)
힐러리 클린턴(Hillary Clinton)
힐스보로 카운티(Hillsborough County)

아무 명분도 없는 전쟁을 벌여, 죄없는 이라크인들을 끊임없는 전쟁의 아픔과 후유증에 시달리게 하고, 지금은 이라크 포로들에 대한 가혹행위로 세계의 지탄을 받고 있는 미국의 만행을 보면서, 그나마 미국에 대해 가지고 있던 가냘픈 희망과 동경의 한 귀퉁이가 무너져 내리는 소리를 어쩔 수 없이 듣게 되는 요즈음에 다시 미국과 영국이라는 나라에서 벌어졌던 상황에 대해 고발한 책을 내놓게 되었다.

이 책을 읽으면, 미국의 정치도 우리나라의 정치권과 마찬가지로 금권과 연계되어 부패되어 있고, 사회 곳곳에도 그 검고 더러운 손길이 뻗쳐 있음을 볼 수 있을 것이다.

2000년도의 선거에서 부시 대통령의 동생이 주지사로 있는 플로리다에서 벌어진 선거부정사건은 도저히 민주주의의 선구자며 현재까지도 모범적인 민주주의의 실행자인 미국에서 일어난 일이라고는 믿어지지 않는 일이었다. 인종차별적인 컴퓨터 프로그램에 의해 중죄인으로 분류되어 선거권이 박탈된 사람들은 거의가 흑인이었고 민주당원이었다. 그러나 이런 모든 사건들이 미국 언론에서는 사라졌다. 대선을 취재하기 위해 10만 명이나 되는 미국 기자들이 파견되어 있었음에도 미국의 언론들은 보지도, 듣지도 또 보도하지도 않았던 것이다. 그 기자들에

게 나름대로의 취재활동은 없었고, 정치인이나 기업가의 설명 한 마디
면 그만이었다.

부시가와 그들을 사랑한 억만장자들을 보면, 민주주의도 돈으로 사고
팔 수 있는 것이 되었다는 것이 절실하게 와닿게 된다. 왜 부시는 빈 라
덴 수사를 방해하였을까? 정말로 9·11 테러에 대해 어떤 정보도 미국
이 듣지 못했단 말인가? 믿고 싶지 않고, 믿어지지 않는 사악한 일들이
행해지고 있다. 오염된 정치권과 오염된 지도자들로 인해 순진무구하고
주어진 삶에 열심히 노력하며 살아가는 국민들은 희생양이 될 수 밖에
없는 현실이 너무 부끄럽고 안타까울 뿐이다.

무엇보다도 'IMF 사태'라는 기억하기도 싫은 경험을 겪은 우리들에
게 가슴 철렁한 내용들은 IMF를 비롯한 세계은행, WTO의 횡포로 인
해 아르헨티나의 경제가 어떻게 죽어갔는가를, 그들이 명분도 그럴 듯
하게 내세우면서도 속을 보면 서로 죽고 죽이는 가운데, 자신의 이익만
을 취하려 함을 읽을 때, IMF 사태를 겪는 나라들은 대부분 IMF 폭동
이라는 예정된 수순을 밟으며 서서히 망가지고 있음을 보면서, 우리한
테도 비슷한 상황들이 벌어지고 있는 것은 아닌가 겁이 나지 않을 수 없
었다.
세계화의 진실은 무엇인가, 세계화로 가난은 종식될 수 있는 것인가,
인텔 사의 그로브가 한 "새로운 자본주의의 목적은 부상당해 괴로워하
는 사람들을 사살하는 것이다"라는 말은 정말 많은 생각을 하게 만든
다.

미국은 자신들의 유익을 위해서는 남의 나라 일에도 일일이 간섭하며

그 나라의 경제를 자기 손안에 쥐고 흔드는가 하면, 미국의 마음에 맞는 정치인들을 내세우기에 급급하고 있다. 그들의 이익에 반하는 조치를 취했던 베네주엘라의 챠베스 대통령을 대통령 자리에서 끌어 내리기 위한 그들의 방법은 세계 패권을 쥐고 흔드는 나라답지 못하게 비열하고 유치한 것이었다.

세계적인 미국기업들, 월마트, 맥도널드 등과 친환경을 내세우면서 뒤로는 온갖 오염물질을 내뿜고 있는 기업과 단체들, CIA가 어떤 역할을 했는가, 특히 엑손 발데즈의 석유유출사고로 인해 파멸되어 버린 원주민들을 기만하는 이야기들은 차라리 몰랐더라면 이렇게 절망스럽지는 않았을 텐데, 가슴이 아파오는 것은 어쩔 수가 없었다.

처음 이 책은 저자가 서문에서 밝힌 바와 같이, 미국에서 발행되지 못하고 영국에서 발행되었다. 출판사가 영국판을 읽고 판권을 계약해서 첫 번역자가 완전히 번역을 끝낼 즈음, 저자로부터 미국판이 발행되었으니, 한국에서도 그 미국판으로 번역되기를 원한다는 소식이 에이전시로부터 왔다. 문제는 미국판을 받고 보니, 장 별로는 내용이 많이 바뀐 것은 아니지만 하나의 장 안에서도 부분부분이 바뀌어져 실제적으로 내용이 수정된 부분은 40% 이상 되었다.

이 책을 처음 번역했던 분은 이미 번역이 끝난 원고를 다시 대조하며 번역하는 것은 책을 다시 처음부터 번역하는 것 보다 더 힘이 들기 때문에 도저히 할 수 없다는 상황에서 그 다음 번역자로 내가 맡게 되었다.

영국판·미국판·번역 원고를 대조해 가며 작업하는 일은 정말 보통 힘이 드는 일이 아니었고, 게다가 저자인 팔라스트의 글솜씨는 너무 좋다 못해, 현란한 비유법과 은어법 등등으로 결코 번역하기 쉬운 솜씨는 아니었다. 여하튼, 어떤 번역부분을 누가 했든지 모든 원고를 다시 수정하고 윤문한 사람은 최종으로 본인이기 때문에, 무슨 번역상의 문제나 부족한 문체 등은 나의 책임이라 하겠다.

저작물은 아니고 번역이지만 이제 겨우 일을 끝내고 세상에 내놓게 되었다. 이 책을 세상에서 제일 사랑했던 엄마, 송영산 여사한테 바치고 싶다. 이제 다시는 그 따뜻한 목소리와 다정한 눈빛을 육신으로 느낄 수는 없지만, 엄마의 사랑으로 이만큼의 모습이나마 갖추게 되었음에도, 생전에는 당연한 것으로만 여기고 감사조차 하지 못했던 불효를 생각하면 그저 눈물이 앞을 가릴 뿐이다.

그리고 늘 어떠한 상황에서도 가장 선하고 좋은 길로 이끄시는 주님께 진정한 감사를 드린다. 감사합니다.

옮긴이 이지선은 연세대학교 국문과를 졸업하고 미국 일리노이 주립대학교에서 대학과 대학원을 졸업했다. 역서로는『삭개오 이야기』『사랑을 전하는 크리스마스 이야기』 등이 있으며 현재 출판업에 종사하고 있다.

돈으로 살 수 있는 최고의 민주주의
THE BEST DEMOCRACY MONEY CAN BUY

초판 1쇄 인쇄일   2004년 5월 20일
초판 1쇄 발행일   2004년 5월 25일

지 은 이   그레그 팔라스트
옮 긴 이   이지선
만 든 이   이정옥
만 든 곳   평민사
　　　　　　서울시 서대문구 남가좌2동 370-40
　　　　　　전화: (02)375-8571(代)
　　　　　　팩스: (02)375-8573
http://www.pyungminsa.co.kr
E-mail pms1976@korea.com

등록번호   제10-328호

ISBN   89-7115-411-X   03350

정 가   14,000원